New Standard

堤防釣り入門

BOOK 10

堤防は誰もが手軽に楽しめる海釣りパラダイス!
四季折々に登場する多彩な魚たちの釣り方を、
代表的なスタイルと釣魚別に徹底解説。釣果を
伸ばすコツもバッチリ分かる、超バイブル誕生

林　賢治

つり人社

目次

1章 堤防釣りを始めよう

- 身近な堤防へ釣りに出かけてみよう 6
- 堤防魚図鑑
  - 本書に登場する魚たち 8
  - そのほかの魚たち 11
  - 危険な魚たち 12
- 堤防釣りで使う主なエサ 13

2章 タックル&仕掛けの準備

- サオ 16
- リール 18
- イト（ライン） 20
- ウキ 22
- オモリ 24

ハリ&接続具 26
服装と装備 28
持ち物&収納 30
【結び】
スプールへの結び 32
8の字結びのチチワ&ぶしょう付け 33
ダブルクリンチノット 34
ユニノット 35
電車結び・ウキ止メ糸の結び 36
枝スの出し方 37
内掛け結び 38
ビミニツイスト&オルブライトノット 39
電車結び改良版 40

3章 堤防釣りの主なスタイル

スタイル① サビキ釣り 42
スタイル② チョイ投げ釣り 46
スタイル③ ウキ釣り 50
スタイル④ カゴ釣り 54
スタイル⑤ ルアー釣り 58
COLUMN マナーとルールを守って楽しもう 60

4章 魚種別仕掛け&攻略法

アイナメ 62
青もの（イナダ、カンパチ） 66
アオリイカ 72
アジ、サバ、イワシ、サッパ 78
アナゴ 82

イシモチ　84
ウミタナゴ　88
カサゴ　90
カマス　94
カレイ　98
カワハギ　100
クロダイ　104
サヨリ　112
シロギス　116
スズキ　118
ソウダガツオ　124
タコ（イイダコ、マダコ）　128
タチウオ　132
ハゼ　136
ヒラメ、マゴチ　142
メジナ　146
メバル　148
COLUMN　陸上の事故は110番、海上の事故は118番　152

5章　タメになる知識編

タックルのメンテナンス　154
堤防釣り用語集　156
DVD付録　収録コンテンツ　159

協力＝㈱がまかつ／マルキユー㈱／東レインターナショナル㈱／一竿風月
BOOKデザイン　佐藤安弘（イグアナ・グラフィックデザイン）
イラスト　堀口順一朗

1章

堤防釣りを始めよう

老若男女、誰もが手軽に楽しめて、その先には奥の深い人気魚種の釣りも控えている堤防釣り。最初に、舞台となる堤防で私たちが出会える魚と、そこで使われる代表的なエサの種類について知っておこう。

身近な堤防へ釣りに出かけてみよう
魚たちが、みんなが来るのを待っているぞ

釣れた魚をつかむと自然に笑顔がこぼれる

休日の堤防は憩いの場そのものだ

夜釣りでは日中チャンスの少ない魚がねらえる

堤防の人気ターゲット、クロダイもご覧のとおり

総延長にして約3万kmもの海岸を持つ日本は四方を海に囲まれ、砂浜、岩場、港、堤防などさまざまなフィールドが存在する。その中で最も手軽に釣りを楽しめるフィールドとして親しまれているのが、海岸沿いに築かれた港や堤防ではないだろうか?

足場がよく沖へ突き出した堤防は、足元から水深があり、仕掛けを遠くへ投げることのできない初心者や子供でも、チョイと投げたり、足元に仕掛けを落とすだけで充分釣りになる。

港や堤防は海底に敷石や捨て石を施したその上に建造される。それに加えて波除けとして設置されるテトラが、魚たちにとってはこのうえない棲家になっているのだ。

堤防周辺で釣れる魚は実に多彩で、春はウミタナゴにメバル、サヨリ、夏はシロギス、マゴチ、クロダイ、スズキ、秋はイイダコ、ハゼ、イナダ、カンパチ、カワハギ、冬はカレイ、アイナメ、ヒラメ、メジナなど1年を通して釣りものにも

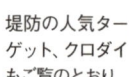

堤防ではいろいろな魚との出会いが待っている

積極的に探るもよし、海を眺めながらのんびりと待つもよし……

接岸してきたイワシの群れに釣り人も夢中！サビキ釣りは集まって釣ると寄せエサ効果も倍増する

困らない。

1魚種に対していろいろな釣り方を楽しめるのも堤防釣りのよいところだろう。たとえばアジ1つとっても、ファミリーで来て足元のサビキ釣りで数釣りを楽しんでもいいし、1人でしっぽりと夜にノベザオで1尾1尾、電気ウキが沈むのを楽しみながら釣るのも趣がある。さらに大ものをねらって仲間と寄せエサを利かせてカゴ釣りで沖の潮目を探るのも面白い。さらにさらに、最近注目のルアーを片手に港めぐりをするアングラーもいるだろう。

このように1つの魚をみただけでもアプローチの仕方はさまざまで、多彩な魚がねらえる堤防では、「魚種×アプローチの数＝無限大」といえる。

堤防は初心者には初心者の、ベテランにはベテランの楽しみ方ができるフィールドなのである。

さあ、堤防では魚たちが、みんなが来るのを待っているぞ。そして笑顔で釣りを楽しんでほしい……。

堤防魚図鑑

ー本書に登場する魚たちー

堤防釣りでは多種多彩な
魚との出会いがある。
本書に登場するその顔ぶれを
まずはご覧あれ!

アナゴ

【釣り方】投げ P82

イイダコ

【釣り方】投げ P128

イシモチ

【釣り方】ウキ P84　投げ P86

カレイ（イシガレイ）

【釣り方】投げ P98

アイナメ

【釣り方】投げ P62　ブラクリ P64

アオリイカ

【釣り方】エギング P73　泳がせ P74　ヤエン P76

アジ

【釣り方】サビキ P78　カゴ P80

カマス

【釣り方】サビキ P94　ルアー P96

カンパチ

【釣り方】カゴ P66　泳がせ P68　ルアー P70

ソウダガツオ

【釣り方】サーフトロウリング P124　カゴ P126

カワハギ

【釣り方】ヘチ P100　投げ P102

イナダ

【釣り方】カゴ P66　泳がせ P68　ルアー P70

イワシ（マイワシ）

【釣り方】サビキ P78

ウミタナゴ

【釣り方】ウキ P88

スズキ

【釣り方】ウキ P118　投げ P120　ルアー P122

メジナ

【釣り方】ウキ P146

タチウオ

【釣り方】ウキ P132　ルアー P134

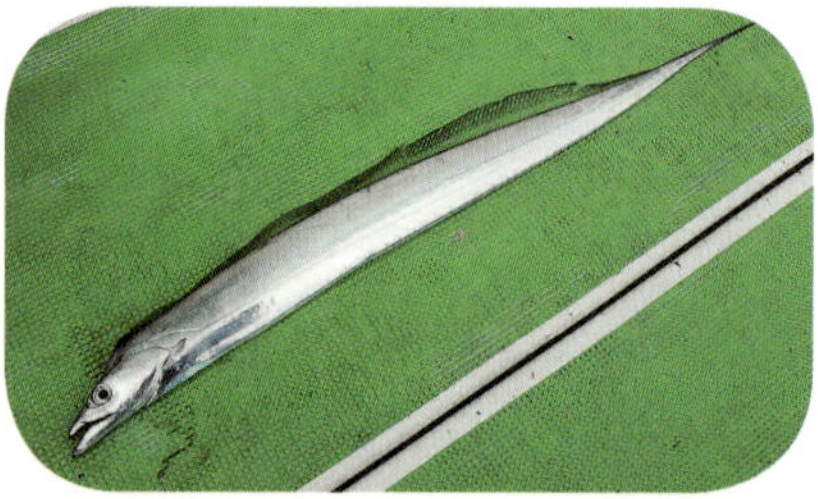

サヨリ

【釣り方】ウキ P112　カゴ P114

シロギス

【釣り方】投げ P116

クロダイ

【釣り方】前打ち P104　ヘチ P106　ウキ P108　ダンゴ P110

サバ（ゴマサバ）

【釣り方】サビキ P78　カゴ P80

ハゼ

【釣り方】ウキ P136　ミャク P138　投げ P140

マゴチ

【釣り方】泳がせ P142　ルアー P144

そのほかのの魚たち ①

堤防周りでは、地域にもよるが写真のようにまだまだ数多くの出会いがある。釣った魚をデジカメで撮って魚アルバムを作るのも楽しい

キビレ

シマアジ

コウイカ

キュウセン

サッパ

メバル

【釣り方】ウキ P148　ルアー P150

マダコ

【釣り方】ヘチ・投げ P130

ヒラメ

【釣り方】泳がせ P142　ルアー P144

カサゴ

【釣り方】
穴 P90　投げ P92

危険な魚たち!

アイゴ

食用にもなるのだが、背、腹、尻ビレに毒線があり、小さなサイズでも刺されると非常に痛い

ゴンズイ

堤防ではよく釣れる外道だが背ビレと胸ビレのトゲに毒があり、刺されると激痛である

アカエイ

ご存じの方も多いと思うがエイは尾のトゲに毒線があり、刺されると非常に痛い

ハオコゼ

背、腹、胸ビレともに毒があり、刺されると激痛。絶対に素手で触らないように

フグ類

猛毒を持つ魚であることはよく知られているが、実はとても硬い歯の持ち主。くれぐれもかみつかれないように

そのほかのの魚たち ②

マダイ

クロホシイシモチ

ヒイラギ

ボラ

タカノハダイ

堤防釣りで使う主なエサ

**前項魚図鑑と同様、堤防釣りで使うエサもまた種類が豊富だ。
釣りの際は対象魚にマッチしたエサを選ぼう**

●ジャリメ

シロギスやハゼ、ウミタナゴ釣りなどでは定番の虫エサで、さまざまな堤防の小もの釣りで使われる。各地の釣具店で容易に入手でき、関東以北ではジャリメ、東海ではアカイソメ、関西ではイシゴカイと呼ばれている。

対象魚＝シロギス、ハゼ、ウミタナゴ、サヨリ、メジナ、カレイ

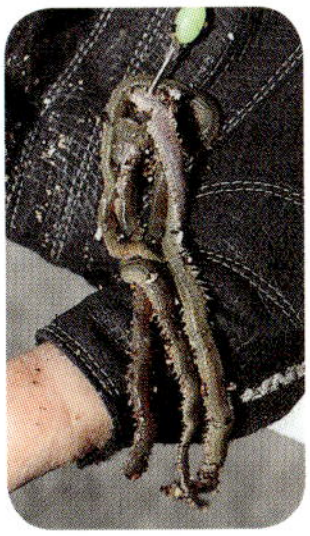

●アオイソメ

虫エサで釣れる魚ならどんな魚種にも使える万能エサ。小さく切ればシロギスやハゼ、サヨリに使え、1匹刺しならメバルやカサゴ、アイナメ。房掛けにすればスズキやカレイに効果がある。中国や韓国から輸入されるため全国的にアオイソメでとおるが、地域によってはアオムシ、アオケブ、朝鮮ゴカイと呼ぶところもある。

対象魚＝シロギス、ハゼ、サヨリ、メバル、カサゴ、アイナメ、スズキ、カレイなど

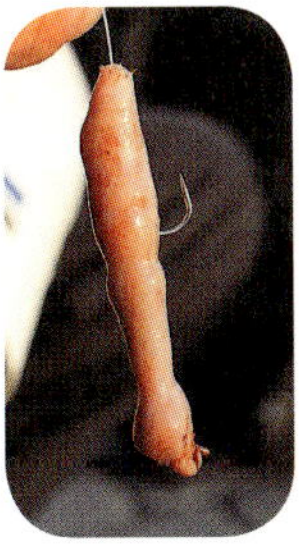

●ユムシ

親指くらいの大きな虫エサだが、普通のイソメにある足などはなく海中でもクネクネと動き回ることはない。不思議とこのエサは小ものが食い付かず、当たれば大ものという特異なエサである。非常にエサ取りに強く、じっくりと腰を据えて大ものをねらいたい人向けのエサだ。

対象魚＝クロダイ、スズキ、アイナメ、カレイ

●人工エサ

ジャリメやアオイソメなどの虫エサが苦手な人や、活きエサは動いて刺しにくいという人でも手軽に使えるのが人工エサだ。見た目はイソメにそっくりで、イソメと同様の使い方ができる。また、色や匂いなど人工エサならではの工夫もなされており、条件によってはイソメをしのぐ存在になっている。常温タイプや冷凍タイプのものがある。

対象魚＝アジ、サバ、カサゴ、メバル、シロギス、ハゼ、イシモチ

●配合エサ

クロダイやメジナ、ウミタナゴの寄せエサには必需品。オキアミやアミエビと混ぜることにより、集魚力をアップさせるとともに寄せエサの操作性を向上させ、ねらったところに魚を集めやすくする。また数倍に膨れるものもあり、寄せエサの増量を目的に入れることもある。

対象魚＝クロダイ、メジナ、ウミタナゴ、アジ、サヨリ

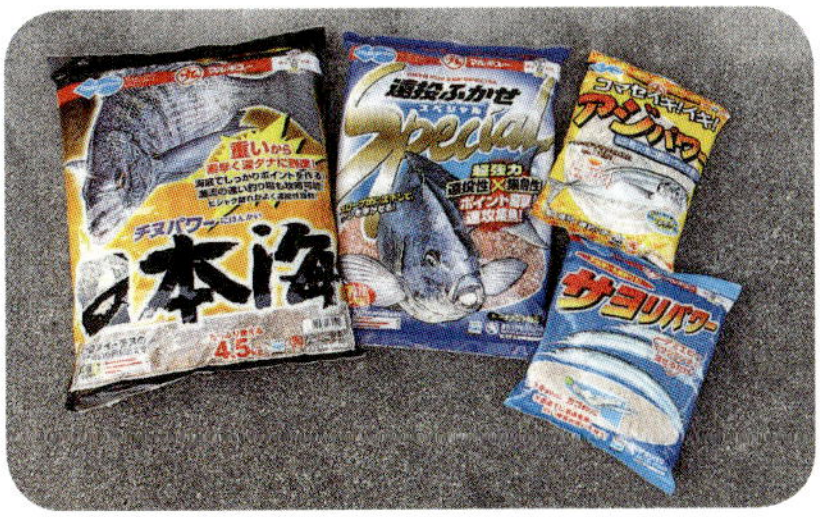

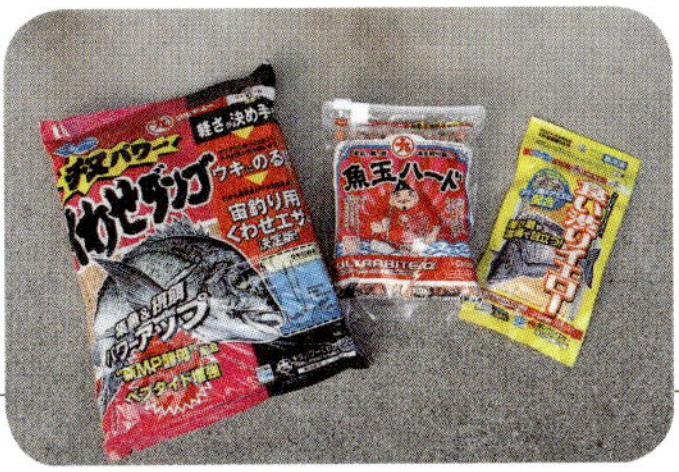

●練りエサ

川釣りのフナやコイではポピュラーな練りエサだが、こと海釣りではあまり使われることがない。しかし、悪食のクロダイ釣りにおいては、エサ取りの多いときなどは必要不可欠のエサとなっている。実際に使ってみるとクロダイ以外にもウミタナゴやベラ、メジナが釣れることもある。

対象魚＝クロダイ

●アジ

アオリイカや青もの（イナダ、ワラサ、カンパチ）、ヒラメ、マゴチねらいの泳がせ釣りに用いられる。地域によっては釣具店で手軽に入手できる。購入する際は、活かしバケツなどアジを活かしておく装備がないとダメ。

対象魚＝アオリイカ、ヒラメ、マゴチ、イナダ、ワラサ、カンパチ

●イガイ

堤防のヘチ釣りや前打ち釣りで主に使われる。1粒そのままで使われることがほとんどだが、稚貝の固まりを親指の爪くらいの大きさにしてハリに刺してもよい。基本的にクロダイのエサであるが、ムキ身にして使うとアイナメやカサゴもよく釣れる。

対象魚＝クロダイ、アイナメ、カサゴ

●カニ

カニにもいろいろな種類がいるが、主にクロダイのヘチ釣りや前打ち釣りで使われる。堤防周りにいる根魚にとってカニは常食しているものなので、エサとして使うのは理にかなっている。クロダイ以外にもアイナメ、カサゴ、ときにはイシダイも食ってくる。

対象魚＝クロダイ、アイナメ、カサゴ、イシダイ

●モエビ

淡水に生息する小型のエビで、クロダイやメバル釣りによく使われる。特に関西ではエビ撒き釣りという釣り方があり、活きたモエビを寄せエサにして撒き、スズキやクロダイ、メバルを釣る。エビに魚が反応しだすと、隣で虫エサやオキアミでねらっても見向きもされなくなるくらい効果のあるエサだ。

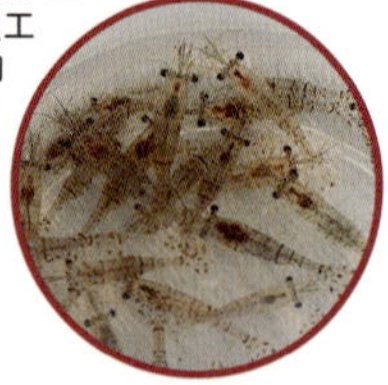

対象魚＝クロダイ、スズキ、メバル、カサゴ

●アミエビ

主にアジやイワシ、サッパなどの小ものを寄せるときに用いられる。1～2kg程度の冷凍ブロックで市販され、解凍して使う。配合エサを組み合わせて使うと操作性がよくなる。また、粒の大きなものは「大粒アミエビ」として小分けで市販され、こちらは付けエサとして使われる。

対象魚＝アジ、イワシ、サッパ、サバ、ウミタナゴ、サヨリ、メジナ

●オキアミ

クロダイやメジナ、青もの（イナダ、カンパチなど）の寄せエサや付けエサとしてカゴ釣り、ウキフカセ釣りで使われる。500ｇ～3kg程度の冷凍ブロックで市販され、品質やサイズにより寄せエサ、付けエサと使い分ける。寄せエサとして使う場合は配合エサと組み合わせると操作性がよくなる。

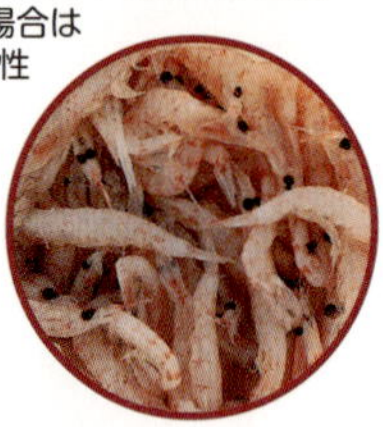

対象魚＝クロダイ、メジナ、イナダ、カンパチ、アジ、サバ

●加工オキアミ

オキアミにアミノ酸など摂餌効果の高い添加物を加えて食いをよくしたり、ハード加工を施し遠投してもハリからずれなくしたもので、オキアミを寄せエサとして使ったときの付けエサとして用いられる。対象魚別に好む味を付けたものもあり、普通のオキアミ以上に食いがよい。

対象魚＝クロダイ、メジナ、イナダ、カンパチ、アジ、サバ

2章

タックル&仕掛けの準備

釣りを楽しむためにはまず、基本となるタックルの知識が必須だ。野外の遊びなので身につける物にも気を使う必要がある。
仕掛けを作るうえでは各部の「結び」も欠かせない。
堤防で楽しいひとときを過ごすためにも準備は万全に!

サオ

種類が多いのにはワケがある
快適に楽しむなら釣りものに合わせた選択をしよう

サオの構造と各部の名称

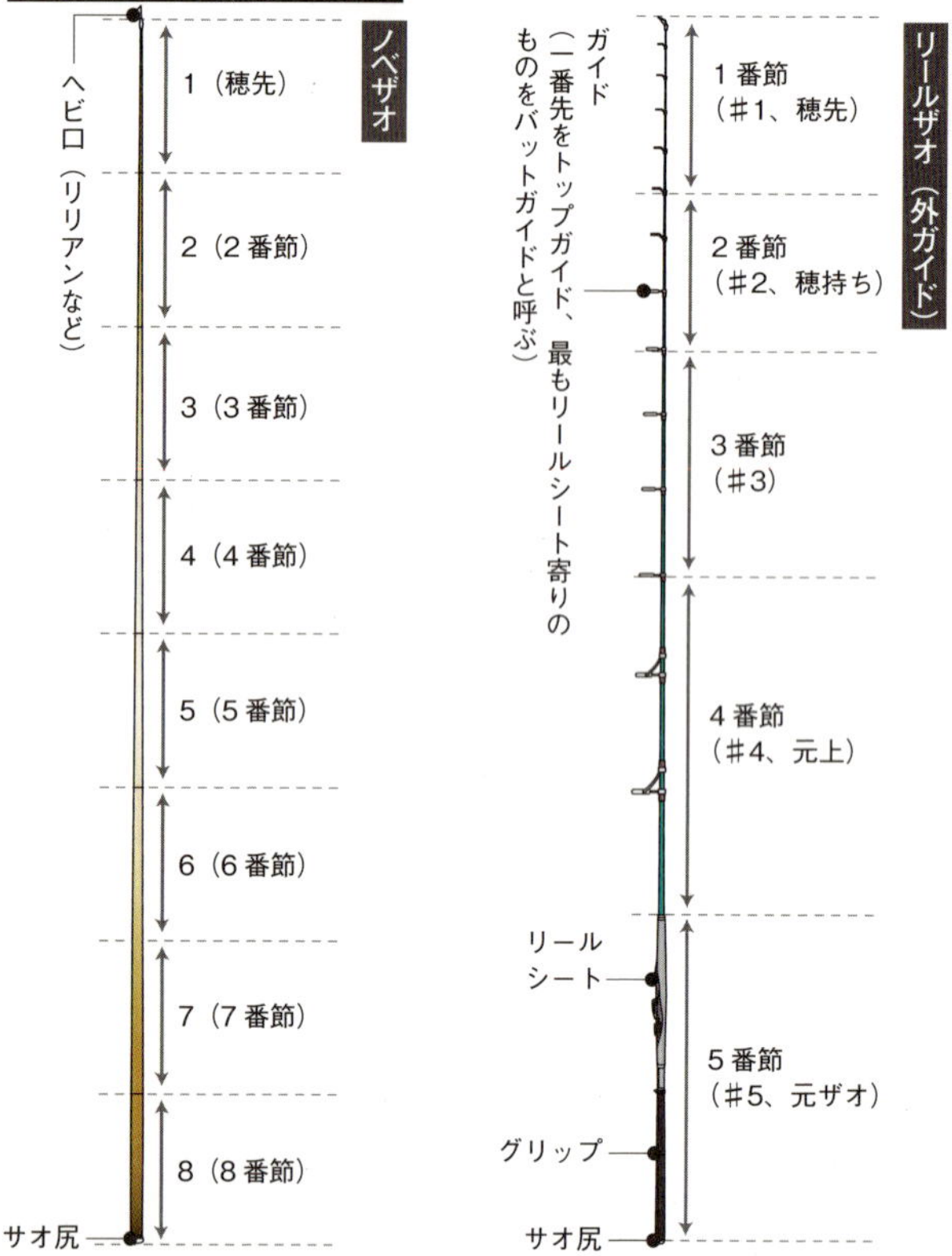
ノベザオ
ヘビロ（リリアンなど）
1（穂先）
2（2番節）
3（3番節）
4（4番節）
5（5番節）
6（6番節）
7（7番節）
8（8番節）
サオ尻
リールザオ（外ガイド）
ガイド（一番先をトップガイド、最もリールシート寄りのものをバットガイドと呼ぶ）
1番節（＃1、穂先）
2番節（＃2、穂持ち）
3番節（＃3）
4番節（＃4、元上）
リールシート
5番節（＃5、元ザオ）
グリップ
サオ尻

釣りを知らない人からすると、釣りザオなんてどれも同じと思われるかもしれないが、「ちょっと待った！」。10㎝のハゼを釣るのにカジキ用のゴツイサオと大きなリールを使う人はまずいないだろう。釣れたとしても道具は重いしアタリも全く分からないのでつまらないと思う。逆に、ハゼを釣るような華奢《きゃしゃ》なサオでカジキに臨んでも簡単に折られて全く釣りにならない。

これは極端な例かもしれないが、釣りにはターゲットや釣り方に見合ったサオがある。それを使うと楽で釣りやすいので、釣具店にはいろいろなサオが並べられているわけである。

堤防釣りで使われるサオをざっと見ていくと、ハゼ、ウミタナゴ＝ノベザオ。チョイ投げ釣り＝コンパクトロッド。クロダイ、メジナ釣り＝小もの用磯ザオ。回遊魚ねらいやカゴ釣り＝大もの用磯ザオ。メバルやカサゴのルアー釣り＝小もの用ルアーロッド。スズキやヒラメ、マゴチねらい＝シーバスロッド。クロダ

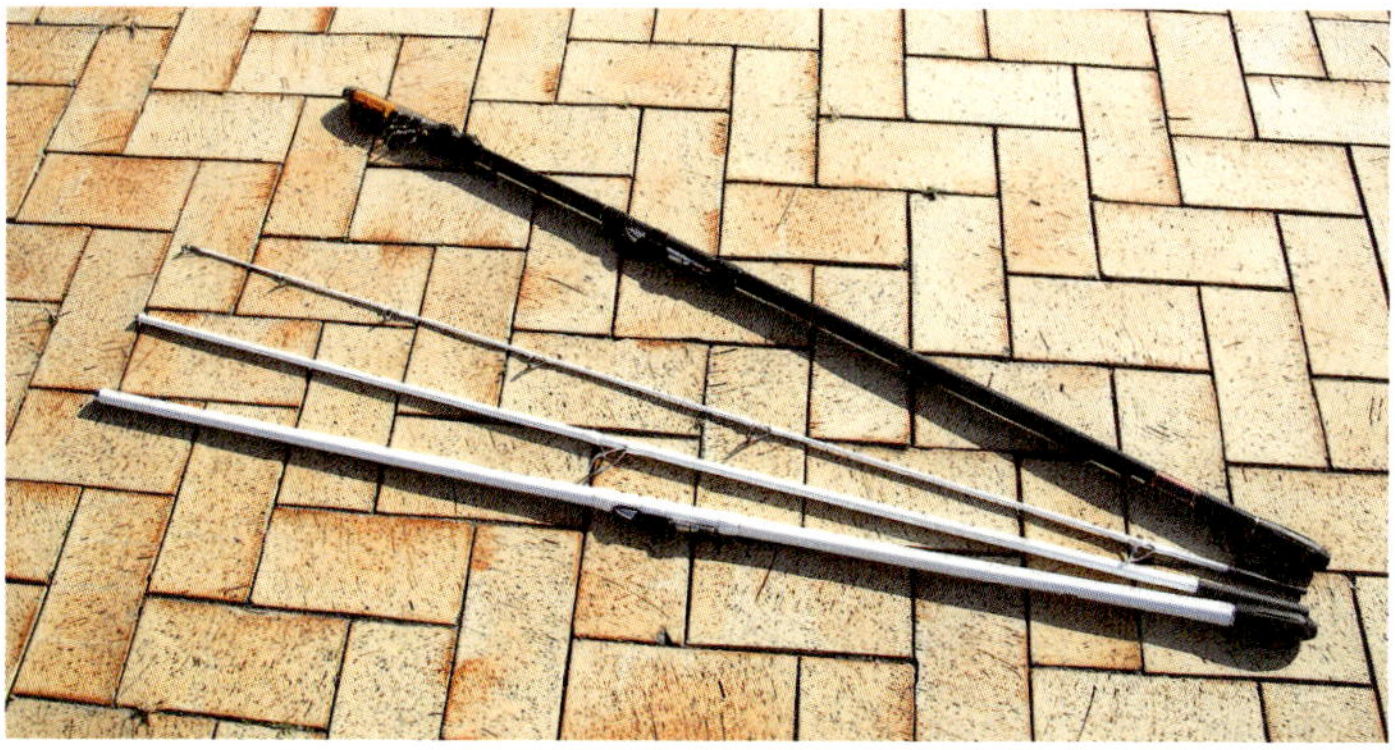

リールザオは振り出しザオ（上）と継ぎザオ（下）に大別される

防波堤で使うサオの例（一番上はタモの柄。以下、磯ザオ3、ルアーロッド2、投げザオ2種）。ターゲットが多彩なら使うサオもまた数多いのだ

イのヘチ釣り＝ヘチザオ、前打ちザオが必要になる。

これ以外にもまだまだあるのだが、もちろん全部必要なわけではない。自分のしたい釣り、ねらいたい魚に合わせてサオを選べばよいのだ。

構造的にリールをセットできるものを「リールザオ」、そうでないものを「ノベザオ」と呼ぶ。ノベザオはイトの長さに制限があり、足場の低い所でのサビキ釣りやウキ釣りでの小ものねらいに用いられる。仕掛けを遠くへ飛ばしたり、ミチイトを出し入れしてやり取りする釣りにはリールザオが必要だ。

また、1つの節の中にサオ先まで仕舞い込める構造で、サオ先から順に引き出して伸ばすサオを「振り出しザオ」と呼ぶ。持ち運びに便利なサオだ。

節ごとに分かれてサオ先から継いで使うタイプは「継ぎザオ」という。持ち運びに不便だが細身で強くできるので、パワーのいる投げザオや振り抜けを重視するルアーロッドに使われる。

リール

主流は小、中型のスピニングリール
大ものねらいには両軸リールが用いられる

仕掛けを遠くへ飛ばしたり、回収したり、魚の急な引き込みにイトを送り出したりと、釣りにおけるリールの役割はとても大きい。また、釣りザオ同様リールも釣りものや釣り方によって種類や大きさがいろいろとあり、初めて釣具店を訪れると、どれを選んでよいのか迷ってしまう。

堤防釣りで一番多用されるのはスピニングリールだ。右は一般的なタイプ、左は投げ釣り専用タイプで、遠投目的のためにスプールが大型設計になっている

太イト使用には中型サイズの両軸リールがマッチしており、カゴ釣りなどで出番が多い

　堤防釣りで使われるリールにはスピニングリール、両軸リール、片軸（タイコ）リールの3種類がある。その中で最も多用されるのがスピニングリールだ。大小いろいろとサイズがあるが、ほとんどの場合は小型もしくは中型で対応できる。

　同じスピニングリールでも少し特殊なのが、投げ釣り専用とレバーブレーキ付きのタイプだ。投げ釣り専用は仕掛けを遠くへ投げるため、イトの放出を考えスプールが大きく溝が浅くなっている。また、1日に何十回も遠くへ投げた仕掛けを巻き取るため、ボディーも大型のものが多い。

　レバーブレーキ付きのスピニングリールは主にクロダイやメジナのウキ釣りに用いられることが多く、リールの足に付いているレバーを引くとスプールの逆転にブレーキをかけられる。普通のドラグのように一定以上の力が

リールの種類と各部の名称

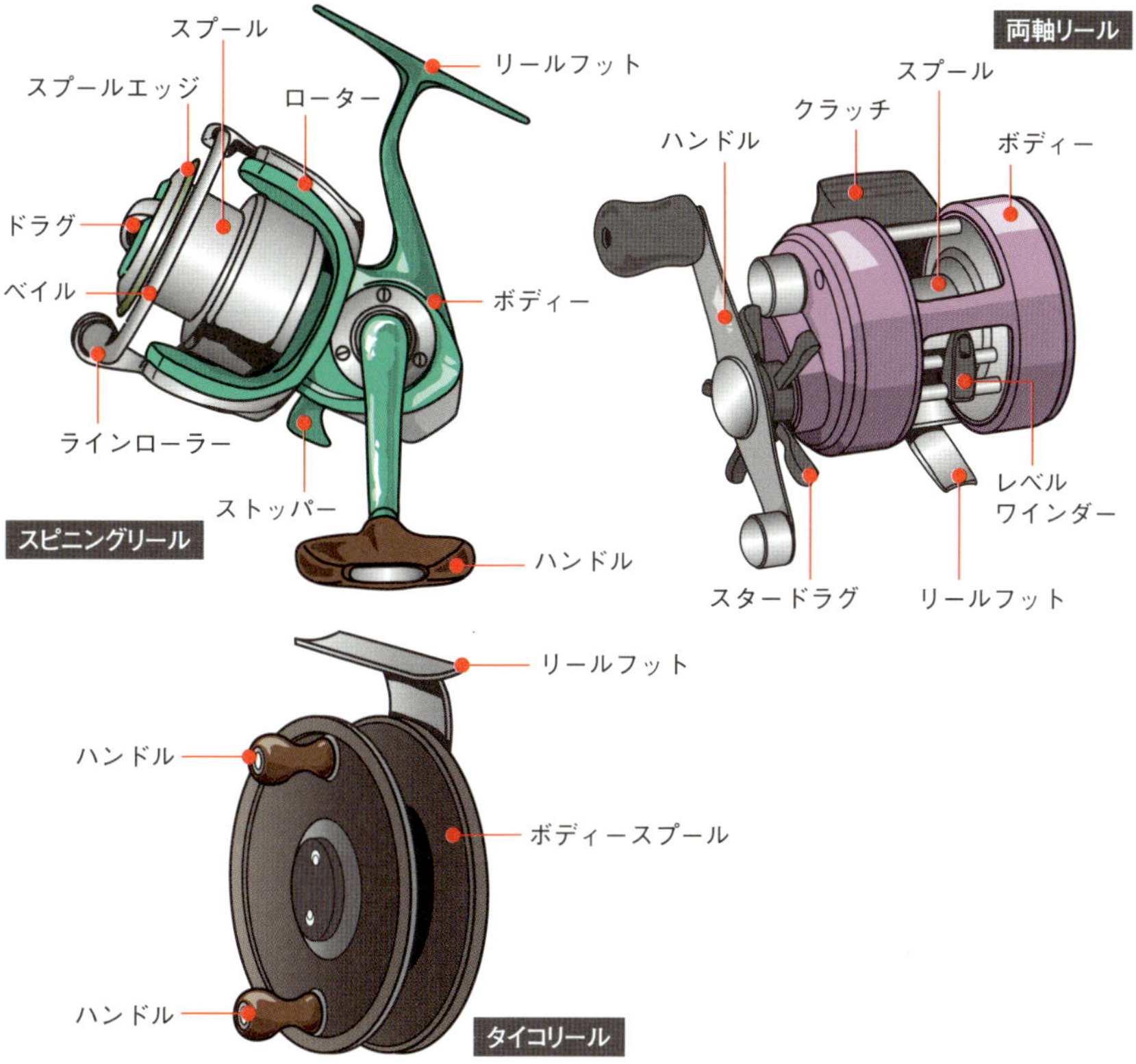

加わったときに逆転するのではなく、任意にミチイトの出し入れができるので、より繊細なやり取りが可能だ。

太いイト（ナイロン6号以上）を使ってのカゴ釣りや青ものねらいでは、巻き上げ力の強い中型の両軸リールが用いられる。両軸リールはスプール自体が回ってイトを出し入れする構造だ。そのため、キャストの際に引き出されるイトよりもスプールの回転が速くなってイトがもつれる（バックラッシュ）ことがあり、ブレーキをかけるタイミングなどの慣れが必要になる。しかし太いイトを使った場合にはスピニングリールよりも遠くへ飛ばすことができる。

足下やサオ下に仕掛けを落とし込むヘチや前打ちのクロダイ釣りでは、スプールの軸受けが片側にしかない片軸リールが用いられる。仕掛けを遠投することの少ないこの釣りでは、リールはイトをストックするのが主な役割で、ドラグやギアなどの機能もなく軽量でシンプルな作りだ。

イト（ライン）

進化の度合いが著しい釣り道具
素材の特性を理解して使い分けることが大切

対象魚や釣り方によってさまざまなラインがリールに巻かれる

昔の本では釣りイトは「ナイロン○号」と書かれているくらいで種類はほとんどなかったが、現在ではナイロン、フロロカーボン、ポリエステル、PE（ポリエチレン）、ケブラー、ワイヤー、メタルなどさまざまな種類がある。

堤防釣りではナイロン、フロロカーボン、ポリエステル、PEの4種類が主な素材。一部歯の鋭いタチウオ釣りでワイヤーハリスを使うが、ケブラーやワイヤーは基本的に大もの釣り、メタルラインはアユ釣りに用いられる。それぞれの素材には特徴があり、目的に応じて使い分けているのが現状だ。

ナイロンは比重が1・09～1・14と海水（1・023）に近く、本来海水よりも比重があるため沈むのだが、加工により海面近くに浮くものやサスペンドする製品もある。イト質は軟らかく適度な伸びがあることから、リールに巻くミチイトとして広く使われている。

欠点は吸水性があり長時間水に浸ると強度が低下すること。しかし、最近の製品は表面に撥水《はっすい》処理などを施すことで吸水性が抑えられ、安心して使うことができる。

フロロカーボンは比重が1・78と、通常ライン素材の中では一番重く沈みが速い。直線性に優れ根ズレに強く、屈折率が1・43で水（1・33）と非常に近いので水中で見えにくい。吸水性はほとんどなく、水中での強度低下が少ないためハリスや投げ釣りのモトスに使われることが多い。最近はしなやかなものもあり、アオリイカのヤエン釣りではミチイトとして使われることもある。

ポリエステルは張りのあるパリッとした質感のラインで、比重は1・38～1・41。ナイロンとフロロの中間的な素材だ。フロロカーボン同様吸水性がなく

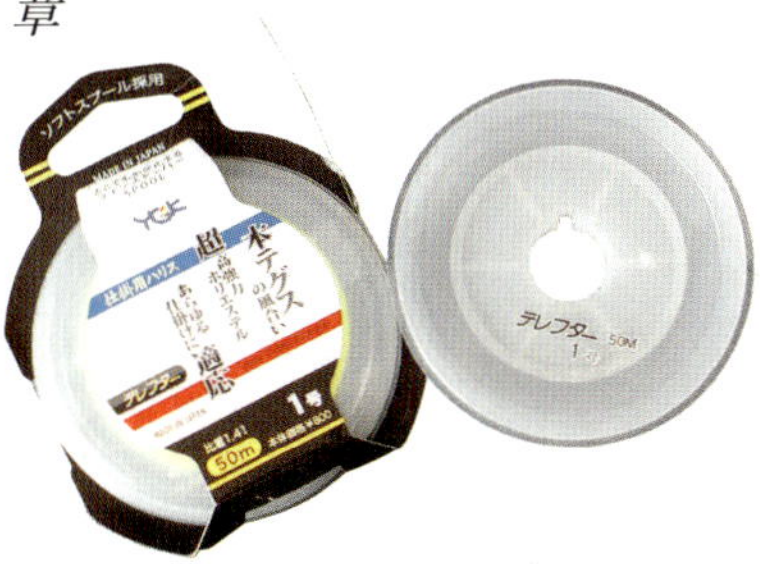

ポリエステルラインはパリッとした質感が特徴

ナイロンイト。リールに巻くミチイトとして広く使われている

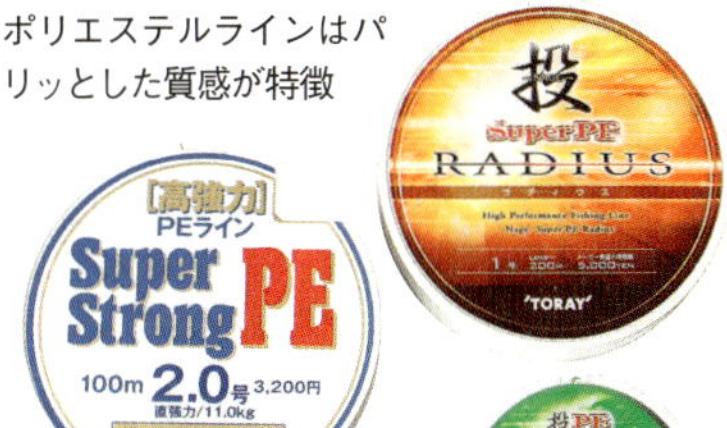

PEライン。引っ張り強度に優れ、ノビがほとんどない

フロロカーボンライン。ハリスや投げ釣りのモトスなどに多用される

	ナイロン	フロロカーボン	ポリエステル	PE
比重	1.09～1.14	1.78	1.38～1.41	0.97
伸び	大	中	中	小
軟らかさ	中	中～硬	硬	軟
特徴	釣り全般に使われる万能ライン。しなやかでミチイトとして使われることが多い。吸水すると著しく強度が低下する	直線性に優れ、屈折率も水に近く、海中で見えにくいためハリスとして使われることが多い	ライン自体に張りがあるため、絡み防止の目的で投げ釣りの多点バリ仕掛けのモトスやハリスに使われることが多い	ナイロンラインの約2.5倍の強度を持ち、伸びもほとんどないことから投げ釣りやルアー釣りでのミチイトとしてよく使われている

張りがあり、多点バリ仕掛けを多用する投げ釣りのモトスやハリス、枝スに使われる。フロロカーボンやナイロンに比べて強度はやや劣るため、使う際は1号柄太めのものを選ぶようにしたい。

PEは発売から20年以上経つが、このラインの出現は釣りを変えたともいわれるほどセンセーショナルだった。比重は0・97と海水よりも軽く、完全なフロートラインだが、引っぱり強度がナイロンの約2・5倍で伸度は4％とワイヤー並み。細いイトでしかも高感度、高強度ということで、細イトを多用する投げ釣りやルアー釣りのミチイトでは今や主流になっている。

発売当初はものすごく高価なラインで、現在でもナイロンの4～5倍の値段だが、耐久性を考えればナイロンよりもお徳である。欠点は、ライン自体に腰がないため軽いオモリで使うとイトさばきが難しいのと、3～8本の細いイトを縫《よ》って作ってあるため磨耗に弱く、1本が切れると強度が著しく低下する。

ウキ

海面に浮かんで魚のアタリを知らせる シチュエーション別にいろいろなタイプが使われる

釣りはウキで決まるといっても過言ではないくらい、釣り方やターゲット、海の状況によりいろいろなウキが使われる。

たとえば身近なウミタナゴ釣りでは、玉ウキ1個で釣る人もいれば、シモリウキをいくつも連ねて釣る人もいる。前者は引き込みのアタリしか取れないが、後者は食い上げるアタリもウキの浮上でとらえられる。ウミタナゴは宙層を泳ぐためアタリの出方は千変万化。魚の伝える小さな変化も察知したいとシモリウキを用いるベテランも多い。

繊細にするのが必ずしもよいとは限らない。青ものやイカ釣りなどで小魚を泳がせて釣る場合は、ウキを繊細にしてしまうとエサの小魚が泳いでいるだけでウキが沈み、釣りにならない。そこでわざとエサの小魚の泳ぎだけではウキが沈まないように、余浮力の大きなウキを使うこともあるのだ。

このようにウキの感度ひとつとってもターゲットや釣り方によって考え方が全く違うのである。

堤防釣りで使われる代表的なウキとその使い方を記していこう。

●玉ウキ　ハゼやウミタナゴなどノベザオで小ものを釣るときに用いられることが多い。

●シモリウキ　玉ウキ同様、小もの釣りで使われる。3〜7個を繋げてハリ側の1〜3個を沈めて使う。引き込み、食い上げのアタリを取りやすい。飛ばしウキと組み合わせてサヨリ釣りに使われることもある。

●飛ばしウキ　単体では軽くて投入しにくいウキに組み合わせて操作性をよくするもの。スーパーボールを代用することも多い。またメバルのルアー釣りで使われることもある。

●円錐ウキ　中通しの玉ウキでメジナやクロダイ釣りに使われる。大きさやフォルム、オモリ負荷が細かく分かれており、さまざまなシチュエーションに対応できる。

●棒ウキ　クロダイ釣りに多用される。波の穏やかな堤防釣りに向いており、トップの目盛りの浮き沈みでアタリやエサの有無も判別できる。

●カゴウキ　トップに大きな羽根が付いており、仕掛けを遠投してもよく見えるようになっている。深場をよくねらうため、浮力の大きなものが多い。

●発泡ウキ　名前のとおり発泡素材でできており、浮力があるので泳がせ釣りや投げサビキ釣りなどに用いられることが多い。

円錐ウキ。中通しの玉ウキでメジナやクロダイ釣りでは主力のウキ

棒ウキ。クロダイ釣りに多用される

発泡ウキと、羽が付いたロケット状のウキはカゴウキ

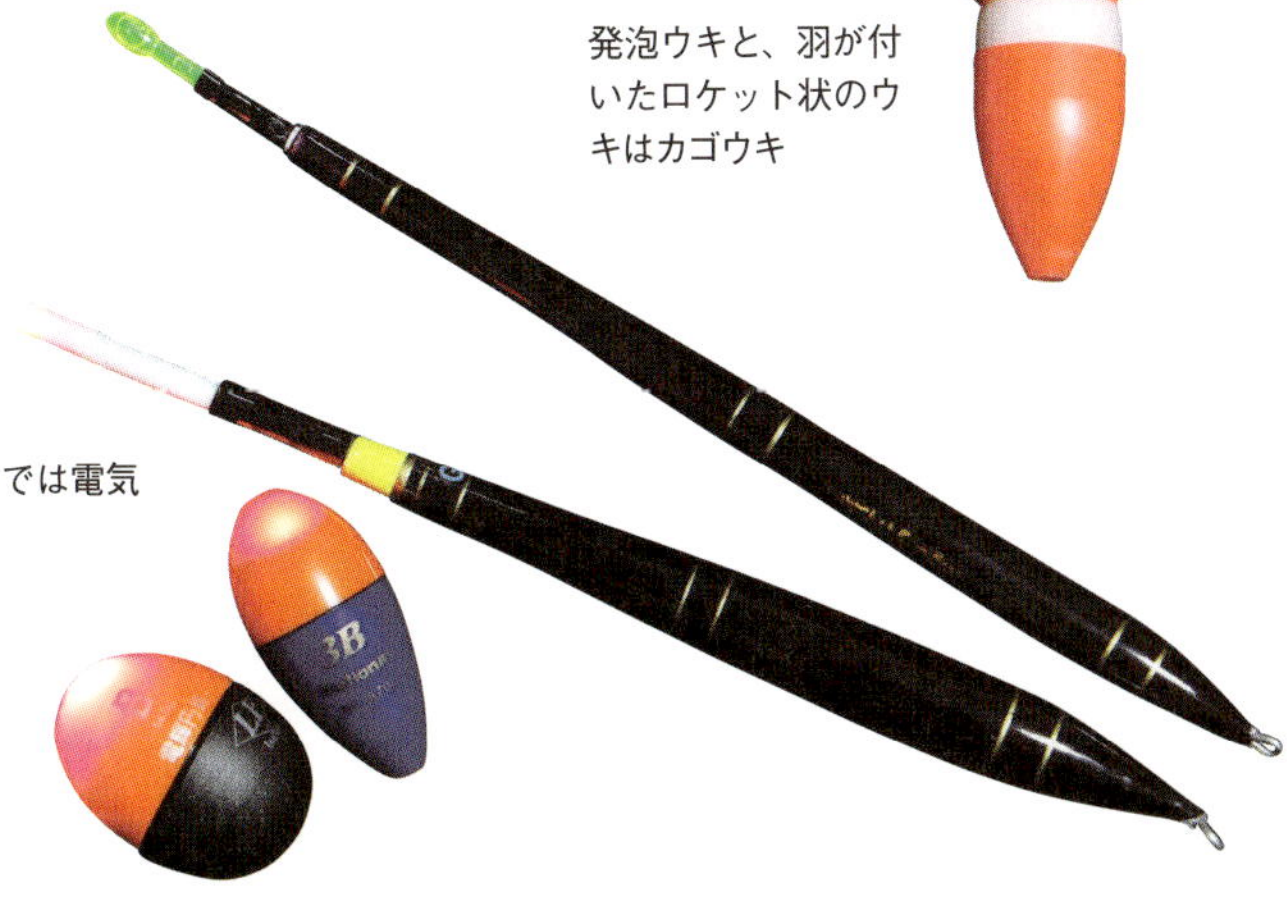

夜のウキ釣りでは電気ウキが必須だ

オモリ

エサを沈めたり、遠くへ飛ばしたりと欠かせない名脇役
単位表記が独特なので慣れる必要あり

釣りにおけるオモリの役目はエサを沈めたり、仕掛けを遠くへ運んだり、海底でエサが流されるのを防いだりとどれも重要で、なくてはならない存在である。そのためオモリの形状や大きさは、使う用途によってさまざまなものがある。

ウキ釣りに使うガン玉オモリ、サビキ仕掛けの下に吊るすナス型オモリ、ブッコミ釣りに使う中通しオモリ、海底での転がりを防ぐ六角オモリ、流れの速いところで重宝するスパイクオモリなど、いろいろである。

投げ釣りではテンビンとオモリが一体になったジェットテンビンやL型テンビン、カゴ釣りではオモリとテンビン、カゴが一体になったものがある。テンビンと一体になることで仕掛け絡みを防ぎ、アームのバネ効果によって自動的に魚をハリ掛かりさせる働きなどがある。

オモリには形状のほかに大きさを表わす独特の単位がある。一般生活の中で使われている何g、何kgといったメートル法表示なら誰でも馴染みやすいのだが、釣りでは古くから尺貫法の数値が置き換えられて使われているところが現代人にはややこしい。1号は1匁（約3・75g）であり2号はその倍というように、オモリの表記の仕方は号数が大きくなれば号数×3・75gという具合に増えていく。

同じオモリでもウキ釣りなどで使うガン玉は少々厄介だ。まずBが0・55gであるが、2Bは0・75gしかなく単純に2倍にはならない。これはもともと散弾銃の弾に割れ目を入れて使っていたことに由来するもので、散弾の規格がそのまま使われているからなのだ。

そしてガン玉のBより小さいサイズは、小さくなるにしたがい1号、2号、3号……、というように号数で表示されるため、オモリ表記の号数とガン玉表記の号数とで混同しないよう注意が必要だ。

さらに、外国から入ってきたルアー釣りではまた単位が異なり、ルアーやジグヘッド、シンカー（オモリ）の重さを、ヤード・ポンド法のオンスで表わしていることが多い。この場合1オンスが約28gなので、それを基準に小さいものは3／4オンス（21g）とか1／16オンス（1・8g）、大きいものは1・1／2オンス（42g）などと分数で表されるので、慣れないと換算するのが大変である。

ガン玉オモリ。主にウキ釣りで使用される

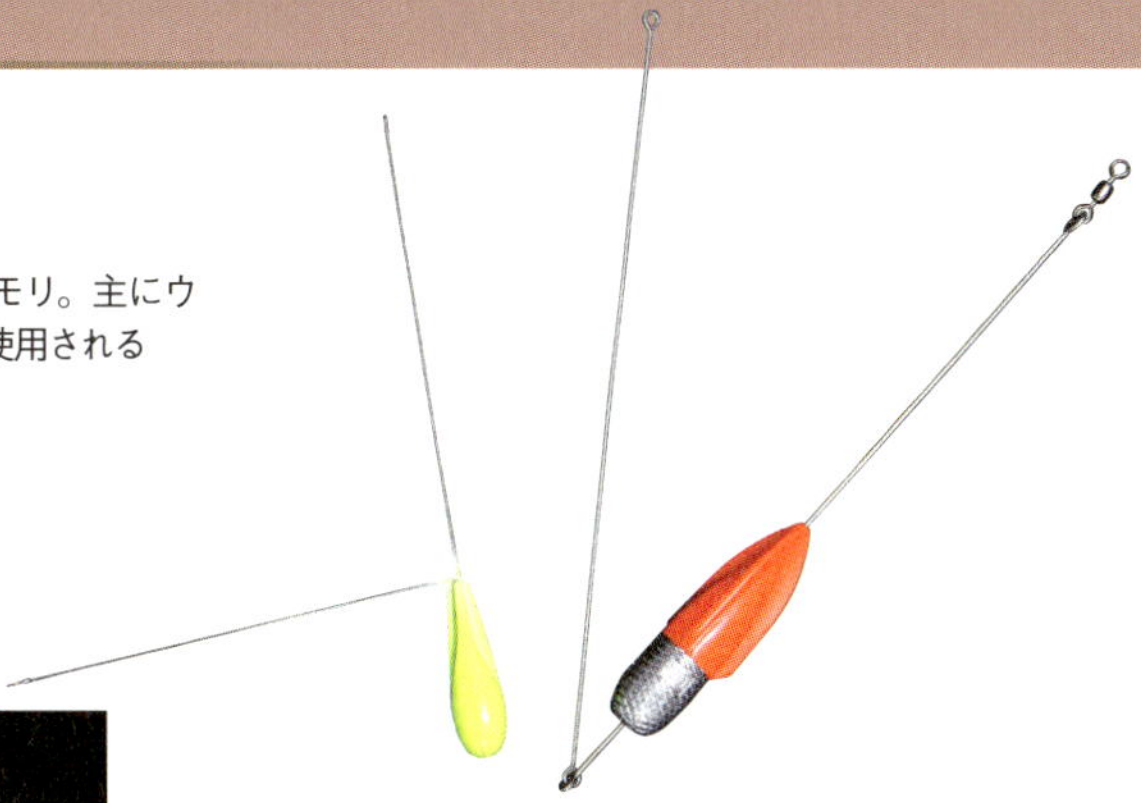

L型テンビン（左）とジェットテンビン（右）は、ともにポピュラーなテンビンオモリ

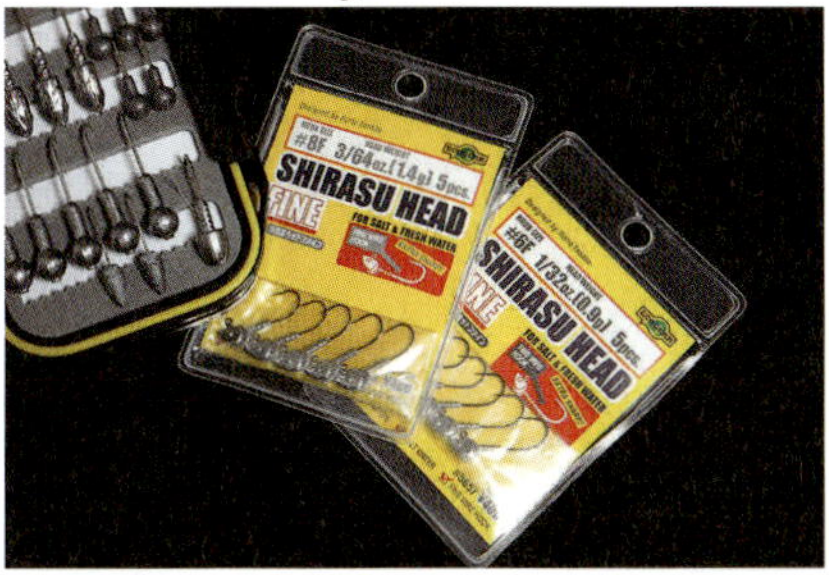

オモリとハリが一体化したジグヘッド。ハリ部分にワームなどをセットして使う

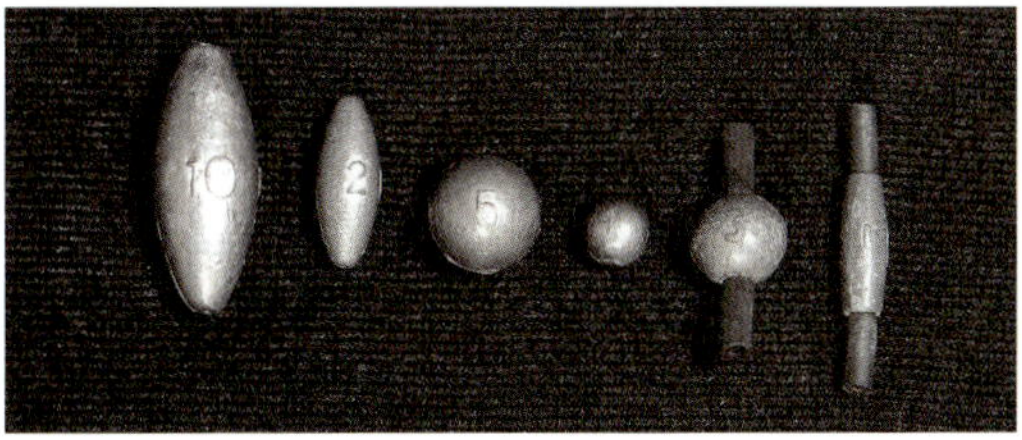

中通しオモリのバリエーション

六角オモリ（左）とナス型オモリ

オモリ号数表（目安）

●ガン玉													
号数	8号 (G8)	7号 (G7)	6号 (G6)	5号 (G5)	4号 (G4)	3号 G3)	2号 (G2)	1号 (G1)	B	2B (BB)	3B	4B (SO)	5B (SB)
重量 (g)	0.07	0.09	0.12	0.16	0.20	0.25	0.31	0.40	0.55	0.75	0.95	1.20	1.85
●オモリ													
号数	0.5号	0.8号	1号	1.5号	2号	3号	4号	5号	10号	15号	20号	25号	30号
重量 (g)	1.87	3.00	3.75	5.63	7.50	11.25	15.00	18.75	37.50	56.25	75.00	93.75	112.5

軽　　　　重

ハリ&接続具

ハリは魚との唯一の接点
仕掛け作りを簡単、スピーディーにする接続具

仕掛けの組み立てはハリから考える

ハリは魚との唯一の接点であり、釣りの上手な人ほどハリへのこだわりが強い。釣具店へ行くとズラリとハリが並び、サイズや形状などさまざまな種類があるため、初心者はどれを選んでよいのか迷ってしまう。

一応の目安として、イソメなど虫エサを使う場合は流線やキスバリ、丸セイゴなどの「長軸バリ系」。オキアミや練りエサを使うときはチヌバリやグレバリ、伊勢尼などの「丸バリ系」。活きエビや小魚にはスズキバリや海津バリといった「角バリ系」が使われる。

対象魚のネーミングが記されているハリは、ひと目で何用なのかが分かる。対象魚が決まっていれば、こうした専用のハリを選ぶのが間違いない。

そして問題はハリの大きさだ。ある程度釣れている魚の大きさが絞れていれば、それに合ったサイズを選べばよいが、分からないときは小さめのハリを選ぶようにしたい。

これはハリを選ぶ格言に「小は大を兼ねる」という言葉があり、小さいハリで大きな魚は釣れても、大きいハリで小さな魚は釣れないということを表わしているのだ。

あまり小さすぎてもエサが付けづらかったり、スッポ抜けも多くなるので、実際には標準的なサイズよりも2サイズくらい小さめを選んでおくとよいだろう。

接続具は金属製以外に樹脂製などもある

代表的な接続具は「スイベル（ヨリモドシ）」だろう。ミチイトとハリスを繋ぐときに介する金属製の小物で、上下に回転する2つの環が付き、イトヨレを軽減させる働きがある。スイベルには三つ又形状、スナップやハリス止メ付きなどさまざまな種類があり、これらを使うことで仕掛け作りやハリス交換がスピーディーに行なえる。

また、スナップ付きスイベルはミチイトに環付きウキをセットするときのウキ遊動金具に流用もできる。さらに金属のスイベルは仕掛けが不自然に屈折してしまうとして、樹脂製のものもある。

このほか、モトスから枝スを出すような仕掛けではビーズに十字の穴を開けたり、ハリス止メを埋め込んだりした接続具もある。これらをきちっと箇所によって使い分けると、より釣りを快適に楽しむことができる。

ハリの種類は非常に多い。軸の長いもの、ケンの付いたもの、フトコロが広いもの……それぞれに意味があるので、対象魚や釣り方に適したものを選ぼう。サイズも大切だ

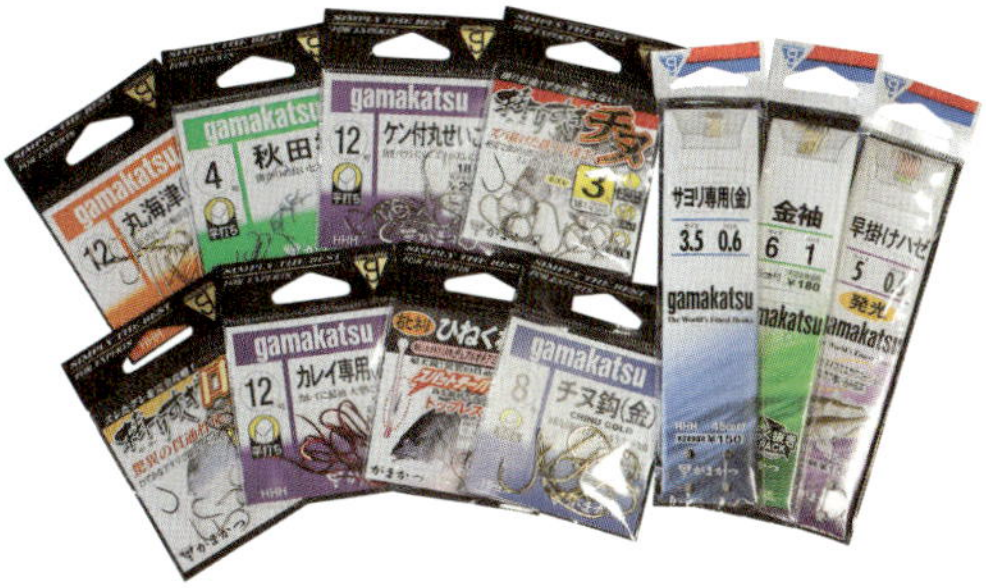
gamakatsu
丸海津
秋田狐
ケン付丸せいご
サヨリ専用(金)
金袖
早掛けハゼ
カレイ専用
ひねくれ
チヌ釣(金)

ハリにはハリス付き（右3点）と、自分でハリスを結ぶバラバリが市販されている。最初はハリス付きで始めて、慣れてきたらバラバリにもチャレンジしてみよう

ハリの各部の名称

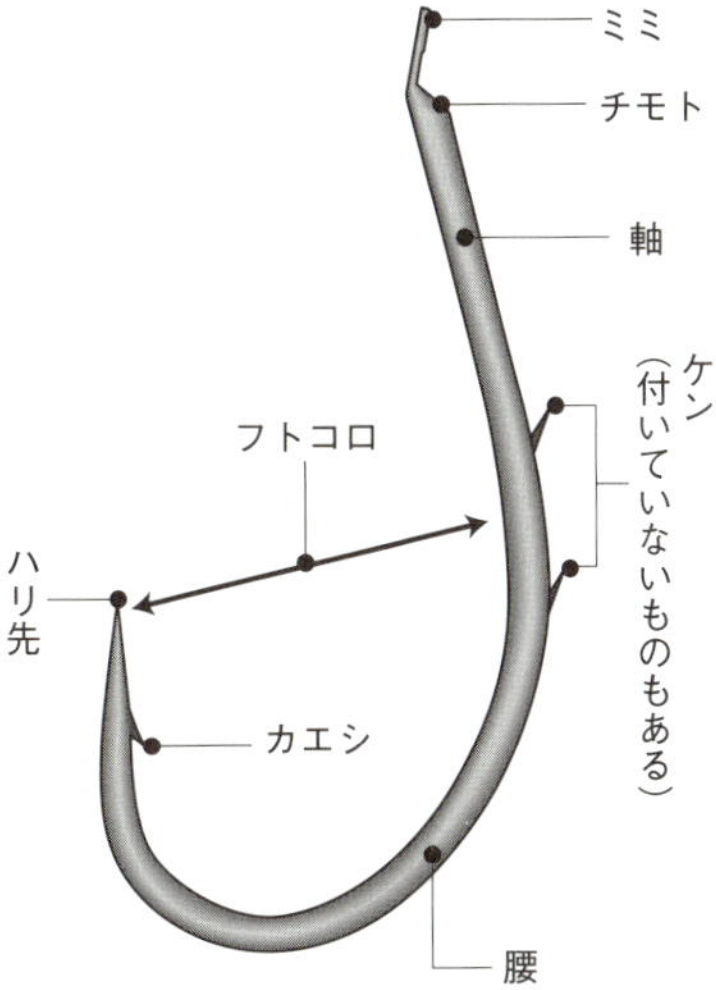
ミミ
チモト
軸
ケン（付いていないものもある）
フトコロ
ハリ先
カエシ
腰

●主な接続具

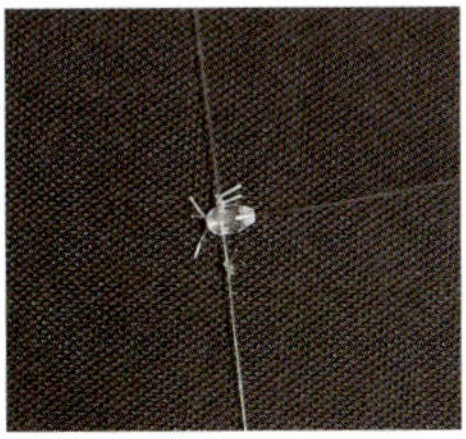

枝ス用のプラスチックビーズ

大小のスイベル同士を組み合わせた親子スイベル

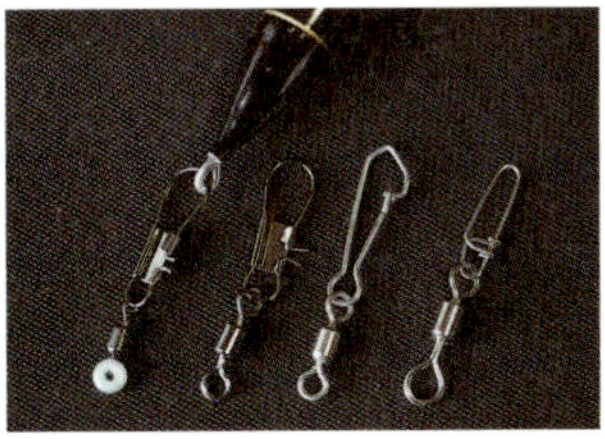

スナップ付きスイベル

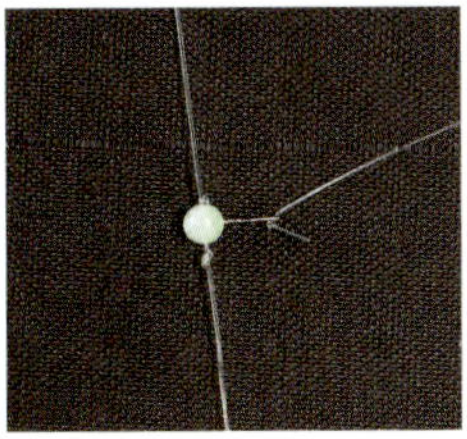

こちらは自動ハリス止メタイプの枝ス用ビーズ

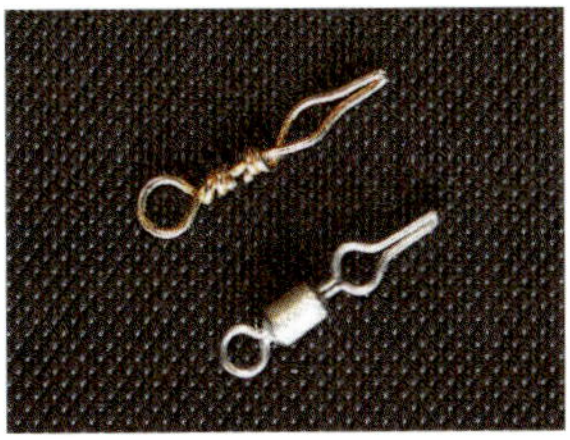

自動ハリス止メ。右側のくちばし状の内側にハリスを通して引っ掛けるとイトが留まる

スイベル。大小各サイズのほか、形状のバリエーションもある

服装と装備

安全に快適にできるよう心掛ける
救命胴衣は堤防釣りのマストアイテム

堤防釣りの基本装備と収納例（収納については次項）。まずは安全を第一に、野外での遊びであることから衣類や帽子など身につけるものにもさまざまな機能が求められる

足場がよくて一見安全そうな堤防でも、ひとたび海に転落してしまうと、堤防に上がれる場所が近くにないこともある。

また、釣りは自然相手のレジャーなので天気が急変することも決して珍しくない。突然雨が降り出したり、かと思えば曇天の予報が見事に外れて熱中症が心配なほどの好天になることもある。趣味として釣りを楽しむのなら最低限の安全管理は自分自身で行なわなければならない。

まずは「海に落ちない」ことが鉄則であるが、万が一落水してしまったら「沈まないこと」が何よりも大切になる。そのため釣り場では救命胴衣を必ず装着するようにしたい。

天候の急変に対してはレインウエアで対応する。レインウエアは雨ばかりでなく風や波をシャットアウトしてくれる機能もある。オールシーズン着用することも想定して、少々高価であるが防水透湿素材のものを選ぶようにし

救命胴衣の主な例。収納機能のあるベストと一体化したもの（左）、落水を感知して膨らむ自動膨張タイプ（右）、腰に巻くタイプ（下）。海釣り全般の必需品だ

帽子は寒暖で種類を使い分けるとよい

レインギアは風避けや保温目的でも機能を発揮してくれる。重さも気にならないので天候を問わず持参したい

偏光グラス。近年の釣りではほぼマストアイテム化している

足場のよい堤防の場合、足元はスニーカーでもOK。ただしソールが滑りにくい形状や素材のものを選びたい。防水機能を備えたものならなおよい

手袋は使うとそのよさを実感できるアイテムの1つ。寒い時期は保温にもなる

たい。

　転んだときの頭部の保護や熱中症対策のために帽子は必ず着用しよう。夏場は通気性を重視したメッシュタイプがかぶりやすく、冬場は防寒対策でニット帽や耳あての付いたものを選ぶとよい。

　このほか地面に手をついたときや、魚を握ったときにとがった背ビレや鋭いエラなどから手を守るためのグローブもあると便利だ。

　また、釣りをより快適にするアイテムとして着用すると大変便利なのが偏光グラスだ。太陽のまぶしい光を軽減してくれるのはサングラスと同じだが、偏光グラスはさらに水面のギラつきをカットして海中の様子が見やすくなる。同時に目の疲れも軽減してくれるので、そのぶん釣りに集中できる。高級なタイプになると特定の色だけを強調する機能が付いていたり、ウキが見やすく調整されたものなどもあるので、用途に応じたものを選ぶとよい。

持ち物&収納

スッキリ&コンパクトにまとめるのが鉄則
荷物は1回で運べる量にしよう

堤防釣りの荷物は「1回で運べる量」にまとめること

釣行時に「あれもこれも」と欲張りたいのは分かるけど、荷物を運ぶのに堤防を何度も往復するのは天候の急変やとっさの撤収時に危険が伴う。持ち物はロッドケースにクーラー、タックルケースまたはバッカンなどの3点程度にまとめるよう上手く収納したい。

サオの運搬にはロッドケースを使えば一度に数本を収納できるほか、ウキ釣りなら同時にヒシャクや棒ウキのケースを、投げ釣りでは三脚も一緒にすることができる。さらにリールインタイプのロッドケースならリールも付けたまま運べるので便利である。

クーラーボックスはもちろん魚を入れるものであるが、水汲みバケツや密閉容器などを上手に仕切って使えば、エサ、食べ物、飲み物を同時に収納することができる。この場合、氷が溶けた水で食べ物などが浸ってしまわないように配慮が必要だ。

タックルバッグには釣道具はもちろん、レインウエアやその他の装備も入

荷物をコンパクトにまとめると釣り場での機動力も増す

意外な盲点 ?! カートを利用すると運搬がとても楽になる

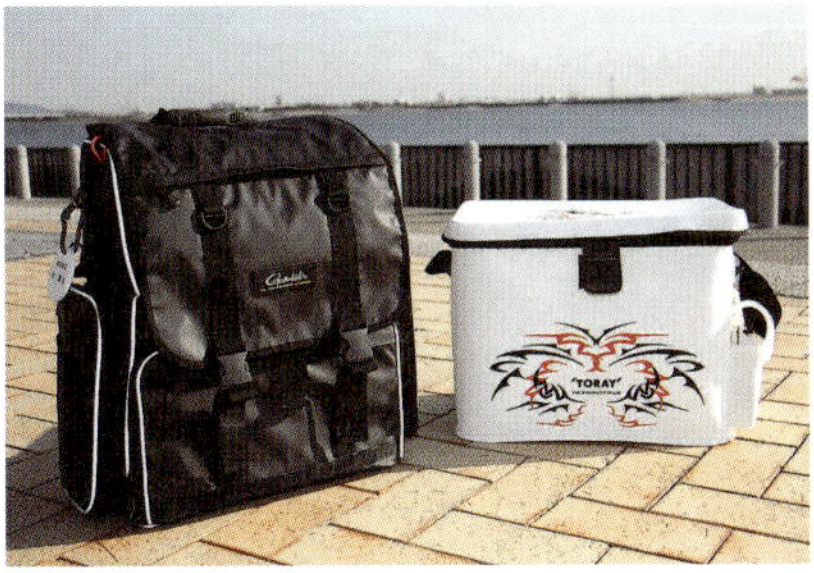

リュックタイプのタックルバッグ（左）とバッカン（右）

クーラー例。目的に応じて左のようにオプションを付けてカスタマイズするのもいい

れておくとよいだろう。

そして荷物を減らすうえで欠かせないのが、フィッシングベストやポケットの多い救命胴衣だ。フィッシングベストの特徴は釣りで使う小物類を効率よく収納できる点で、ハリやハリス、ガン玉、ハサミなどを収納してしまえば、タックルバッグの中身を減らすことも可能だ。

ウキ釣りなどでは寄せを使うためバッカンが必要になる。36㎝と40㎝など、サイズの違うバッカンを用意して入れ子で持ち運ぶとよい。現場では36㎝のバッカンで寄せエサを作り、40㎝のバッカンに予備のエサなどを入れておくとよいだろう。

長い堤防を歩くときは、キャリアーカートを使うとクーラーやタックルバッグなどを転がして運べるので楽チンだ。両手の空くリュックタイプのタックルバッグだと、左右にバランスよく荷物（ロッドケースとクーラー）を持てるので歩きやすい。

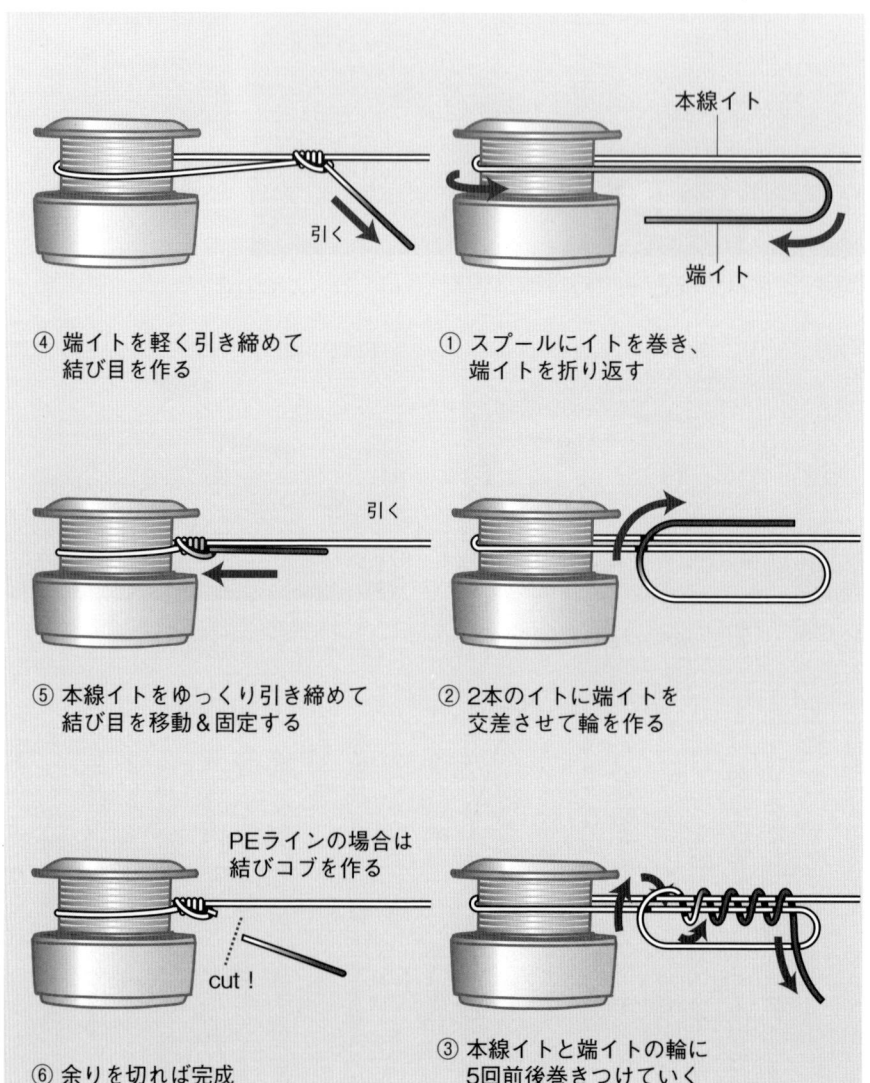

スプールにミチイトを結ぶ

リールを使う釣りでは最初にスプールにイトを結ばなければならない。
スプールの底なので、一度結んでしまえば強度などが問題になることはほとんどない

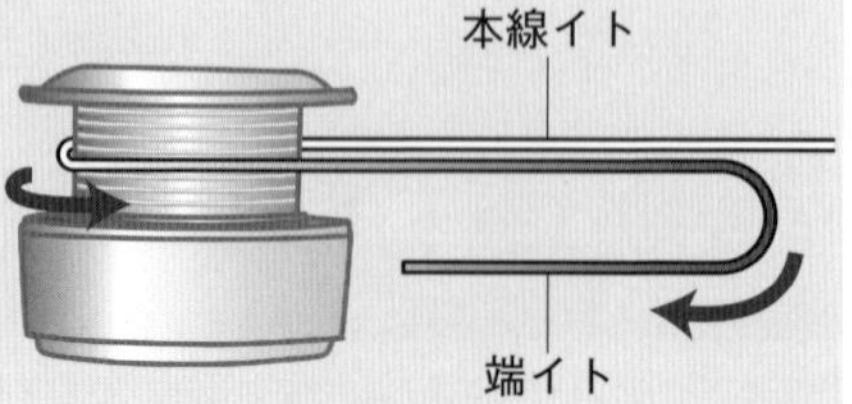
本線イト
端イト

① スプールにイトを巻き、
端イトを折り返す

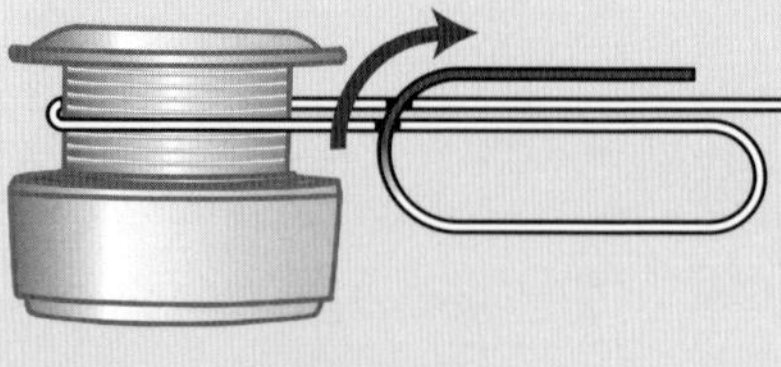

② 2本のイトに端イトを
交差させて輪を作る

③ 本線イトと端イトの輪に
5回前後巻きつけていく

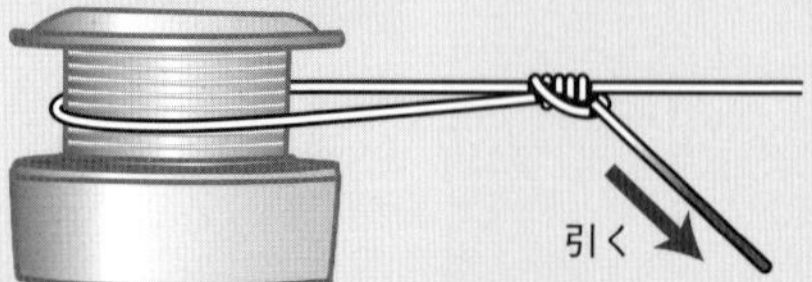
引く

④ 端イトを軽く引き締めて
結び目を作る

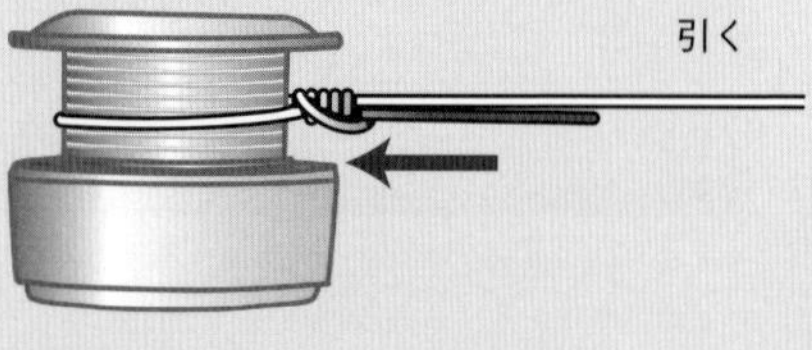
引く

⑤ 本線イトをゆっくり引き締めて
結び目を移動＆固定する

PEラインの場合は
結びコブを作る
cut !

⑥ 余りを切れば完成

サオとの結び

8の字結びのチチワ&ぶしょう付け

ノベザオのリリアン穂先にミチイトを接続するための結び。
8の字結びで大小のチチワを作り、ぶしょう付けで接続する

ぶしょう付け

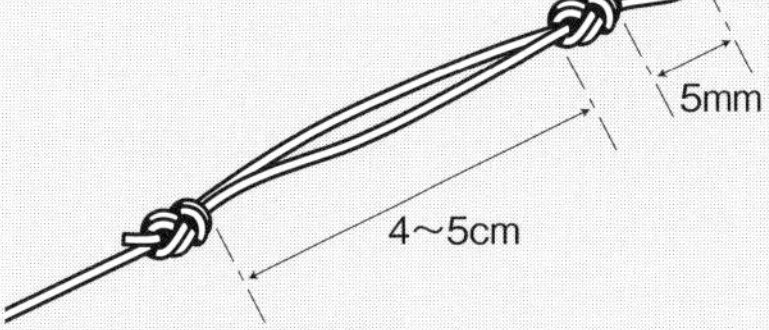

① 引きほどき用とチチワ止め用の大小2つのチチワを作る

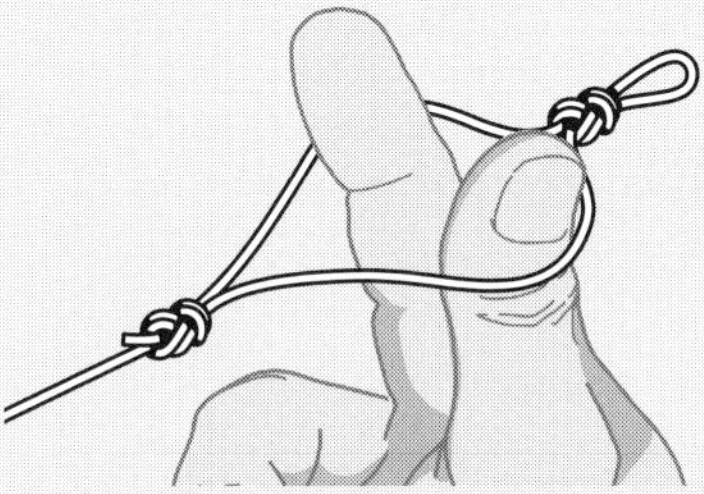

② 大きな輪の中に親指と人差し指を差し込んで2本の中心イトをくくり取る

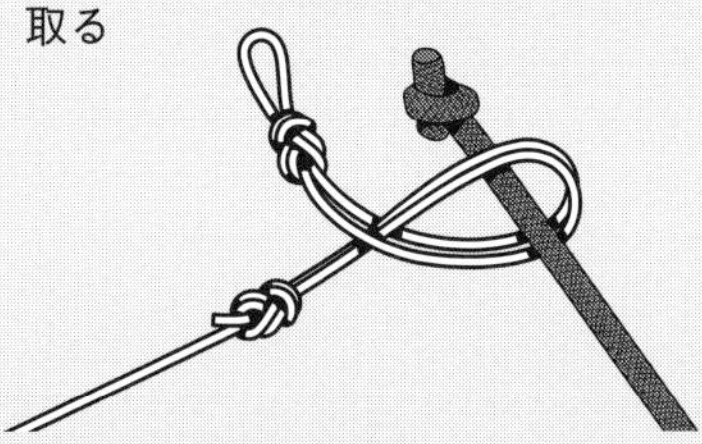

③ リリアン穂先に通す。ここでイトを引き絞って止めれば普通のぶしょう付け完成

④ ほどくときは小さなチチワを引っ張ればよい

8の字結びのチチワ

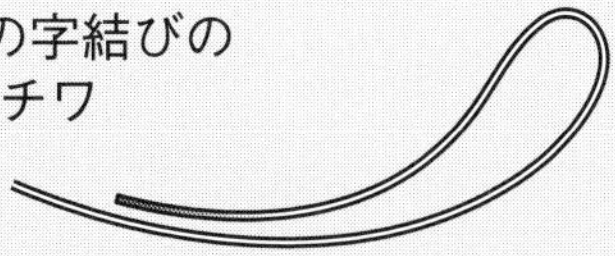

① ミチイトを折り返す

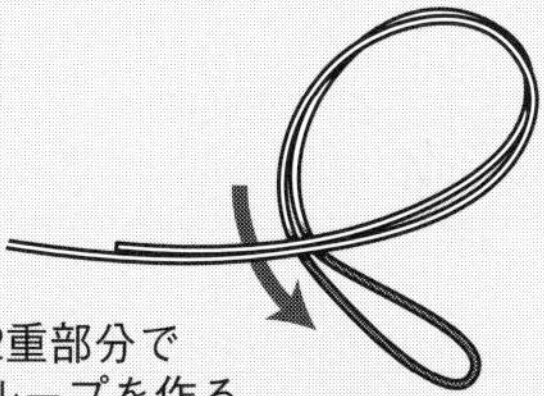

② 2重部分でループを作る

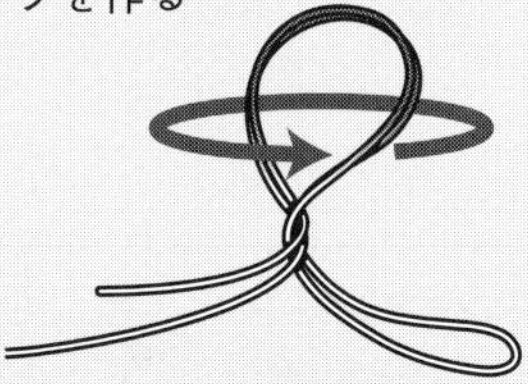

③ ループを1回ひねって輪を作る

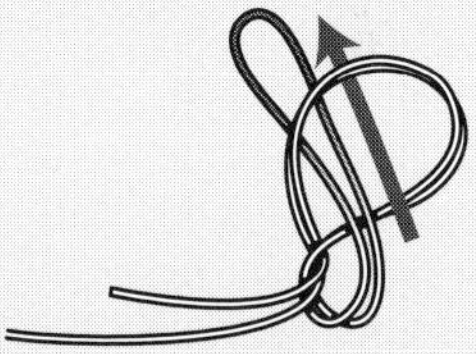

④ ひねったループの中に折り返し部分を通す

⑤ 結び目をゆっくりと締め込む

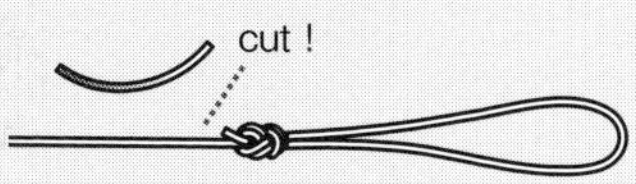

⑥ 余りを切れば完成

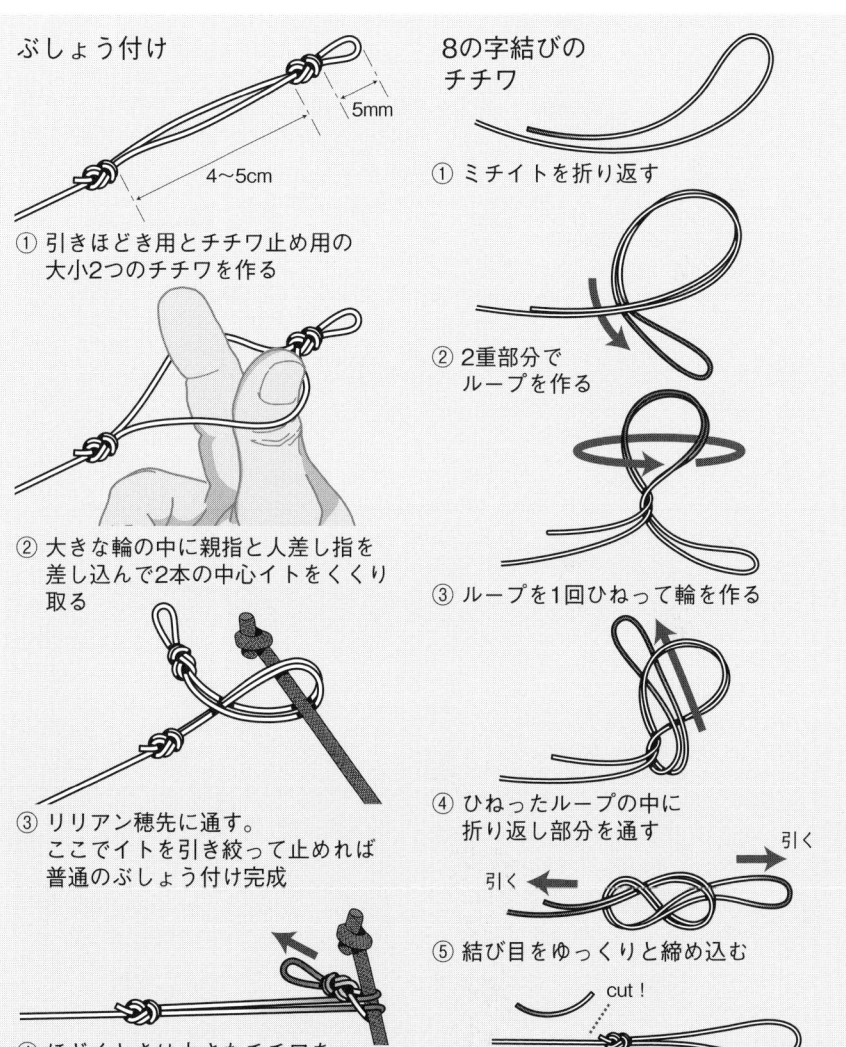

接続具、ルアーとの結び

ダブルクリンチノット DVD連動

簡単でスピーディーにできる結び。

スイベルの環にイトを1回しか潜らせない場合は「ダブル」を取ってクリンチノットになる

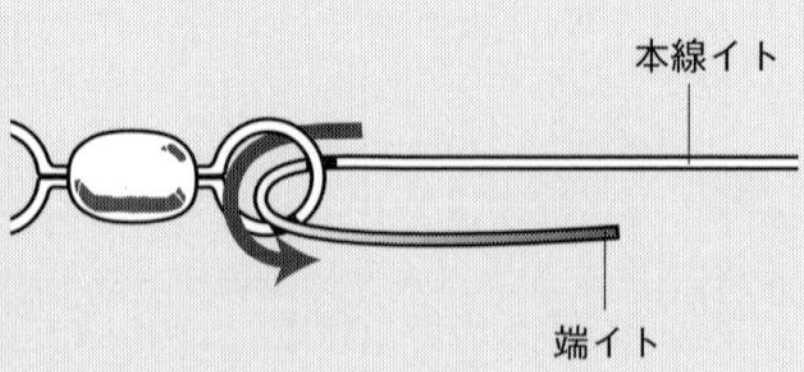

① 図のようにイトを通す

② さらにもう一度イトを通す

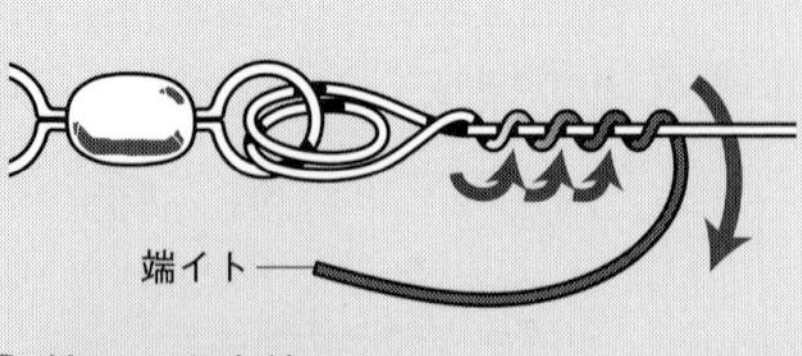

③ 端イトを本線イトに
4回巻きつける
(PE同士の場合は7～8回)

④ 輪に端イトを通す

⑤ 端イトを折り返すように④で
できた輪に通す

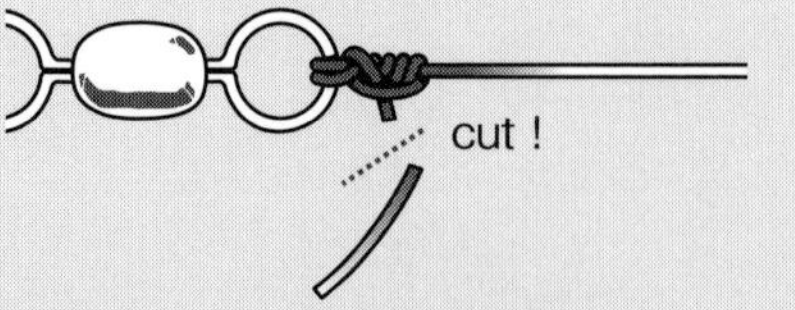

⑥ 本線イトと端イトを引き締め、
余りを切れば完成

接続具、ルアーとの結び

ユニノット

スイベルへの結びではダブルクリンチノット（クリンチノット）と並んで多用される。海川を問わず出番の多い結びだ

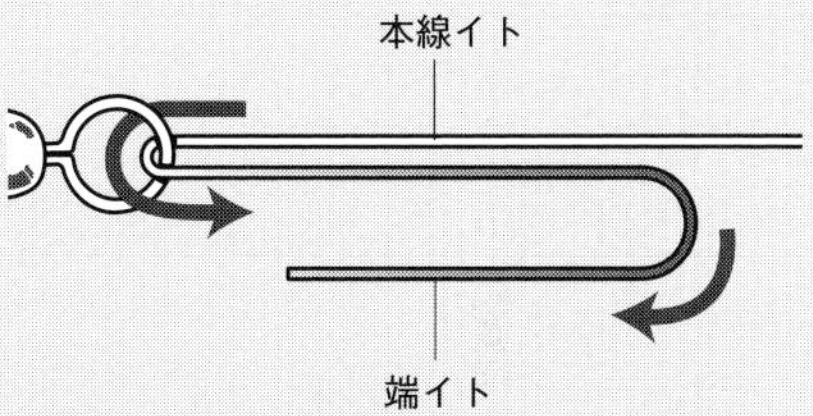

① 図のようにイトを通し、
端イトを折り返す

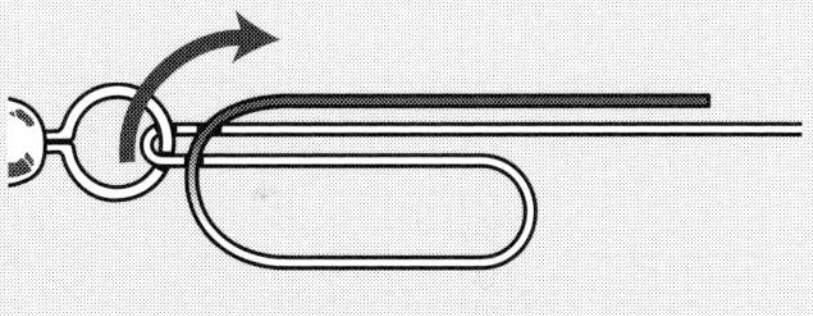

② 2本のイトに端イトを
交差させて輪を作る

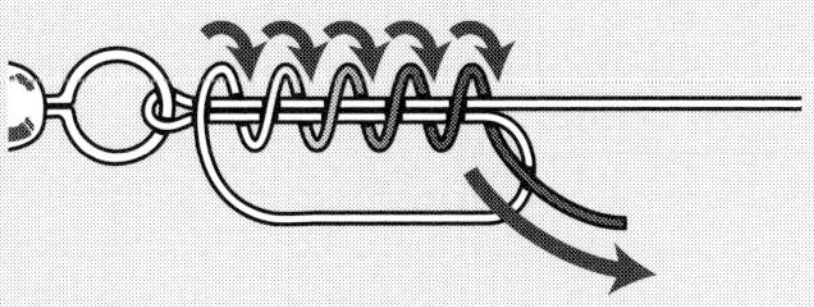

③ 本線イトと端イトの輪に
5回前後巻きつけていく

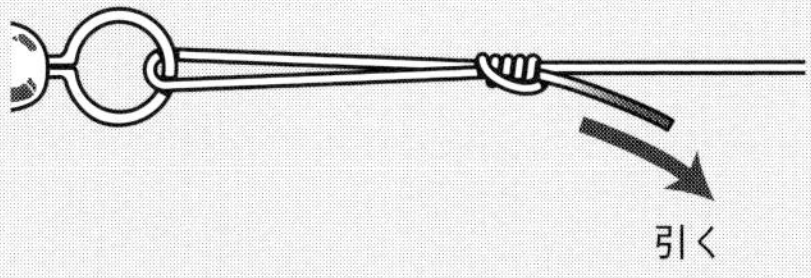

④ 端イトを軽く引き締めて
結び目を作る

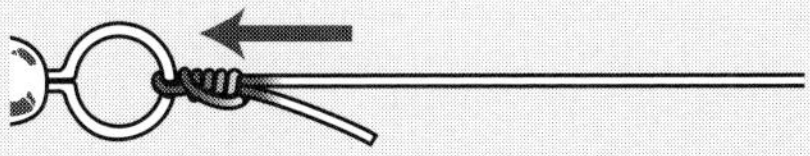

⑤ 本線イトをゆっくり引き締めて
結び目を移動&固定する

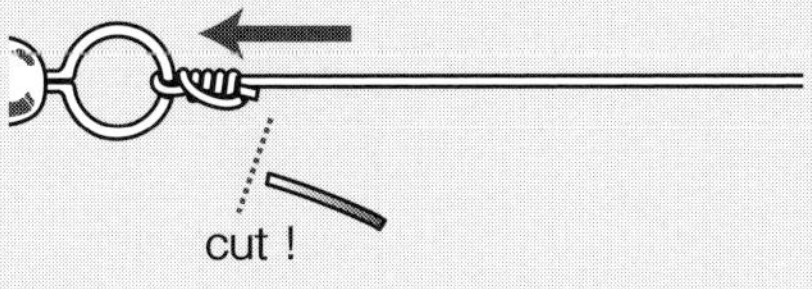

⑥ 余りを切れば完成

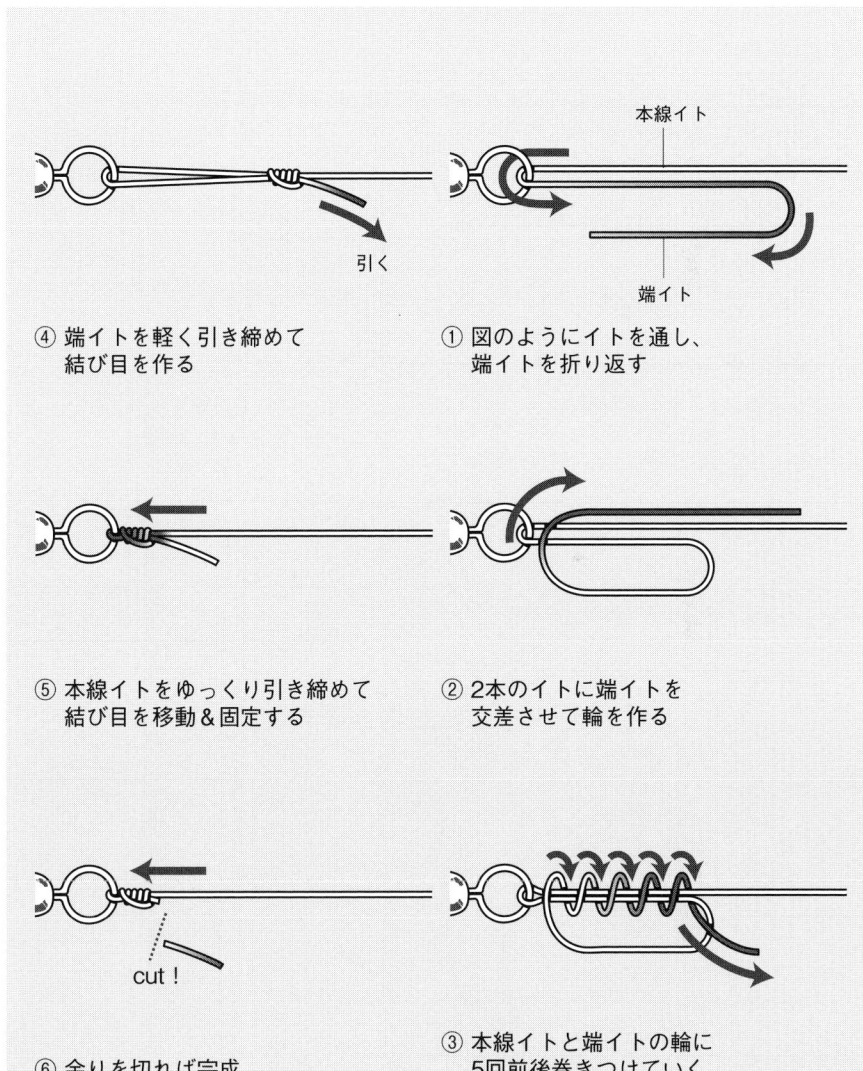

イトとイトの結び

電車結び DVD連動

電車の連結を思わせる結びで、イト同士が折れることなくまっすぐな仕上がりになる。ウキ止メの結びにも応用される

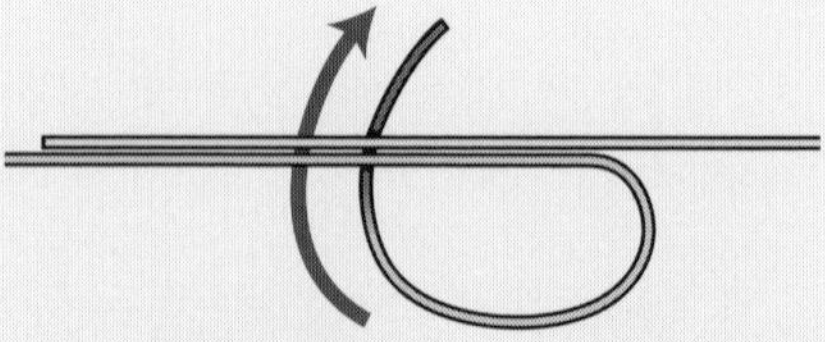

① イト同士を重ねて、一方の端イトで図のように輪を作る

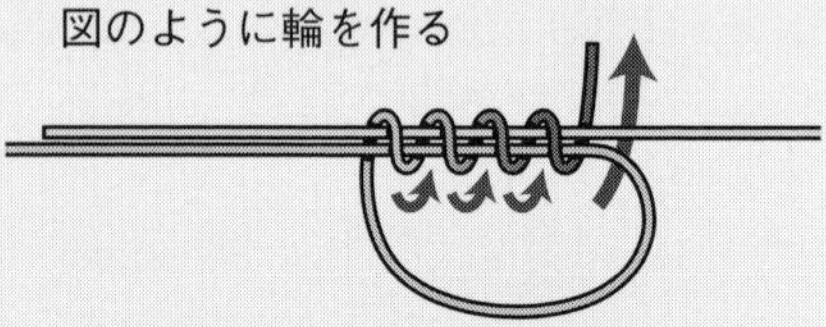

② 輪の中に端イトを4回ほど通す（PE同士の場合は7〜8回）

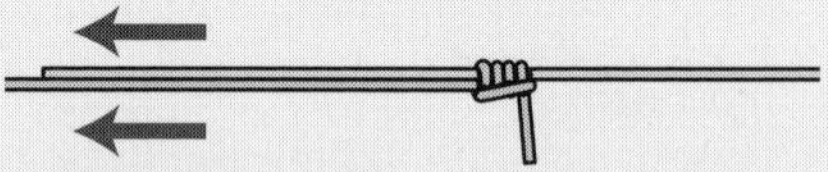

③ 左側の端イトと本線イトをゆっくり引き締めて結び目を作る

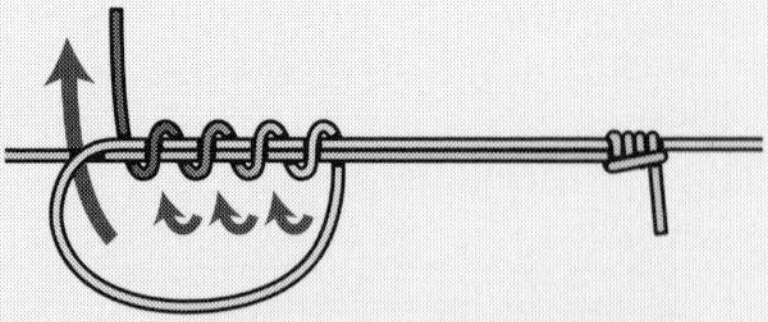

④ もう一方のイトも、同様に結ぶ

⑤ 結び目が2つできた状態

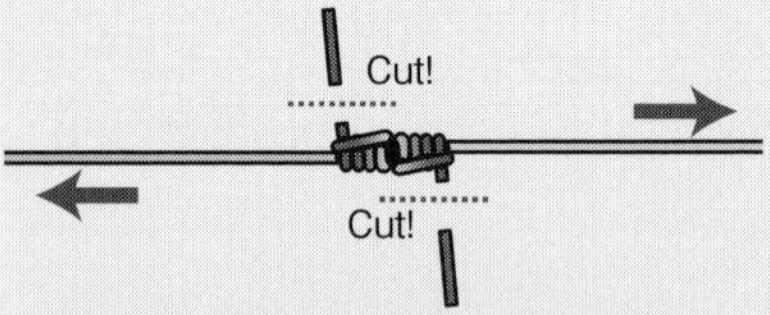

⑥ 左右の本線イトをゆっくり引き締めて結び目を1つにする。最後に余りを切れば完成

ウキ止メ糸の結び方（電車結び）

①

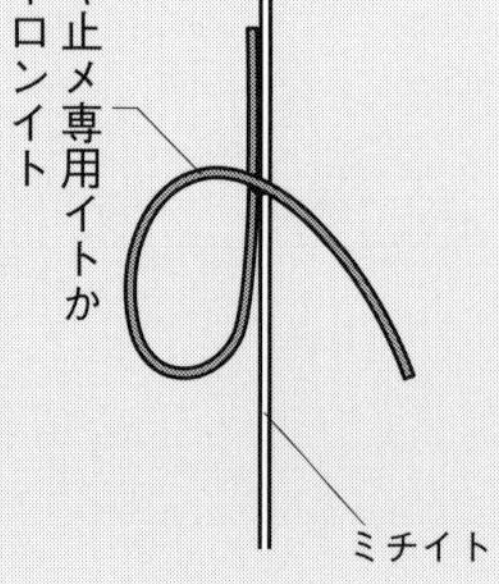

② 輪の中に4〜5回通す

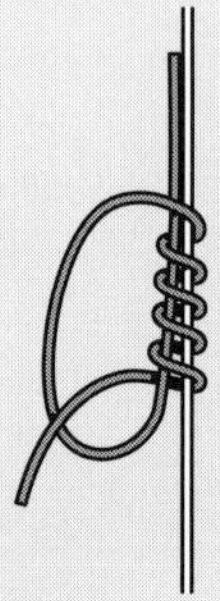

③ 両端を引いて締める

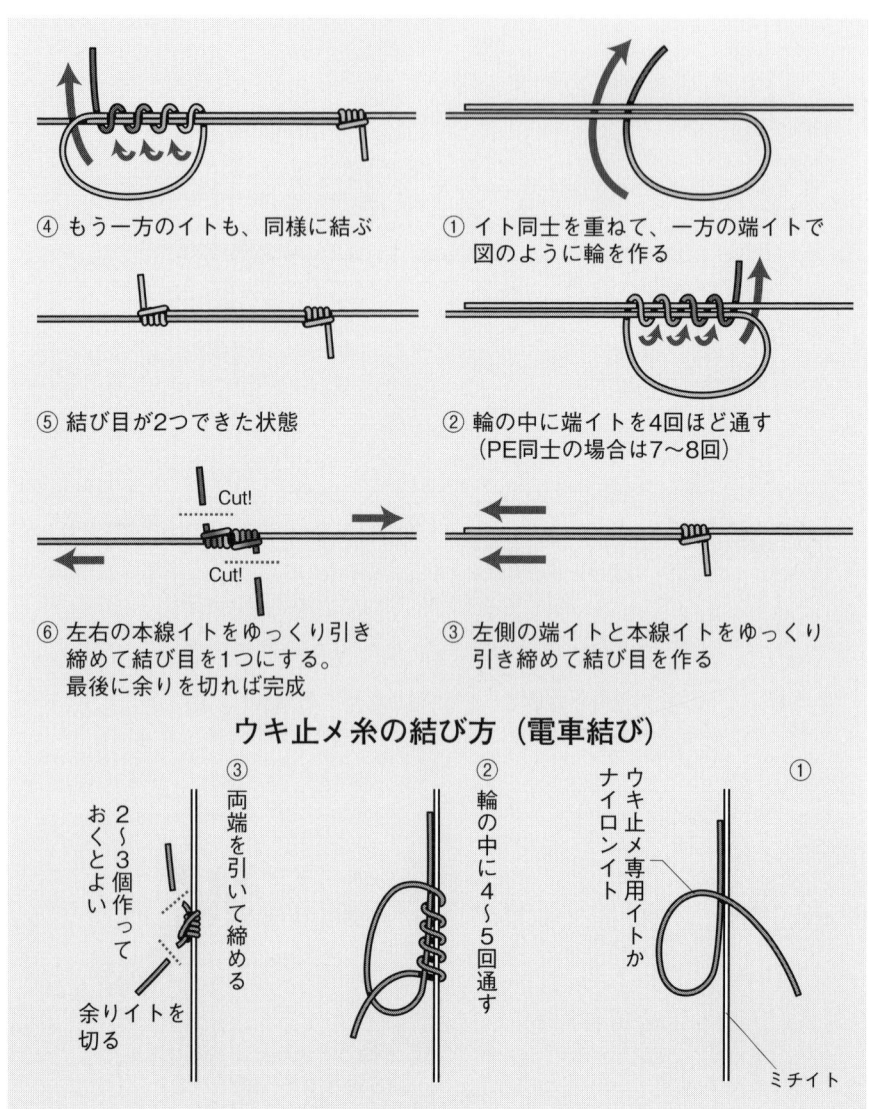

イトとイトの結び

枝スの出し方

8の字結びの応用で、簡単かつ強度も充分。
枝スの修復と一緒にマスターしておくと釣り場で便利だ

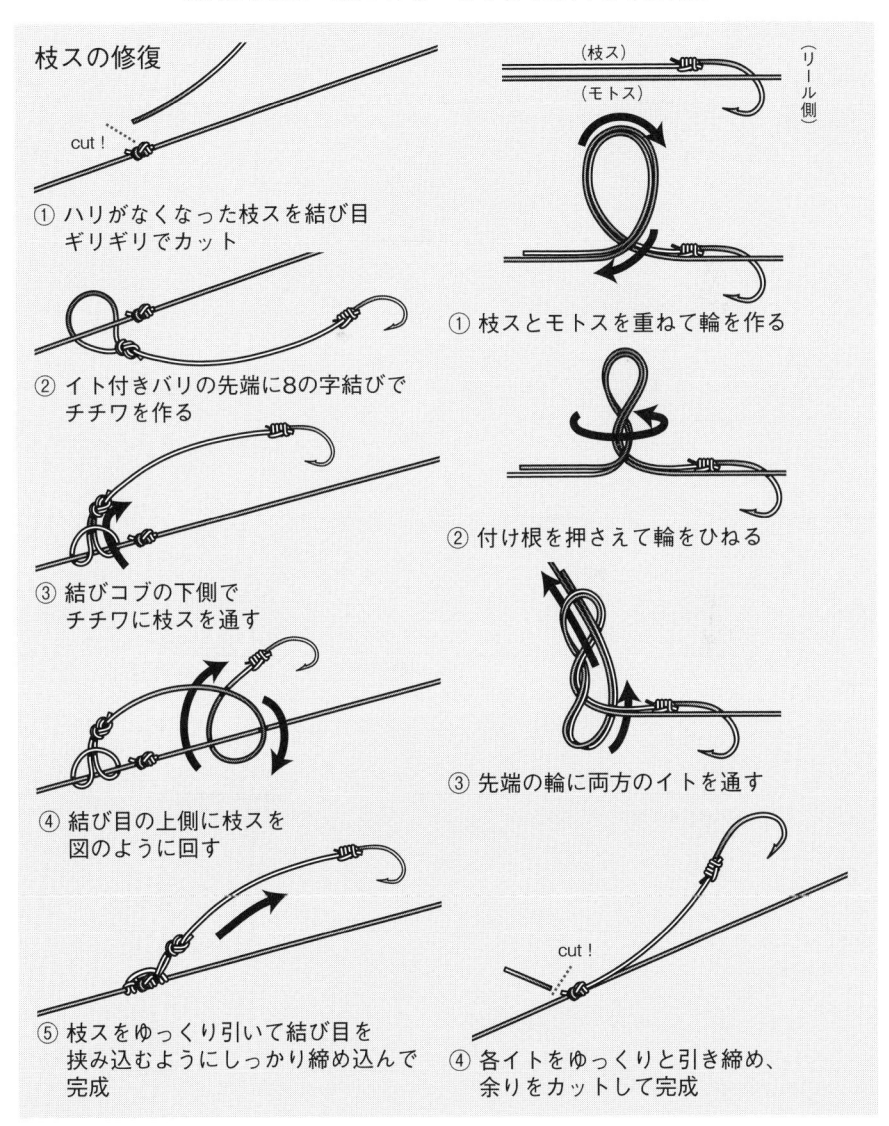

枝スの修復

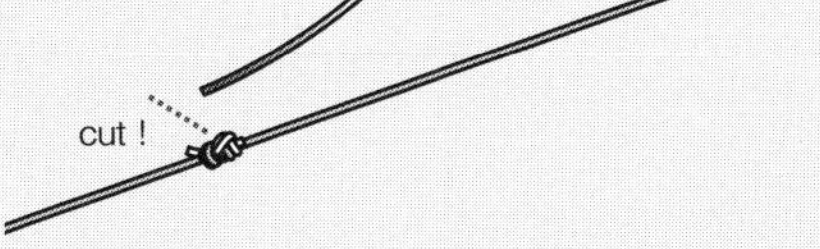

① ハリがなくなった枝スを結び目ギリギリでカット

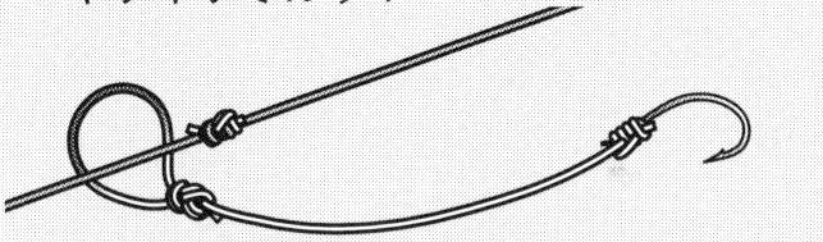

② イト付きバリの先端に8の字結びでチチワを作る

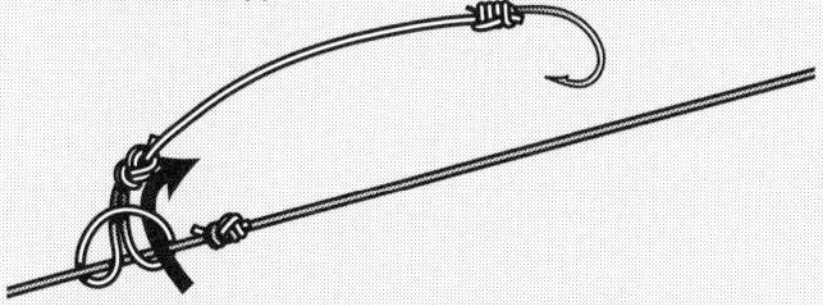

③ 結びコブの下側でチチワに枝スを通す

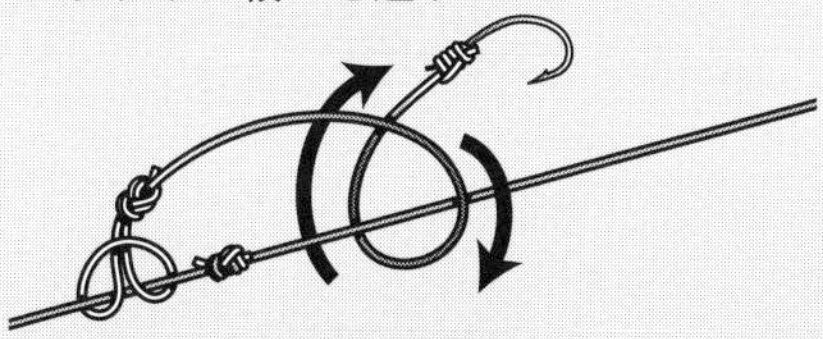

④ 結び目の上側に枝スを図のように回す

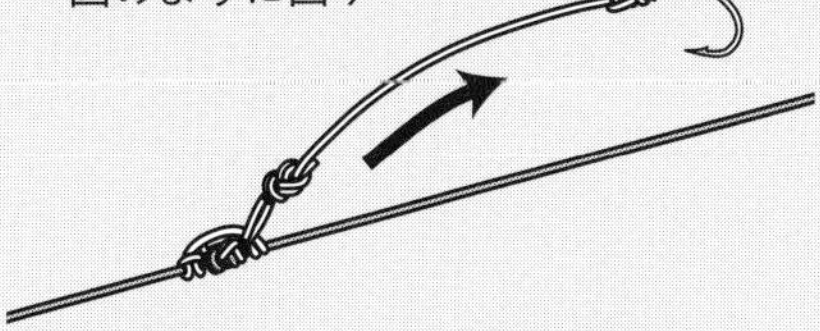

⑤ 枝スをゆっくり引いて結び目を挟み込むようにしっかり締め込んで完成

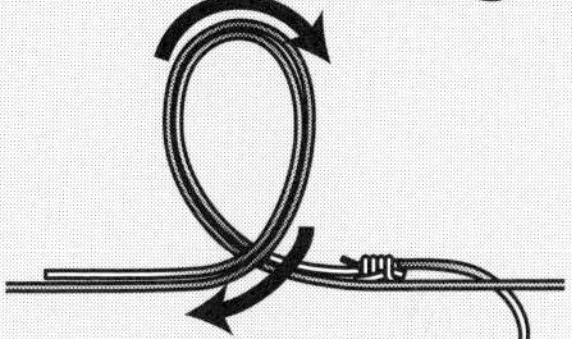

① 枝スとモトスを重ねて輪を作る

② 付け根を押さえて輪をひねる

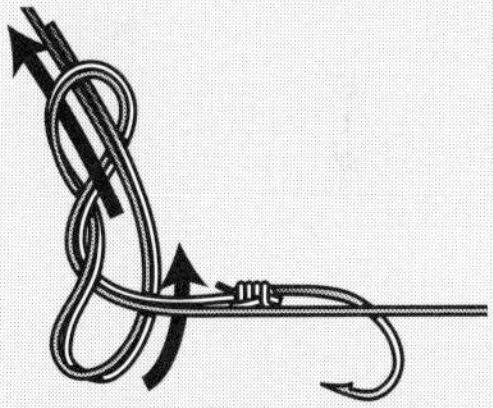

③ 先端の輪に両方のイトを通す

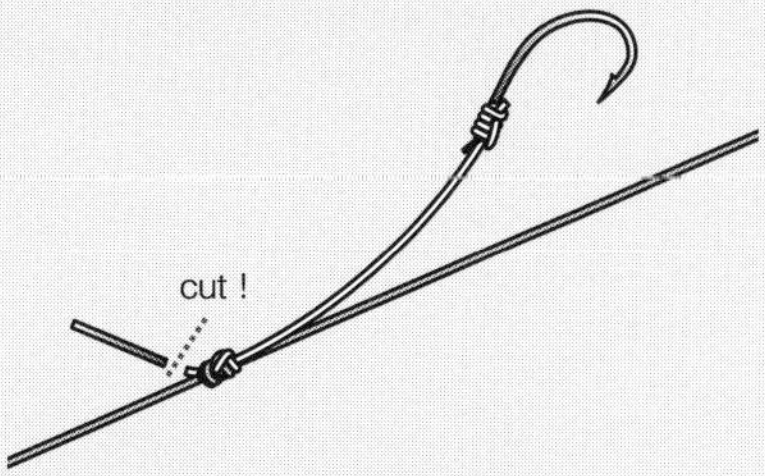

④ 各イトをゆっくりと引き締め、余りをカットして完成

ハリの結び

内掛け結び DVD連動

代表的なハリの結びの1つ。海川問わず多くの釣り人に親しまれている結びで、信頼性も高い。構造的には電車結びと共通し、マスターすればウキ止メイトの結びもできる

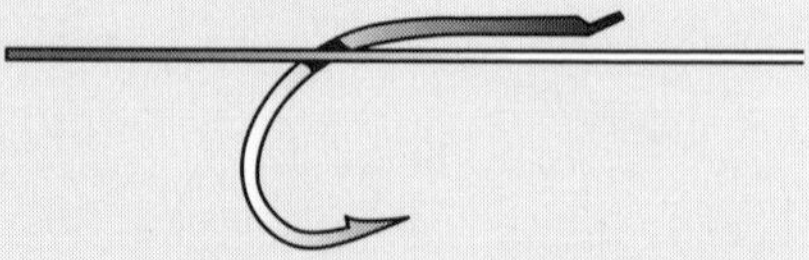

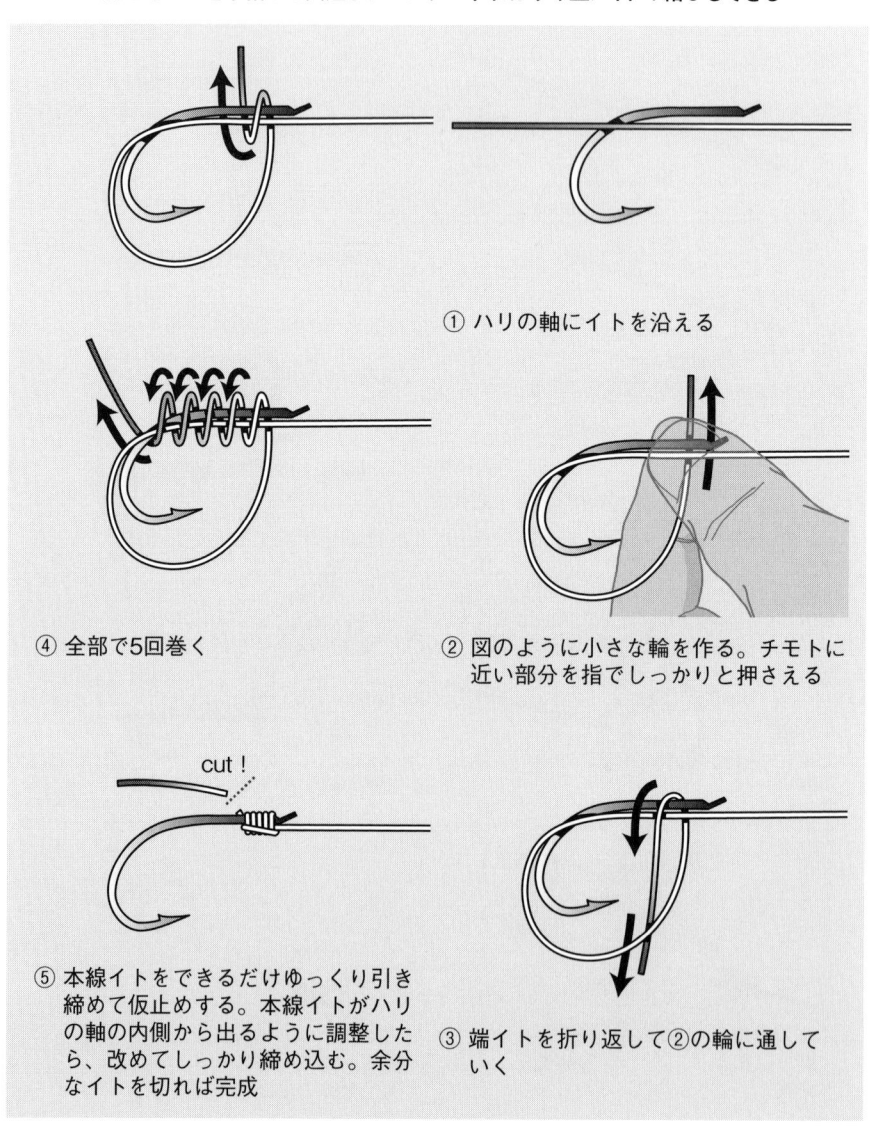

① ハリの軸にイトを沿える

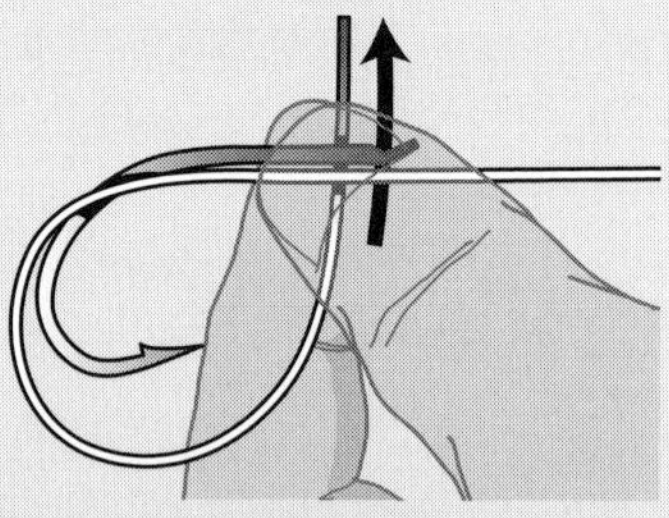

② 図のように小さな輪を作る。チモトに近い部分を指でしっかりと押さえる

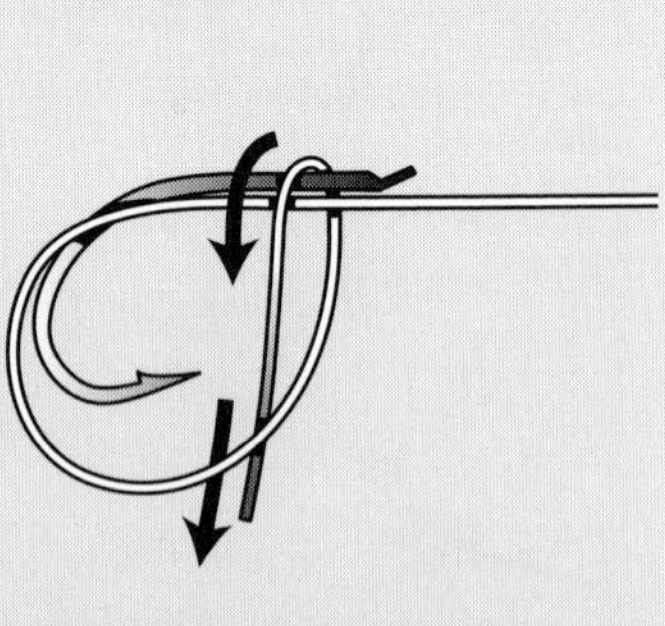

③ 端イトを折り返して②の輪に通していく

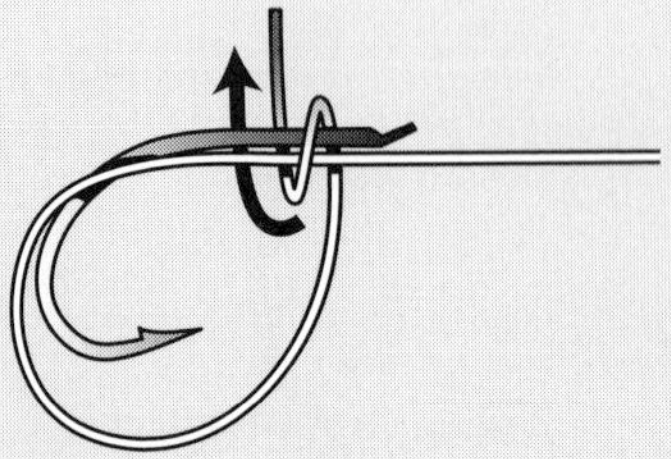

④ 全部で5回巻く

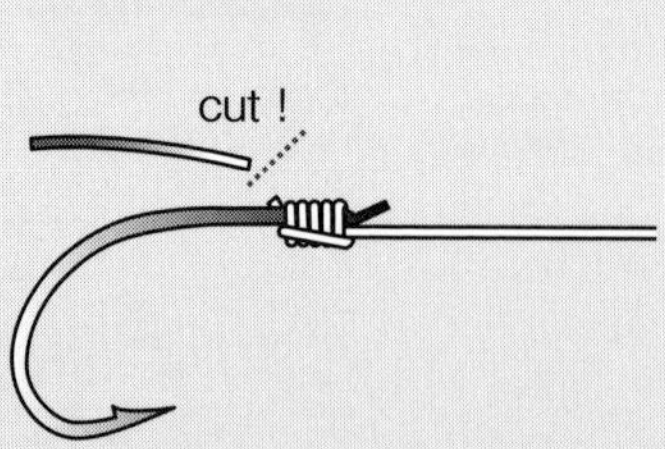

⑤ 本線イトをできるだけゆっくり引き締めて仮止めする。本線イトがハリの軸の内側から出るように調整したら、改めてしっかり締め込む。余分なイトを切れば完成

ダブルラインとリーダーの結び

ビミニツイスト&オルブライトノット

ルアーフィッシングのラインシステム用。

ミチイトにビミニツイストでダブルラインを作り、オルブライトノットでリーダーを結ぶ

オルブライトノット

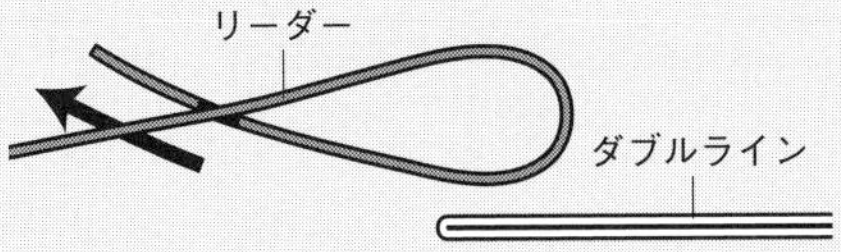

① リーダーの先端側に輪を作る

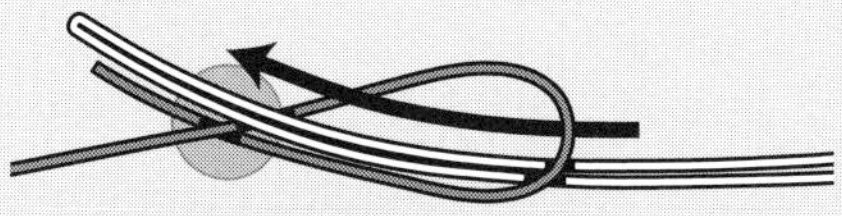

② 輪の中にダブルラインを通し
輪の付け根にダブルラインを添えて
指でしっかり押さえる

③ 輪の先端方向へ堅く巻つけていく。
回数は7～8回以上

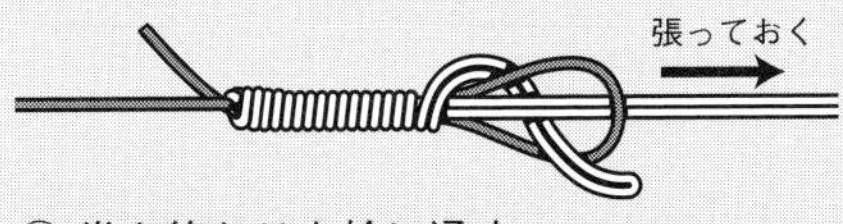

④ 巻き終わりを輪に通す

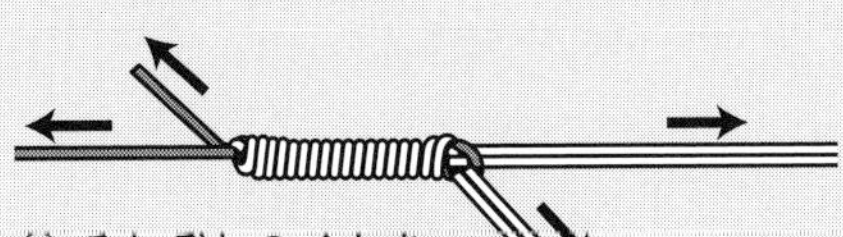

⑤ それぞれのイトを
ゆっくり引き締める

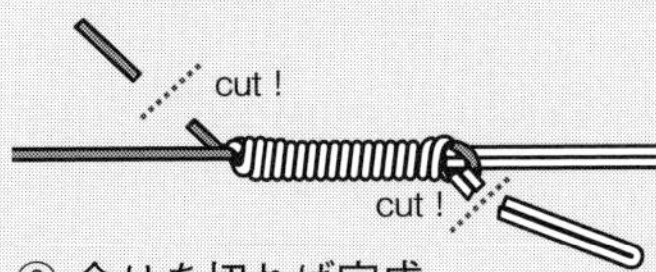

⑥ 余りを切れば完成

ビミニツイスト

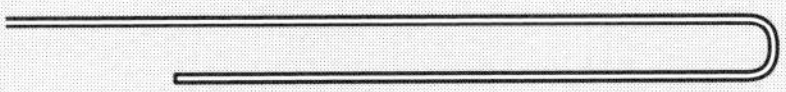

① 二つ折りにしたイトを交差させる

② ①の輪に手を入れてぐるぐる回し、
20回以上ヨリをかける

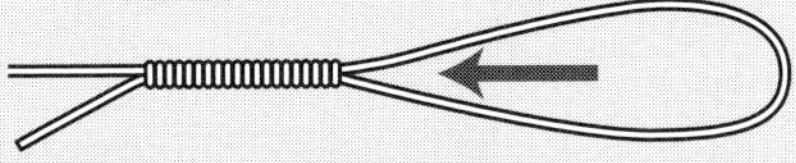

③ 輪の中にひざを入れるなどして輪を
固定し、指で輪の側から絞るように
ヨリを寄せる

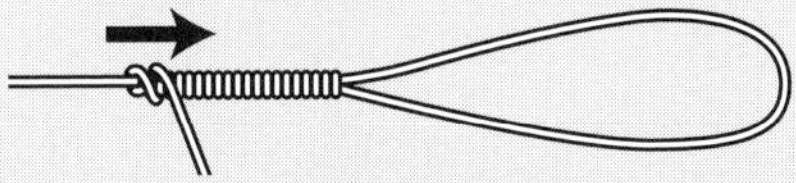

④ ヨリの部分に端イトを近づけると絡み
つくようにヨリが自然にかかる

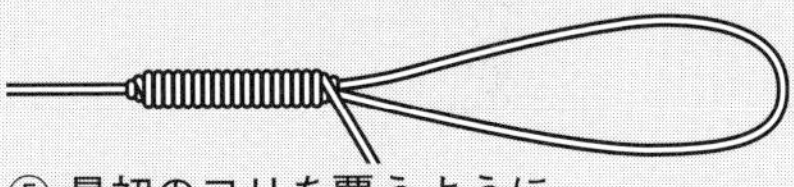

⑤ 最初のヨリを覆うように
ヨリがかかっていく

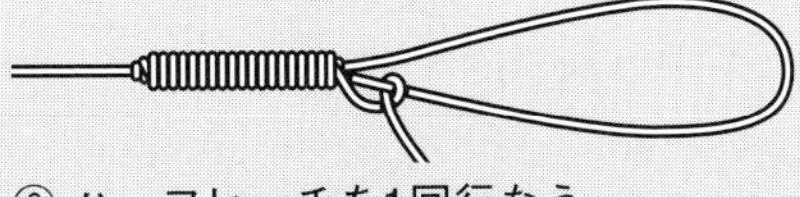

⑥ ハーフヒッチを1回行なう

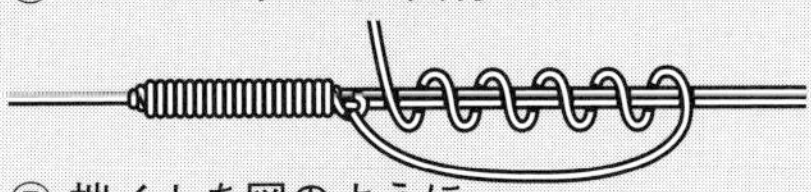

⑦ 端イトを図のように
ダブルラインに絡める

⑧ ゆっくり引き締め、
余りを切れば 完成

PE ラインとショックリーダーの結び

電車結び改良版

PE ラインとショックリーダーの接続は難しいものが多いが、これなら電車結びさえできればあとは難しくない。ルアーにチャレンジするならぜひマスターしよう

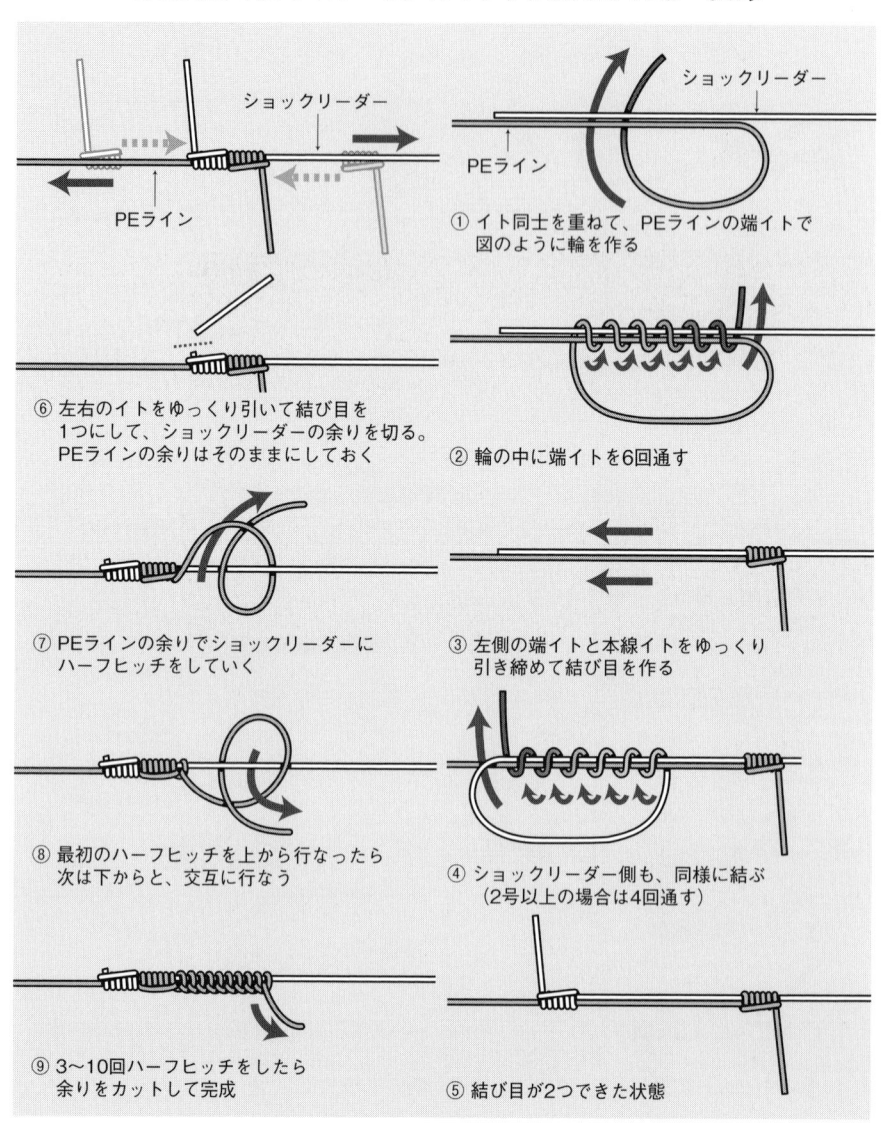

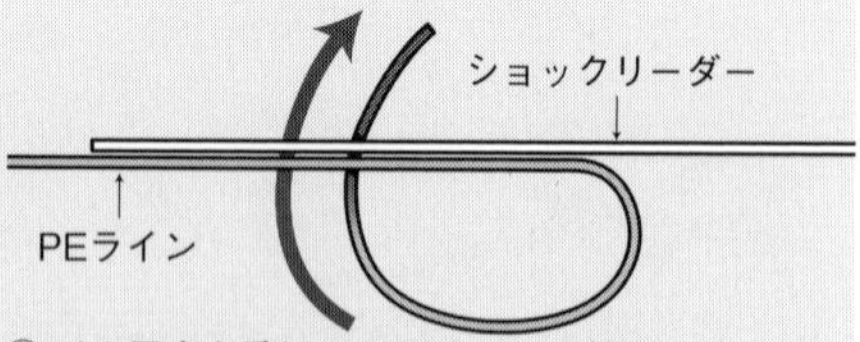

① イト同士を重ねて、PEラインの端イトで図のように輪を作る

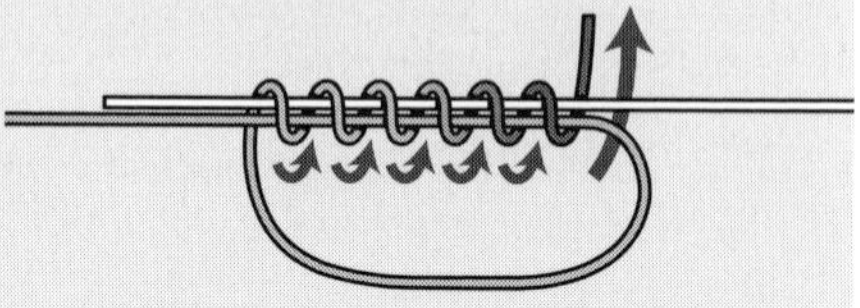

② 輪の中に端イトを6回通す

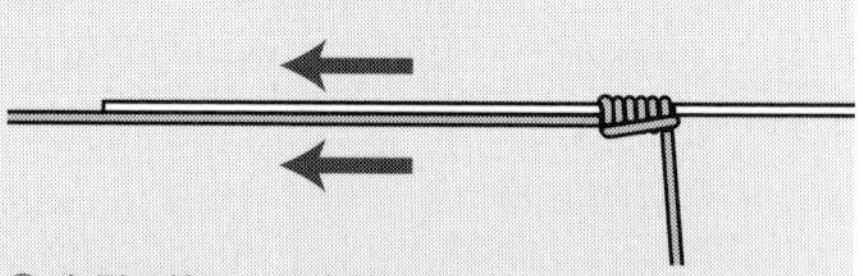

③ 左側の端イトと本線イトをゆっくり引き締めて結び目を作る

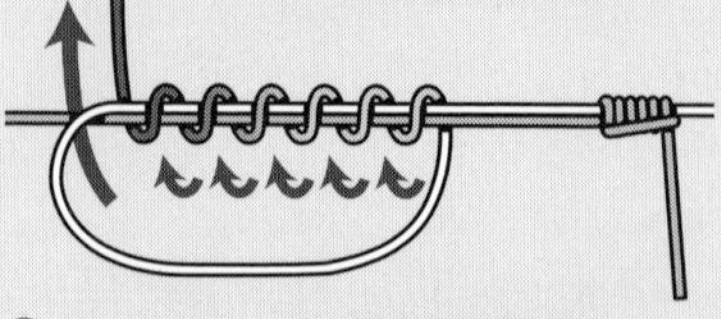

④ ショックリーダー側も、同様に結ぶ（2号以上の場合は4回通す）

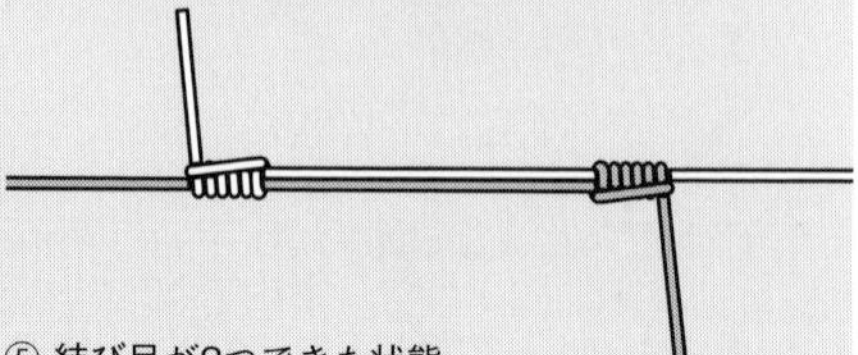

⑤ 結び目が2つできた状態

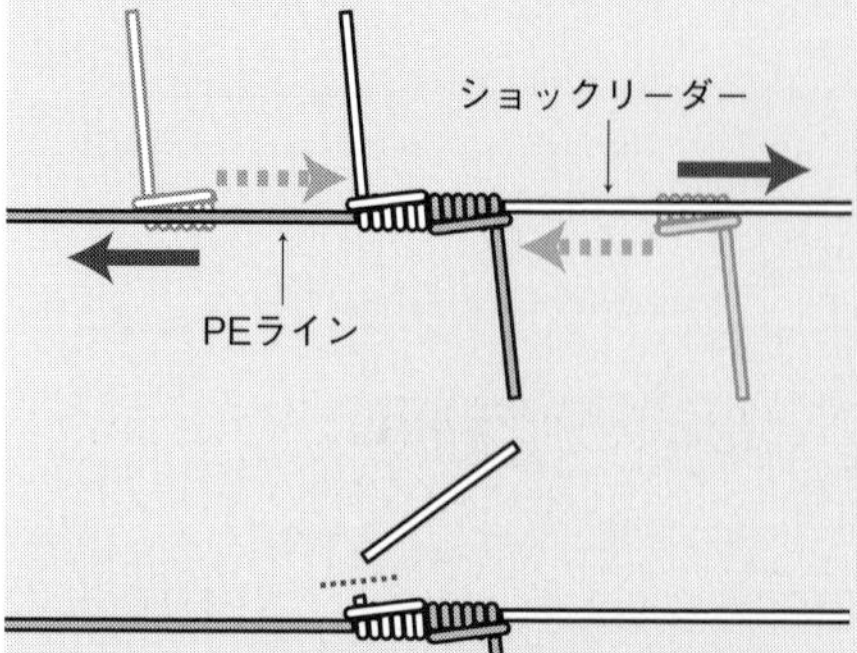

⑥ 左右のイトをゆっくり引いて結び目を1つにして、ショックリーダーの余りを切る。PEラインの余りはそのままにしておく

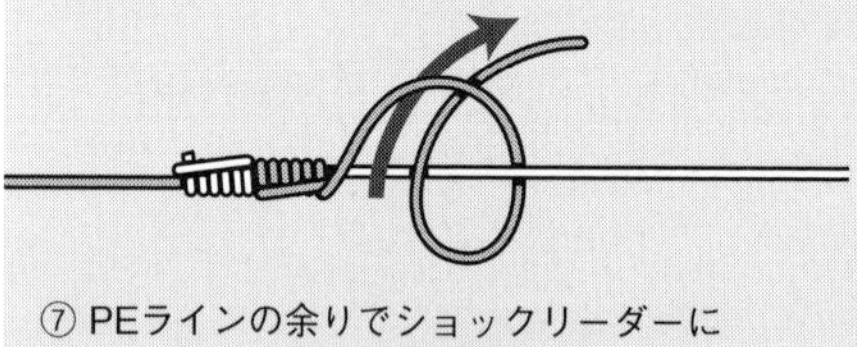

⑦ PEラインの余りでショックリーダーにハーフヒッチをしていく

⑧ 最初のハーフヒッチを上から行なったら次は下からと、交互に行なう

⑨ 3～10回ハーフヒッチをしたら余りをカットして完成

3章

堤防釣りの主なスタイル

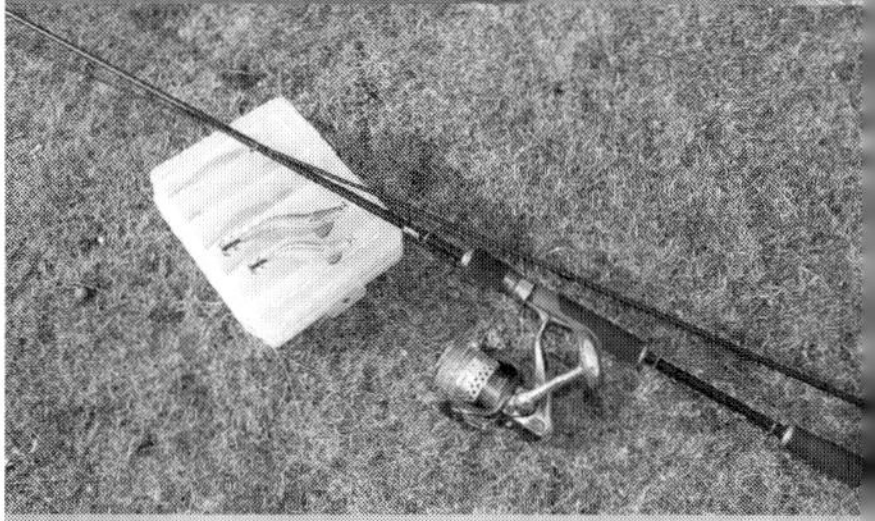

堤防ではいろいろなスタイルの釣り人を見かける。仕掛けを遠くに投げて釣っている人、真下を探っている人、ルアーをキャストしている人、ウキを見つめている人……。代表的な釣りスタイルを知っておくと、次章の理解がよりスムーズにいくだろう。

※ヘチ釣りについては別に4章クロダイの項目で取り上げてあります。

STYLE 1

スタイル

サビキ釣り

▼アジやイワシが鈴なりに掛かる醍醐味

▼エサ付けナシで子供でも手軽に楽しめる

ターゲット　アジ、イワシ、サッパ、サバ、コウナゴ、カマスなど

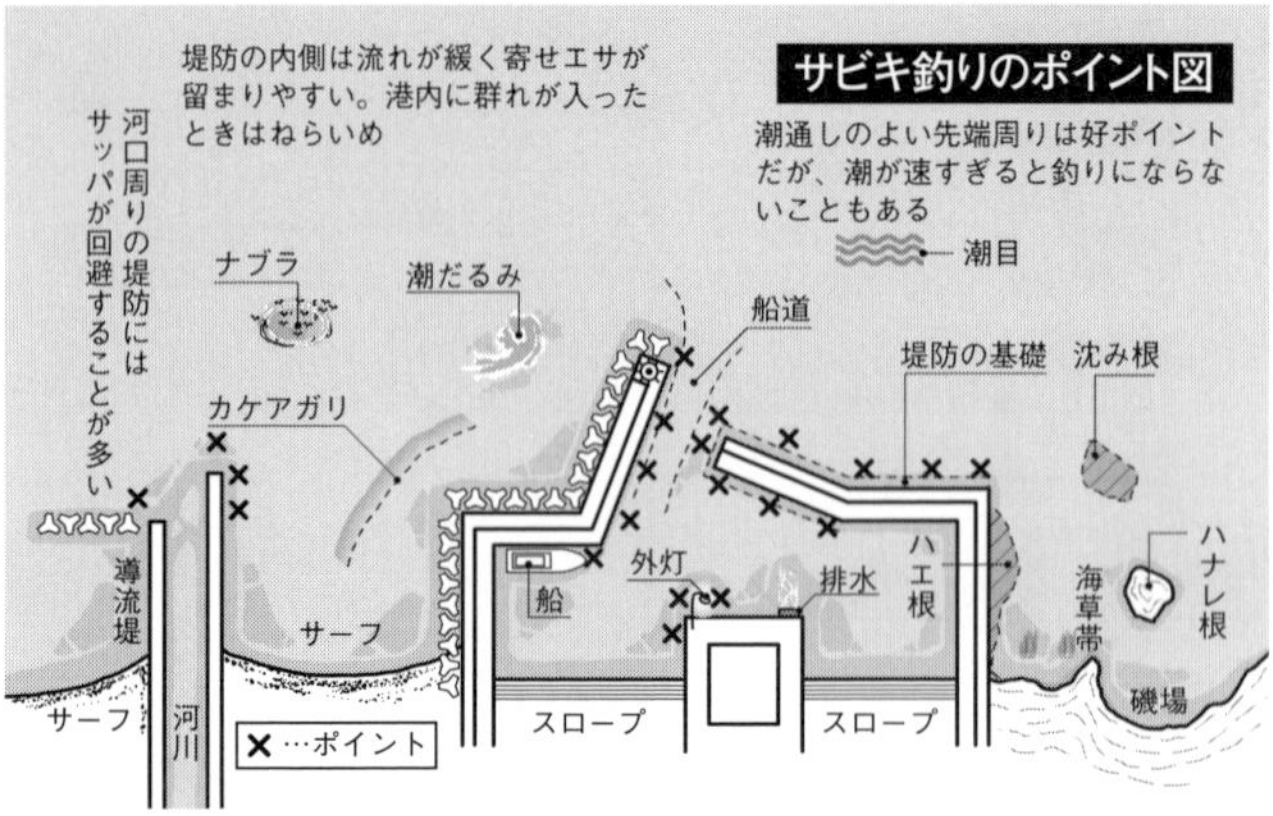

サビキ釣りのポイント図
堤防の内側は流れが緩く寄せエサが留まりやすい。港内に群れが入ったときはねらいめ
潮通しのよい先端周りは好ポイントだが、潮が速すぎると釣りにならないこともある
潮目
河口周りの堤防にはサッパが回避することが多い
ナブラ
潮だるみ
船道
堤防の基礎
沈み根
カケアガリ
ハナレ根
海草帯
ハエ根
外灯
排水
船
導流堤
サーフ
サーフ
河川
スロープ
スロープ
磯場
×…ポイント

サビキ釣りとは?

サビキ釣りといえばアジやイワシねらいの定番釣法だ。いくつも(5～8本)の擬《ぎ》餌《じ》バリ（バケ）を結んだサビキ仕掛けをサオ下や足下に垂らし、ターゲットの泳層まで仕掛けを沈めたら寄せエサを振り出し、回遊してくる魚を寄せて一度に何尾も釣る釣り方だ。擬餌バリに魚が食ってくるため、カゴに寄せエサさえ入れればエサ付けが不要なので子供や初心者でも手軽に楽しめる。

仕掛けは図のようにコマセ袋が上に付くタイプと、コマセカゴが下に付くタイプの2種類あり、俗に上カゴタイプの仕掛けを関東式、下カゴタイプを関西式ともいう。

上カゴタイプの仕掛けは1回1回、スコップなどでカゴ（袋）に寄せエサを入れなければならないが、シャクったときに寄せエサが振り出されるため、浅い場所から水深のあるところまで幅広く対応できる。

一方、下カゴタイプの仕掛けは、落下と同時に寄せエサが出てしまうため、浅いタナでしか寄せエサと仕掛けを同調させにくい。しかし、寄せエサの詰め替えは海水にアミエビを溶いたバケツ（吸い込みバケツなど）にコマセカゴをポチャンと浸けて2～3回上下に躍らせれば自動的に入るので、手を汚さず簡単に詰めることができる。それぞれに利点があるので、条件に合わせて

サビキ釣りに向かない釣り場
堤防際にテトラやケーソンの張り出しのあるところ
砂の堆積などで極端に浅い場所

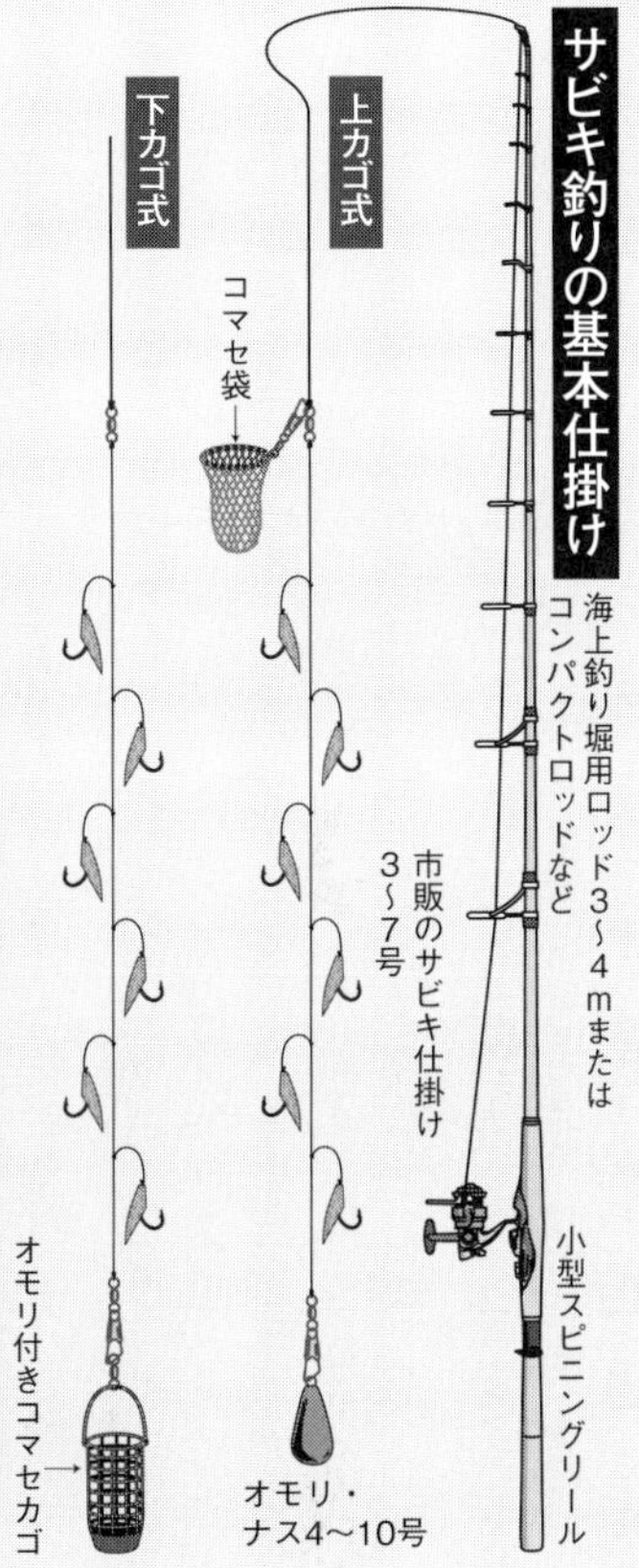
サビキ釣りの基本仕掛け
海上釣り堀用ロッド3～4mまたはコンパクトロッドなど
小型スピニングリール
上カゴ式
コマセ袋
市販のサビキ仕掛け3～7号
オモリ・ナス4～10号
下カゴ式
オモリ付きコマセカゴ

使い分けられれば理想的だ。

　このほかサビキ釣りのバリエーションには、カラバリのサビキ仕掛けをアミエビの固まりにこすり付けてハリにエサ付けし、バケに見向きもしない魚を釣るトリックサビキや、沖を回遊する良型をねらう投げ（ウキ）サビキ釣りなどもある。

主なポイント

　サビキ釣りはサオ下や足下に仕掛けを落として釣るため、岸壁の際から水深のあるような場所が理想だ。アジやイワシは大きな群れで回遊しているので、群れが回って来なければ、いくら新鮮な寄せエサで実績のある仕掛けを使っても釣れないのがこの釣りの特徴だ。また、群れの回遊時期は地域により異なるので、事前の情報収集が釣果のカギを握る。

　釣り場では潮通しのよい堤防の先端周りなどが1級ポイントとされている

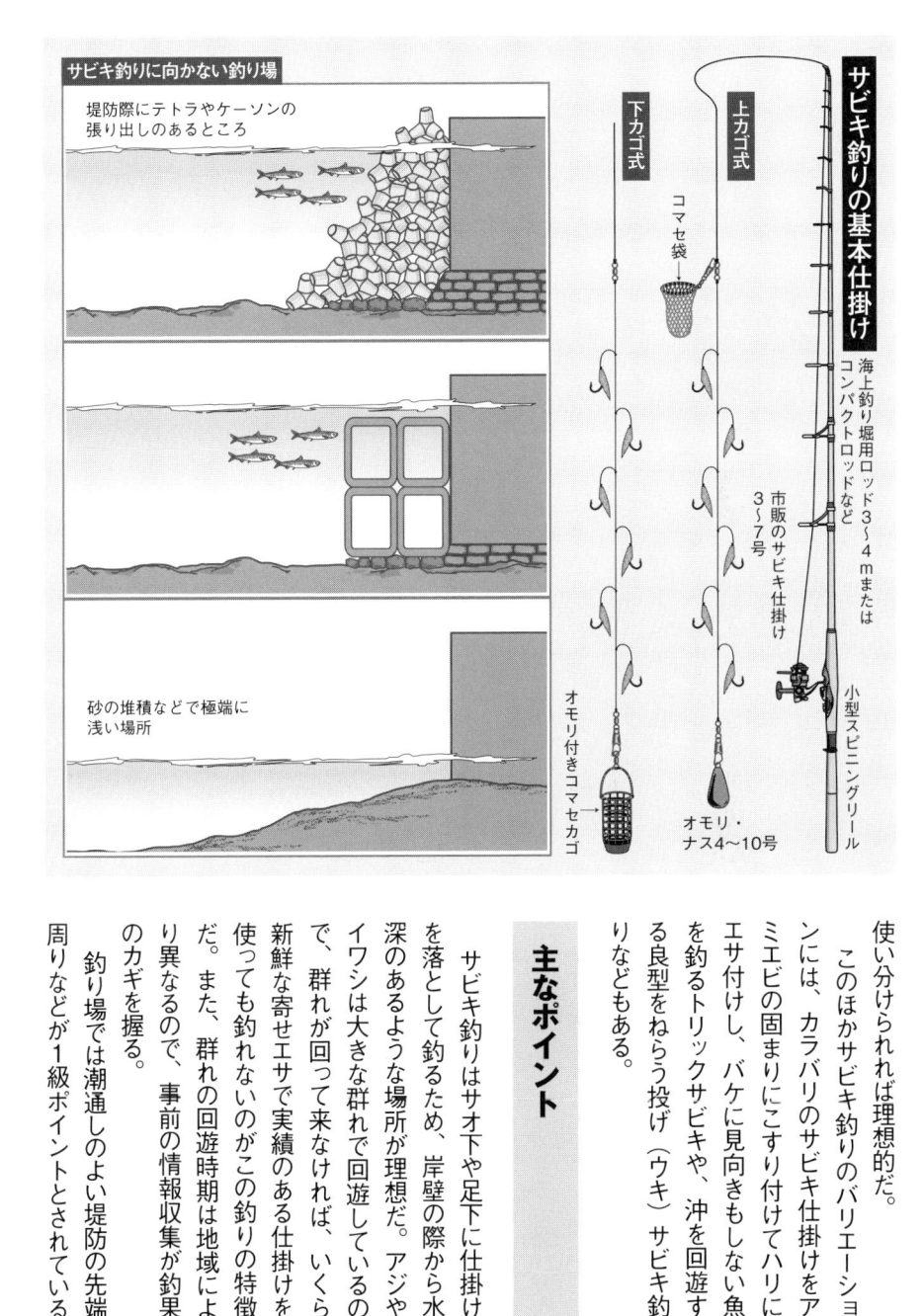

魚の群れがいて、手順どおりにできれば子どもでもご覧のとおり！

が、寄せエサが溜まる場所や潮に変化のできる場所もねらいめになる。また、釣り人が大勢集まっているような場所は寄せエサが利いているので魚も寄りやすい。さらに、夜釣りでねらうときなどは常夜灯の周りも魚の集まりやすいポイントだ。

釣り方とコツ

一連の流れは図のとおり。サオに仕掛けをセットしたらコマセカゴに寄せエサを詰める。パンパンに詰めると寄せエサの出が悪いので8分目程度にするのがコツ。サオを前に出して構え、ミチイトを人差し指の腹に掛け、リールのベイルを外して、仕掛け（上カゴ式）を振り込む。その際はオモリからそっと着水させるようにし、ねらいのタナまで仕掛けを沈めてやる。

タナに届いたらベイルを戻してサオを数回シャクって、寄せエサを振り出す。その直後にサオ先を少し上げて、振り出した寄せエサが落下する速度に合わせて、ゆっくりと今度はサオ先を下げてやる。仕掛けと寄せエサが同調した後、数秒止めて魚の食い気を誘う。アタリがなければふたたびシャクって、寄せエサを振り出し同じ動作を繰り返す。

アタリがあっても合わせる必要はなく、一定のスピードでリールのハンドルを回して巻き上げればよい。しかし、サビキ仕掛けにはハリが多数付いているので、1回のアタリで1尾ずつ釣っていたのでは効率が悪い。そこで他のハリにも食いつかせ、一度に何尾も釣るのが数を釣るコツ。

アタリがあってもそのままにして、次のアタリを待つようにする。サビキ仕掛けに1尾掛かると、周りの魚は掛かった魚の異変に気付き、エサがその周辺にあると勘違いしてほかのハリにも続々とアジやイワシが掛かってくる。頃合を見計らってから取り込むと3尾、5尾……と鈴なりであがってくる。

① コマセカゴを持ってサオを前へ出して構える

② サオを立てる

③ コマセカゴを離すと同時にサオを下げて仕掛けを送り出す

④ 海面にさっとオモリを置くように投入する

⑤ ゆっくりとサオ先を下げて、仕掛けが海中に入ったのを確認してから必要に応じてミチイトを送り出す

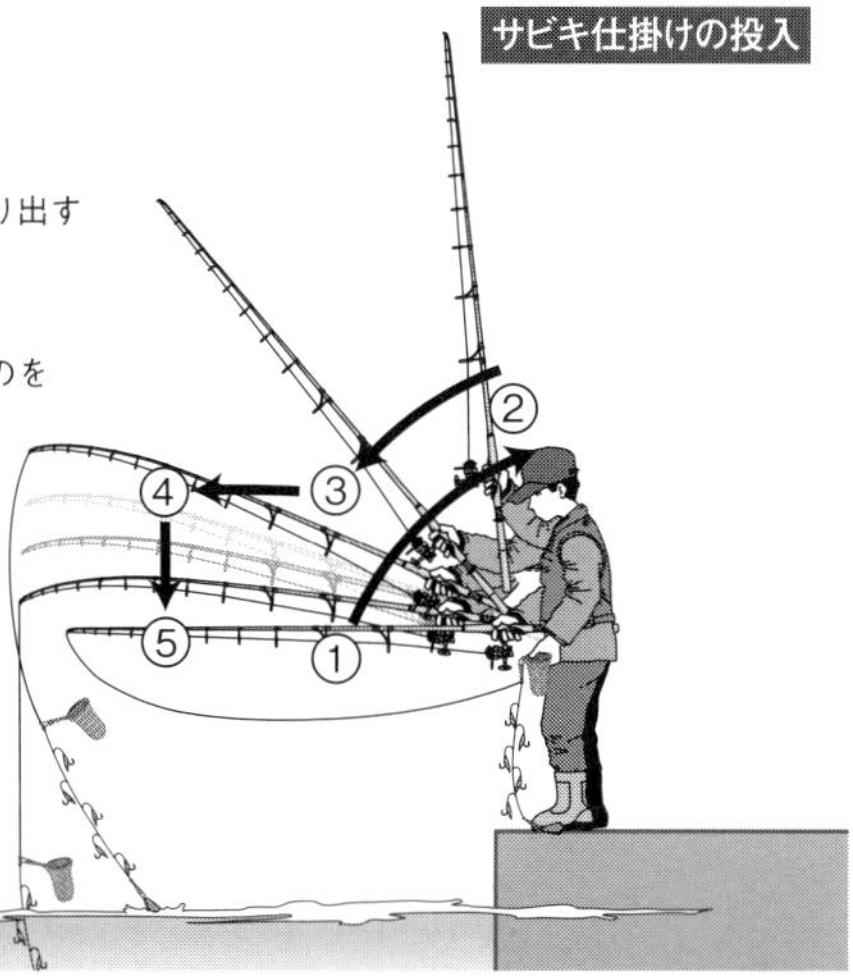
サビキ仕掛けの投入
①
②
③
④
⑤

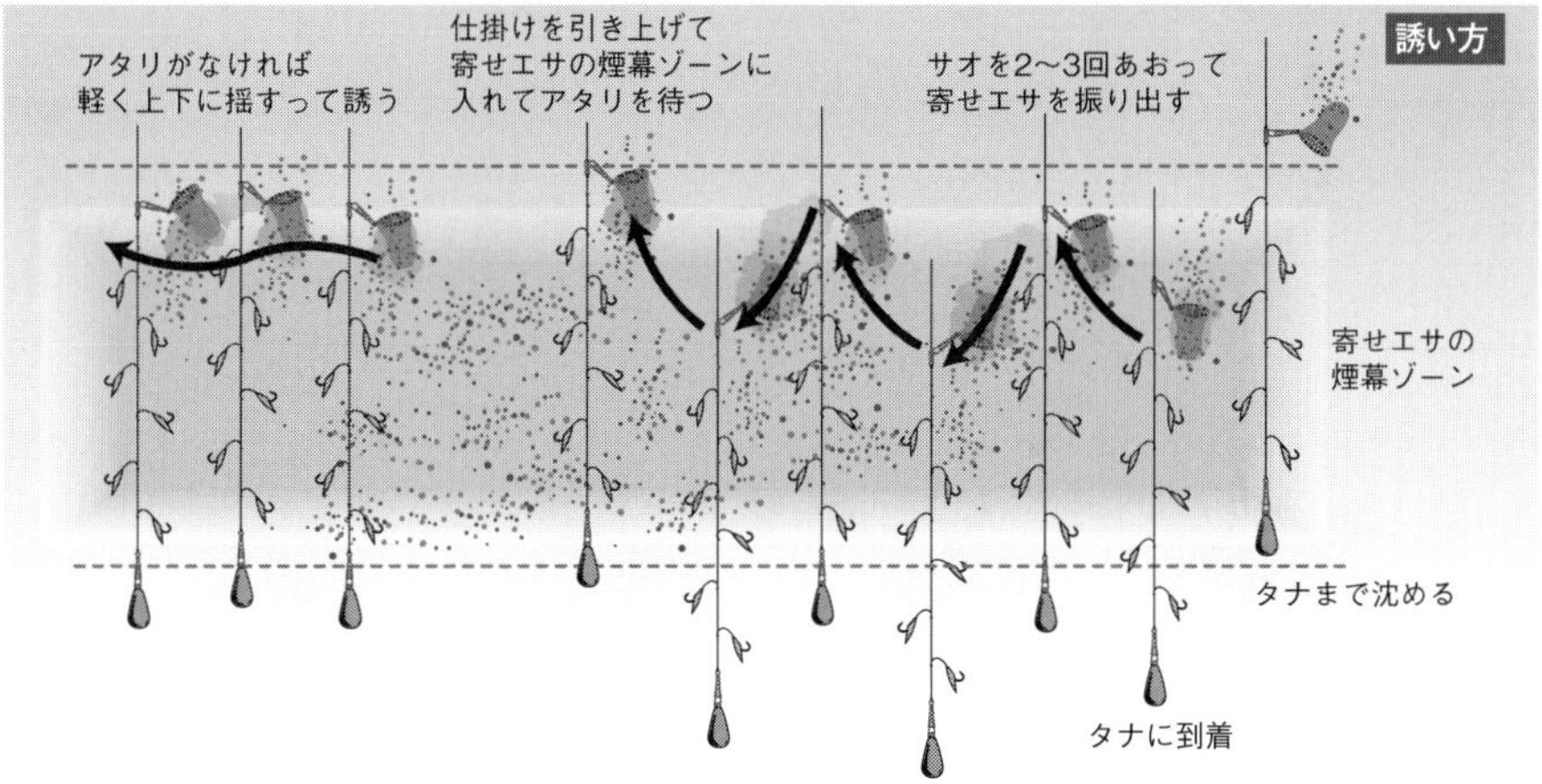
誘い方
アタリがなければ
軽く上下に揺すって誘う
仕掛けを引き上げて
寄せエサの煙幕ゾーンに
入れてアタリを待つ
サオを2～3回あおって
寄せエサを振り出す
寄せエサの
煙幕ゾーン
タナまで沈める
タナに到着

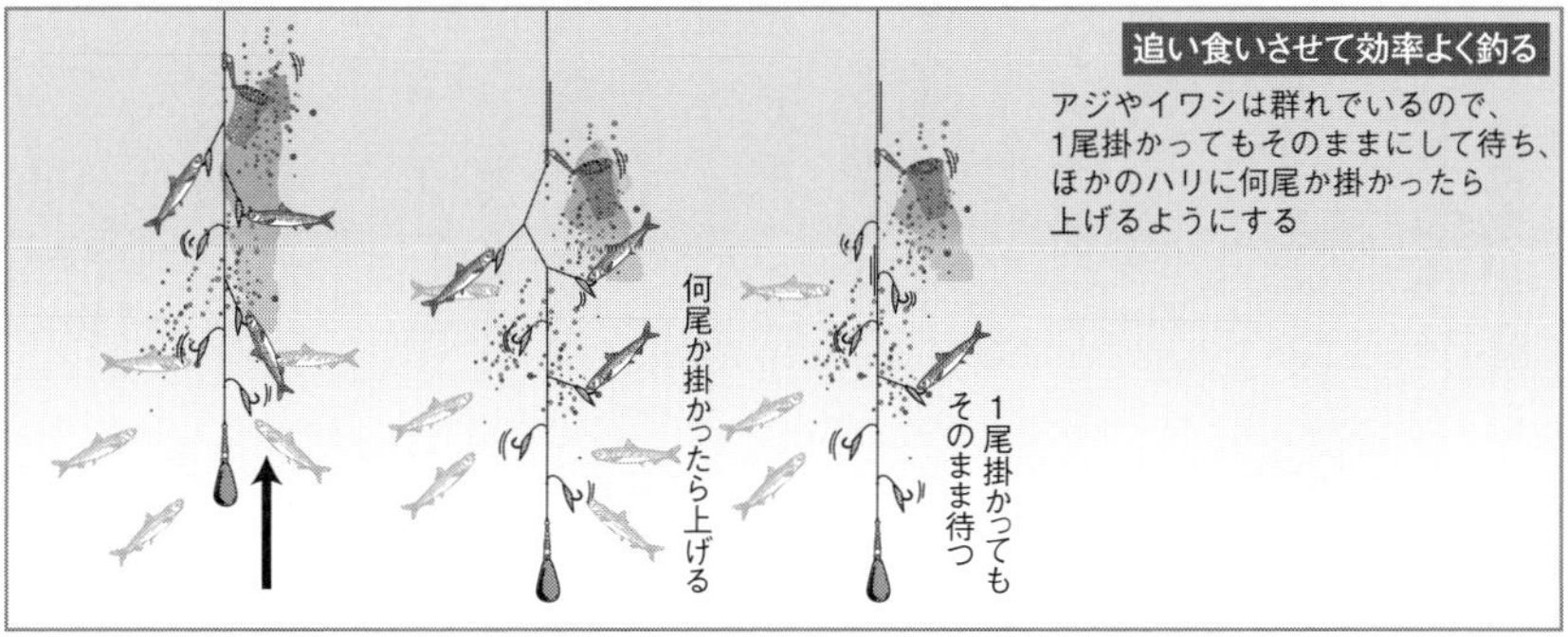
追い食いさせて効率よく釣る
アジやイワシは群れでいるので、
1尾掛かってもそのままにして待ち、
ほかのハリに何尾か掛かったら
上げるようにする
何尾か掛かったら上げる
1尾掛かっても
そのまま待つ

STYLE 2 スタイル

チョイ投げ釣り

DVD連動

▼定番ターゲットはシロギスだ
▼軽めのタックルを生かして広く探り歩く

ターゲット シロギス、カレイ、ハゼ、イシモチ、カワハギなど

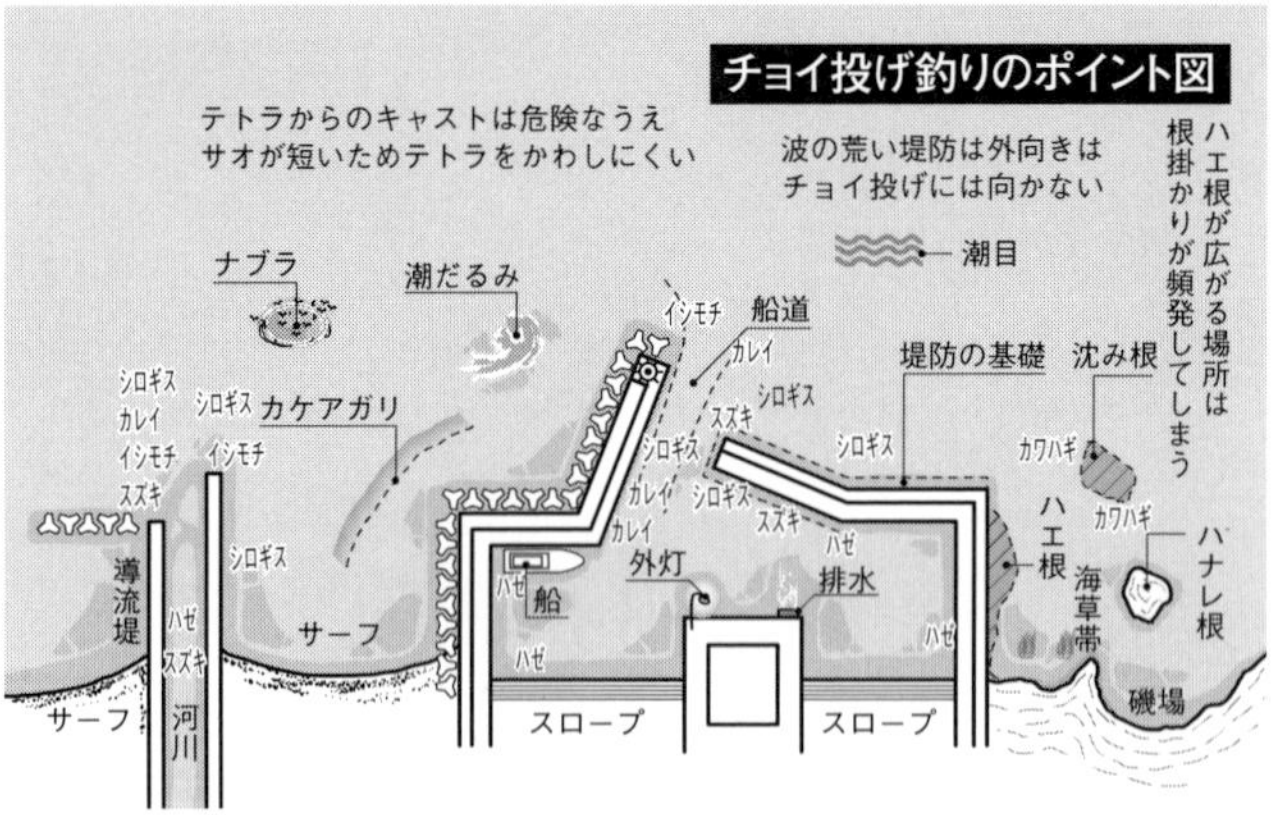

テトラからのキャストは危険なうえ
サオが短いためテトラをかわしにくい
波の荒い堤防は外向きは
チョイ投げには向かない
ハエ根が広がる場所は
根掛かりが頻発してしまう
潮目
ナブラ
潮だるみ
イシモチ
船道
カレイ
堤防の基礎
沈み根
シロギス
カレイ
イシモチ
スズキ
シロギス
イシモチ
カケアガリ
シロギス
スズキ
シロギス
シロギス
カワハギ
カレイ
シロギス
スズキ
カワハギ
ハナレ根
カレイ
ハゼ
ハエ根
海草帯
導流堤
シロギス
外灯
ハゼ
船
排水
ハゼ
ハゼ
スズキ
サーフ
ハゼ
磯場
サーフ
河川
スロープ
スロープ

チョイ投げ釣りのポイント図

チョイ投げ釣りとは？

ひと口に投げ釣りといっても、キャスティングロッドに遠投用リール、重たいオモリで150m、200mも飛ばす本格的なものから、ルアーロッドやコンパクトロッドに小型スピニングリールを組み合わせて20〜30mチョイと投げるライトなものまで、さまざまである。

岸から突き出した堤防や港は足下から深くなっている場所も多く、それほど遠投を要せず楽しめるフィールドなので、手軽にできるチョイ投げがオススメだ。

釣り方はターゲットにより多少異なるが、基本は普通の投げ釣りと一緒で仕掛けをできるだけ遠くに投げて、ソロリソロリと海底を探ってくる。本格的な投げ釣りと違うのは、ルアーロッドやコンパクトロッドを使うため、サオが軟らかくオモリも小さいので手軽なこと。そして、アタリもダイレクトに手元まで伝わり、小さな魚でもビックリするような引きを楽しませてくれるのだ。そのため本格的な投げ釣りでは味わえない面白さも魅力の1つになっている。

主なポイント

チョイ投げ釣りではいろいろな魚がねらえる。堤防の船道や砂地ではシロギスやカレイ、沖に沈み根があるよう

チョイ投げ釣りの探り方

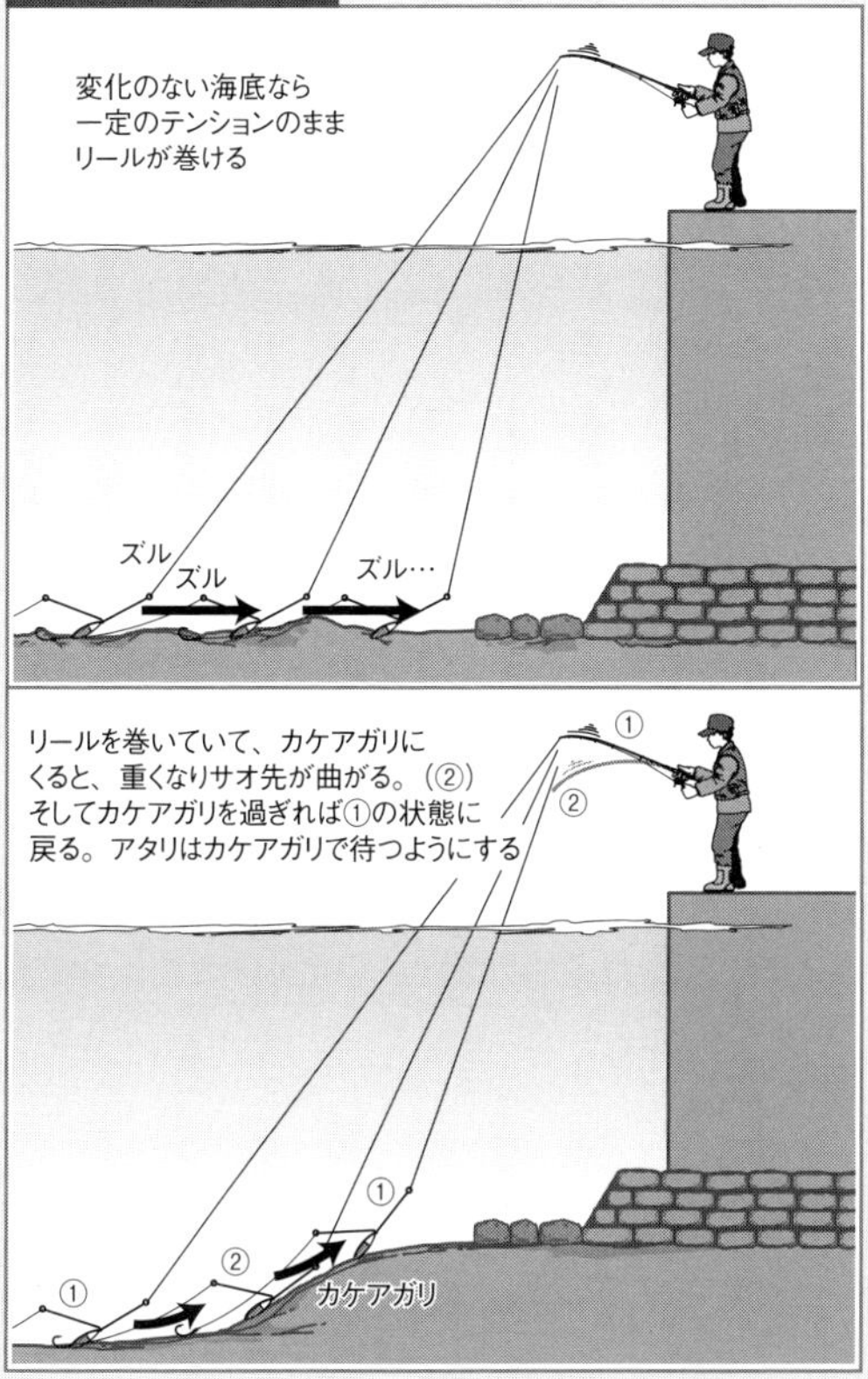
変化のない海底なら
一定のテンションのまま
リールが巻ける
ズル
ズル
ズル…
リールを巻いていて、カケアガリに
くると、重くなりサオ先が曲がる。（②）
そしてカケアガリを過ぎれば①の状態に
戻る。アタリはカケアガリで待つようにする
①
②
カケアガリ

チョイ投げシロギス仕掛け

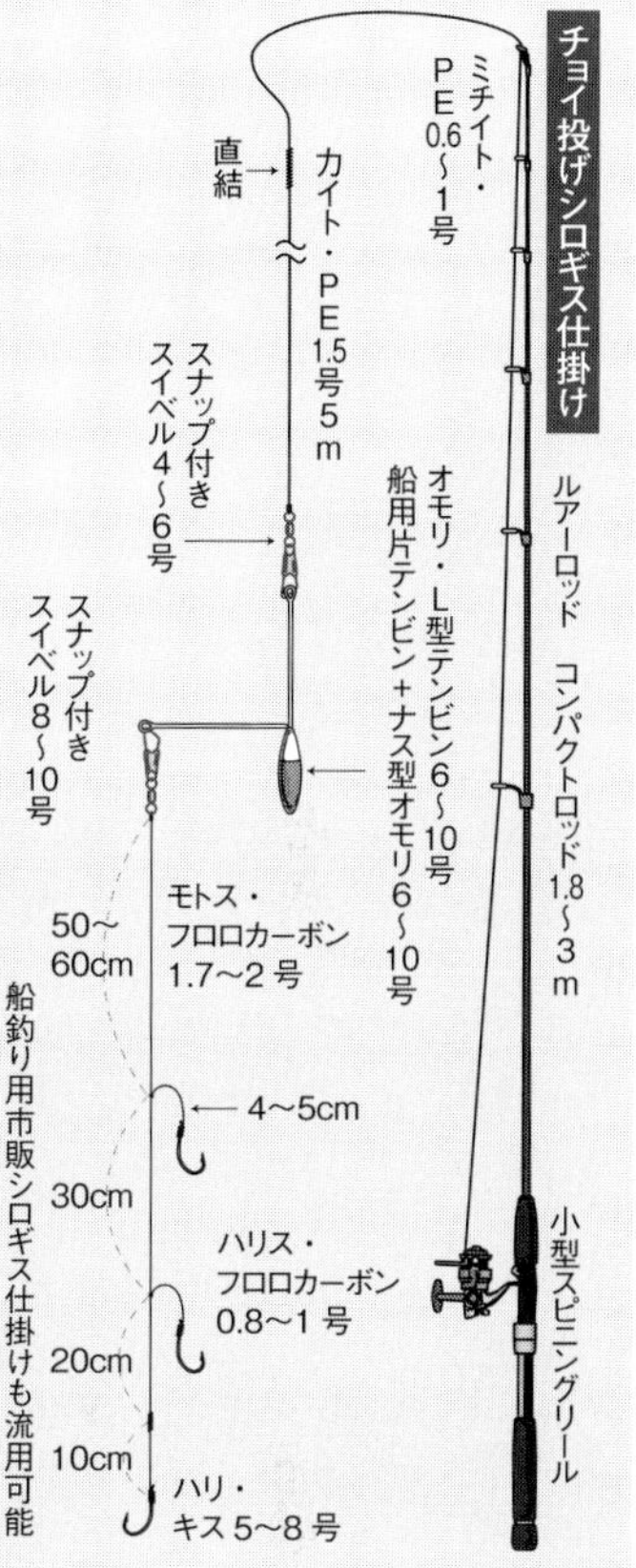
ミチイト・PE0.6～1号
直結
カイト・PE1.5号5ｍ
スナップ付きスイベル4～6号
オモリ・L型テンビン6～10号
船用片テンビン＋ナス型オモリ6～10号
ルアーロッド　コンパクトロッド1.8～3ｍ
スナップ付きスイベル8～10号
50～60cm
モトス・フロロカーボン1.7～2号
4～5cm
30cm
ハリス・フロロカーボン0.8～1号
20cm
10cm
ハリ・キス5～8号
小型スピニングリール
船釣り用市販シロギス仕掛けも流用可能

な場所はカワハギ、また河口ならハゼやスズキ、イシモチも。対象魚が多彩なだけにねらえるポイントも多い。ポイント図におおまかに魚の名前を記しておくので参照してもらいたい。

逆に、チョイ投げ釣りに向かない場所というのもいくつかある。

1つめは波や風の強い場所。使うオモリが軽いため、強い波が打ちつけるところでは仕掛けが落ち着かず釣りにならない。また風の強い場所は仕掛けが飛ばず釣りにくい。

2つめは足下に障害物やテトラが入っている場所。このような場所ではサオが短いため、障害物をかわして釣ることが難しい。

3つめは沖まで浅い岩礁帯が続く場所。遠くまで仕掛けが飛ばないため、このような場所では根掛かりが頻発してしまう。

以上3つのチョイ投げに向かないポイントを外せば、いろいろなところでチョイ投げ釣りを楽しめる。

キャスティング

堤防に限らず、どの釣り場でも遠くへ仕掛けを飛ばすことよりも、まず自分の前に真っ直ぐ投げ、周りの人に迷惑をかけないことが大切だ。そのためにはきちんとしたキャスティングを身に付ける必要がある。

イラストで紹介しているのは誰でも簡単に真っ直ぐ飛ばすことのできる「オーバースロー」だ。サオや体の動かし方はイラストのほか、付属のＤＶＤでも紹介しているので参照して何度も練習するとよいだろう。

投げていると右へ飛んだり、左へ飛んだり、フライになったり、ライナーになったりすることがある。

左右に飛ぶときの一番の理由は、「海に向かって真っ直ぐ立っていない」か、「構えたときにサオが左右に曲がっている」ことがほとんど。構えたときに一旦静止して、同行者に見てもらうか自分でチェックする。

フライになってしまうのは、オモリが指から離れるタイミングが早いからで、サオの振りはそのままにタラシの長さを徐々に短くして調整するとよい。

逆にライナーになってしまうときは、サオの振りはそのままにタラシの長さを徐々に長くして調整してやるとよい。またキャストするときの目線が下がっていることもあるので、しっかりと上空45度を見るようにする。

釣り方とコツ

仕掛けを投入してオモリが底に着いたらイトフケを取り、しっかりとサオを保持し、リールのハンドルをゆっくり回して海底を探る。テンションが重く感じるところは海底がカケアガリになっていて、魚が潜むポイントだ。そういうところでは仕掛けを止めてアタリを待つか、さらにゆっくりハンドルを回して魚を誘う。また、オモリがコツンと障害物に当たったときも仕掛けを止めてアタリを待つようにする。

アタリがあっても合わせないのが基本。そして投げ釣りの仕掛けはハリが2本、3本と複数付いているものがほとんどなので、アタリがあれば仕掛けを止めて追い食いさせていっぺんに2尾、3尾と釣るのがコツだ。

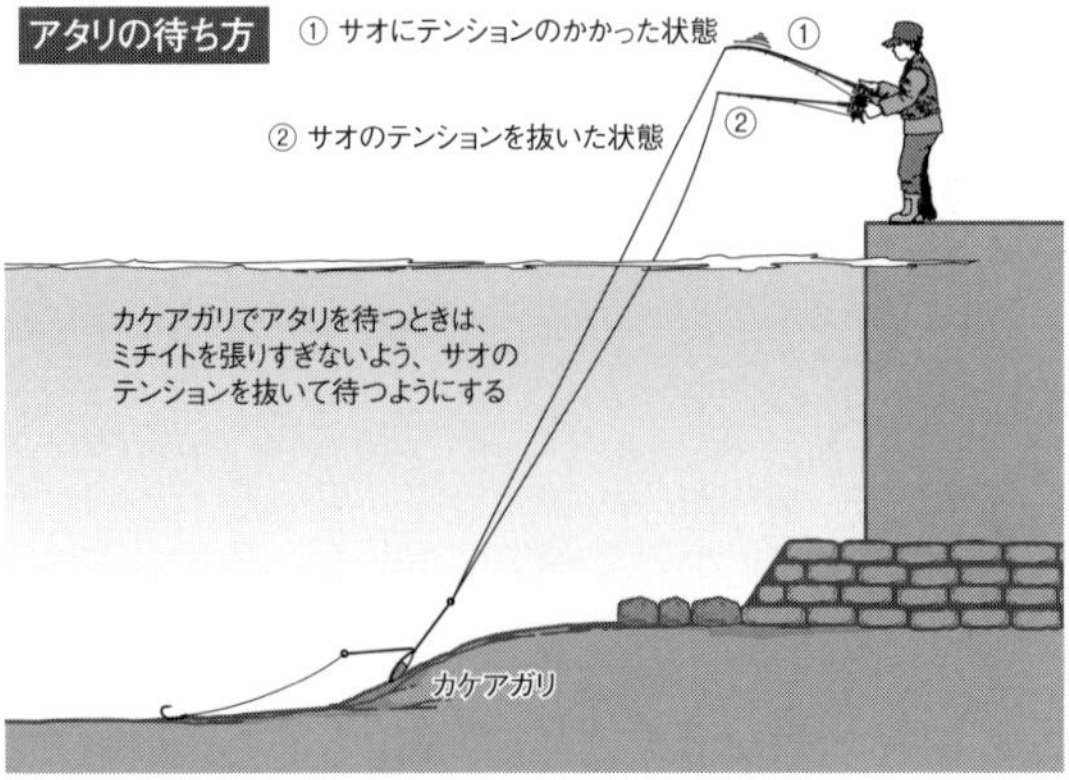

アタリの待ち方
① サオにテンションのかかった状態
② サオのテンションを抜いた状態
①
②
カケアガリでアタリを待つときは、ミチイトを張りすぎないよう、サオのテンションを抜いて待つようにする
カケアガリ

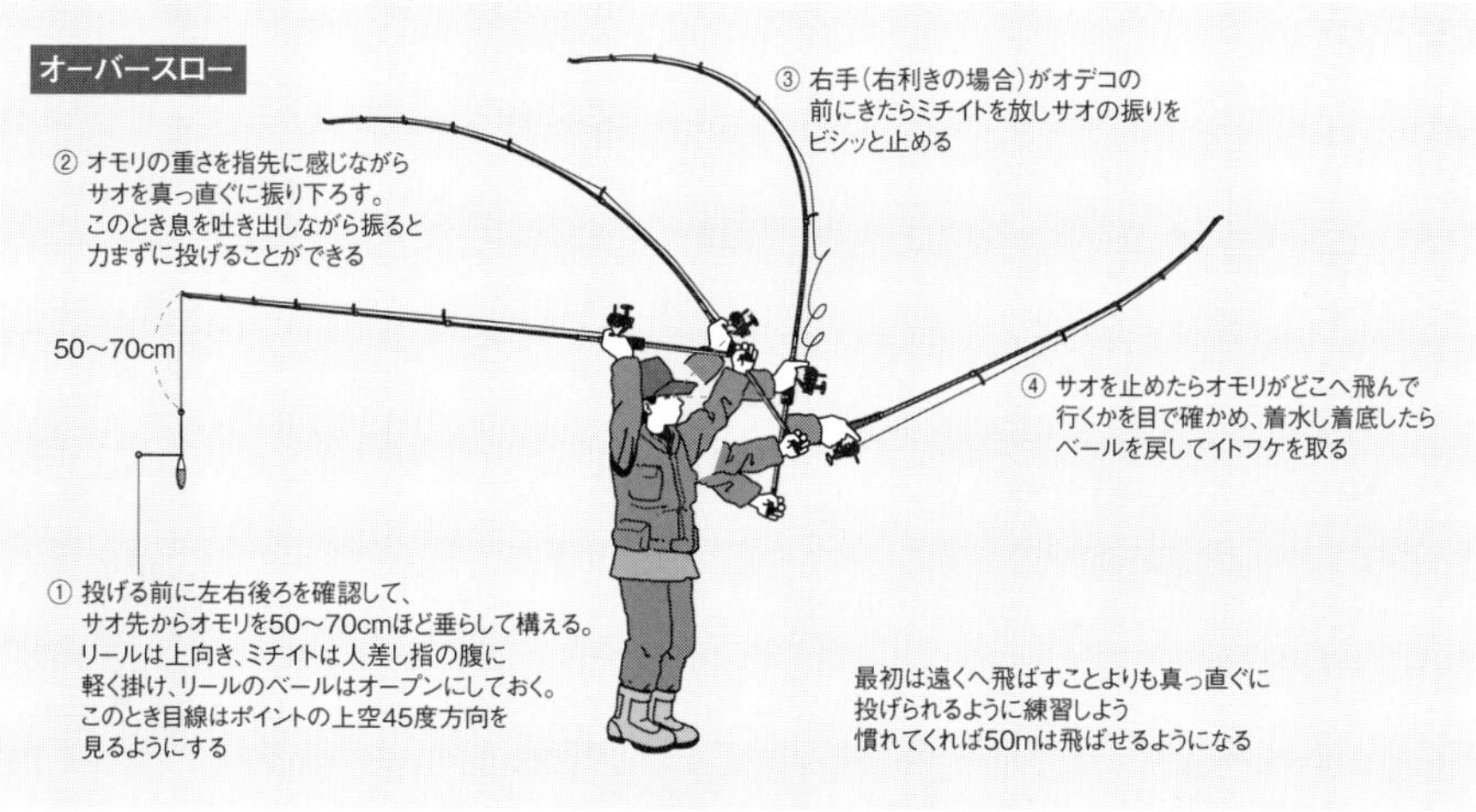
オーバースロー
② オモリの重さを指先に感じながら
サオを真っ直ぐに振り下ろす。
このとき息を吐き出しながら振ると
力まずに投げることができる
③ 右手(右利きの場合)がオデコの
前にきたらミチイトを放しサオの振りを
ビシッと止める
50〜70cm
④ サオを止めたらオモリがどこへ飛んで
行くかを目で確かめ、着水し着底したら
ベールを戻してイトフケを取る
① 投げる前に左右後ろを確認して、
サオ先からオモリを50〜70cmほど垂らして構える。
リールは上向き、ミチイトは人差し指の腹に
軽く掛け、リールのベールはオープンにしておく。
このとき目線はポイントの上空45度方向を
見るようにする
最初は遠くへ飛ばすことよりも真っ直ぐに
投げられるように練習しよう
慣れてくれば50mは飛ばせるようになる

STYLE 3
スタイル

ウキ釣り

▼海面のウキの変化でアタリを取る
▼寄せエサと付けエサをいかに同調させるかがカギ

ターゲット ウミタナゴ、メジナ、クロダイなど

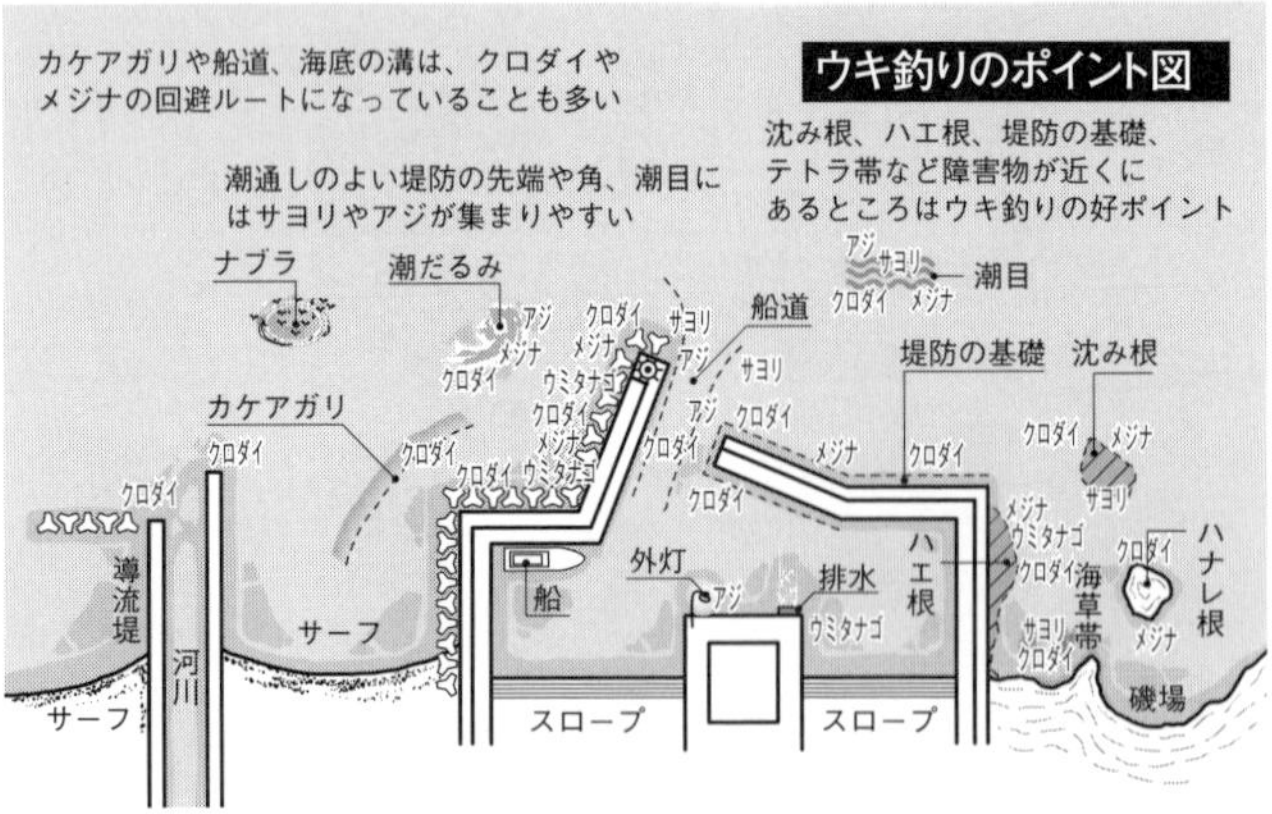

ウキ釣りのポイント図
カケアガリや船道、海底の溝は、クロダイやメジナの回避ルートになっていることも多い
潮通しのよい堤防の先端や角、潮目にはサヨリやアジが集まりやすい
沈み根、ハエ根、堤防の基礎、テトラ帯など障害物が近くにあるところはウキ釣りの好ポイント
ナブラ
潮だるみ
潮目
船道
カケアガリ
堤防の基礎
沈み根
ハエ根
海草帯
ハナレ根
磯場
外灯
排水
船
導流堤
河川
サーフ
サーフ
スロープ
スロープ
アジ
サヨリ
クロダイ
メジナ
ウミタナゴ

ウキ釣りとは?

ウキを使うことで一定の水深にエサを留めておく釣りで、魚が掛かればウキに変化が表われ、釣り人に知らせてくれる。ウキから下のハリまでの部分を「ウキ下」と呼び、この部分を調整することで海面から海底まで幅広く探ることができる。そのため、岩礁帯や海草帯でも根掛かりすることなく釣りが可能になる。また、ウキを潮に乗せて流せば投げても届かない遠方もねらうことができる。

ウキ釣りで切り離せないのが、魚を寄せるために撒《ま》く「寄せエサ」。その中にエサを付けたハリを紛れ込ませて釣るのだが、寄せエサにはさまざまな魚が寄るためなんでも釣れる反面、ねらった魚だけを釣る難しさも持っている。そこで寄せエサで魚を集めると同時に、釣りやすい場所へ誘導して自分だけのポイントを作る。

最初は寄せエサで簡単に集まるウミタナゴや小メジナ、サヨリなどでウキ釣りに入門し、次にエサ取りをかわして釣る良型のメジナや、堤防ではなかなか釣ることのできないクロダイへステップアップしていくとよいだろう。

ねらいどおりにポイントを作り、寄せエサと付けエサを同調させ、本命を釣りあげる。すべて「ねらいどおり」にいったときの喜びを味わうと、この釣りの面白さを一層理解できる。

対象魚	サオ(号)	ミチイト(号)	ハリス(号)	ハリ(号)
ウミタナゴ・サヨリ	0〜0.8	1.5〜2	0.6〜0.8	袖5〜7
小メジナ(15〜25㎝)	0〜1	1.5〜2	0.8〜1.5	グレ3〜5
クロダイ	0.8〜1.2	1.7〜2.5	1.2〜2	チヌ1〜3
メジナ(25〜40㎝)	1〜1.5	2〜3	1.5〜3	グレ5〜7

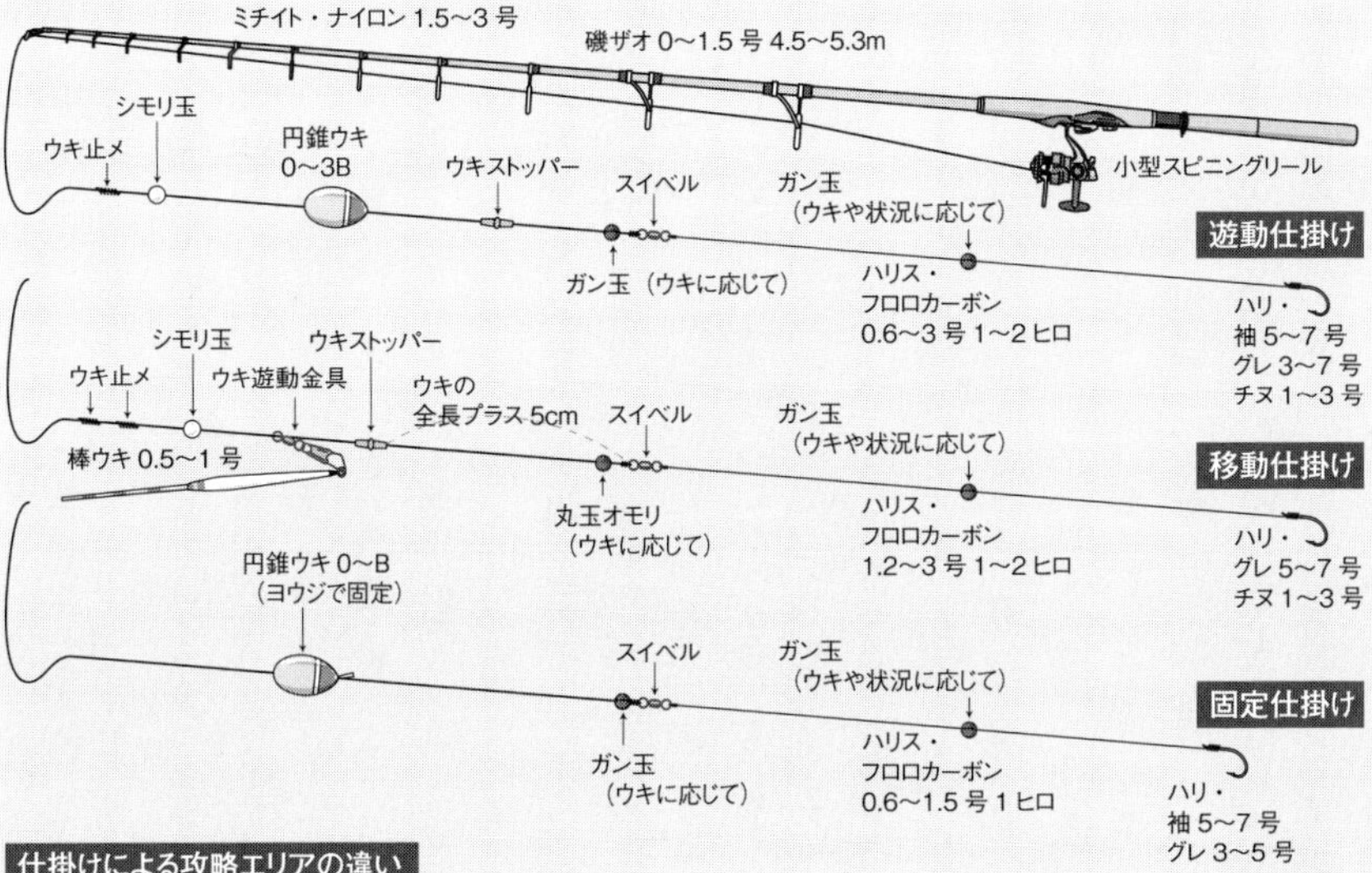

ミチイト・ナイロン 1.5〜3 号
磯ザオ 0〜1.5 号 4.5〜5.3m
シモリ玉
ウキ止メ
円錐ウキ
0〜3B
ウキストッパー
スイベル
ガン玉
(ウキや状況に応じて)
小型スピニングリール
遊動仕掛け
ガン玉（ウキに応じて）
ハリス・
フロロカーボン
0.6〜3 号 1〜2 ヒロ
ハリ・
袖 5〜7 号
グレ 3〜7 号
チヌ 1〜3 号
シモリ玉
ウキストッパー
ウキ止メ
ウキ遊動金具
ウキの
全長プラス 5cm
スイベル
ガン玉
(ウキや状況に応じて)
棒ウキ 0.5〜1 号
移動仕掛け
丸玉オモリ
(ウキに応じて)
ハリス・
フロロカーボン
1.2〜3 号 1〜2 ヒロ
ハリ・
グレ 5〜7 号
チヌ 1〜3 号
円錐ウキ 0〜B
(ヨウジで固定)
スイベル
ガン玉
(ウキや状況に応じて)
固定仕掛け
ガン玉
(ウキに応じて)
ハリス・
フロロカーボン
0.6〜1.5 号 1 ヒロ
ハリ・
袖 5〜7 号
グレ 3〜5 号

仕掛けによる攻略エリアの違い

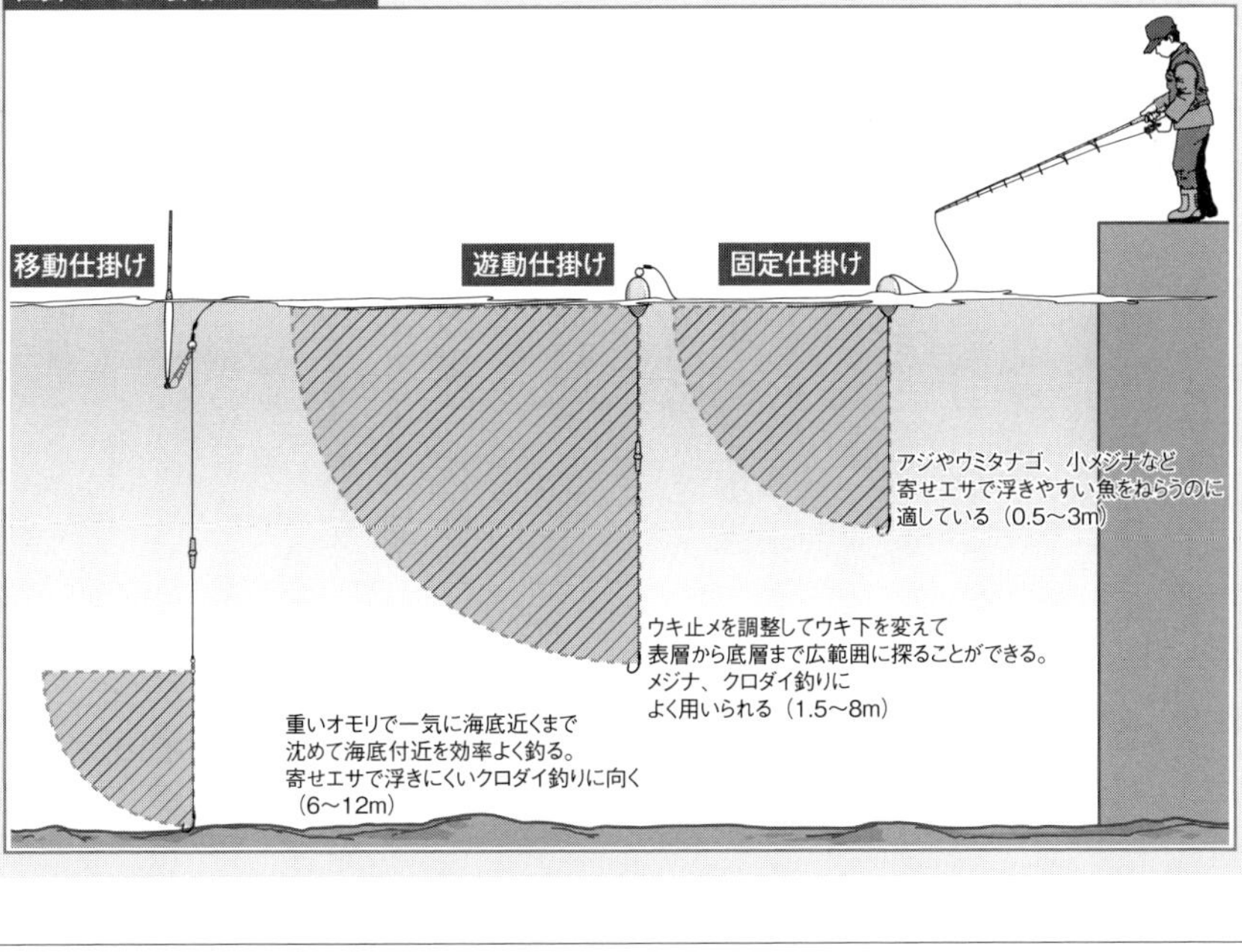

移動仕掛け
遊動仕掛け
固定仕掛け
アジやウミタナゴ、小メジナなど
寄せエサで浮きやすい魚をねらうのに
適している（0.5〜3m）
ウキ止メを調整してウキ下を変えて
表層から底層まで広範囲に探ることができる。
メジナ、クロダイ釣りに
よく用いられる（1.5〜8m）
重いオモリで一気に海底近くまで
沈めて海底付近を効率よく釣る。
寄せエサで浮きにくいクロダイ釣りに向く
(6〜12m)

主なポイント

魚が寄りさえすれば基本的にはどこでもポイントになるが、場所によってはいくら寄せエサを撒いても魚が寄らなかったり、寄るまでに大量の寄せエサや時間を必要としてしまうこともある。

クロダイやメジナ、ウミタナゴは海底に沈み根や海草帯、基礎石、テトラなどの障害物があるところにいるので、できるだけそのような場所の近くに寄せエサを撒いてポイントを作ったほうがよい。

沖へ続く船道のカケアガリや海底の溝、堤防の基礎石はクロダイやメジナの回遊ルートになっていることも多いので、そこに寄せエサを撒いて待ち伏せるというのも作戦だ。また、堤防の角や先端のように潮通しのよい場所は、アジやサヨリなど回遊性の強い魚が潮に乗って入ってくる。

寄せエサの作り方&撒き方

基本はオキアミやアミエビに、ねらう魚用の配合エサを加える。配合エサはそれぞれ特性があるのでパッケージ裏の説明を参照する。目安は、クロダイ用は比重が大きく海底をねらうのに適し、メジナ用は比重が小さく海面から宙層を釣るのに適している。

海底付近に大型のメジナが潜んでいたり、時期によっては浅いタナまでクロダイが浮いてくることもあるので、条件によってオリジナルの配合パターンを模索するのも楽しみの1つだ。

まずは指示どおりに寄せエサを作り、海の状況を見てここぞというところに撒いてポイントを作る。寄せエサは多すぎると魚を飽食にさせポイントを遠くしてしまうし、少なすぎると寄せることができない。セオリーとしては仕掛けを投入する前に数杯撒き、投入したらまた1〜2杯。ある程度仕掛けが流れて先に撒いた寄せエサが沈んで見えなくなったら、ウキの潮上に〝追いコマセ〟を1〜2杯入れる。

エサ取りが多いときは、足下にエサ取り用に寄せエサを撒いたり、仕掛けの投入点をわざとずらして深いタナで寄せエサと付けエサを同調させるなどの工夫をする。ウキ釣りではコマセワークが重要な役割を担っているのだ。

釣り方とコツ

魚を寄せながら、寄せエサの流れ方や沈下具合を確認して仕掛けの準備をする。ゆっくりと真下へ沈下するなら流れはなく、逆に視界から早く消えてしまうと流れが速いことが分かる。流れが緩ければ軽い仕掛けでよいが、速ければ重い仕掛けやハリの近くにガン玉を打つなど対応が必要になってくる。

釣り始めのウキ下は、ウミタナゴねらいなら1ヒロ、メジナで2〜3ヒロ、クロダイは水深いっぱいが基本。エサ

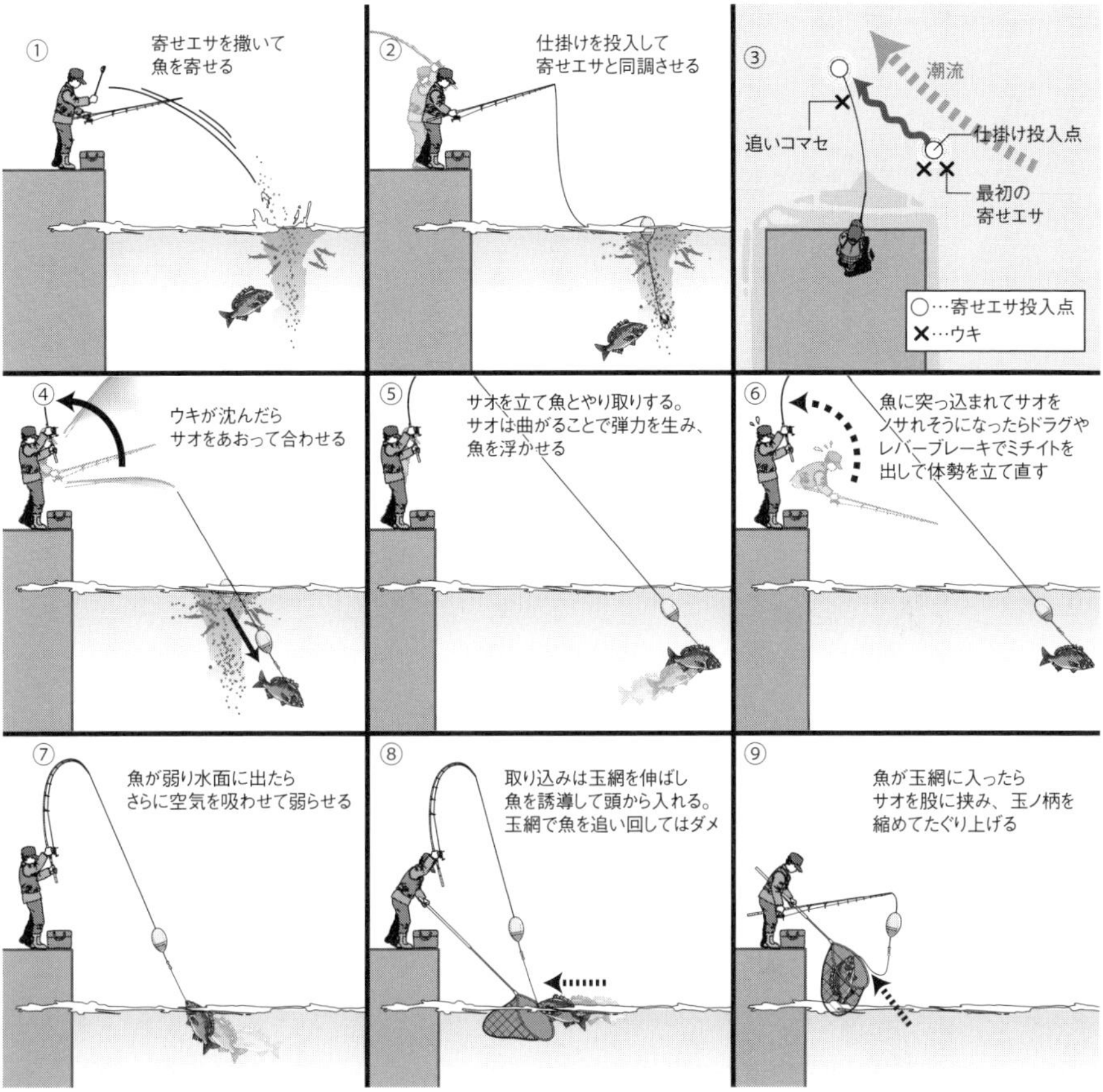
①
寄せエサを撒いて
魚を寄せる
②
仕掛けを投入して
寄せエサと同調させる
③
潮流
追いコマセ
仕掛け投入点
最初の
寄せエサ
○…寄せエサ投入点
×…ウキ
④
ウキが沈んだら
サオをあおって合わせる
⑤
サオを立て魚とやり取りする。
サオは曲がることで弾力を生み、
魚を浮かせる
⑥
魚に突っ込まれてサオを
ノサれそうになったらドラグや
レバーブレーキでミチイトを
出して体勢を立て直す
⑦
魚が弱り水面に出たら
さらに空気を吸わせて弱らせる
⑧
取り込みは玉網を伸ばし
魚を誘導して頭から入れる。
玉網で魚を追い回してはダメ
⑨
魚が玉網に入ったら
サオを股に挟み、玉ノ柄を
縮めてたぐり上げる

の取られ具合を見て浅くしたり、逆に残ってくるようなら深くしたりする。

　釣り方の流れは、仕掛け投入前に寄せエサを数杯撒き、投入後さらに1～2杯追加して潮に乗せて仕掛けを自然に流す。ある程度流れて先に撒いた寄せエサが沈んで見えなくなったら、ウキの潮上に追いコマセを1～2杯入れ、さらに仕掛けを少し流す。

　付けエサが残るからといってあまり先まで追いコマセをしながら流すと、ポイントが遠く釣りにくくなる。できるだけ寄せエサで自分の釣りやすい場所に魚を誘導してやることが大切だ。

　アタリはウキが海中へ引き込まれるのでサオをあおって合わせる。サオを立てることでサオの弾力が使えるので、魚は楽に上がってくる。急な引き込みや強い引きにはリールのドラグやレバーブレーキでミチイトを送り、サオをノサれないようにする。魚が海面に浮いたら充分空気を吸わせて弱らせ、玉網を差し出して頭からすくう。

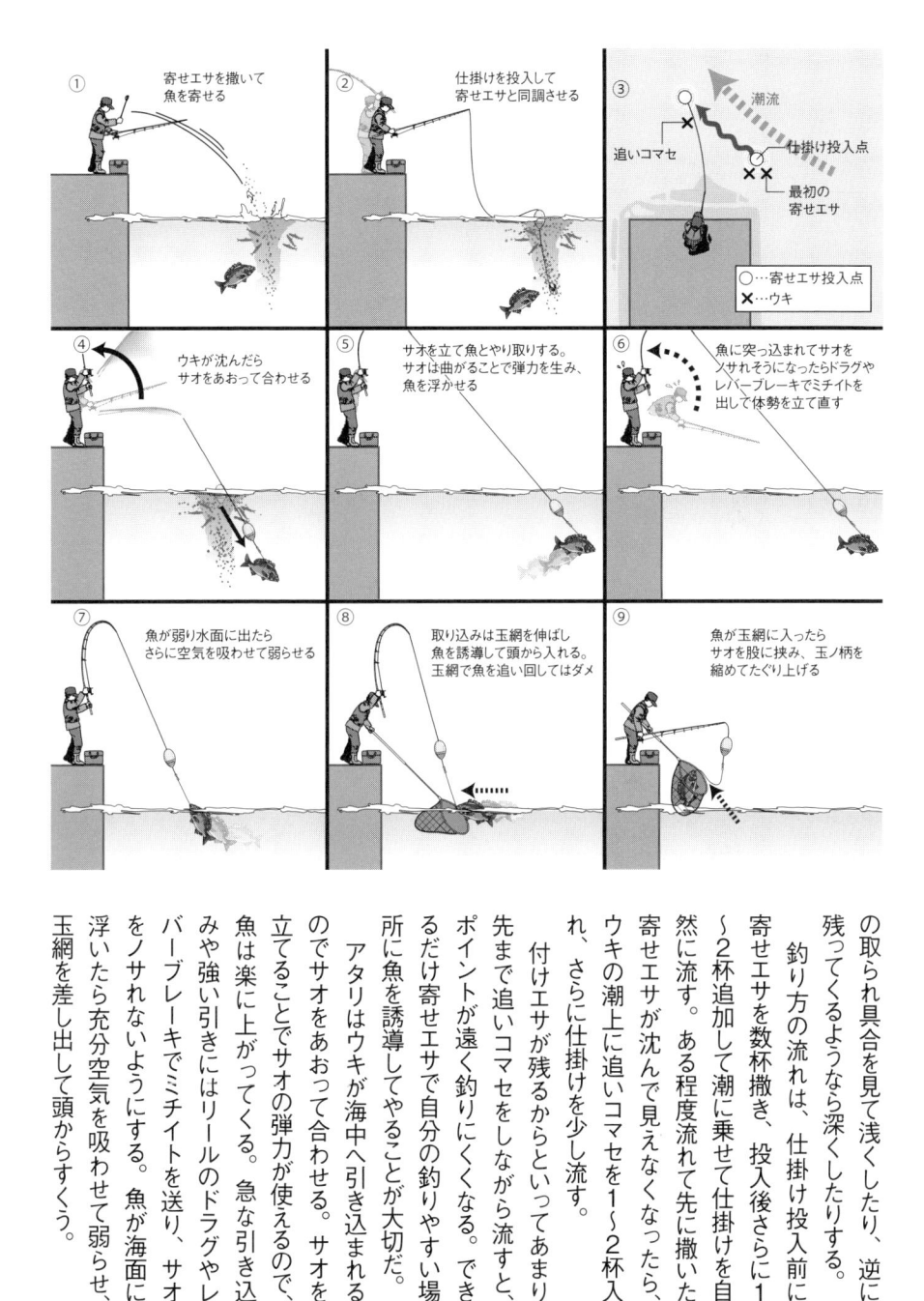

STYLE 4 スタイル

カゴ釣り

▼初心者でも本命や大もののチャンスあり！
▼遠くのポイントでも容易に付けエサと寄せエサを同調できる

ターゲット

アジ、サバ、サヨリ、ソウダガツオ、イナダ、カンパチ、マダイ、イサキなど

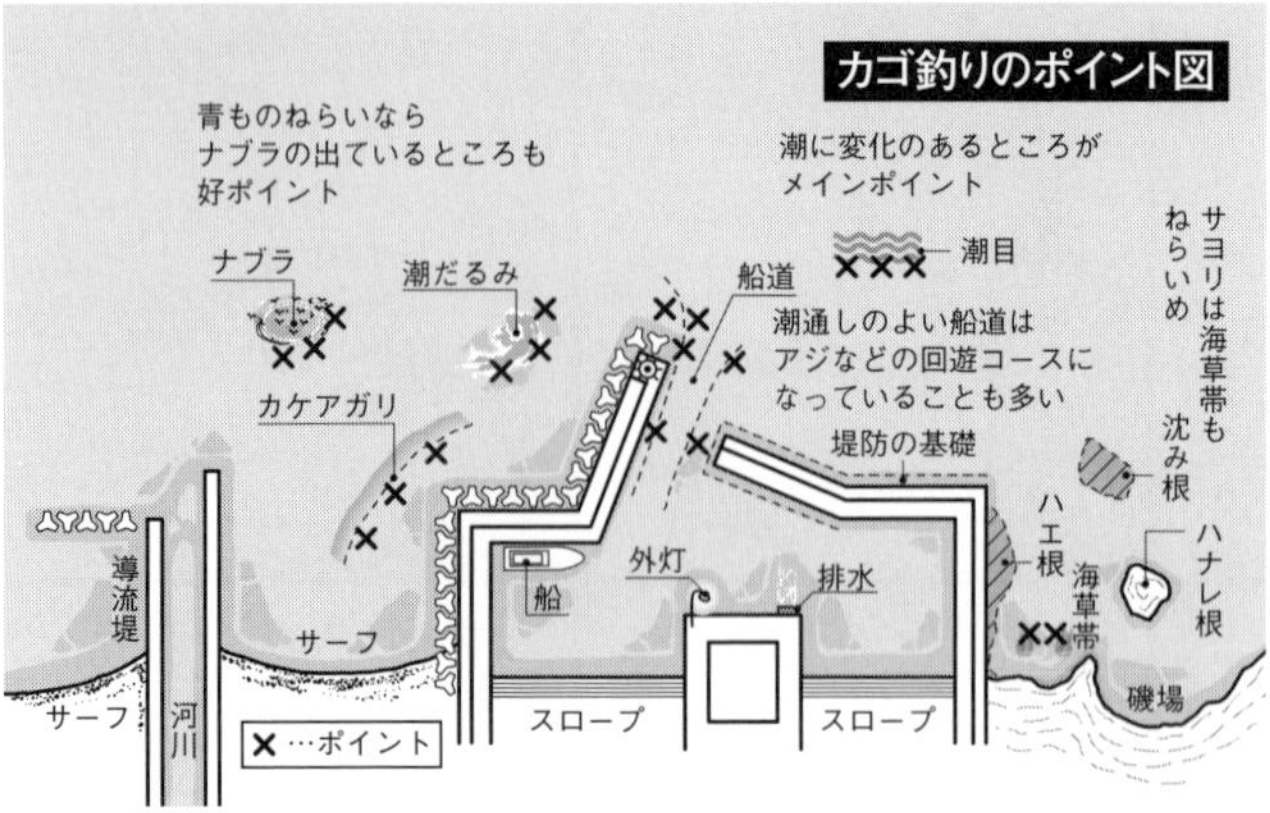
カゴ釣りのポイント図
青ものねらいなら
ナブラの出ているところも
好ポイント
潮に変化のあるところが
メインポイント
サヨリは海草帯も
ねらいめ
潮目
ナブラ
潮だるみ
船道
潮通しのよい船道は
アジなどの回遊コースに
なっていることも多い
カケアガリ
堤防の基礎
沈み根
ハエ根
ハナレ根
海草帯
外灯
排水
船
導流堤
サーフ
サーフ
河川
スロープ
スロープ
磯場
×…ポイント

カゴ釣りとは？

カゴに寄せエサを詰めて仕掛けを沖へ遠投するカゴ釣りは、ウキ釣りでは探れないような遠くのポイントを直接ねらうことができる。また、ねらったタナで寄せエサと付けエサを容易に同調させられるため、エサ取りに邪魔されず的確にターゲットをねらうことができるのが特徴だ。初心者でも本命や大ものを手にするチャンスは大きい。

対象魚は実に多彩で寄せエサに反応する魚なら何でも釣れる。代表的なターゲットは、アジやサバ、サヨリといった小ものから、ソウダガツオやイナダ、カンパチなどの青もの、場所によってはマダイやイサキなどもねらえる。特に堤防では、足下のサビキ釣りで釣れるアジと、沖をねらうカゴ釣りで釣れるアジとではサイズがひと回りもふた回りも違うのも魅力である。

主なポイント

カゴ釣りのポイントは、どのターゲットも潮通しのよい場所が基本となっている。遠投が利き深場も探れるので、よほど大きな港でない限り港内をねらうことは少ない。

堤防なら沖向きの潮目や流れに変化のあるところなど、寄せエサが溜まりやすい場所がねらいめ。海底に沈み根や障害物などあれば最高のポイント

アジ仕掛け

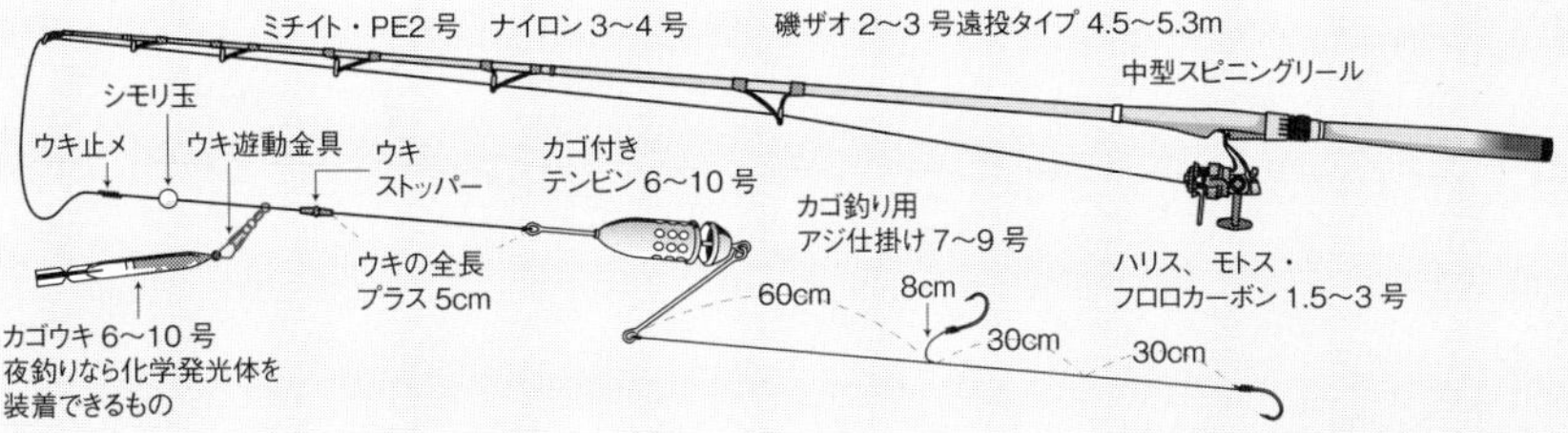
ミチイト・PE2号　ナイロン3〜4号
磯ザオ2〜3号遠投タイプ4.5〜5.3m
中型スピニングリール
シモリ玉
ウキ止メ
ウキ遊動金具
ウキストッパー
カゴ付きテンビン6〜10号
カゴ釣り用アジ仕掛け7〜9号
ウキの全長プラス5cm
ハリス、モトス・フロロカーボン1.5〜3号
60cm
8cm
30cm
30cm
カゴウキ6〜10号
夜釣りなら化学発光体を装着できるもの

イナダ、カンパチ仕掛け

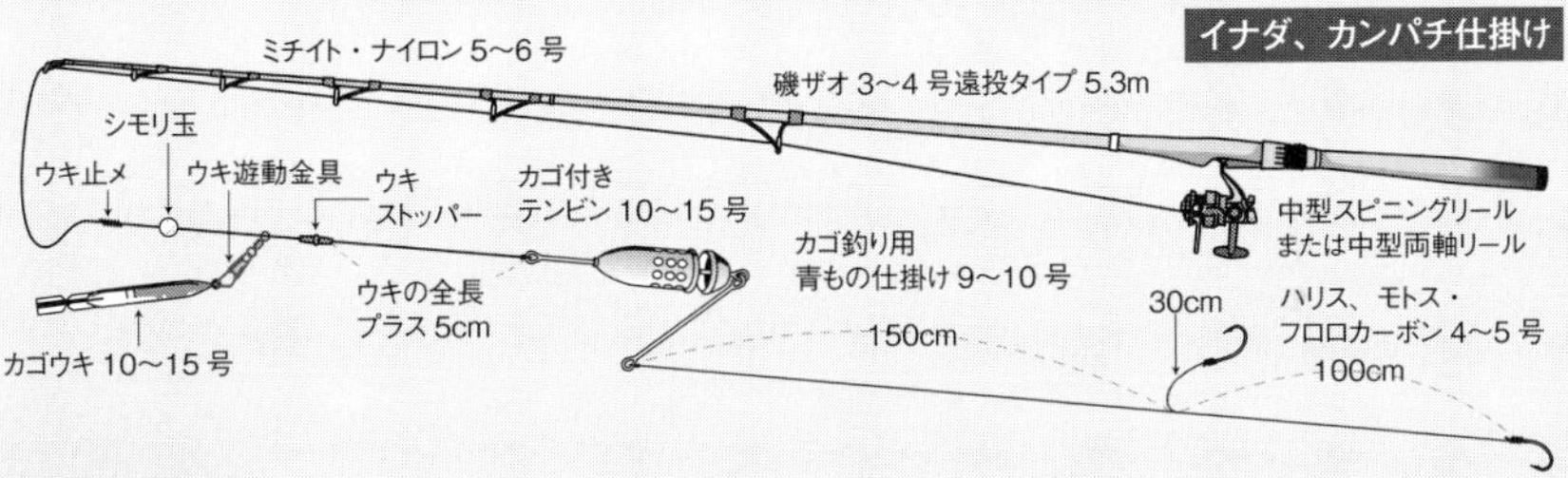
ミチイト・ナイロン5〜6号
磯ザオ3〜4号遠投タイプ5.3m
シモリ玉
ウキ止メ
ウキ遊動金具
ウキストッパー
カゴ付きテンビン10〜15号
中型スピニングリールまたは中型両軸リール
カゴ釣り用青もの仕掛け9〜10号
ウキの全長プラス5cm
30cm
ハリス、モトス・フロロカーボン4〜5号
150cm
100cm
カゴウキ10〜15号

タナ取りの仕方

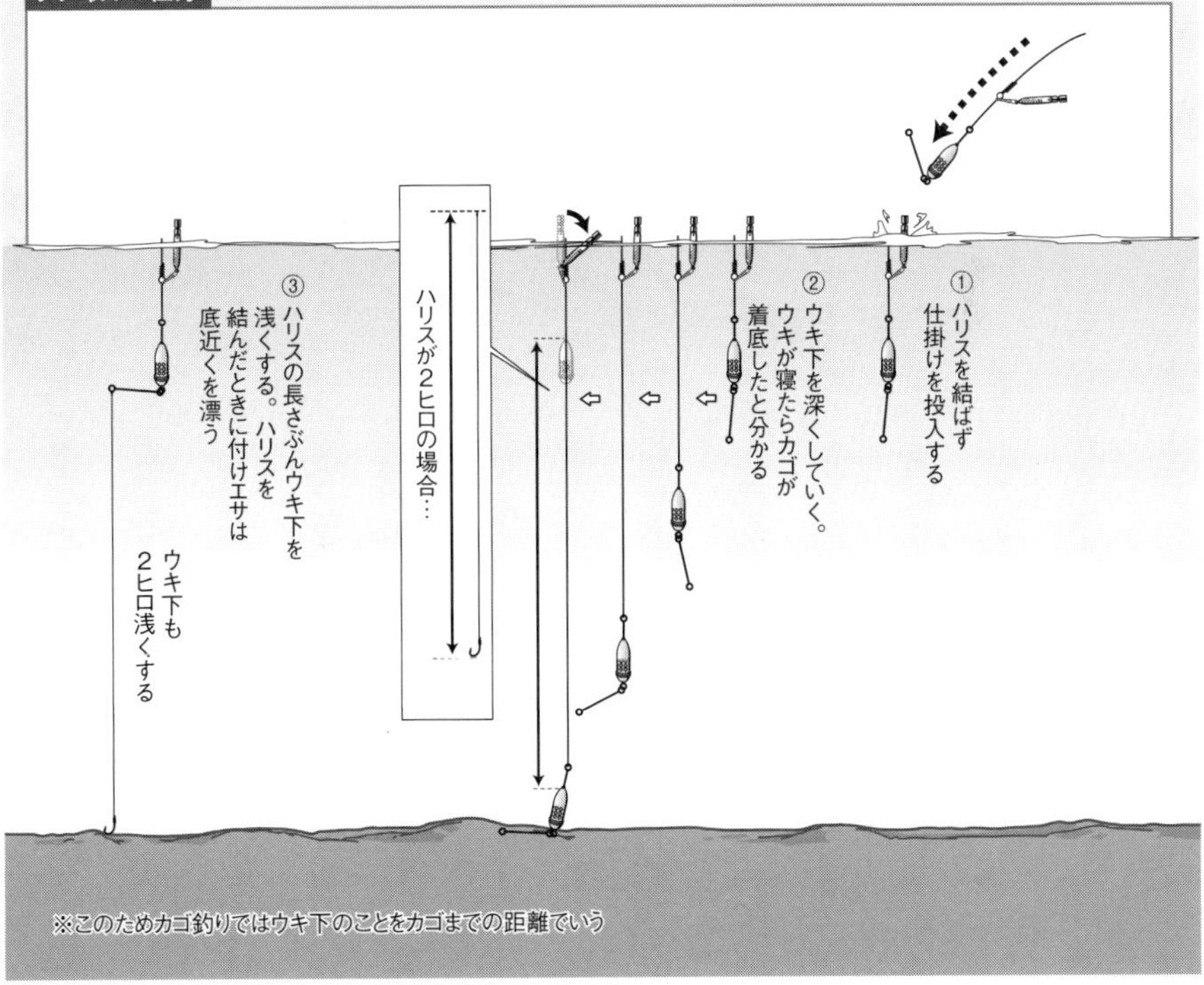
① ハリスを結ばず仕掛けを投入する
② ウキ下を深くしていく。ウキが寝たらカゴが着底したと分かる
ハリスが2ヒロの場合…
③ ハリスの長さぶんウキ下を浅くする。ハリスを結んだときに付けエサは底近くを漂う
ウキ下も2ヒロ浅くする
※このためカゴ釣りではウキ下のことをカゴまでの距離でいう

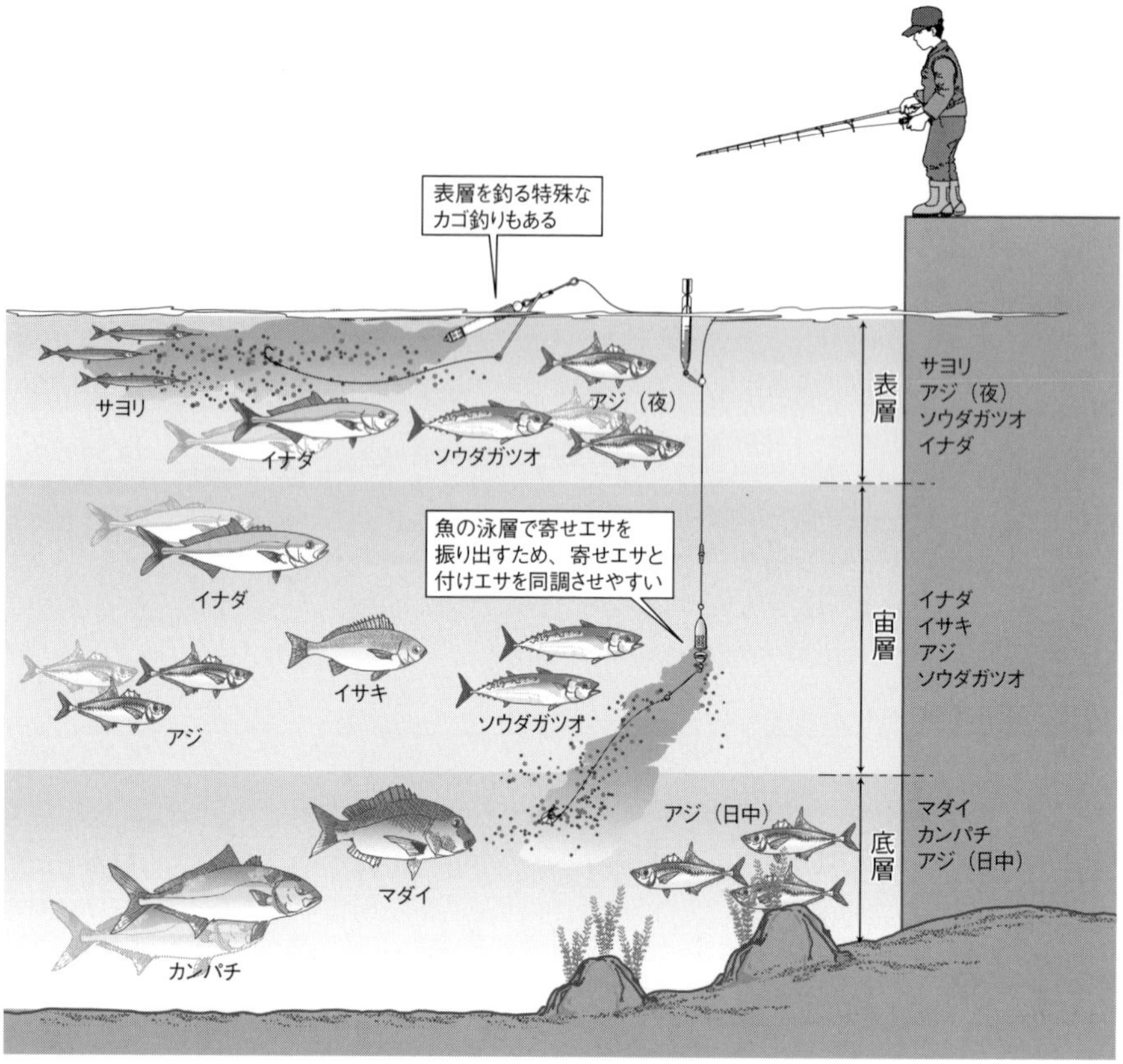
表層を釣る特殊な
カゴ釣りもある
サヨリ
イナダ
ソウダガツオ
アジ（夜）
表層
サヨリ
アジ（夜）
ソウダガツオ
イナダ
魚の泳層で寄せエサを
振り出すため、寄せエサと
付けエサを同調させやすい
イナダ
イサキ
アジ
ソウダガツオ
宙層
イナダ
イサキ
アジ
ソウダガツオ
マダイ
カンパチ
アジ（日中）
底層
マダイ
カンパチ
アジ（日中）

になる。また、船道や海底に溝があるようなところは潮に乗ってアジやマダイ、青ものが回遊することもよくある。

サヨリの場合は少し特殊だ。この魚は潮通しのよいところに群れるのはもちろんだが、海草帯に付くこともよくある。そこで、海草帯のある表層をねらうと釣れることも多い。

釣りとコツ

ターゲットによって仕掛けや釣り方が変わってくる。たとえばアジは日中海底付近にいて、ウキ下も深くなるが夜になると浅場に回遊してくるので、浅いタナで簡単に釣れる。そして寄せエサに対して群れる魚なので、寄せエサと付けエサを離したくないので仕掛けはあまり長くしないほうがよい。

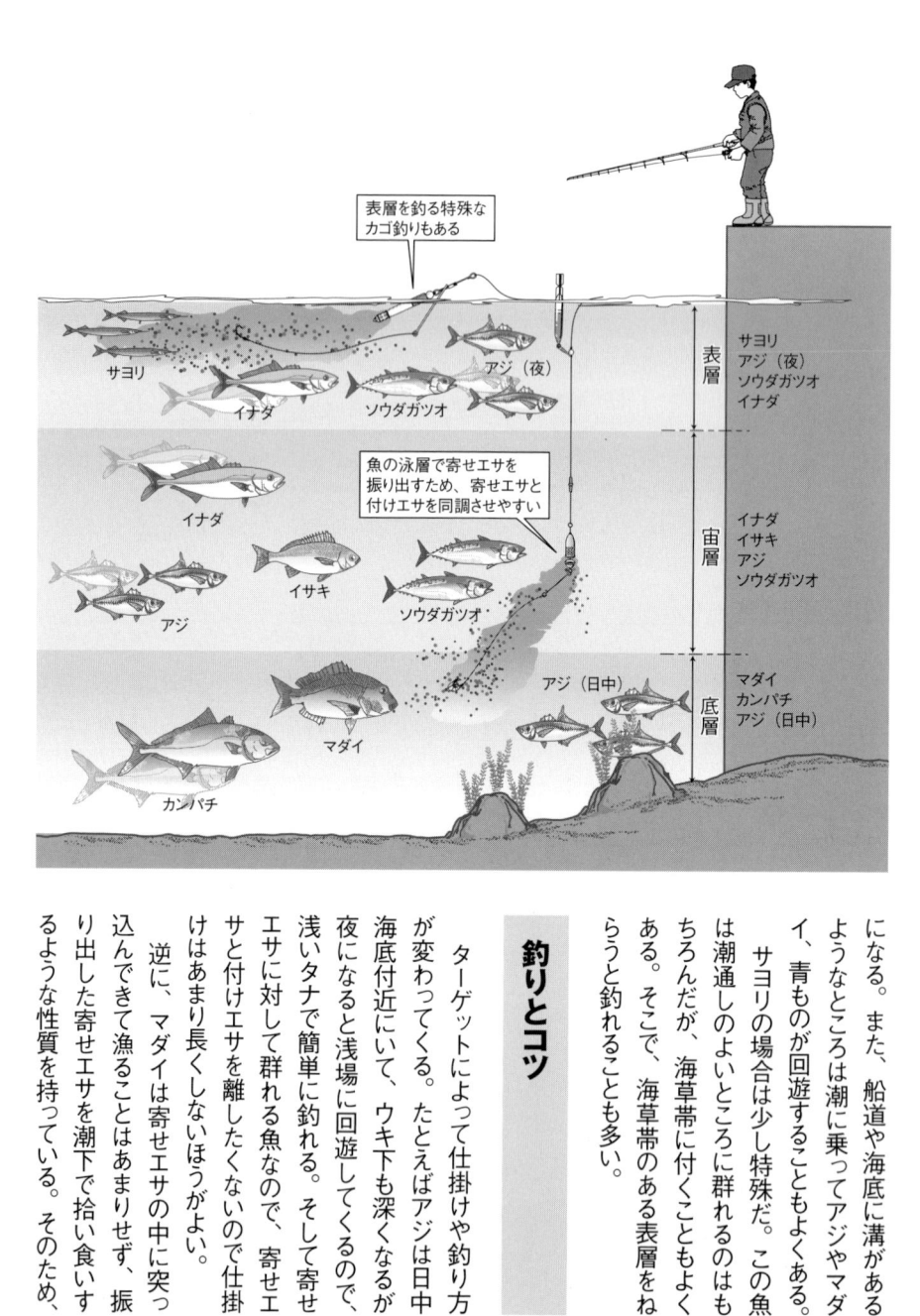

逆に、マダイは寄せエサの中に突っ込んできて漁ることはあまりせず、振り出した寄せエサを潮下で拾い食いするような性質を持っている。そのため、

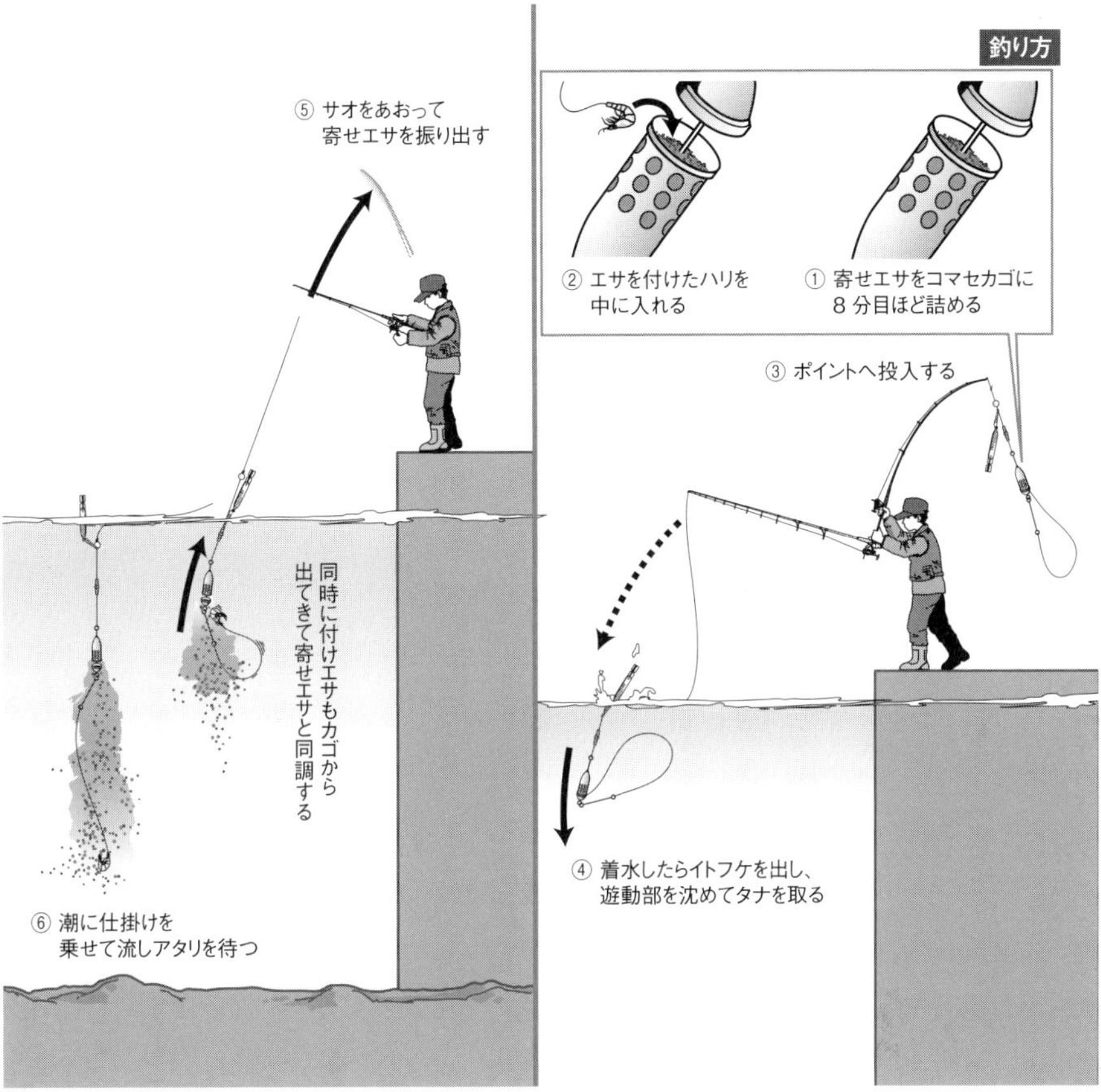
釣り方
① 寄せエサをコマセカゴに8分目ほど詰める
② エサを付けたハリを中に入れる
③ ポイントへ投入する
④ 着水したらイトフケを出し、遊動部を沈めてタナを取る
⑤ サオをあおって寄せエサを振り出す
同時に付けエサもカゴから出てきて寄せエサと同調する
⑥ 潮に仕掛けを乗せて流しアタリを待つ

マダイねらいでは寄せエサがポロポロと出るようなカゴを使い、カゴから付けエサを離してやるのがセオリーで、ハリスを3ヒロ以上取ることも珍しくない。

　イナダやカンパチといった青ものは、ドバッと出る寄せエサに反応しやすい。そこで、タナに着くとパカッと開いて一気に寄せエサを振り出せるタイプのカゴを使うとよい。ハリスは1・5～2ヒロにすることが多い。

　また、特殊なカゴ釣りとしてはサヨリがある。普通のカゴ釣りは仕掛けを投げて流して釣るが、サヨリの場合はカゴとウキが一体になったカゴウキを使い、投げたらシロギスやルアーのように仕掛けを巻いてくるという釣り方をする。

　それぞれの詳しい釣り方は第4章の魚種別攻略法に記したが、どの魚でもタナで寄せエサを振り出し、そこに付けエサを合わせるのが鉄則だ。このことを意識して釣れば難しくない。

STYLE 5 スタイル

ルアー釣り

▼フィッシュイーターが主なターゲット

▼エサ準備の心配がなく釣り場へ直行できる

ターゲット

スズキ、メバル、ヒラメ、マゴチ、カンパチ、イナダ、カサゴなど

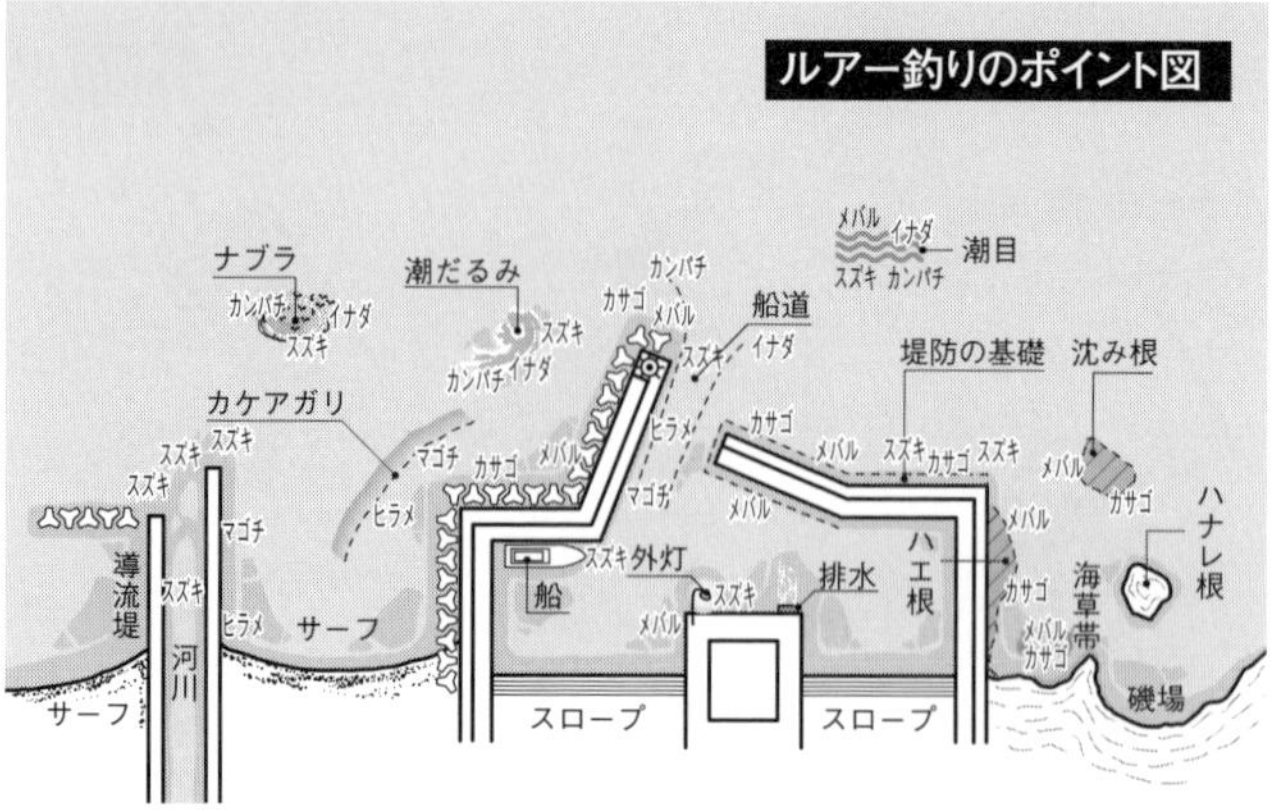
ルアー釣りのポイント図
ナブラ
カンパチ
イナダ
スズキ
潮だるみ
スズキ
カンパチ
イナダ
カケアガリ
マゴチ
ヒラメ
スズキ
スズキ
スズキ
導流堤
スズキ
マゴチ
ヒラメ
河川
サーフ
サーフ
カサゴ
メバル
カンパチ
カサゴ
メバル
スズキ
ヒラメ
マゴチ
船
スズキ
外灯
スズキ
メバル
船道
イナダ
メバル
イナダ
潮目
スズキ
カンパチ
堤防の基礎
カサゴ
メバル
スズキ
カサゴ
スズキ
メバル
排水
ハエ根
メバル
カサゴ
メバル
カサゴ
沈み根
メバル
カサゴ
ハナレ根
海草帯
磯場
スロープ
スロープ

ルアー釣りとは？

簡単にいってしまうと、主に小魚の形をした擬餌バリで魚を騙《だま》して釣る方法で、フィッシュイーターと呼ばれる小魚を主食とする魚種に対して効果的である。

タックルはとてもシンプルで、ルアーがあればすぐに釣りができるのもうれしい点だ。事前にエサや寄せエサを用意しなくてもよいので、朝でも夜中でも時間を気にせず、空いたときに気軽に行ける手軽さも備えている。

フィッシュイーターは身近な堤防の周りにも意外に多く生息している。都市近郊の港でも大型のスズキがねらえるほか、内湾の港内ではライトタックルでメバルやカサゴなどが釣れる。外海へ行けばカンパチやイナダなどの回遊魚や、ヒラメ、マゴチといった高級魚もターゲットになってくる。

主なポイント

ひと口にフィッシュイーターといっても、ターゲットによって潜んでいる場所は異なってくる。ヒラメやマゴチなら砂地がある堤防、メバルは波の静かな港の中や海草帯、スズキなら河口付近、などといった具合だ。ターゲットが多いと、ねらえるポイントも多くなる。おおまかに魚の名前をポイント図に記したので参照してもらいたい。

釣り方

フィッシュイーターは動くものに強い興味を示し、目の前を通るものにアタックしてくる。その習性を利用してルアーを生きているように動かしたり、目立つカラーを使ってアピールさせて飛びつかせる。基本的にルアーに飛びつく魚は食い気が強いので、1ヵ所で数回投げればすぐに結果は出る。アタリがなければ速やかに釣り座の移動を繰り返す。

ターゲットごとの釣り方は魚種別攻略法を参照していただきたい。

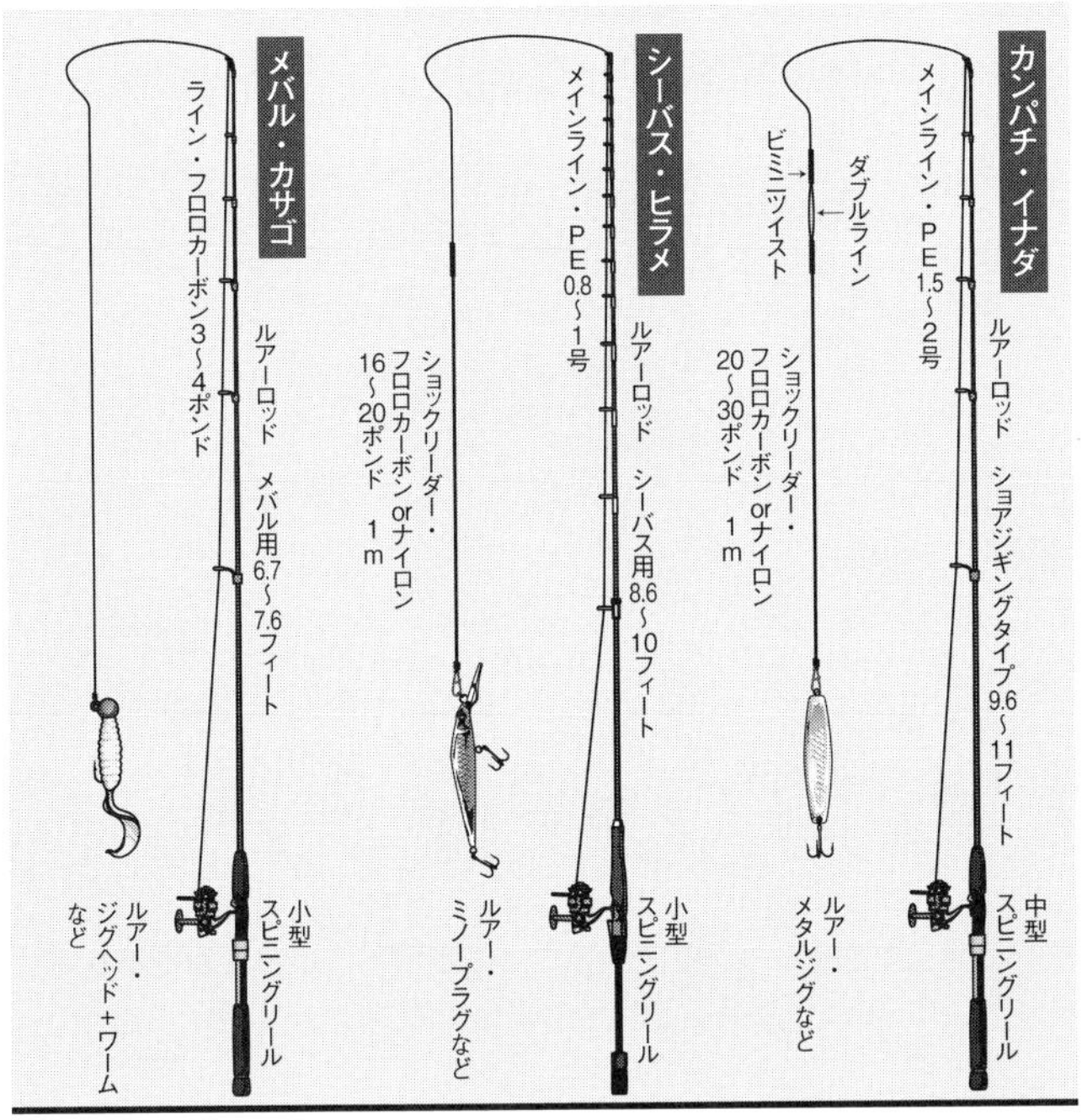
カンパチ・イナダ
ルアーロッド ショアジギングタイプ9.6～11フィート
メインライン・PE1.5～2号
ダブルライン
ビミニツイスト
ショックリーダー・フロロカーボンorナイロン20～30ポンド 1m
中型スピニングリール
ルアー・メタルジグなど
シーバス・ヒラメ
ルアーロッド シーバス用8.6～10フィート
メインライン・PE0.8～1号
ショックリーダー・フロロカーボンorナイロン16～20ポンド 1m
小型スピニングリール
ルアー・ミノープラグなど
メバル・カサゴ
ルアーロッド メバル用6.7～7.6フィート
ライン・フロロカーボン3～4ポンド
小型スピニングリール
ルアー・ジグヘッド＋ワームなど

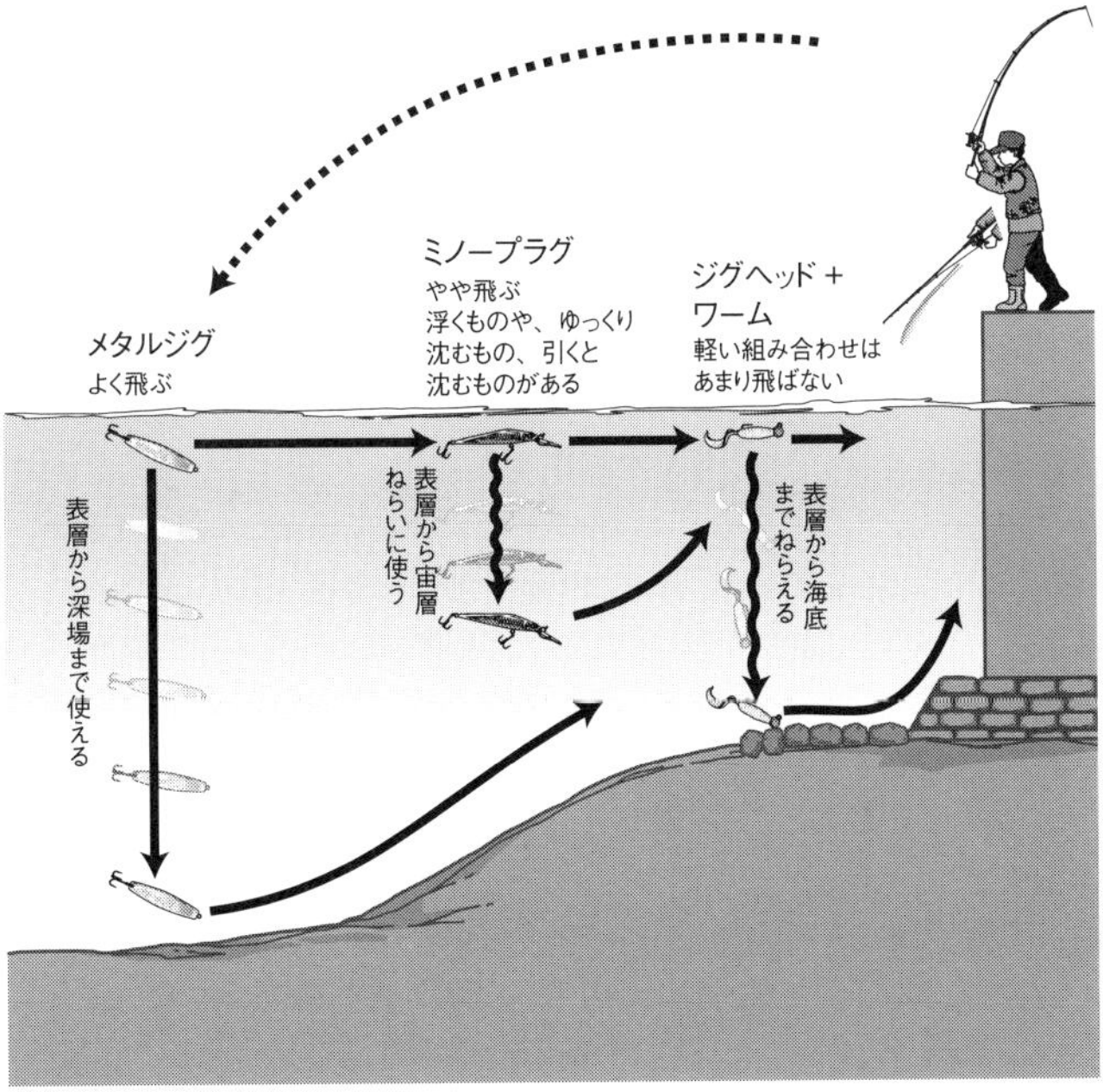
ジグヘッド＋ワーム
軽い組み合わせはあまり飛ばない
表層から海底までねらえる
ミノープラグ
やや飛ぶ
浮くものや、ゆっくり沈むもの、引くと沈むものがある
表層から宙層ねらいに使う
メタルジグ
よく飛ぶ
表層から深場まで使える

COLUMN

マナーとルールを守って楽しもう

堤防はみんなが楽しむ場所「来たときよりも綺麗に」を心掛けよう

どんな遊びやスポーツにもルールやマナーがあるように、釣りを楽しむうえでもルールやマナーはある。とはいっても難しいことは何もない。小学生の子供でも理解できる簡単なことなので、それさえ気を付けて行動すれば一日気持ちよく釣りを楽しめる。

自分たちの遊び場をきれいに保つのは当然のこと。一人一人が心がければいつでも清々しい気持ちで釣りを楽しめる

① **ゴミは持ち帰ろう**＝釣り場で目立つのはペットボトルや空き缶、弁当クズ。それに仕掛けやエサの袋など。当たり前のことだが自分たちの出したゴミは必ず持ち帰って処理すること。1人で1つ自分の出したゴミ以外のゴミを持ち帰れば、釣り場は来たときよりも必ず綺麗になる。

② **あいさつをしよう**＝先に釣り場にいる人の隣に入るときは、「おはようございます」「こんにちは」「隣いいですか?」とあいさつをしよう。あいさつをされて気を悪くする人はいない。それだけでお互い気持ちよく楽しむことができる。あいさつがきっかけで仲よくなって穴場情報を教えてもらう、ということも釣りでは少なくない。

③ **割り込みはやめよう**＝人がいくら釣れているからといって、その人の隣に割り込んで入ったり、ポイントに仕掛けを投げ込むことはマナー違反。サオがぶつからない、隣の人と仕掛けがオマツリしない距離を保って釣りを楽しもう。

④ **周りに注意しよう**＝サオを振るときは仕掛けの先にハリが付いていることを忘れずに。左右、前後を確認してからサオを振るようにしたい。混雑している場所なら周りの人にも聞こえるように「投げます」とひと声かけるとよい。

⑤ **釣り場をきれいにして帰ろう**＝ゴミの持ち帰りはもちろんのこと、寄せエサや血抜きなどで堤防を汚してしまったら、海水で洗い流してから帰ろう。

⑥ **迷惑駐車はやめよう**＝堤防や港はいろいろな人が出入りするので、車は決められた場所に駐車すること。

⑦ **早朝や夜間は静かにしよう**＝釣りは夜中に家を出て明け方に釣り場へ着くことも多々ある。釣り場では気分が高揚して会話が弾む気持ちも分かるが、道中のコンビニや釣り場周辺にも民家はあり、まだ寝静まっている時間なので会話や行動はできるだけ静かにしたい。

釣りのマナーやルールに難しいことは一切ない。相手へ、次の人への思いやりがあれば当たり前のことばかりだ。

4章

魚種別仕掛け&攻略法

本章では魚種別 22 項目に分けて仕掛け&釣り方を記した。3章のスタイルを軸に、各魚種によりフィットした具体的な解説を行なっている。釣り場のポイントや魚の習性、シーズンなどもあわせて、実釣に役立つ総合的な知識が得られるはずだ。

AINAME

▶カサゴ目
▶アイナメ科

アイナメ（鮎並、鮎魚女、愛魚女）

釣り方▼▼▼

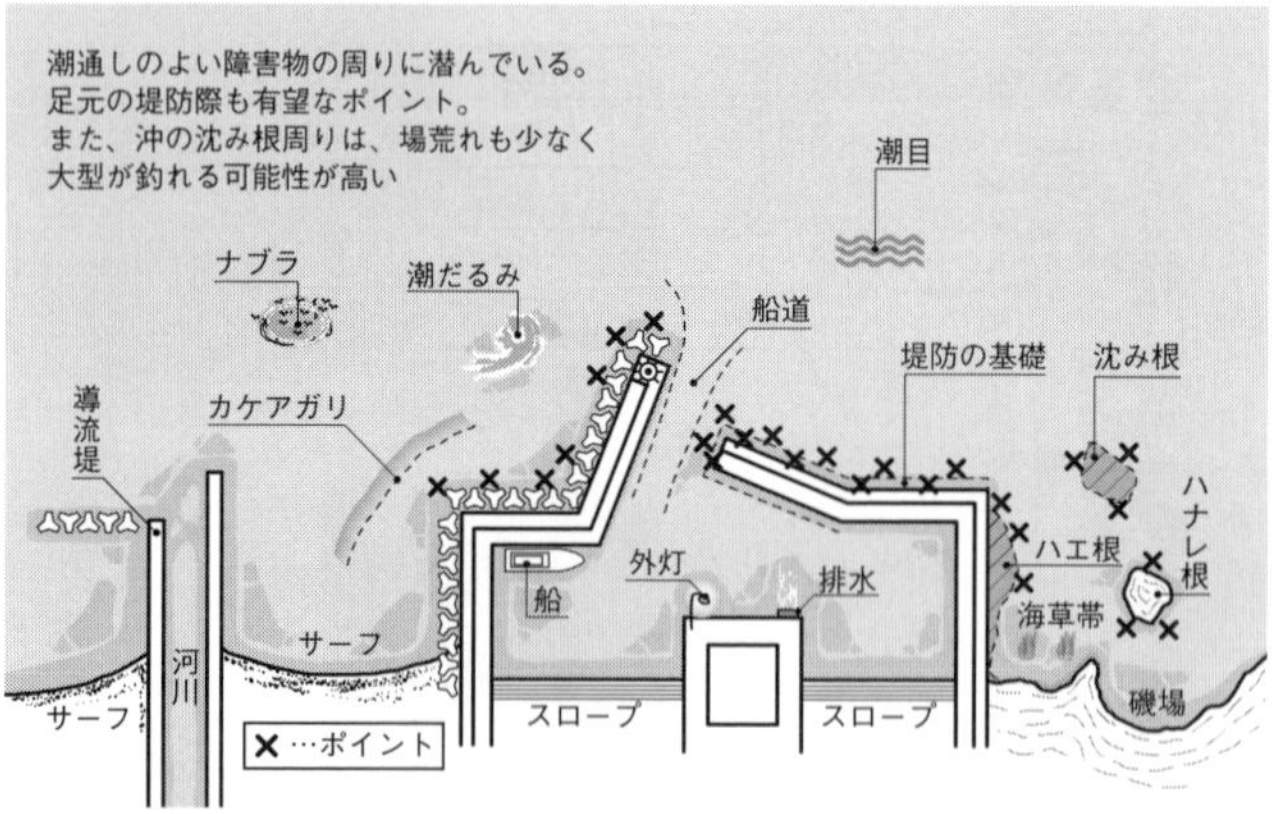

潮通しのよい障害物の周りに潜んでいる。
足元の堤防際も有望なポイント。
また、沖の沈み根周りは、場荒れも少なく
大型が釣れる可能性が高い
潮目
ナブラ
潮だるみ
船道
堤防の基礎
沈み根
導流堤
カケアガリ
ハナレ根
ハエ根
外灯
排水
船
海草帯
サーフ
河川
サーフ
スロープ
スロープ
磯場
×…ポイント

ニュースで初雪の便りが聞かれる頃になると、アイナメ釣りはシーズンを迎える。たらこクチビルの愛嬌ある顔をしたこの魚は、食べて美味しく身近な堤防でも手軽に釣れるとあって、堤防釣りでは人気ターゲットの1つだ。

アイナメは岩礁帯を好み北は北海道、南は九州鹿児島まで広く分布しているが、有名なのは北海道や東北、常磐など関東以北で、それ以南になると伊勢湾や瀬戸内海でも釣れるがエリアが限られてくる。

地方名はアブラコ、アブラメ、ネウ、シジュウ、アイなどがある。また大きなものは「ポン」級とか一升瓶クラスなどと呼ばれている。通常釣れるサイズは25～40㎝であるが、大きなものは50㎝を超え、近縁種にはアイナメよりも大きく育つウサギアイナメや少し小ぶりで側線が1本しかないクジメなどがいる。

投げ釣り

足下から沖の沈み根までダイレクトに攻略！

●釣り方

アイナメは岩礁帯を好む魚で、堤防釣りでは足元の堤壁や基礎石周り、テトラの中や周辺、沖の沈み根がポイントとして挙げられる。

投げ釣りでは仕掛けを遠くへ飛ばせるという利点を生かして、沖の沈み根周りをダイレクトにねらうのが基本。岸から距離があるぶんねらわれにくく釣果が期待できる。

岩礁帯で釣るため、仕掛けを投入したらむやみに動かすと根掛かりのもと。アタリがあるまでじっくりと待つのだが、意外にこの魚はエサが側にあれば反応が早いのと、上から落ちてく

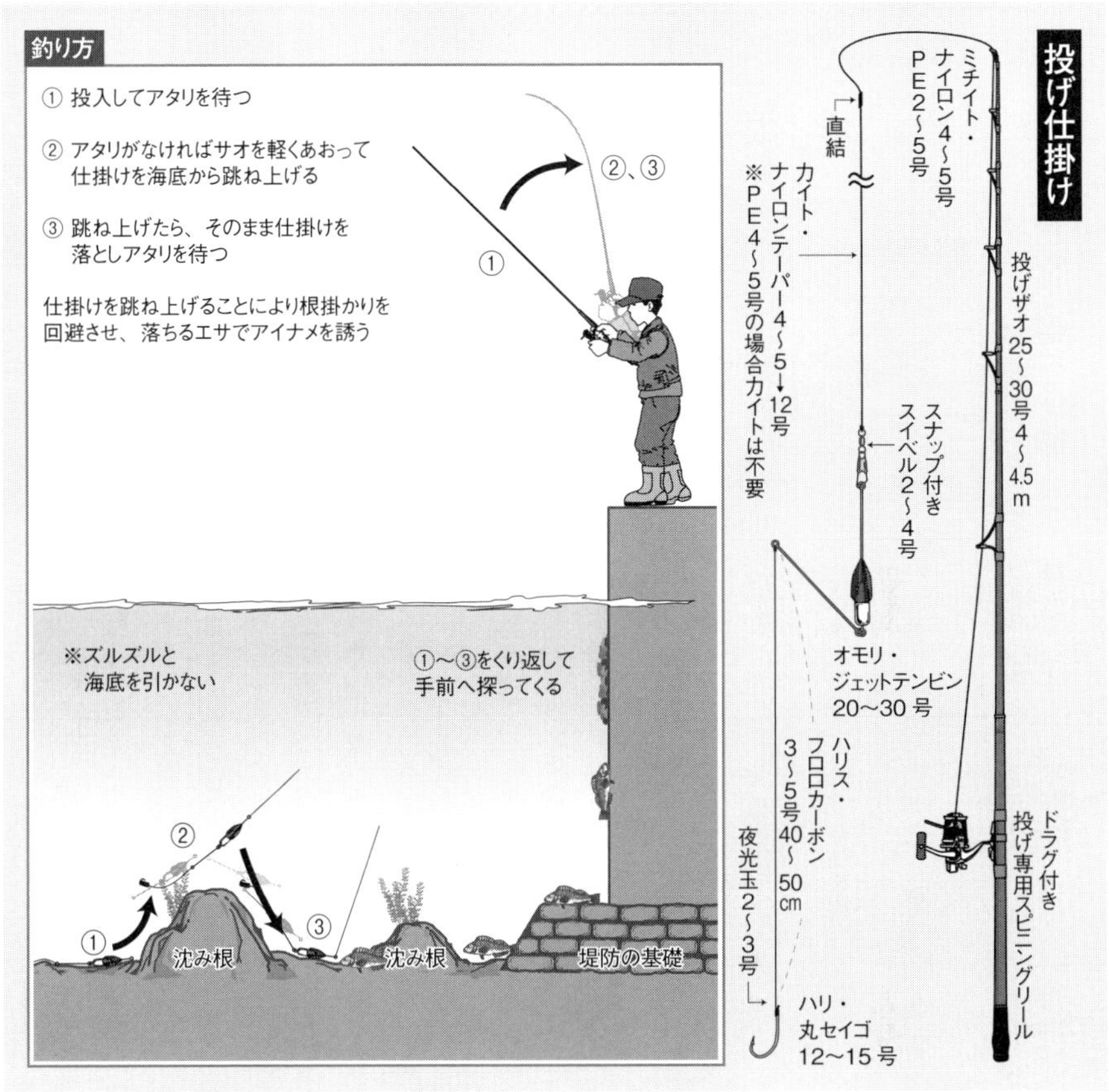
釣り方
① 投入してアタリを待つ
② アタリがなければサオを軽くあおって仕掛けを海底から跳ね上げる
③ 跳ね上げたら、そのまま仕掛けを落としアタリを待つ
仕掛けを跳ね上げることにより根掛かりを回避させ、落ちるエサでアイナメを誘う
②、③
①
※ズルズルと海底を引かない
①～③をくり返して手前へ探ってくる
②
①
③
沈み根
沈み根
堤防の基礎
投げ仕掛け
ミチイト・ナイロン4～5号 PE2～5号
直結
カイト・ナイロンテーパー4～5→12号
※PE4～5号の場合カイトは不要
投げザオ25～30号4～4.5m
スナップ付きスイベル2～4号
オモリ・ジェットテンビン20～30号
ハリス・フロロカーボン3～5号40～50cm
夜光玉2～3号
ハリ・丸セイゴ12～15号
ドラグ付き投げ専用スピニングリール

るものに興味を示す。

投入後5～10分してもアタリがないときは、仕掛けを打ち返すか手前に引いて誘いをかけるようにする。ただし、誘いをかけるときは岩礁帯の中をズルズルと引いてくるとすぐに根掛かりしてしまうので、軽くサオをシャクってオモリを海底で弾ませるようにしてやるとよい。

アタリはサオ先を派手に揺らすことが多く、しっかりと合わせて根から引き離し一気に巻き上げる。送り込んだりアワセが遅いと根に持ち込まれることがあるので要注意。

●エサ

イワイソメ、アオイソメなどイソメ類がメインに使われるが、サンマの切り身、ボケジャコなどのエビ類も好物である。また、エラコは「アイナメ殺し」と呼ばれるくらいの特エサで、釣り人の中にはエラコが入手できなければ釣行を止めてしまうという人もいるくらいだ。

ブラクリ釣り

積極的に誘いをかけて探り歩く

●釣り方

　ブラクリ釣りとは、そろばん玉型や丸玉、ナツメ型など、中通しのオモリにごく短いハリスとハリの付いた独特の仕掛け（ブラクリ仕掛け）を使った釣りだ。この仕掛けを投げたり足元に落としたり、ときにはテトラの隙間に入れたりして、魚の目の前にエサが届くようにする。オモリに短いハリスというスタイルは根掛かりしにくく、岩礁帯に生息するアイナメを攻略するにはもってこいの仕掛けなのである。

　基本的な釣り方は、仕掛けを軽く投げてオモリを着底させ、少しの時間アタリを待つ。アタリがなければサオを軽くシャクって仕掛けを手前へ寄せてくる。これを足元まで繰り返して堤防を探っていく。アイナメは動くものや落ちてくるエサに興味を示すので、こまめに誘いをかけるのが有効だ。

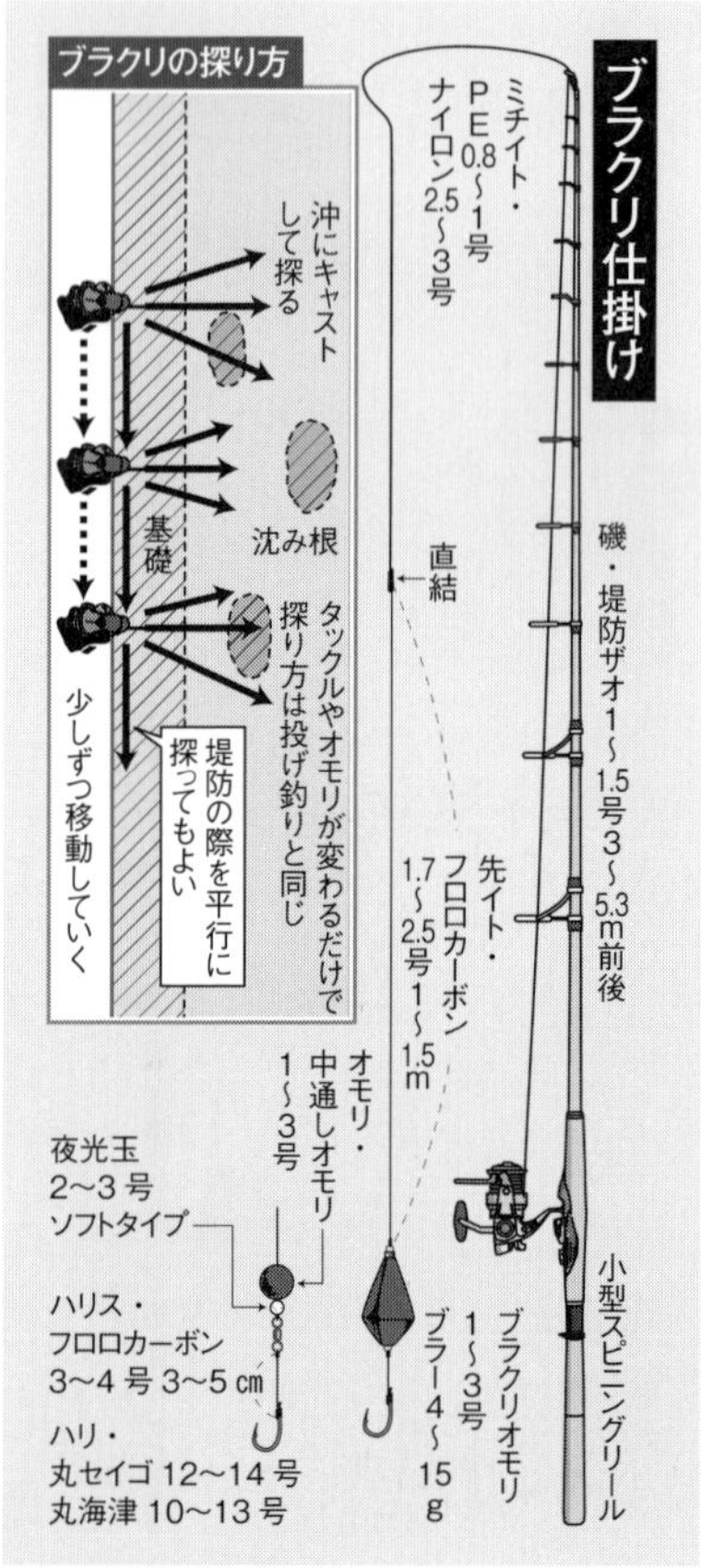

ブラクリ仕掛け
ミチイト・PE0.8～1号 ナイロン2.5～3号
磯・堤防ザオ1～1.5号3～5.3m前後
直結
先イト・フロロカーボン1.7～2.5号1～1.5m
小型スピニングリール
ブラクリオモリ 1～3号 ブラー4～15g
オモリ・中通しオモリ 1～3号
夜光玉 2～3号 ソフトタイプ
ハリス・フロロカーボン 3～4号 3～5㎝
ハリ・丸セイゴ 12～14号 丸海津 10～13号
ブラクリの探り方
沖にキャストして探る
沈み根
基礎
タックルやオモリが変わるだけで探り方は投げ釣りと同じ
堤防の際を平行に探ってもよい
少しずつ移動していく

　ハリスが短くオモリが近くにあるせいか、できるだけ軽いオモリを使ったほうが食い込みがよい。そのため水深や潮の流れにもよるが、着底が分かる範囲で最小号数のオモリを使うようにしたい。

　アタリは最初「コッコツッ」と小さく当たり、その後「ゴンゴン」と力強くなるので、ゴンゴンとアタリが大きくなったら合わせるようにする。コツコツッときたときに違和感を与えるとすぐにエサを放してしまうので、コツコツッではサオ先のテンションを抜いて次の大きなアタリを待つようにするのがコツだ。

　堤防のヘチをねらうときは、アイナメにとってヘチ自体が海底のようなものなので、底ばかりに固執せず宙層も積極的にねらっていきたい。サオ先をゆっくり上げ下げしながら探っていこう。特にヘチに付くイガイはアイナメのエサであるほか、好物であるカニやエビ、イソメが潜んでいるのでよいエサ

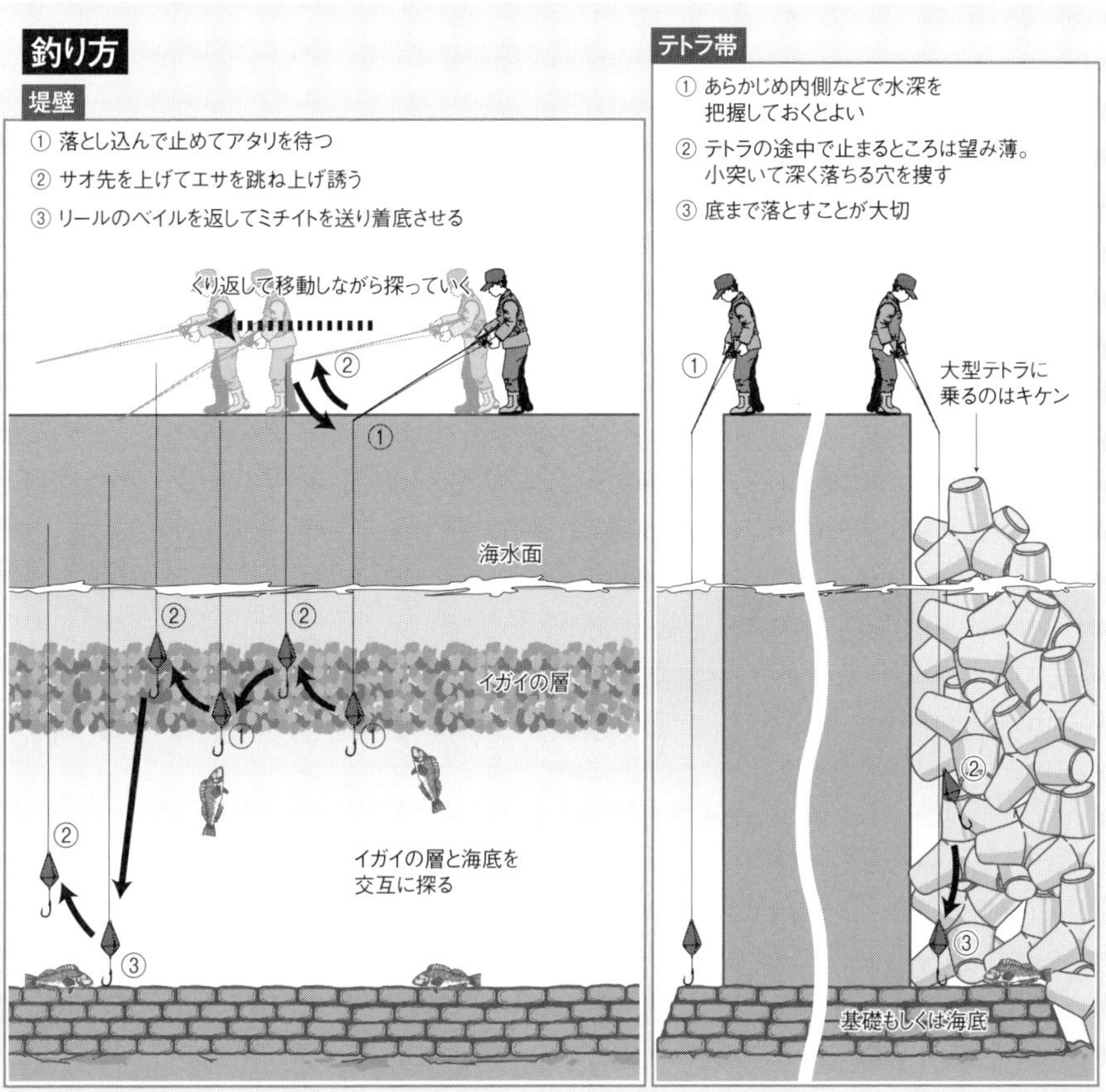
釣り方
堤壁
① 落とし込んで止めてアタリを待つ
② サオ先を上げてエサを跳ね上げ誘う
③ リールのベイルを返してミチイトを送り着底させる
くり返しで移動しながら探っていく
海水面
イガイの層
イガイの層と海底を
交互に探る
テトラ帯
① あらかじめ内側などで水深を
把握しておくとよい
② テトラの途中で止まるところは望み薄。
小突いて深く落ちる穴を捜す
③ 底まで落とすことが大切
大型テトラに
乗るのはキケン
基礎もしくは海底

場になっている。

●エサ

イワイソメやアオイソメなどのイソメ類がメインとなるが、オモリが軽く遠投もしないので、エビやアサリ、カニなどを使うこともある。積極的にエサを動かしてアピールするため、イソメエサの場合はタラシを少し長くしてやるとよい。また、ヘチをねらうときはイソメで反応がないときでも、活きたカニやエビを落とすといきなり食ってくることもある。

たらこクチビルの愛嬌者。エサは目の前に届けてやるのがコツだ

KANPACHI/INADA

▶スズキ目
▶アジ科

青もの＝イナダ（成魚はブリ＝鰤）、カンパチ（勘八）

釣り方▶▶▶

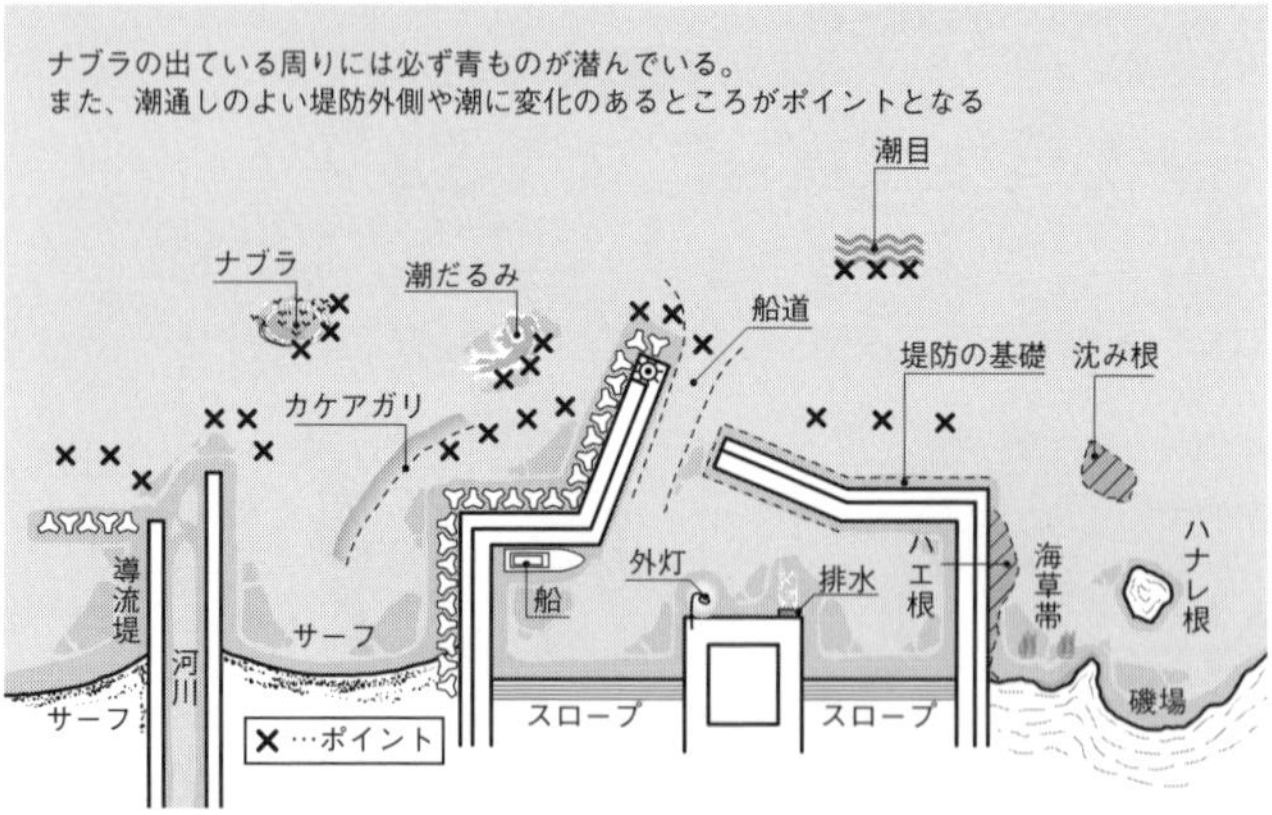

ナブラの出ている周りには必ず青ものが潜んでいる。
また、潮通しのよい堤防外側や潮に変化のあるところがポイントとなる
潮目
ナブラ
潮だるみ
船道
カケアガリ
堤防の基礎
沈み根
ハエ根
海草帯
ハナレ根
外灯
排水
船
導流堤
河川
サーフ
サーフ
スロープ
スロープ
磯場
×…ポイント

一般に青ものといえば、サバやサンマ、イワシ、カンパチ、イナダ、ワラサ、ブリ、カツオなど、背中が青味を帯びている魚を総称して使われることが多い。釣り人の間では、特にカンパチやヒラマサ、ブリ、ワラサ、イナダ、ワカシ、カツオなどを差すことが多い。

ヒラマサはブリに比べて南方系の魚で潮通しのよい離島などがメインフィールド。ブリも大きくなると船釣りがメイン。堤防で釣れるのは、中型までのカンパチやイナダ、ワラサといったところだ。釣り方も定番のカゴ釣り、大ものねらいに効果的な泳がせ釣り、手軽に大ものがねらえるルアーフィッシングなど、さまざま。

カンパチ、ブリともに成長に応じて各地で呼び名がある。関東地方を例にすると、カンパチはショゴ（20〜40㎝）→カンパチ（40㎝以上）。ブリはモジャコ（20㎝以下）→ワカシ（20〜30㎝）→イナダ（30〜50㎝）→ワラサ（50〜70㎝）→ブリ（70㎝以上）。

カゴ釣り

寄せエサを一気に撒いて魚を集める

●釣り方

青もののポイントは潮通しのよい場所やベイト（小魚）が回遊する場所、また寄せエサの溜まるところにも集まりやすい。

タナは、小魚を追いかけナブラが立っているときは水面から1〜2ヒロと浅いウキ下で釣れることも多いが、普段は宙層から底近くを泳いでいる。そのため釣り始めは2〜3ヒロのウキ下からスタートして様子をみる。

投入して仕掛けが馴染んだらサオをあおってカゴから寄せエサを振り出

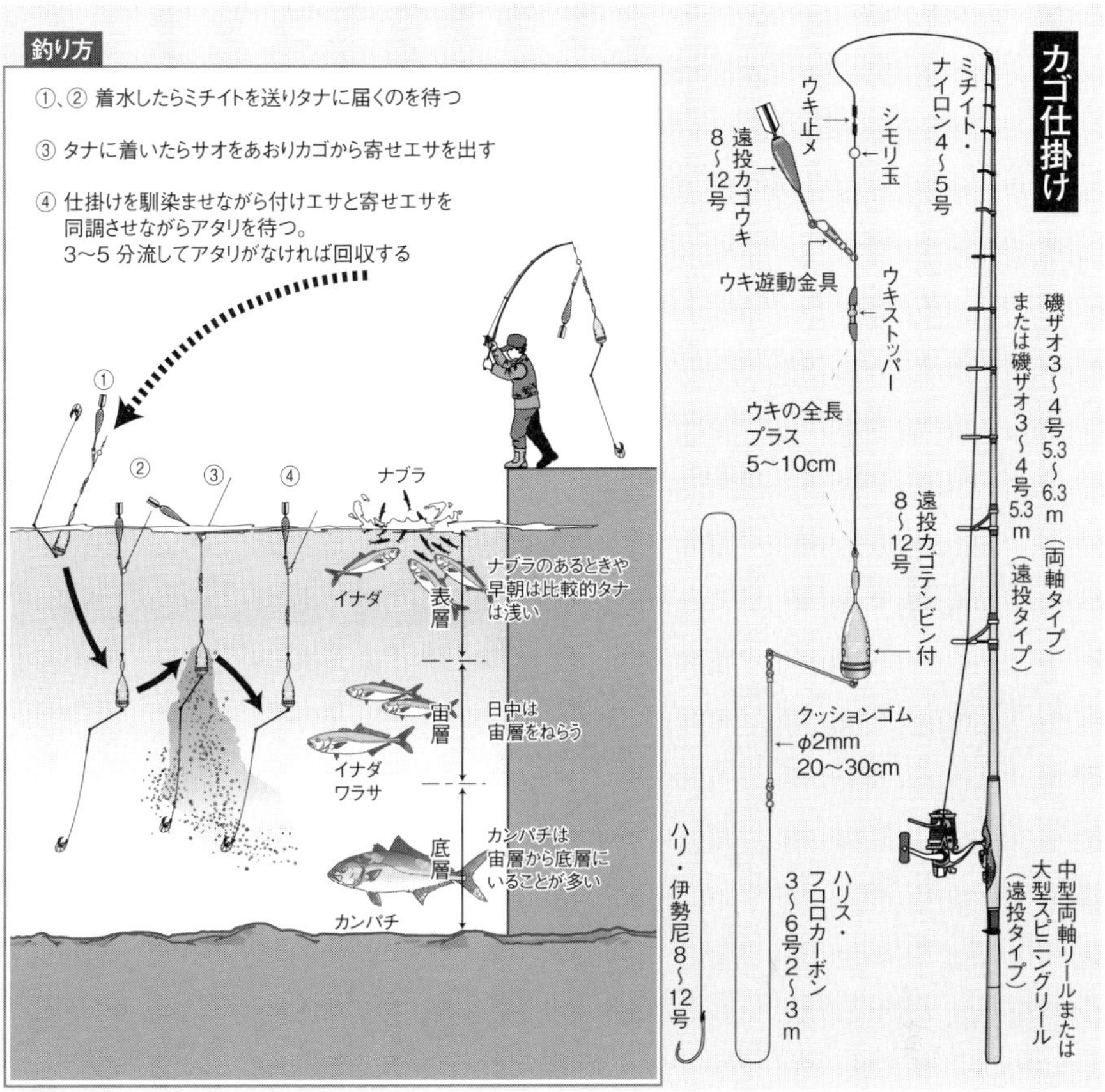
釣り方
①、② 着水したらミチイトを送りタナに届くのを待つ
③ タナに着いたらサオをあおりカゴから寄せエサを出す
④ 仕掛けを馴染ませながら付けエサと寄せエサを同調させながらアタリを待つ。3～5 分流してアタリがなければ回収する
ナブラ
イナダ
表層
ナブラのあるときや早朝は比較的タナは浅い
宙層
日中は宙層をねらう
イナダ
ワラサ
底層
カンパチは宙層から底層にいることが多い
カンパチ
カゴ仕掛け
ミチイト・ナイロン4～5号
ウキ止メ
シモリ玉
遠投カゴウキ 8～12号
ウキ遊動金具
ウキストッパー
ウキの全長プラス5～10cm
遠投カゴテンビン付 8～12号
クッションゴム φ2mm 20～30cm
磯ザオ3～4号5.3～6.3m（両軸タイプ）または磯ザオ3～4号5.3m（遠投タイプ）
中型両軸リールまたは大型スピニングリール（遠投タイプ）
ハリス・フロロカーボン3～6号2～3m
ハリ・伊勢尼8～12号

すが、青ものの場合は一気に出すのがコツ。大量の寄せエサを見つけるとワッと寄って食い漁るので、その中に付けエサを紛れ込ませればOK。そのためコマセカゴはサオをあおると一気に中身が出るタイプのものを選びたい。

寄せエサを振り出してからアタリがあるまでの時間が短いのも青もの釣りの特徴だ。むやみに時間をかけて仕掛けを遠くまで流すのはよくない。寄せエサを振り出して1～2分、長くても5分でアタリがなければ打ち返すこと。

●エサ&寄せエサ

食いのよいときはスキンや魚皮を使ったバケでも充分釣れるが、渋ったときにはオキアミに分がある。2Lや3Lといった大きめのものを尻尾から1匹刺しにするか、2匹を抱き合わせにしてハリに刺す。

寄せエサはオキアミかオキアミとアミエビを混ぜたものを箸《はし》などを使ってコマセカゴに詰める。寄せエサはザルで水気を取っておくと扱いやすい。

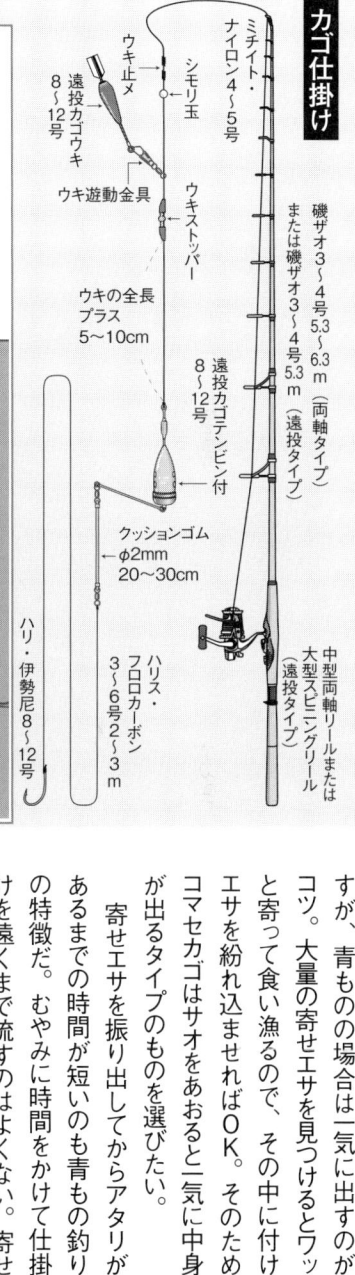

泳がせ釣り

活きた小魚に大ものがガブリ!

●釣り方

カンパチやイナダもある程度の大きさに成長すると、プランクトンから小魚を主食とする食性になる。そのためフィールドでは小魚を追い回す青ものの姿を見かけることも少なくない。小魚を追い回している青ものを、小魚をエサにするのだから、一番理にかなった釣り方であるのは容易に想像がつくだろう。

まず活きた小魚をハリに掛けるのだが、そのまま素手で触るとエサが弱ってしまうので、手を海水に浸けてからつかみ、素早く鼻もしくは背掛けにする。足元まで青ものが回遊してくる堤防ならそっと足元からエサを送り込むが、そうでなければサオの曲がりを利用して軽く振り込むようにする。

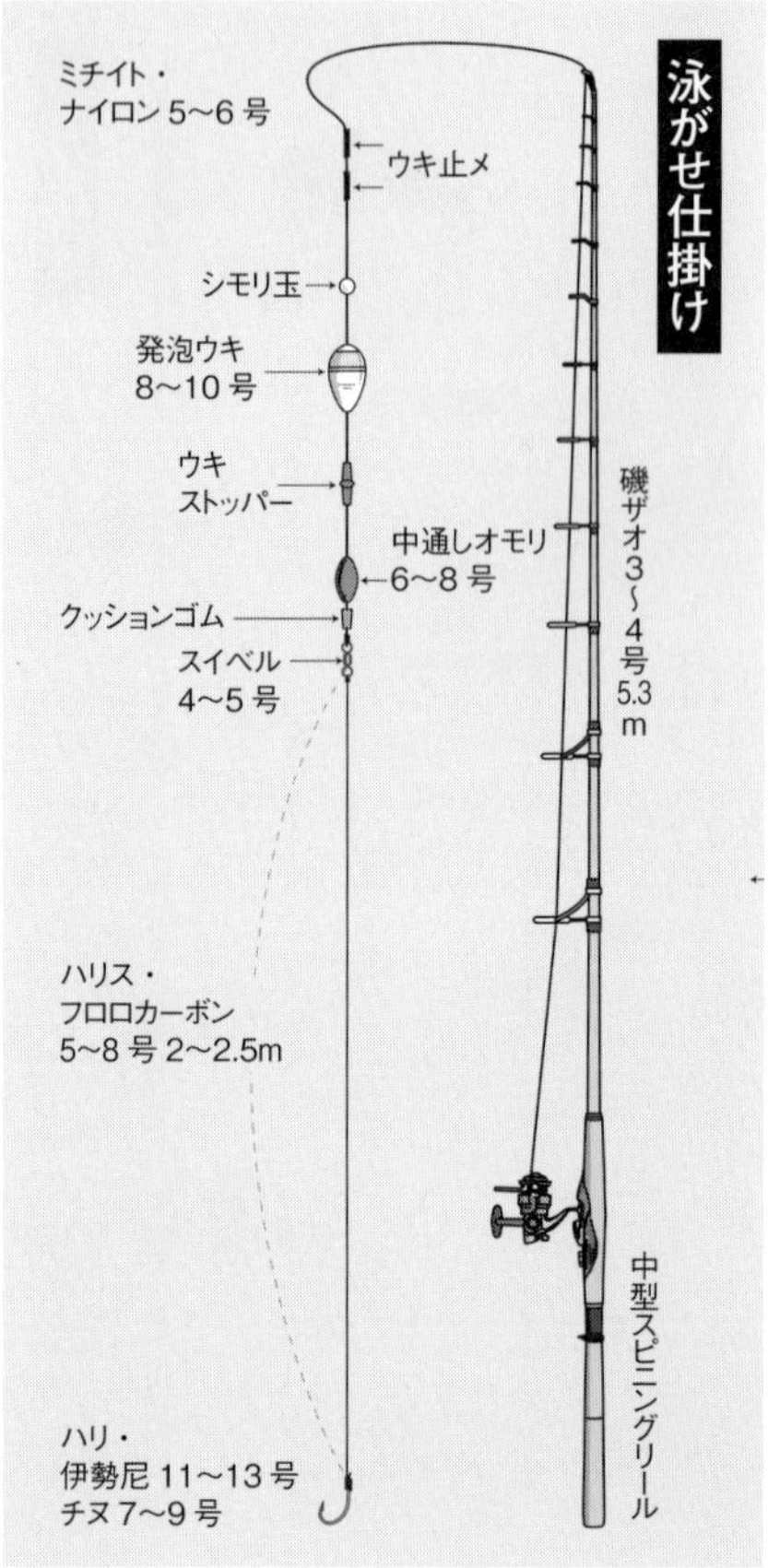

泳がせ仕掛け
ミチイト・
ナイロン 5~6 号
ウキ止メ
シモリ玉
発泡ウキ
8~10 号
ウキ
ストッパー
中通しオモリ
6~8 号
クッションゴム
スイベル
4~5 号
ハリス・
フロロカーボン
5~8 号 2~2.5m
ハリ・
伊勢尼 11~13 号
チヌ 7~9 号
磯ザオ3~4号
5.3
m
中型スピニングリール

基本的には魚を自由に泳がせてアタリを待つのだが、それだけでは魚があっちこっち泳いでしまい、隣の人とオマツリしてしまう。そのため多少エサをコントロールしてやらなければならない。

簡単なコントロール方法として、魚は引かれると逆方向へ泳ぐ習性があるので、右へ行ってしまったら右へサオを倒して引けば左へ泳ぐようになる。左へ行ってしまった場合はその逆を行えばよい。

アタリはウキがジワーッと沈んだり、勢いよく消し込んだりする。アタリがあったらミチイトを送り込みエサをしっかりと飲み込ませるようにする。そして送り込んだイトが張り、魚の重さがサオ先まで伝わったら合わせる。泳がせ釣りは別名「呑《の》ませ釣り」ともいわれるので、しっかりとエサを飲み込ませることが大切だ。

泳がせ釣りはカゴ釣りに比べて大型がヒットする率が高いので、ハリスは太めにセットしておくのが無難。

●エサ

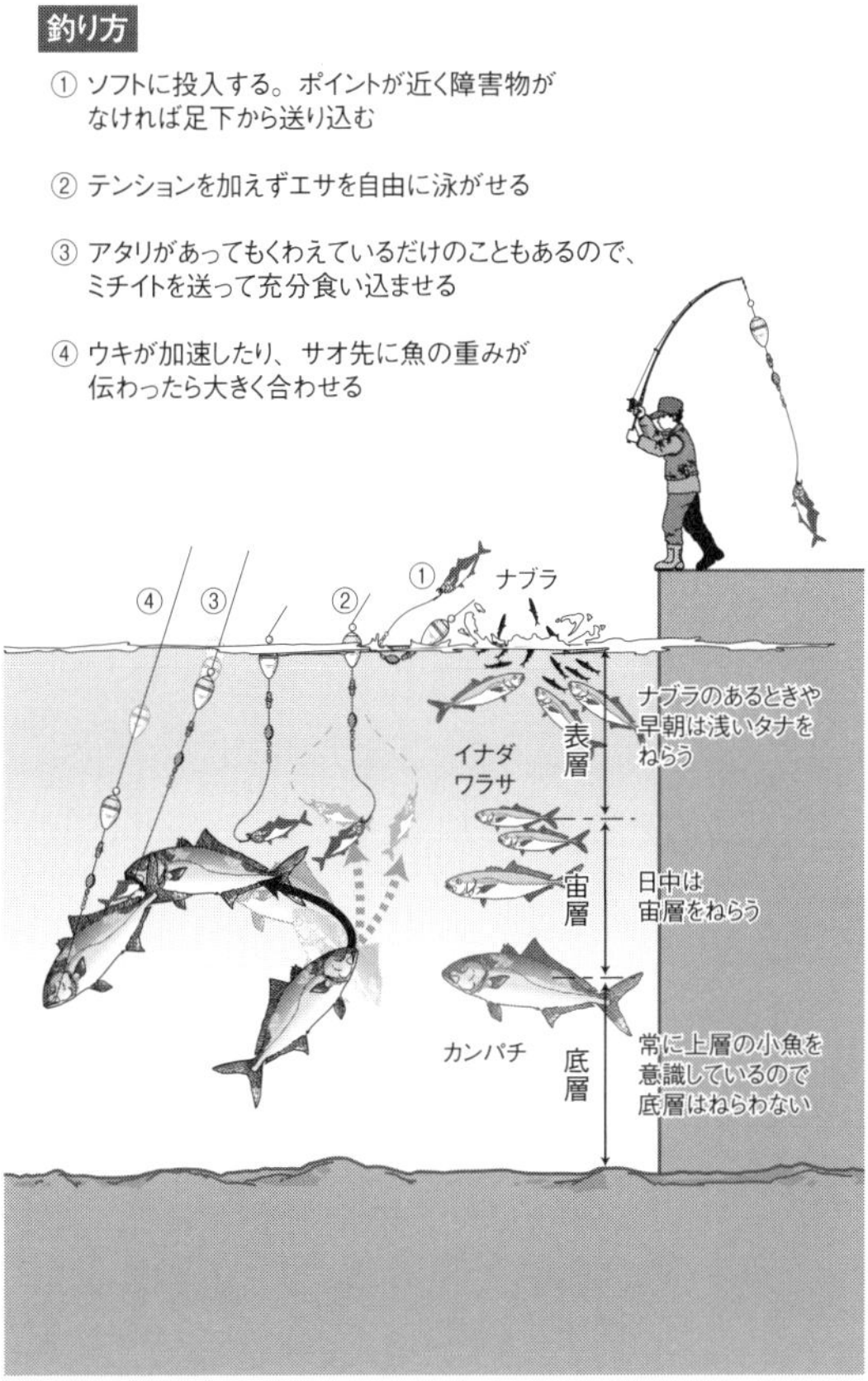
釣り方
① ソフトに投入する。ポイントが近く障害物がなければ足下から送り込む
② テンションを加えずエサを自由に泳がせる
③ アタリがあってもくわえているだけのこともあるので、ミチイトを送って充分食い込ませる
④ ウキが加速したり、サオ先に魚の重みが伝わったら大きく合わせる
④
③
②
①
ナブラ
ナブラのあるときや早朝は浅いタナをねらう
イナダ
ワラサ
表層
宙層
日中は宙層をねらう
カンパチ
底層
常に上層の小魚を意識しているので底層はねらわない

イナダもある程度の大きさに成長するとフィッシュイーターになる

青ものがどんな魚（種類、大きさ）を追い回しているのか見極めが大切。一番よいのは、その釣り場で追われている魚を確保できればこのうえないエサになるのだが、実際にはエサとなる魚は逃げまどっていてなかなか釣ることができない。そのため青ものが回遊してくる前や別の場所で確保して持ち込むか、釣りエサ店で活きたアジなどを買ってくるほかない。

イナダやワラサなどのブリ系はアジやイワシ、キビナゴ、サバなど魚体がキラキラ光る小魚や、群れているときはカマスなどもよいエサになる。一方、カンパチはアジ、イワシ、キビナゴ、サバ、カマスのほか、ベラやウミタナゴ、小メジナ、ネンブツダイ、ハゼなど口に入る魚ならなんでもいいくらい貪欲にアタックしてくる。

エサの刺し方は鼻掛けか背掛けが一般的。エサを刺した後、ハリ先にソフトビーズを刺してやると投入したときエサが外れない。

カンパチは同じ青ものでも宙層から底層にいることが多い

堤防でもチャンスがくればカンパチにも出会える

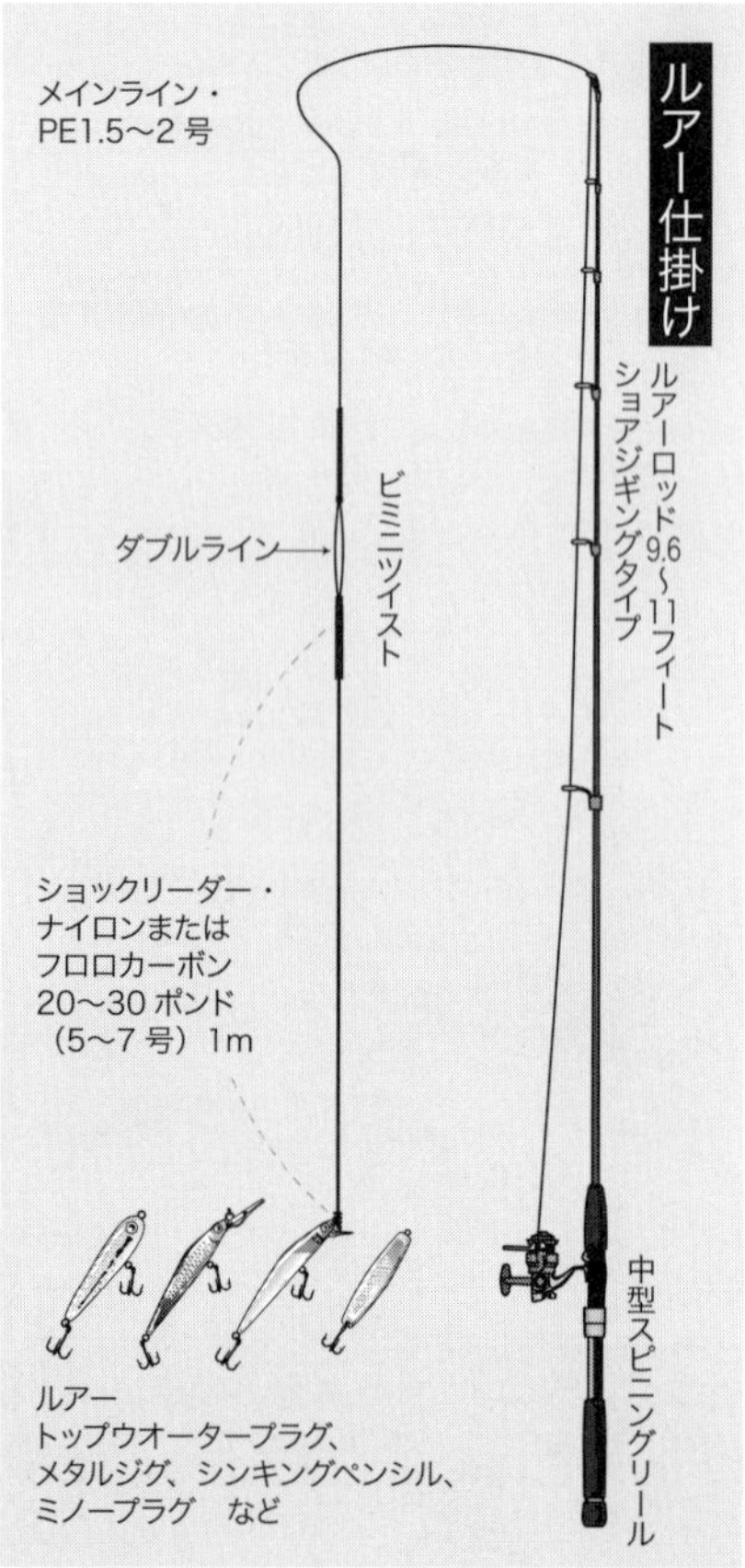

ルアー仕掛け
メインライン・
PE1.5～2号
ルアーロッド9.6～11フィート
ショアジギングタイプ
ビミニツイスト
ダブルライン
ショックリーダー・
ナイロンまたは
フロロカーボン
20～30ポンド
（5～7号）1m
中型スピニングリール
ルアー
トップウオータープラグ、
メタルジグ、シンキングペンシル、
ミノープラグ　など

ルアーフィッシング

ねらう泳層に合わせたチョイスを

●釣り方

堤防周りで盛んにナブラが立ち、あちらこちらで小魚を追い回しているようなときは、青ものはカゴ釣りのオキアミエサには見向きもしない。また、泳がせ釣りも小魚が追われているようではエサの現地調達は無理なのでルアーの出番である。

使うルアーはメタルジグやトップウオータープラグ、シンキングミノー、フローティングミノーなど、追われている小魚に似せたり、ポイントまでの距離や水深に応じて使い分ける。

基本的な釣り方は、メタルジグと呼ばれる金属製のルアーを遠投して巻いてくるだけ。ナブラが立っているような状態なら着水後すぐに巻いて表層を探るが、そうでなければ着水後カウントしてある程度沈ませてから巻くようにすると宙層を探ることができる。

ルアーの使い分け

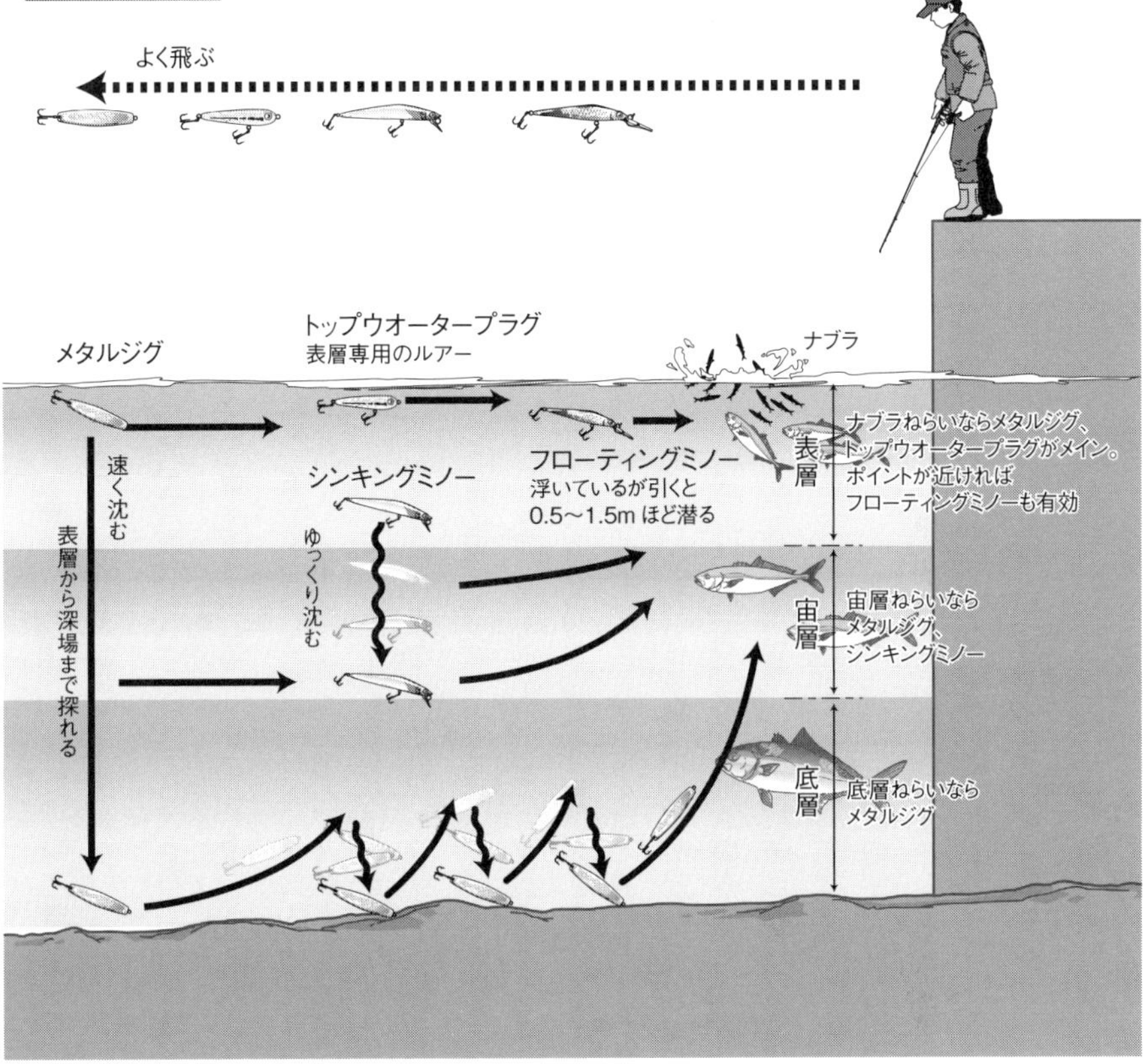
よく飛ぶ
メタルジグ
トップウオータープラグ
表層専用のルアー
ナブラ
速く沈む
表層から深場まで探れる
シンキングミノー
ゆっくり沈む
フローティングミノー
浮いているが引くと
0.5〜1.5m ほど潜る
表層
宙層
底層
ナブラねらいならメタルジグ、
トップウオータープラグがメイン。
ポイントが近ければ
フローティングミノーも有効
宙層ねらいなら
メタルジグ、
シンキングミノー
底層ねらいなら
メタルジグ

また、ナブラが見えないようなときは青ものの群れ自体が沈んでいることも多いので、一旦メタルジグを底まで沈めてから引いてくるとよい。

さらに慣れてきたらメタルジグを引く際に、ロッドアクションを加えると、メタルジグがイレギュラーな動きを見せるのでこれがよい誘いになる。

メタルジグの重さは18〜40gがメインに使われ、色はピンク、ブルー、グリーンが基本。早朝や曇天時など光量の少ないときはアピール力に優れたピンク。日中はナチュラルなブルーやグリーンがよい。

アタリはひったくるようにガツンと明確にくることが多く、当たった瞬間に合わせてサオを立て、やり取りする。

ポイントはカゴ釣りや泳がせ釣りでねらっている場所と同じだが、ルアーのほうが遠くまで飛ぶのでポイントは広い。ただカゴ釣りが多く仕掛けを流して釣っているところでルアーを投げるとトラブルになるので注意したい。

AORIIKA

▶ツツイカ目
▶ヤリイカ科

アオリイカ（障泥烏賊）

釣り方

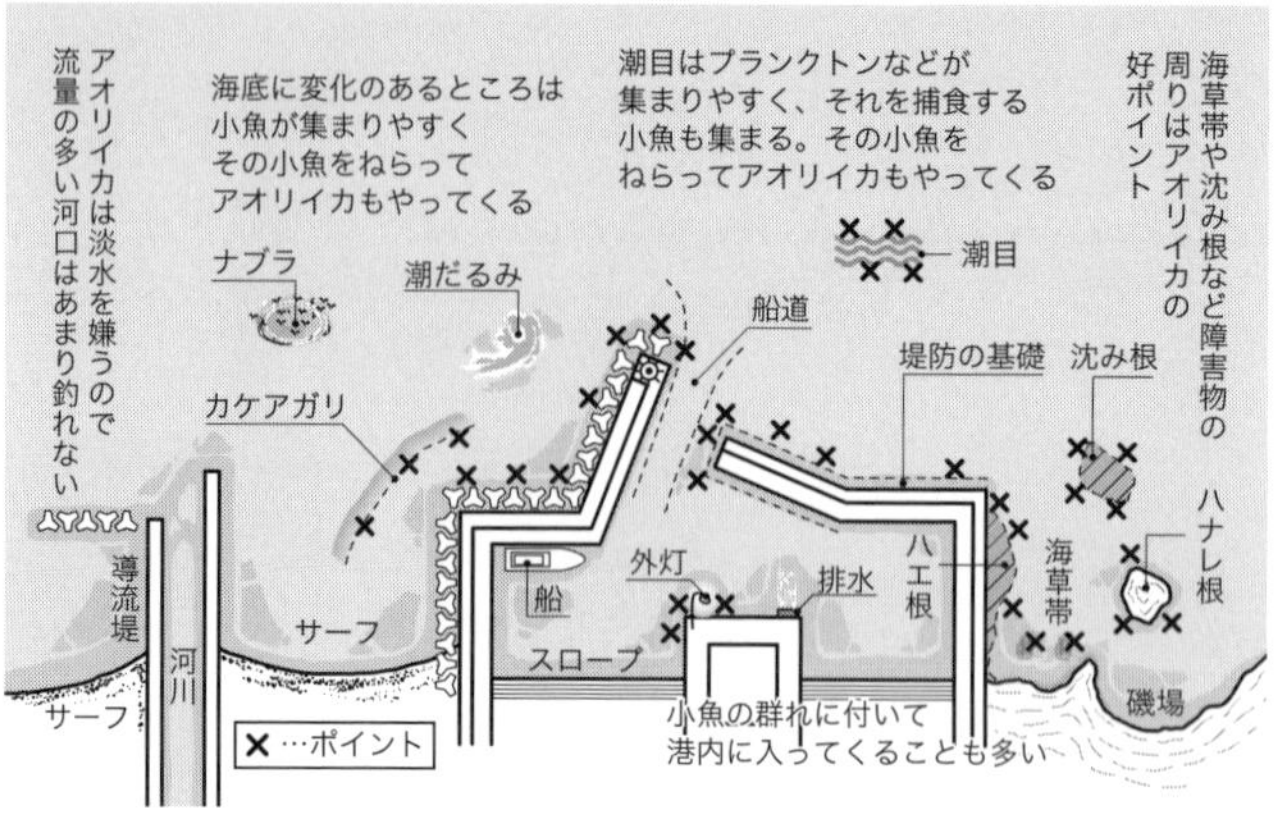
アオリイカは淡水を嫌うので流量の多い河口はあまり釣れない
海底に変化のあるところは小魚が集まりやすくその小魚をねらってアオリイカもやってくる
潮目はプランクトンなどが集まりやすく、それを捕食する小魚も集まる。その小魚をねらってアオリイカもやってくる
海草帯や沈み根など障害物の周りはアオリイカの好ポイント
潮目
ナブラ
潮だるみ
船道
堤防の基礎
沈み根
カケアガリ
ハナレ根
導流堤
河川
サーフ
サーフ
船
外灯
排水
ハエ根
海草帯
スロープ
磯場
小魚の群れに付いて港内に入ってくることも多い
✕…ポイント

釣って楽しく食べて美味しいアオリイカは、平成の始め頃はまだかなりマニアックな釣りものでねらう人は少なかった。インターネットの普及やグルメブームなどの影響で、高級なアオリイカが身近な堤防で釣れることが知られるようになると瞬《またた》く間に釣り方が広まり、釣り場の開拓も進められた。

少し古い本では、北限が太平洋側では関東以南、日本海側では北陸以南となっているが、現在は福島県でも釣れることが分かり、日本海側では秋田県の男鹿半島で普通にエギングが行なわれている。温暖化の影響か、北海道の定置網に入るようになったとも聞く。

アオリイカは堤防で釣れるイカでは大型になる種類で1、2kgは普通、時には3kg超の大ものが釣れることもある。1年で一生を終えるため、成長スピードには驚かされるものがある。

夏に生まれた子イカは秋から冬にかけて浅海で貪欲にエサを漁り300〜500gに成長する。水温の低下とともに深みへ落ち、一旦堤防などから姿を消すが、春になり水温が15℃を超えると浅海へ戻ってくる。その頃には1〜2kgの立派なサイズになり釣り人を楽しませてくれる。春の終わりから初夏にかけて産卵して一生を終える。

釣りのシーズンは秋と春から初夏にかけてで、秋は小型の数釣り。春から初夏は大型がねらえる。日中でも釣れるが、夕方から夜にかけてのほうが活発にエサを追うため釣りやすい。

標準和名のアオリイカの由来は、ヒレの色や形が馬の胴体に巻く泥よけの馬具（障泥《あおり》）に似ることから。また、伊豆半島ではバショウイカ、九州では藻場に付くのでモイカと呼ばれている。

エギング

餌木を水中で跳ね上げ フォールで抱かせる

●釣り方

道具立てがシンプルで手軽に楽しめるエギングは、和製ルアーの餌《え》木《ぎ》を用いた方法。「ルアー」と付くので最近始まった新しい釣りと思われる人もいるかもしれないが、その歴史は意外に古く、江戸時代後期に薩摩地方を中心に始まったとされている。

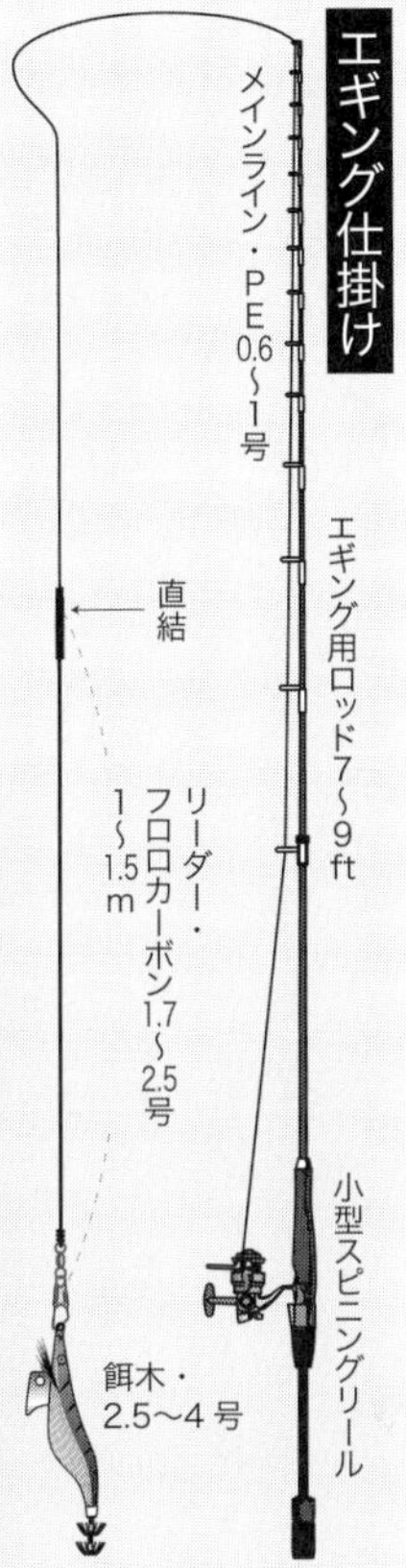
エギング仕掛け
メインライン・PE0.6〜1号
エギング用ロッド7〜9ft
直結
リーダー・フロロカーボン1.7〜2.5号 1〜1.5m
小型スピニングリール
餌木・2.5〜4号

釣り方
① 餌木を投入し、海底まで沈める
② サオを大きくシャクり、餌木を跳ね上げる
③ サオが頭上まできたら、ゆっくりとリールを巻きながら④の位置までサオを戻す
④ 餌木を着底させる
⑤ サオを動かし着底を確認するとともにアオリイカの反応をみる
⑥ 重みが伝わればサオをシャクって合わせる
①
②
③
④
⑤
⑥

道具立ては、サオにリール、ミチイトの先にリーダーを取って餌木が結ばれているだけである。釣り方は、まず餌木をできるだけ遠くへ投入して海底まで沈めたら、サオをシャクって餌木を大きく跳ね上げる。続いて、イトフケを取りながら一定のテンションを保ったまま餌木を海底まで沈めていく。そしてふたたびサオをシャクって餌木を大きく跳ね上げて海底まで沈め……以上の動作を繰り返して手前へ探ってくる。

これがエギングの基本であるシャクリ釣りの方法。餌木が沈んでいく動きが誘いになり、アオリイカが餌木に抱きつくと、シャクったとき根掛かりしたようにズシッと重くなり、その後グイッグイッと動き出す。イカの体は柔らかく強引に引くと身切れするので、ドラグを調整してテンションが抜けないようにソフトなやり取りを心掛け、足元まで寄せたら玉網か専用のギャフで取り込む。

泳がせ釣り

難しいテクニック不要、投入後はアタリを待つだけ

●釣り方

ウキを使い、生きたアジなどの小魚を泳がせてねらう泳がせ釣りは、アオリイカ釣りでは最もオーソドックスな釣法だ。難しいテクニックもいらず、誰でも手軽にチャレンジできる。

泳がせ釣りのメリットは、生きエサが自分で泳いでくれるのでアオリイカが好む海草帯や沈み根の多い場所でも根掛かりを気にしなくてよいこと。また、潮の流れのある場所ではウキが流れに乗って広範囲に探ることが可能な点などである。

タックルや仕掛けは図のようなもの。仕掛けはウキから掛けバリまでセットになった市販品も数多くあり、はじめのうちはそちらを使うとよい。

仕掛けにアジをセットしてソフトに投入する。余分なイトフケを取ったらミチイトをたるませ気味にして自由に泳がせ、あとはアオリイカがエサを見つけて抱きつくのを待つだけ。

アオリイカがエサに抱きつくとウキがズボーッと引き込まれたり、今まで流れていたウキが急に逆方向へ動くなどの変化が見られる。しかし、すぐに合わせると驚いてエサを離してしまうことも多いので、ウキが引き込まれても明かりが見えなくなるまで見送って、それからイトフケを取ってサオをゆっくり立てて合わせる。

アオリイカが掛かるとグワァンとサオが曲がり重量感が伝わる。重さを感じたらそのままゆっくりとソフトなやり取りで足元まで寄せ、玉網かギャフで取り込む。

なお、投入直後はアジも元気なためウキを沈めてしまうこともあるが、アオリイカが抱いていなければすぐに浮いてくる。また、オモリ負荷8号のウキに3号のオモリをセットし余浮力を大きくしてウキが沈まないようにするなど、ちょっとした工夫も必要だ。

●エサ

アオリイカは貪欲にエサを漁るため、活きエサにはさまざまな小魚が使われる。その中でも一番入手しやすいのは活きアジで、アオリイカがよく釣れる場所なら最寄の釣具店等で簡単に入手できる。そのほか、ボラの子供やネンブツダイ、ベラなども使われる。

いずれも鼻の穴（鼻腔《びこう》）にハナカンをセットして使うが、エサの大きさに応じて掛けバリとの長さを調整する必要がある。目安として掛けバリがエサから2㎝ほど後ろにくるようにハナカンの位置をずらしてやるとよい。

半夜釣りで4～5時間サオをだす場合はエサを10尾ほど用意しておけば心配ないだろう。釣り場まではエアポンプをセットした専用のバケツなどで持ち運ぶ。その際の海水とのバランスだが、目安は海水1Lに対して1尾。10尾持ち込む場合は、海水が10L以上入る容器を用意したい。

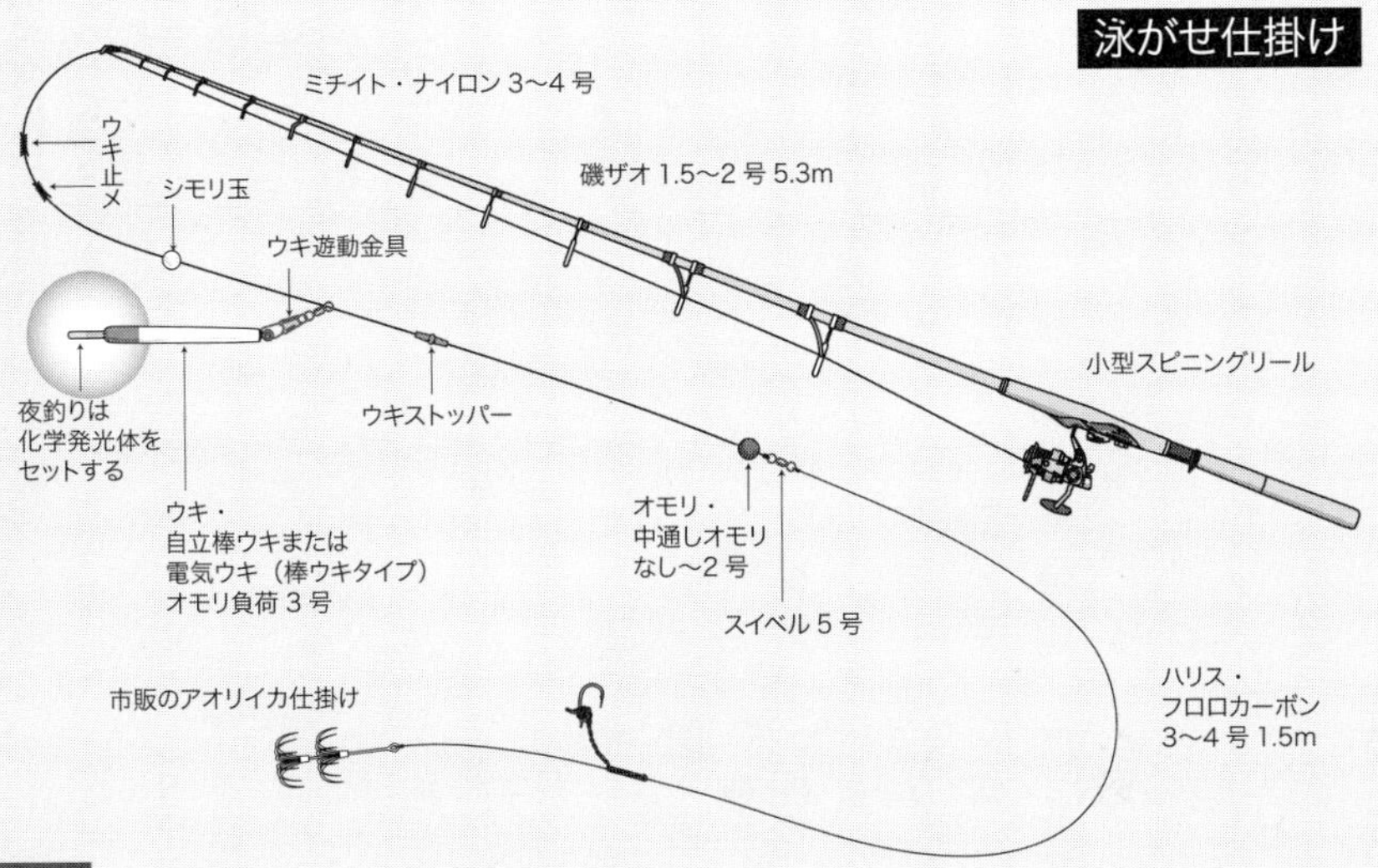
泳がせ仕掛け
ミチイト・ナイロン 3〜4 号
磯ザオ 1.5〜2 号 5.3m
ウキ止メ
シモリ玉
ウキ遊動金具
小型スピニングリール
夜釣りは
化学発光体を
セットする
ウキストッパー
ウキ・
自立棒ウキまたは
電気ウキ（棒ウキタイプ）
オモリ負荷 3 号
オモリ・
中通しオモリ
なし〜2 号
スイベル 5 号
ハリス・
フロロカーボン
3〜4 号 1.5m
市販のアオリイカ仕掛け

釣り方

① ウキ下を 1.5〜3m にセットしてアジを泳がせる

② アオリイカが近づくとアジが暴れてウキがポコポコ動く

③ アオリイカがアタックしてウキが沈む

④ しっかり抱くと安全な場所まで持っていく。
ミチイトを送ってしっかりと食いつかせる

⑤ ミチイトが止まったらサオをゆっくり立てて合わせる

投入したら
サオ掛けにセットして
アタリを待つ

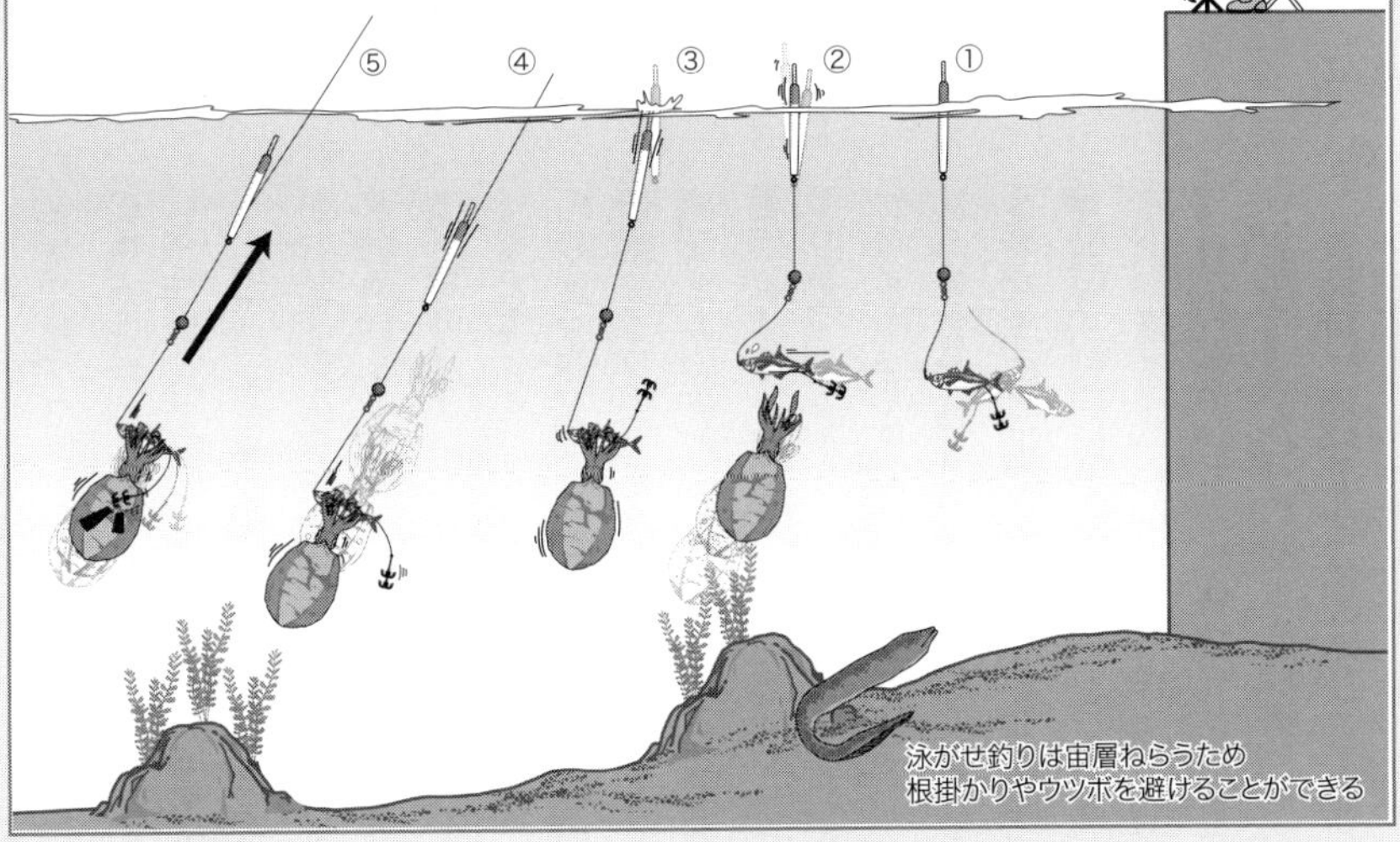
⑤
④
③
②
①
泳がせ釣りは宙層ねらうため
根掛かりやウツボを避けることができる

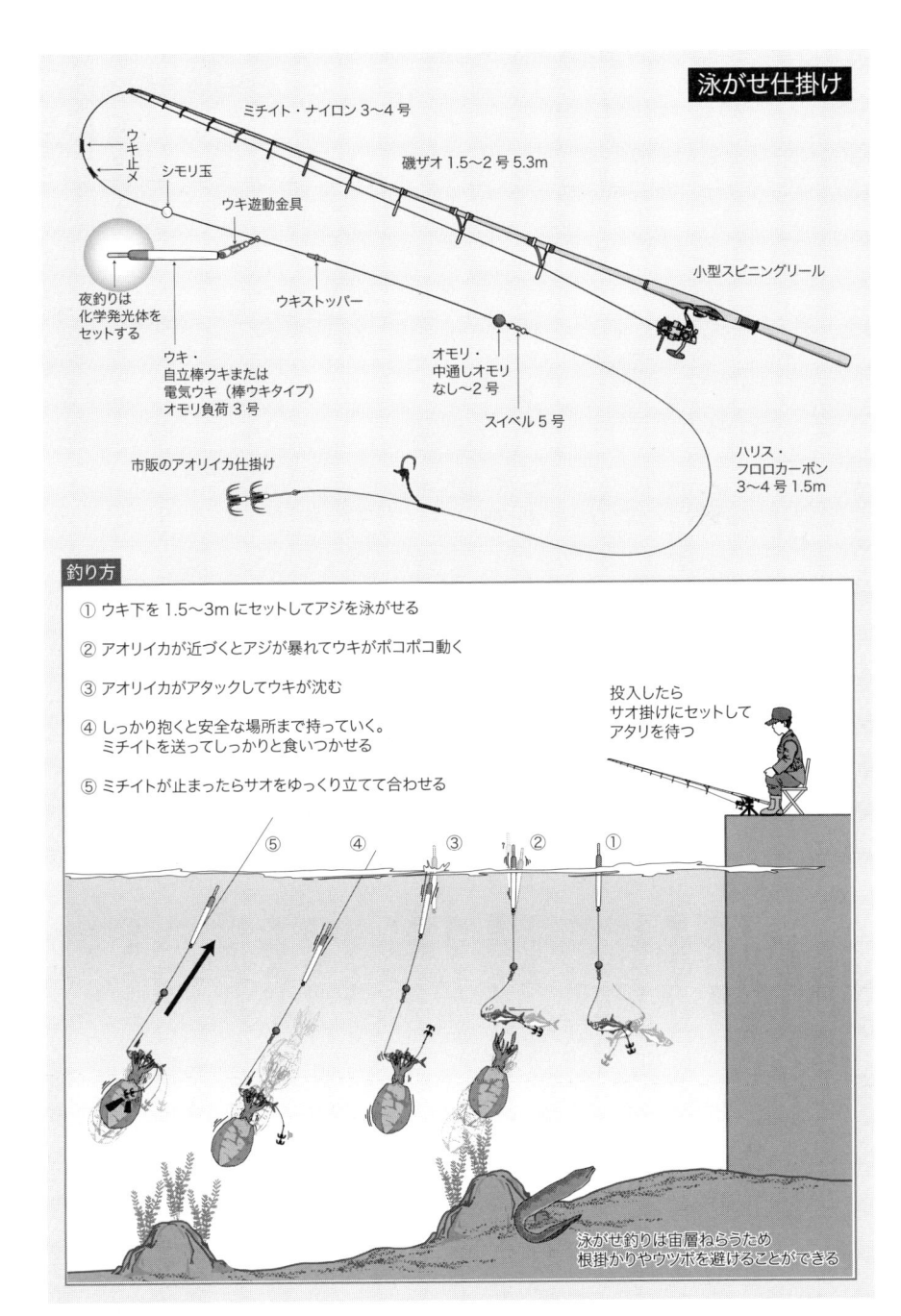

ヤエン釣り

アジを自由に泳がせ、ヤエンで掛ける

●釣り方

生きたアジを泳がせてアオリイカに抱かせ、「ヤエン」と呼ばれる掛けバリでハリ掛かりさせる。ウキ釣り（泳がせ）以上に自然な状態で泳がせているため、アタリの数が多いのが特徴だ。ただし普通の釣りとは少し異なり、エサをアオリイカに抱かせて、夢中になっている隙にミチイトにヤエンを通して滑降させ、掛けるという仕組みである。釣り方の手順は次のとおり。

エサ掛け用のハリにアジを刺す。尾ビレの付け根のゼイゴ部分に素早く浅く刺すのがコツ。刺したら一旦、海に入れてアジの泳ぎを確認する。潜っていくようならOKだが、そうでなければ腹に専用のオモリを刺すとよい。

確認後アジを投入。タラシを1mほど取りサオの弾力で山なりにキャスト。着水したらサオ先を下げてイトフケを取り、オープンベイルにして宙層まで潜らせ、潜ったところでベイルを戻しドラグを緩めてアジを泳がせる。

アジが普通に泳いでいるうちはサオ先が小刻みに揺れるが、アオリイカが近付くと逃げようとしてサオ先を大きく揺らす。揺れが止まるとアオリイカがアジを抱いた証拠で、安全なところへ持ち込んでゆっくり食べようとするため、サオが大きく曲がりドラグが逆転してミチイトが出ていく。

ラインが止まればエサを食いだした証拠だ。どれくらい待って寄せ始めるかはそのときのサイズや活性次第。早く上げると離れてしまうし、食わせすぎるとエサだけ取られる。目安としては5分ほど待つ。エサに夢中になっているとよほどのことがない限り放さなくなるので、頃合を見計らいサオを立ててゆっくりと一定速度で寄せてくる。

釣り場の高さにもよるが20～40m寄せるとミチイトと水面の角度は30～45度になり、ヤエンを投入するタイミングだ。ヤエンを口に挟みサオを頭の後方に持っていき、ミチイトをつかむ。サオを小脇に挟んでヤエンのメガネ（環）にミチイトを通して角度を保った状態でヤエンを滑降させる。ヤエンが海中に入ると滑降速度が遅くなるので、サオを上げてミチイトの角度が浅くならないように注意する。

ヤエンがアジにぶつかるとオモリの作用により掛けバリが跳ね上がり、アオリイカに触れると驚いたアオリイカが逃げようとすることで、掛けバリがしっかりと掛かる。ハリ掛かりしたらサオをゆっくりと立てて、あとはテンションを保ちながらゆっくりと寄せ、玉網かギャフで取り込むようにする。

●エサ

アジをメインに使うが、入手できなければ現地で釣れる小魚ならほとんど利用できる。ハリの刺し方は前述したとおり尾掛け。エサは4～5時間の釣りで15尾ほどは用意したい。

ヤエン仕掛け

釣り方

① アジが自由に泳いでいるときは
サオ先が小刻みに震えている
② アオリイカが近づいてくると
サオ先が大きく揺れるようになる
③ 大きな揺れが止まると、アオリイカが
アジを抱いた証拠
④ アジを抱いたアオリイカは安全なところへ
移動してからアジを食べ始める

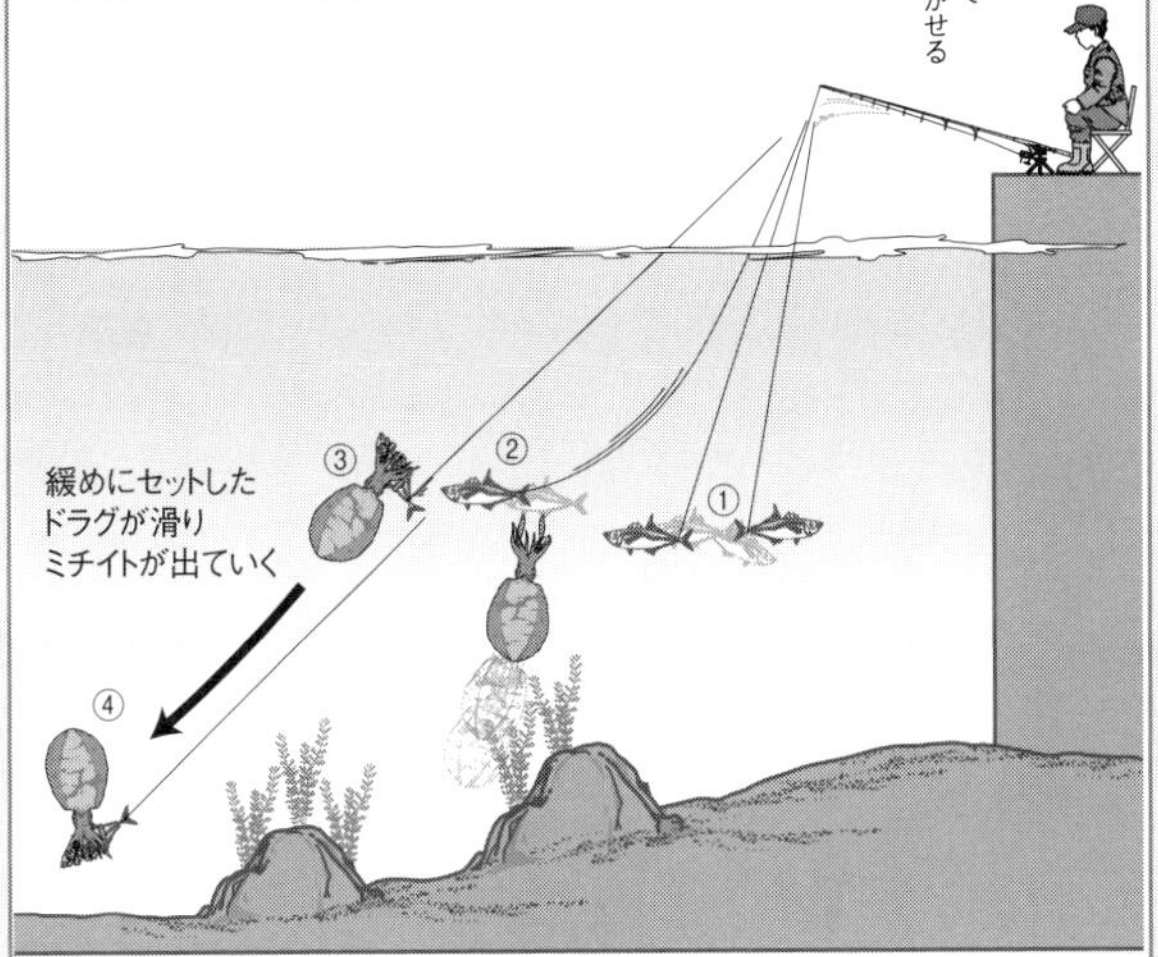
サオ掛けに置いて
アジを自由に泳がせる

アタリから掛けるまで

① ミチイトが止まったらアオリイカにエサをしっかり
食べさせてやる
② アジに夢中になるとちょっとやそっとでは
放さなくなる
③ 手前に寄せてきてミチイトの角度が 30〜45 度
になったら、ミチイトをつかみヤエンを滑降させる。
ヤエンがアジに当たり、掛けバリが跳ね上がり
アオリイカに触れると驚いて逃げようとする
④ 逃げようとすると掛けバリがアオリイカに掛かる

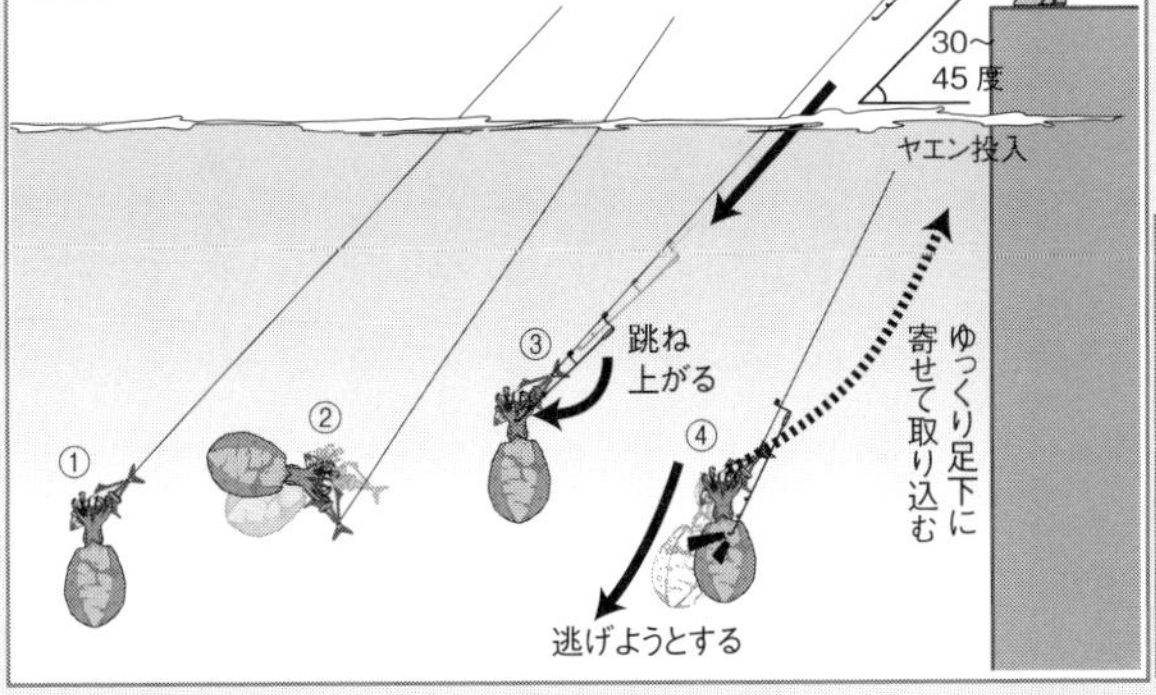
サオを立てて
ゆっくりと
寄せてくる

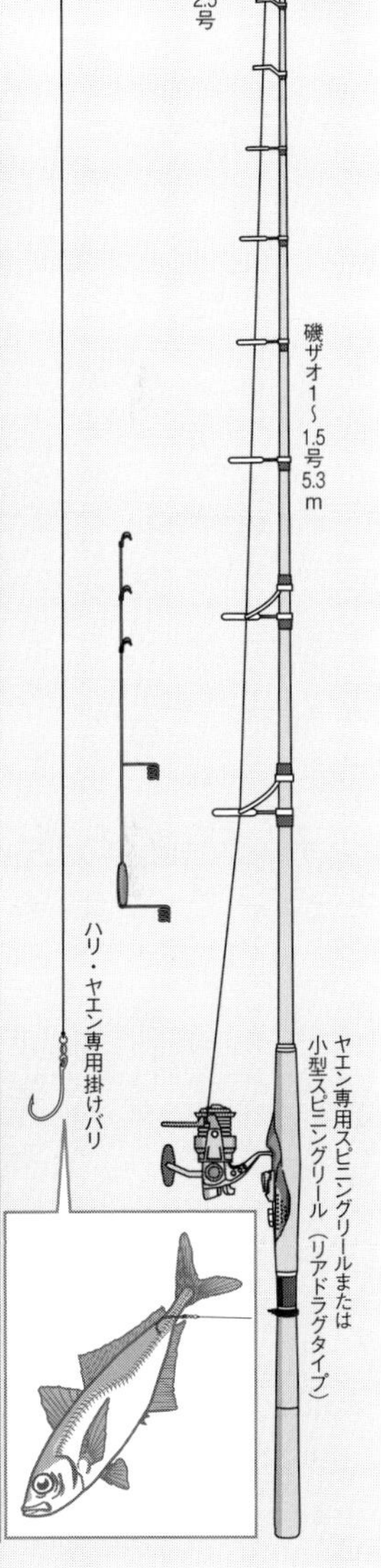
ミチイト・
フロロカーボン 1.5〜2.5号

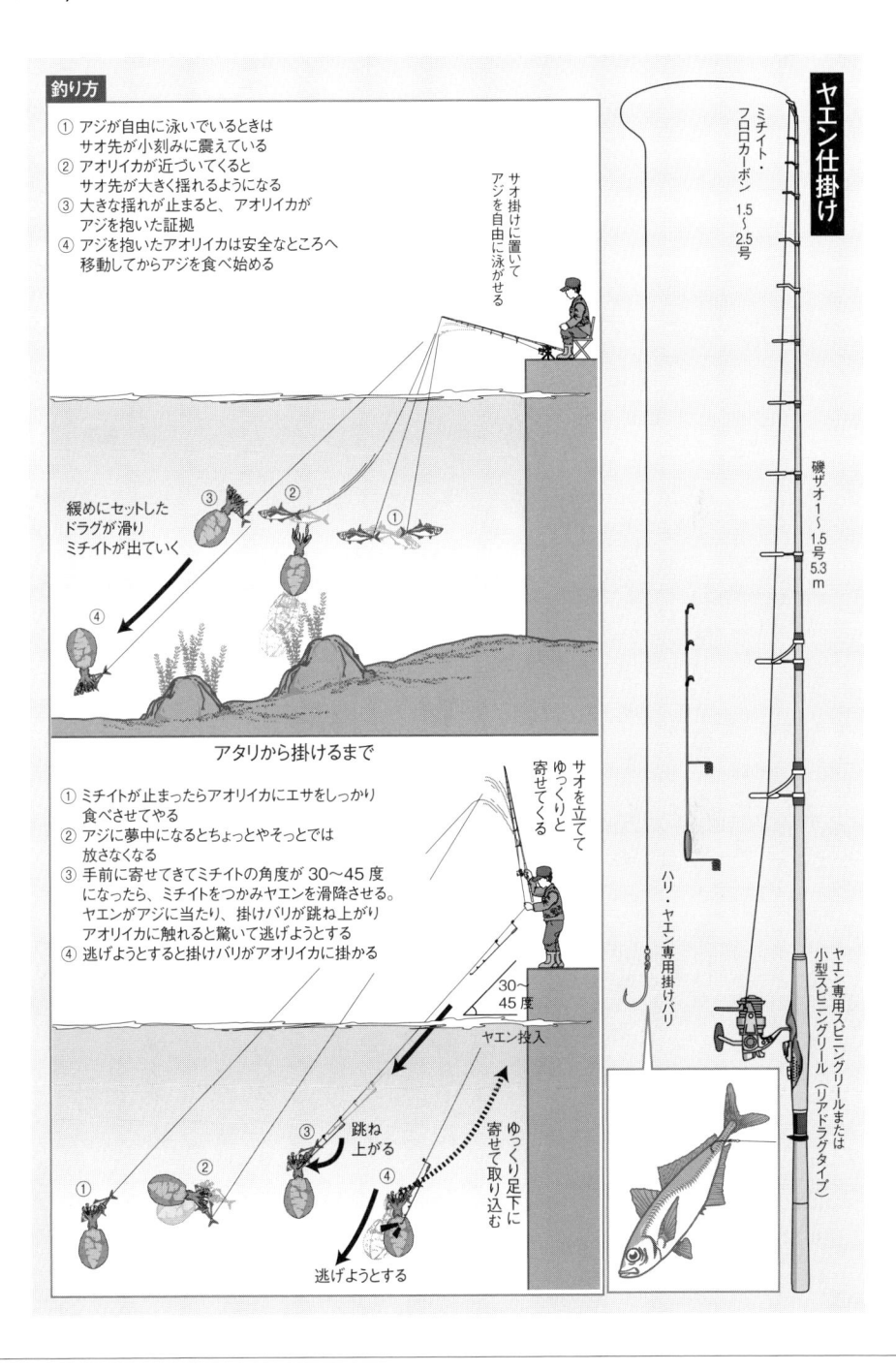

AJI/SABA
etc.

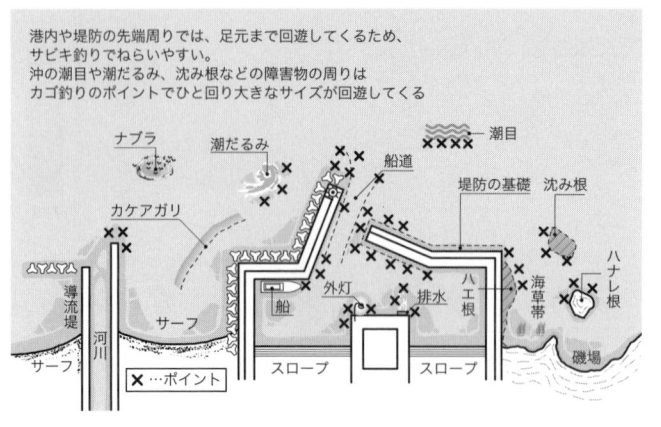

▶スズキ目アジ科
▶スズキ目サバ科
▶ニシン目カタクチイワシ科
▶ニシン目ニシン科

アジ（鯵）、イワシ（鰯）、サバ（鯖）、サッパ（鯯）

釣り方▼▼▼

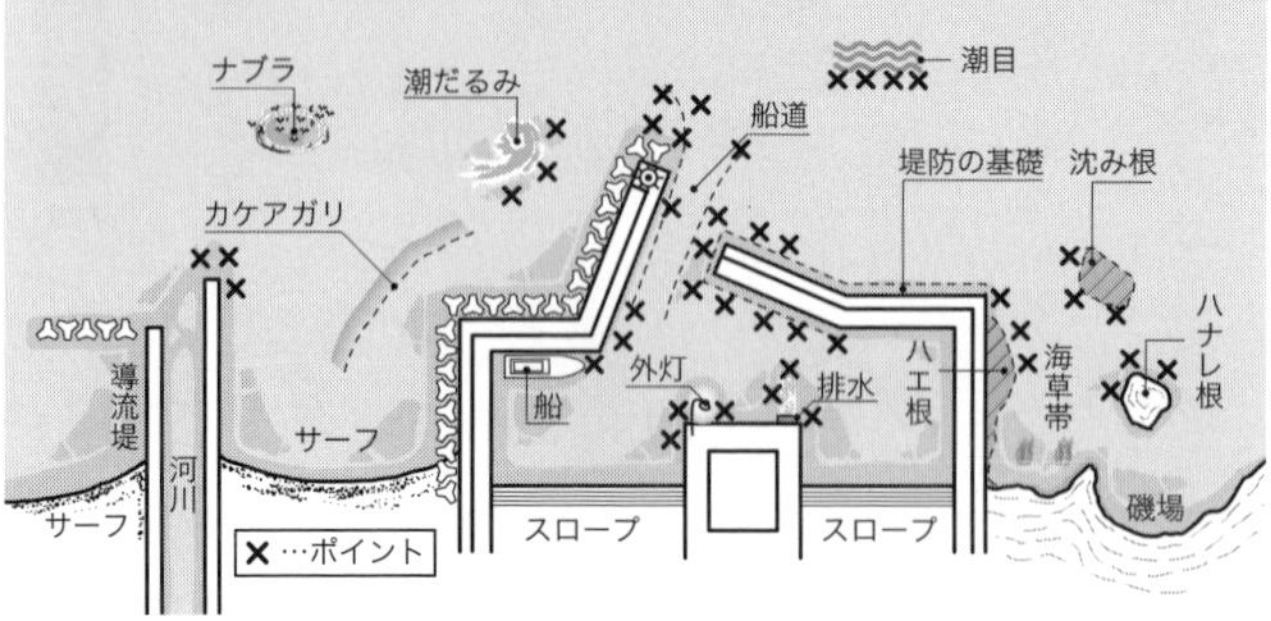

ナブラ
潮だるみ
潮目
船道
堤防の基礎
沈み根
カケアガリ
ハナレ根
導流堤
河川
サーフ
サーフ
船
外灯
排水
ハエ根
海草帯
磯場
スロープ
スロープ
×…ポイント

港内や堤防の先端周りでは、足元まで回遊してくるため、
サビキ釣りでねらいやすい。
沖の潮目や潮だるみ、沈み根などの障害物の周りは
カゴ釣りのポイントでひと回り大きなサイズが回遊してくる

アジ、サバ、イワシ、サッパは身近な堤防で簡単に釣れる魚として親しまれて、ファミリーや子供でも手軽に楽しめる。

アジ、サバ、イワシは魚屋さんでもお馴染みなのであらためて紹介するほどでもないが、釣りの知識となると少し違ってくる。アジは初夏から秋にかけての高水温期に堤防などへ回遊する。日中も釣れるがサバやイワシよりも泳層が深いのが特徴。朝や夕方の薄明・薄暮時は浅いタナまで浮いてくるので、アジねらいなら早起きは必須だ。

サバもアジ同様初夏から秋にかけて堤防に回遊する。ゴマサバとマサバの2種類があり、どちらも釣れるが堤防のサビキ釣りではゴマサバがメインだ。大きな群れで回遊してくるので、釣れるときはすぐにクーラー満タンなんてこともある。秋になると大きく成長して強烈な引きを味わわせてくれる。

イワシはカタクチイワシ、ウルメイワシ、マイワシの3種類がメイン。ただしウルメイワシやマイワシは回遊量が少なくシーズンも短いため、釣行のタイミングが難しい。その点カタクチイワシは一番身近でシーズンも長く安定して釣ることができる。

サッパは関東では外道扱いだが、瀬戸内では「ママカリ」＝ご飯を借りてでも食べたい魚として親しまれている。

サビキ釣り

擬餌バリで手軽にたくさんの魚をゲット！

●釣り方

ターゲットがアジだから、イワシだからといって釣り方が大きく変わることはない。基本的な動作はP42〜45で紹介しているとおりである。

サビキ釣りのターゲットと泳層

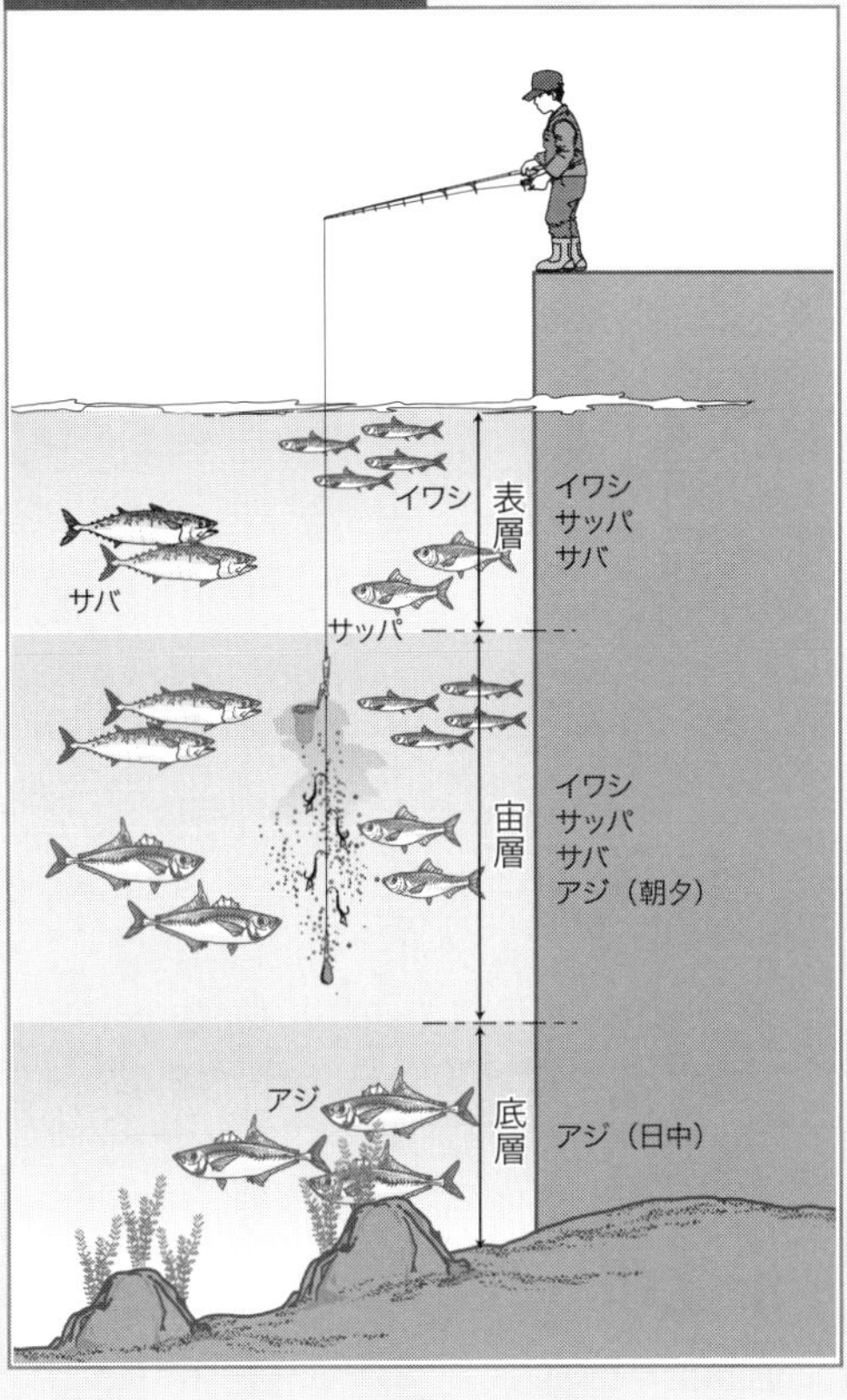
イワシ
サバ
サッパ
表層
イワシ
サッパ
サバ
宙層
イワシ
サッパ
サバ
アジ（朝夕）
アジ
底層
アジ（日中）

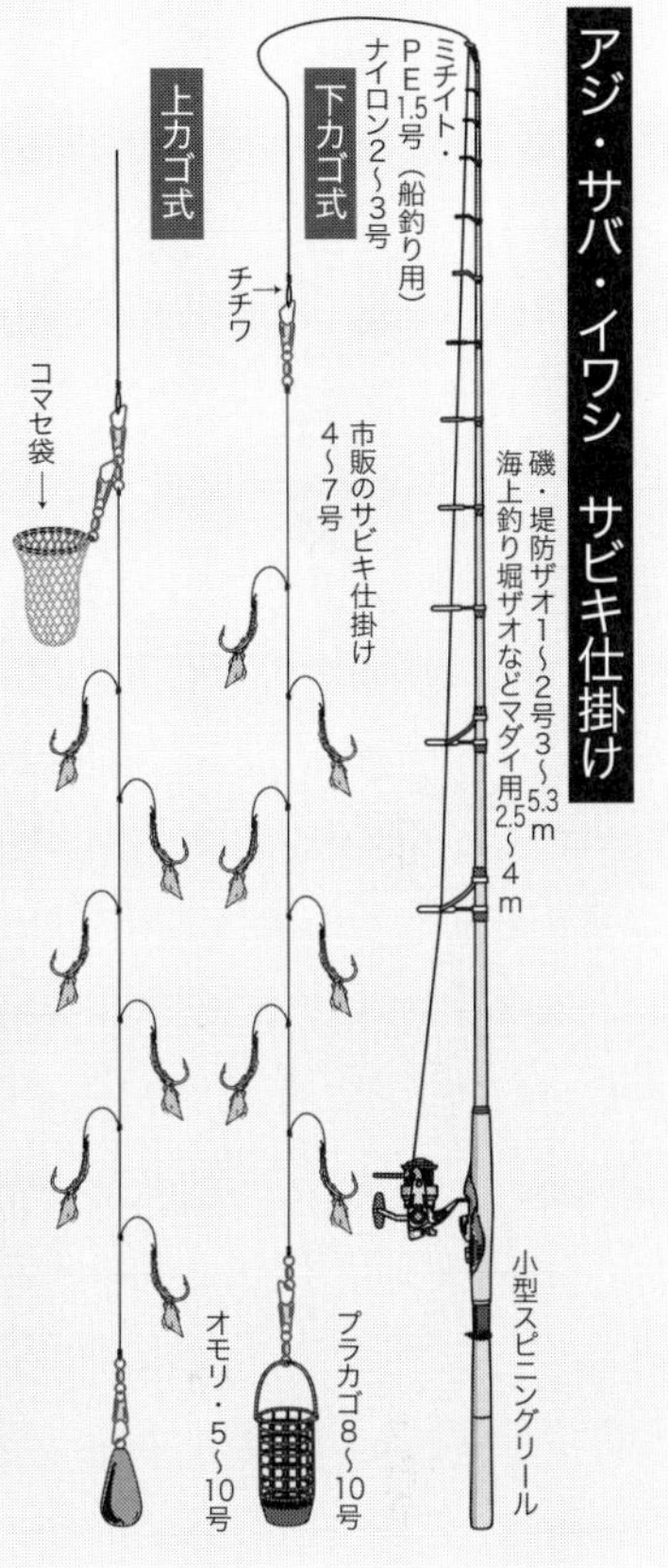
アジ・サバ・イワシ サビキ仕掛け
磯・堤防ザオ1〜2号3〜5.3m
海上釣り堀ザオなどマダイ用2.5〜4m
ミチイト・PE1.5号（船釣り用）
ナイロン2〜3号
下カゴ式
上カゴ式
チチワ
市販のサビキ仕掛け
4〜7号
コマセ袋
小型スピニングリール
プラカゴ8〜10号
オモリ・5〜10号

ポイントは堤防の先端周りなど潮通しのよいところがベストだが、外海に面し波が強く当たるような場所はあまり好まないようだ。群れが大きければ港内の護岸にも普通に回遊してくる。

アジは朝夕のマヅメ時以外は底付近にいることが多い。アジねらいなら仕掛けを一旦底まで沈めて底から1〜2ヒロのタナを探る。イワシ、サッパ、サバなどは表層から宙層がメインの泳層なので、表層から順に2ヒロくらいのタナを探っていくようにする。

アジもイワシもサバもサッパも大きな群れでいるため、釣れたタナや食ってきたサビキの種類などの情報を周りの人と共有して釣ると、寄せエサを同じタナに集中させることができ、群れを散らさずに効率よく釣れる。

●エサ

基本的にサビキ釣りの場合はハリにエサは付けず、寄せエサのみの釣りとなる。寄せエサはアミエビが基本で半日の釣りなら2〜3kgが目安。

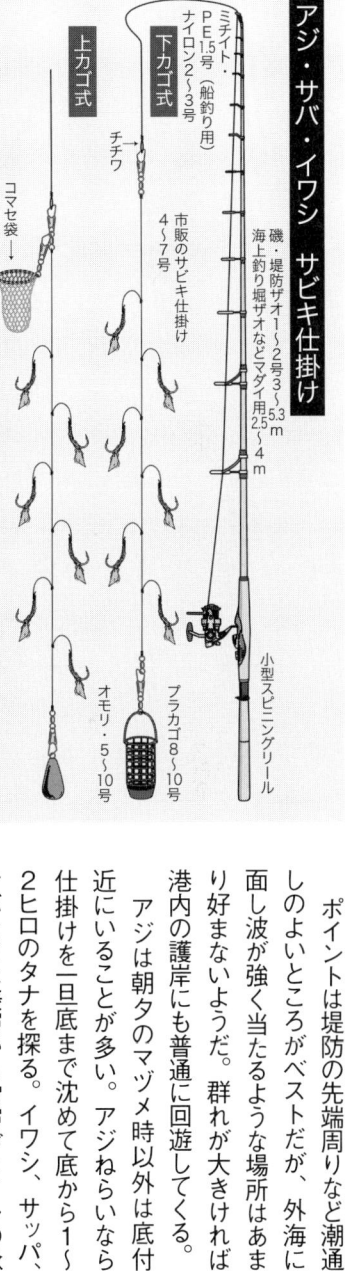

アジ・サバ　カゴ釣り

沖の潮目に泳ぐ良型ねらい！

●釣り方

　アジやサバは堤防の足元にも回遊してきて釣り人を楽しませてくれるが、足元まで寄ってくるのは総じてサイズの小さな個体が多い。警戒心の強い良型は岸にはあまり寄らず、沖の潮目や沈み根辺りを回遊している。そんな良型のアジやサバをねらえるのがカゴ釣りである。

　サビキ仕掛けにウキをセットして投げて釣るカゴ釣りの方法もあるが、タナが浅くポイントの近いところはよいのだが、投げたときに仕掛けのバランスが悪いのでポイントが遠く深くなると釣りにくい。そのため遠いポイントや深いタナまでカバーするには図のような仕掛けを用いるとよい。

　ポイントは潮通しのよい場所や海底に変化のある船道、また沈み根などの障害物が点在するところもねらいめとなる。

　時間帯は、サバなら朝や日中はもちろん群れが寄れば夜も食ってくるので24時間といってもいいが、アジはサビキ釣りの項でも述べたように日中は深いタナにいるため釣りにくく、専門にねらうのなら夕マヅメから夜間、そして朝マヅメとなる。

　特に夕マヅメはゴールデンタイムで、このときはタナも浅くアジにも食い気があるので短時間で数が釣れることも珍しくない。そのため夕マヅメの一時はサビキにウキをセットしたカゴ仕掛け

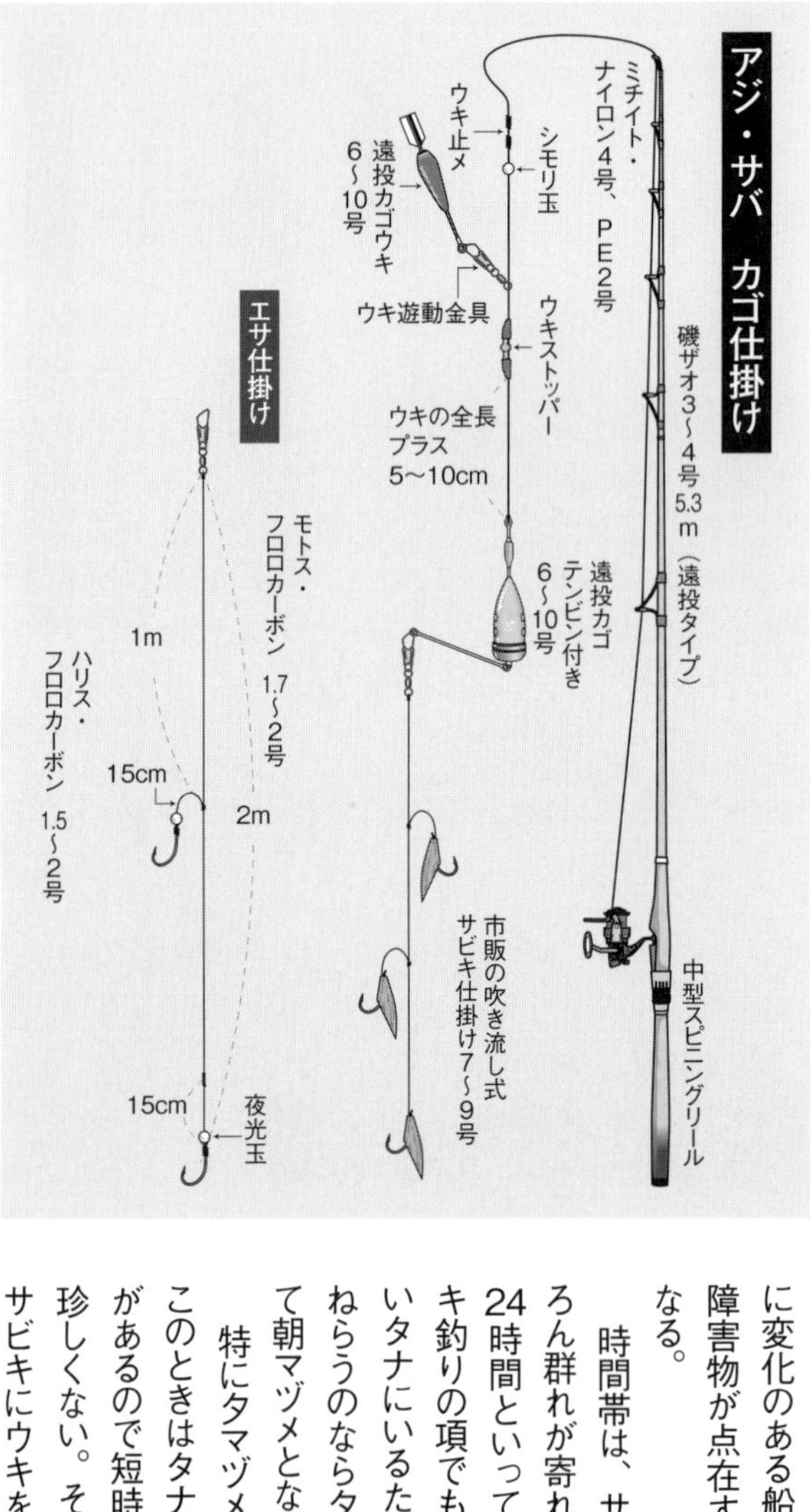
アジ・サバ　カゴ仕掛け
ミチイト・ナイロン4号、PE2号
ウキ止メ
シモリ玉
遠投カゴウキ 6〜10号
ウキ遊動金具
ウキストッパー
ウキの全長プラス 5〜10cm
遠投カゴテンビン付き 6〜10号
磯ザオ3〜4号 5.3m（遠投タイプ）
中型スピニングリール
市販の吹き流し式サビキ仕掛け7〜9号
エサ仕掛け
モトス・フロロカーボン 1.7〜2号
1m
2m
15cm
ハリス・フロロカーボン 1.5〜2号
15cm
夜光玉

釣り方

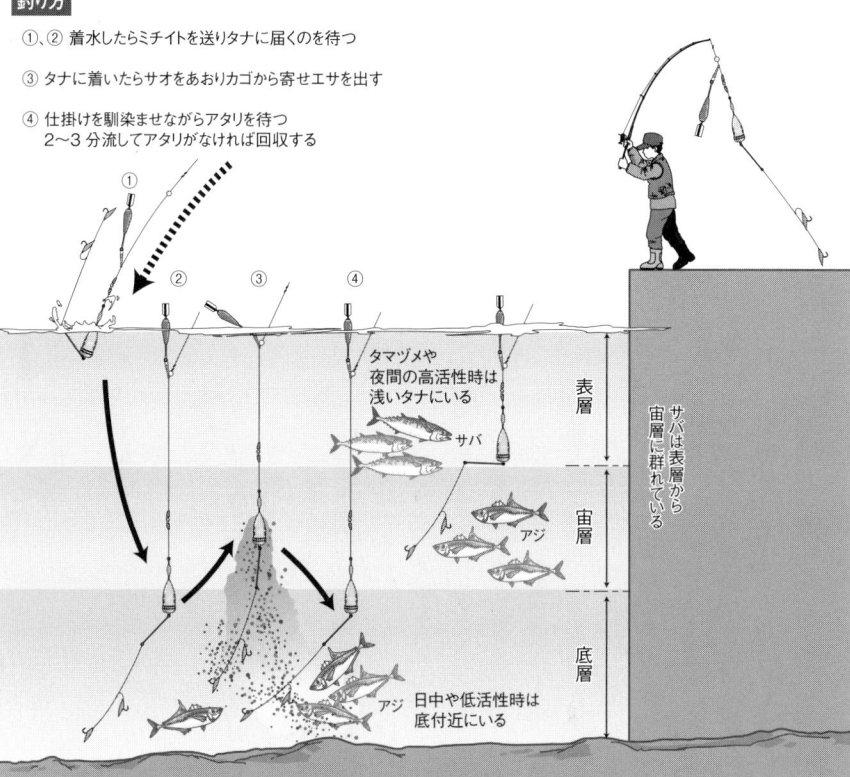

①、② 着水したらミチイトを送りタナに届くのを待つ

③ タナに着いたらサオをあおりカゴから寄せエサを出す

④ 仕掛けを馴染ませながらアタリを待つ
2～3 分流してアタリがなければ回収する

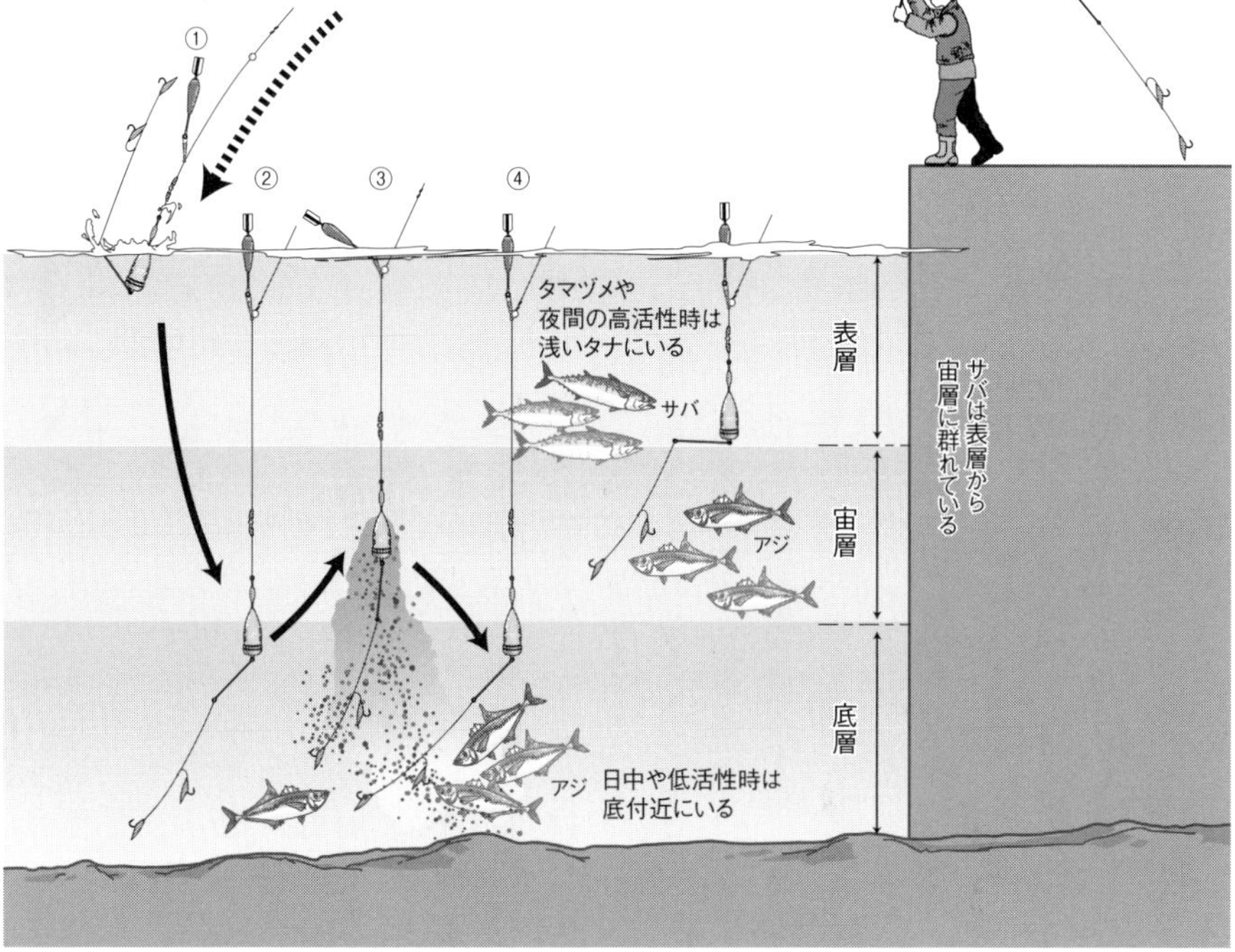
①
②
③
④
タマヅメや
夜間の高活性時は
浅いタナにいる
サバ
アジ
表層
宙層
底層
サバは表層から
宙層に群れている
アジ
日中や低活性時は
底付近にいる

で一気に釣り、食いが落ちたりタナが深くなってきたら図のような仕掛けにスイッチするベテランもいる。

仕掛けは食いのよいときならエサはいらずバケバリだけでも食ってくるが、渋くなるとエサを付けないと食ってこない。

アジのタナは朝夕のマヅメや夜間なら海面から1～2ヒロ。日中は底にセットする。サバの場合は最初タナを2ヒロくらいにセットして食いの状況に合わせて調整していく。

●エサ&寄せエサ

寄せエサはアミエビ単体かアミエビとオキアミを混ぜたものを使う。また、アミエビやオキアミそのままだと汁が出てしまうので、汁気を配合エサに吸収させて使うのも有効な手段だ。

付けエサはいろいろなものが使われている。代表的なのはオキアミ、アオイソメ、イカ短（短冊）など。また、最近では手軽に使えて保存も楽な人工エサも注目を集めている。

ANAGO

▶ウナギ目
▶アナゴ科

アナゴ（穴子）

釣り方

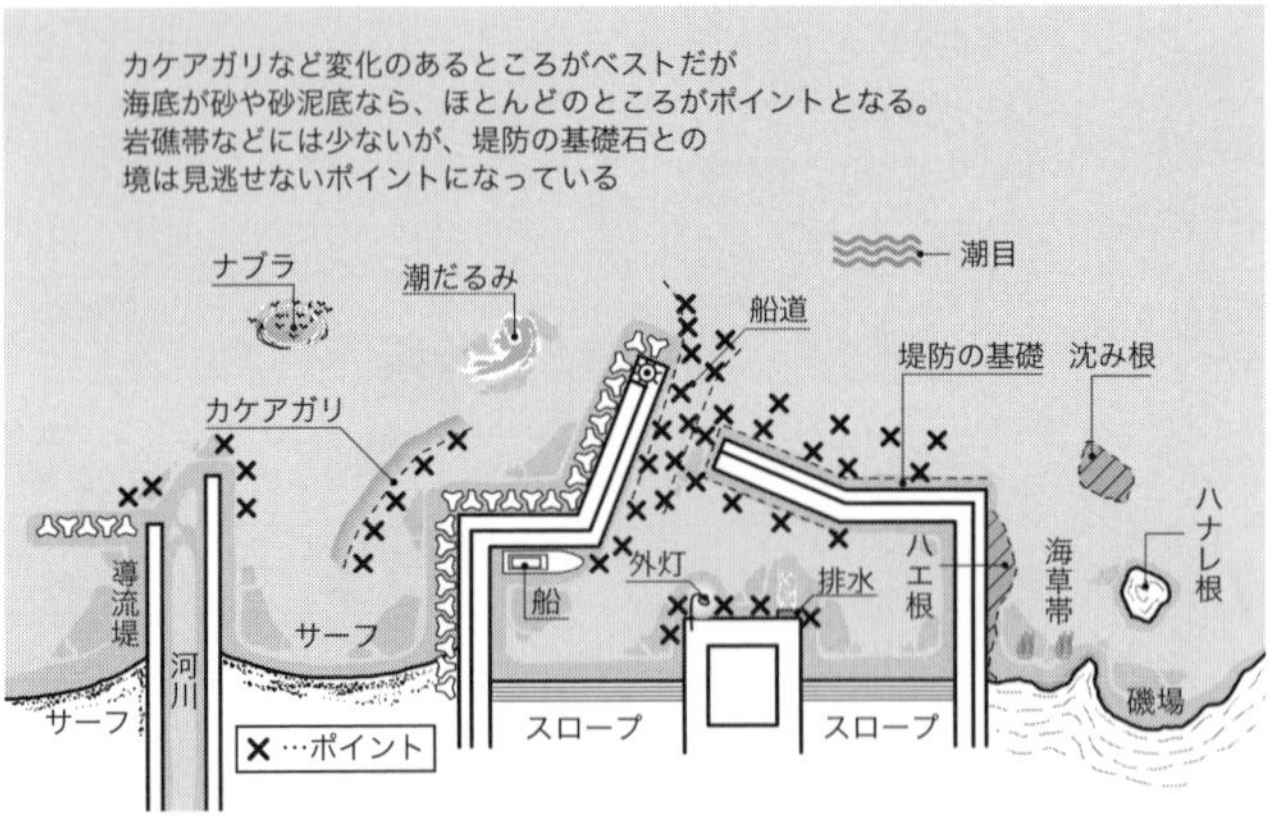
カケアガリなど変化のあるところがベストだが
海底が砂や砂泥底なら、ほとんどのところがポイントとなる。
岩礁帯などには少ないが、堤防の基礎石との
境は見逃せないポイントになっている
ナブラ
潮だるみ
潮目
船道
堤防の基礎
沈み根
カケアガリ
ハナレ根
海草帯
ハエ根
導流堤
河川
サーフ
サーフ
船
外灯
排水
スロープ
スロープ
磯場
×…ポイント

江戸前の握り寿司や天ぷら種には欠かせないアナゴ。中ものや小ぶりなほうが柔らかく、美味しいと思うのは著者だけではない。普通は大型が釣れると大喜びするが、アナゴだけは大きすぎても大味で、中ものや小ぶりサイズが掛かるとうれしくなってしまう。

容姿はウナギに似て細長く、大きなものは80㎝ほどまで成長する。背は褐色で腹は銀色、体の側面には1列の金色の斑点があり、これが天秤棒の秤目に似ていることからアナゴのことを「はかりめ」と呼ぶ地域もある。

夜行性で昼間は岩穴や砂の中に身を隠し、夜になるとエサを漁る。性格はどう猛で悪食。夜、寝ている魚を襲っているようで、釣れたアナゴの腹を割くと小魚が入っていたりする。以前60㎝サイズを釣ったとき、妙におなかが出っ張っていたので不思議に思い割いてみると、どうやって口から入ったのか理解に苦しむようなウミタナゴが出てきたことには驚かされた。

投げ釣り

釣趣よりも食い気が勝る絶品魚

●釣り方

仕掛けを投げてアタリを待つだけと、いたって簡単。1本ザオでは手持ち無沙汰のため、2～3本用意するとよい。5分ほどでアタリがなければ仕掛けをずらして再度アタリを待つ。

夜行性なので夜釣りでねらう。日が落ちて巣穴から出てくると、朝ごはん?でも食べたい気分なのか、日没後から2～3時間がアナゴ釣りのゴールデンタイムだ。それ以降も夜間は釣れるが、明らかに日没直後の食いとは異なる。これは東北、関東、中部、関

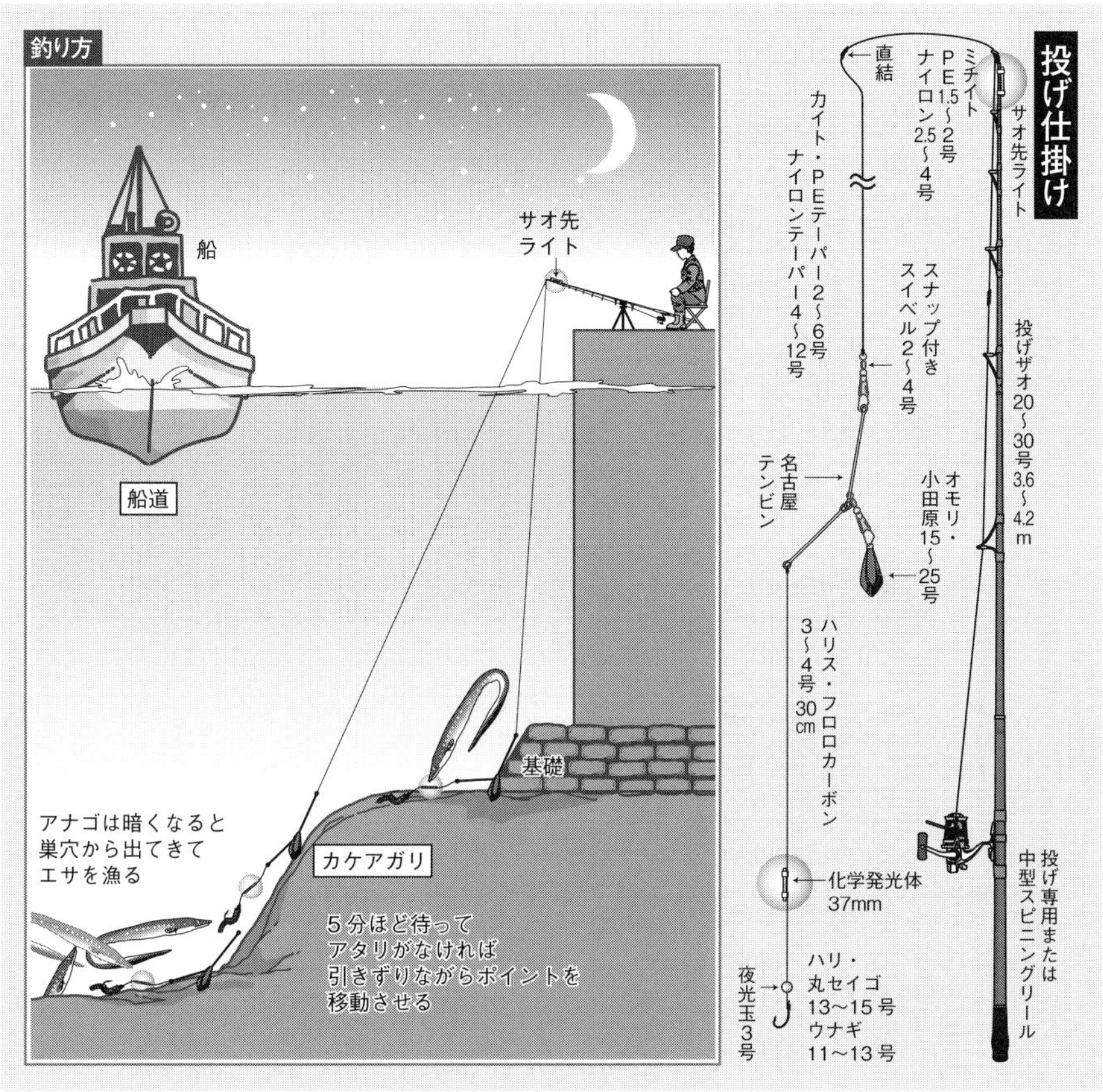
釣り方
船
サオ先ライト
船道
基礎
カケアガリ
アナゴは暗くなると巣穴から出てきてエサを漁る
5分ほど待ってアタリがなければ引きずりながらポイントを移動させる
投げ仕掛け
サオ先ライト
ミチイト PE1.5〜2号 ナイロン2.5〜4号
直結
カイト・PEテーパー2〜6号 ナイロンテーパー4〜12号
スナップ付きスイベル2〜4号
投げザオ20〜30号3.6〜4.2m
名古屋テンビン
オモリ・小田原15〜25号
ハリス・フロロカーボン3〜4号30㎝
化学発光体37mm
投げ専用または中型スピニングリール
ハリ・丸セイゴ13〜15号 ウナギ11〜13号
夜光玉3号

西など各所でほとんど同じ結果だったので全国共通といえそうだ。

シーズンは船釣りなどでは初夏から夏の魚とされているが、水深のある場所ならほぼ一年中ねらえる。投げ釣りでねらうところは水深が浅いところが多く、そんな場所では秋から初冬に数が出るところも多い。ポイントは船道などのカケアガリやツブ根など障害物の周辺。忘れてはいけないのが堤防の基礎石周辺で、必ず1本は足下の基礎石との境をねらうようにしたい。

●エサ

悪食なのでイソメ類をはじめイカ、小魚、魚の切り身、貝類などいろいろなものがエサになる。万能なのはアオイソメで入手もしやすい。2〜3匹を房掛けにして使うとよいだろう。

エサ取りが多いときやアナゴ専門にねらうならイカの短冊もおすすめ。長さ3〜4㎝、幅5㎜ほどにカットし、イカのワタに漬け込んで使うと効果的。皮をむかずに使うのがコツ。

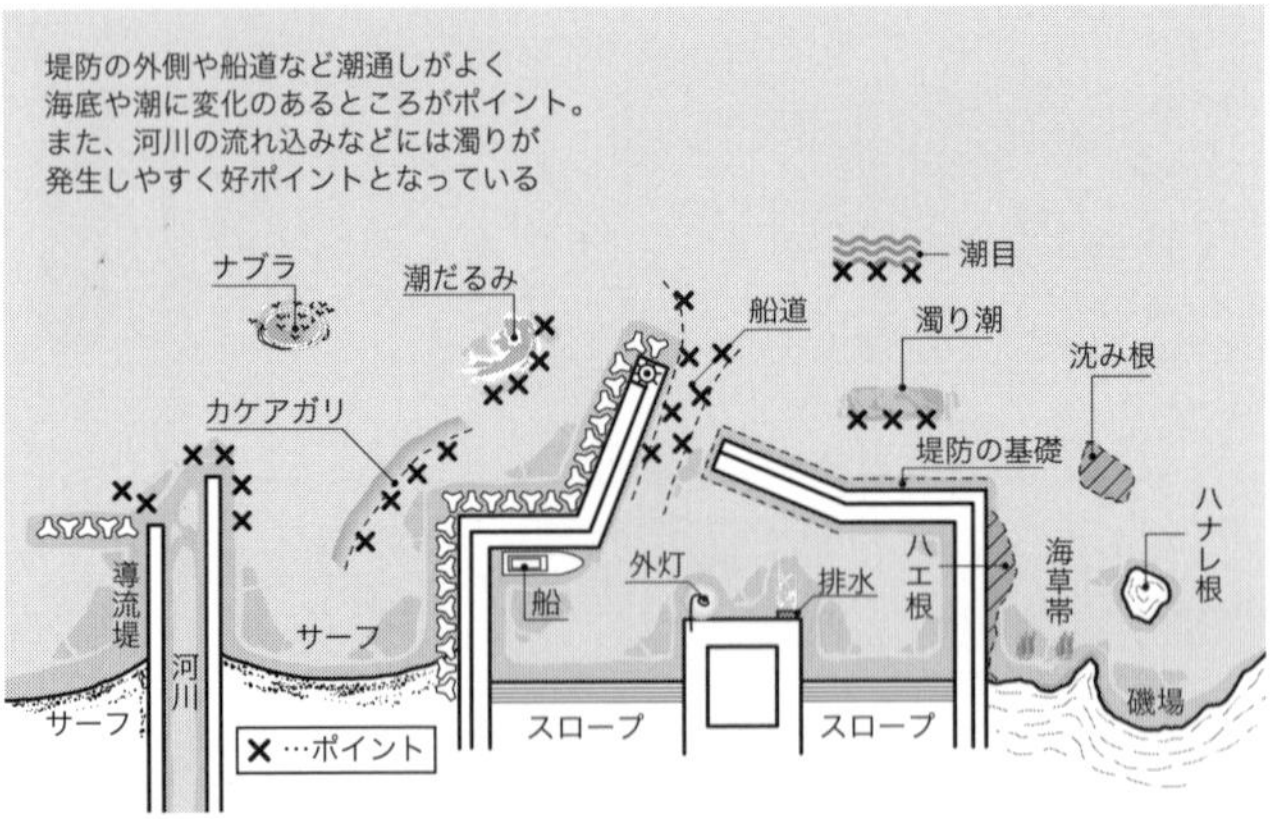
堤防の外側や船道など潮通しがよく
海底や潮に変化のあるところがポイント。
また、河川の流れ込みなどには濁りが
発生しやすく好ポイントとなっている
ナブラ
潮だるみ
船道
潮目
濁り潮
沈み根
カケアガリ
堤防の基礎
ハナレ根
海草帯
ハエ根
排水
外灯
船
導流堤
河川
サーフ
サーフ
スロープ
スロープ
磯場
✕…ポイント

ISHIMOCHI

▶スズキ目
▶ニベ科

イシモチ（石持・鯮）

釣り方

イシモチとは本来「シログチ」のことだが、釣り人の間ではニベとあわせてイシモチと呼んでいる。イシモチの由来は、頭の中に白く硬い耳石《じせき》を持っていることからこの名前が当てられているのだ。また、この魚は釣りあげるとグゥーグゥーと浮袋を鳴らす特徴があり、そのさまはなんだか「逃がしてくれ〜」とでも訴えているようで、少し悲しい気持ちになる。

北は東北の松島湾から東シナ海まで広く分布しているが、北陸以北の日本海側には少ないようだ。シーズンは春から秋にかけて。濁りや暗いところを好み、投げ釣りでは夜釣りでねらうことが多い。また、房総半島の九十九里浜以北の常磐や南東北の海岸では、投げ釣りでシロギスがあまり釣れないため、カレイ、アイナメと並ぶ投げ釣りの好敵手となっている。

ウキ釣り

釣りあげるとグゥーグゥーと浮袋を鳴らして大合唱

●釣り方

イシモチのウキ釣りは房総半島や常磐、南東北の堤防では盛んに行なわれているものの、他の地域ではあまり行なわれていないご当地釣法といえる。この地区の特徴は太平洋に面する遠浅の砂浜海岸で、常に荒波が押し寄せ、海岸線にはヘッドランドと呼ばれる堤防が数多く築かれている。

ヘッドランドの周りは打ち寄せる波で海底の砂が舞い上がり、常に濁りが発生している。そのためイシモチがこの濁りに集まるので、ウキ釣り投げ釣りともに好ポイントになっている。ヘッドランド以外では漁港などの堤防外側、道流堤の周りなど、濁りが出やす

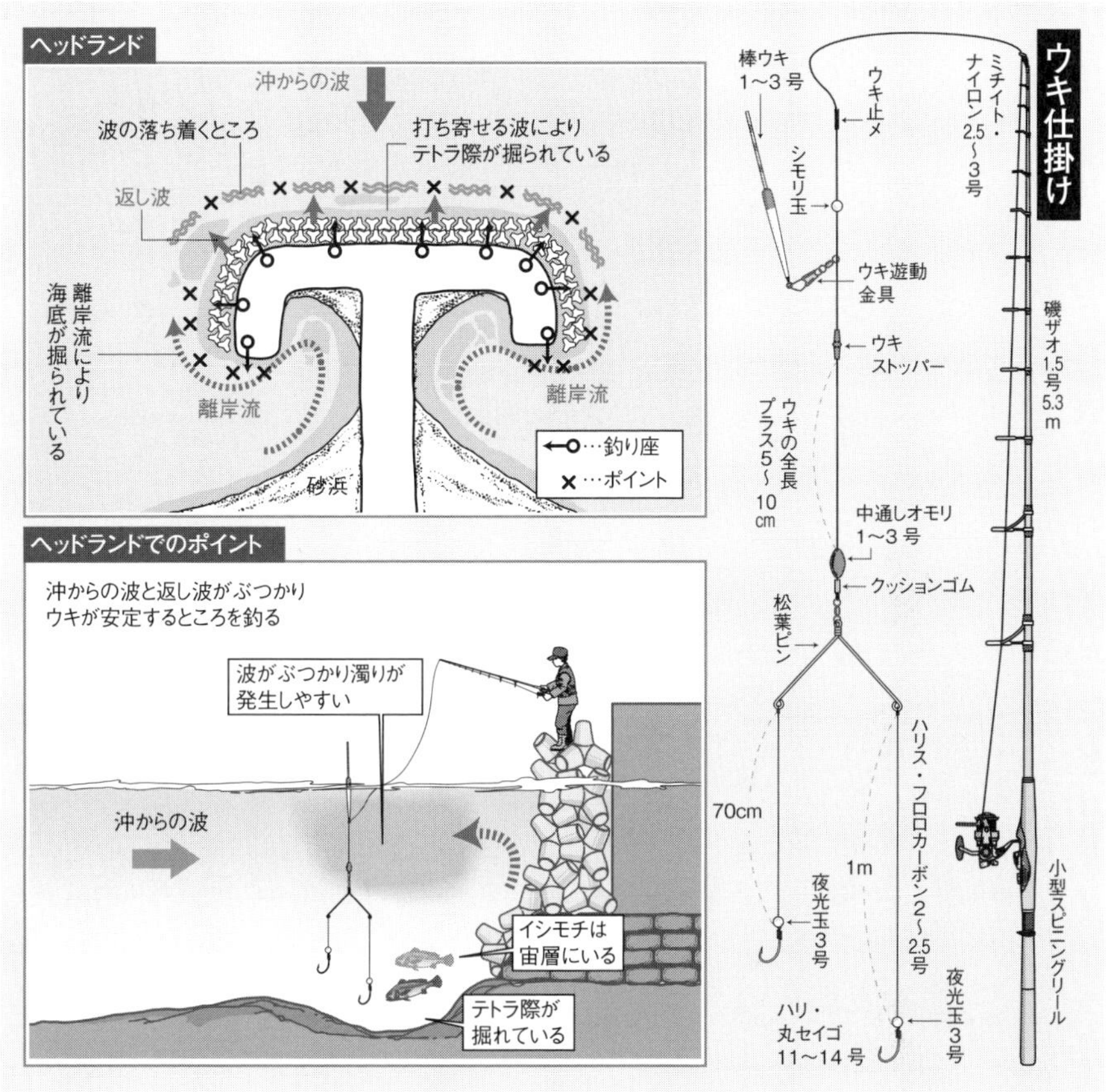
ヘッドランド
沖からの波
波の落ち着くところ
打ち寄せる波により
テトラ際が掘られている
返し波
離岸流により
海底が掘られている
離岸流
離岸流
砂浜
…釣り座
…ポイント
ヘッドランドでのポイント
沖からの波と返し波がぶつかり
ウキが安定するところを釣る
波がぶつかり濁りが
発生しやすい
沖からの波
イシモチは
宙層にいる
テトラ際が
掘れている
ウキ仕掛け
棒ウキ
1～3号
ウキ止メ
ミチイト・
ナイロン2.5～3号
シモリ玉
ウキ遊動
金具
ウキ
ストッパー
ウキの全長
プラス5～10cm
中通しオモリ
1～3号
クッションゴム
松葉ピン
70cm
1m
ハリス・フロロカーボン2～2.5号
夜光玉3号
夜光玉3号
ハリ・
丸セイゴ
11～14号
磯ザオ1.5号5.3m
小型スピニングリール

いところがポイントになっている。

堤防に打ち寄せた波が沖へ払い出し、流れが落ち着くところがポイント。仕掛けはそこへダイレクトに投入し、潮に乗せながら流してアタリを待つ。ウキ下は2ヒロくらいから始めて、アタリがなければ徐々に深く探っていく。

アタリはゆっくりとウキが海中に引き込まれていくので、しっかり入ったのを確認して合わせる。モゾモゾしているときはウキ下が深いことが多く、10cm刻みで浅く調整してみるとよい。

イシモチは群れで動いているので、1尾釣れれば必ずその周辺には仲間がいるはずだ。

●エサ

イシモチは思いのほか悪食でさまざまなエサが使われるが、ウキ釣りではアオイソメやイワイソメなどの虫エサが用いられる。普通はアオイソメを1～2匹通し刺しにして使うが、大型をねらうときはイワイソメを3～4cmに切って通し刺しにして使う。

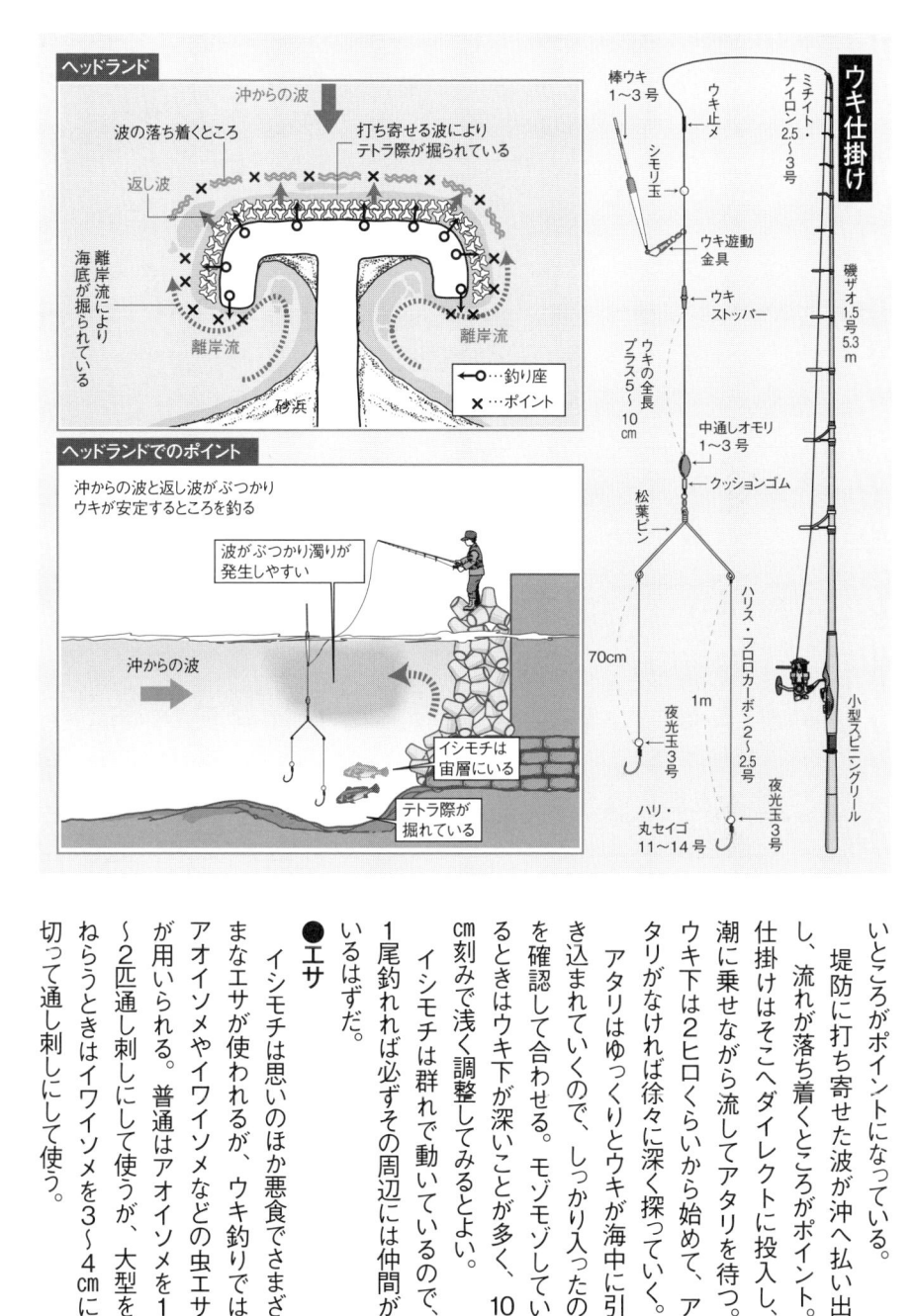

投げ釣り

夜釣りメインだが濁りがあれば昼間もOK

●釣り方

イシモチといえば投げ釣りがメインの釣り方で、暗いところが好きな魚のため普通は夜釣りだが、濁りのあるときには日中でもねらえる。

ポイントは波で海底の砂が巻き上げられて濁りが出やすいヨブやカケアガリ。仕掛けを遠投して海底を探りながら手前に寄せ、重くなる部分で止めてアタリを待つようにする。

仕掛けは、波が穏やかなら図のようなL型テンビンを用いた吹き流しスタイルのほうがエサは自然に漂い、食いもよい。波が強いところでは仕掛けが絡みやすくなる欠点もあるが、そのようなところは濁りが出やすく、イシモチ釣りにとっては好ポイント。そこで仕掛け図（下）のようなドウヅキ仕掛けが用いられる。オモリが先端にあることで全体が常に張っているため、仕掛け絡みは減る。しかし、エサの動きは不自然になるので吹き流し仕掛けに比べて食いは落ちる。

どちらの仕掛けも一長一短があるので、波の穏やかな場所では吹き流し式、波のあるところではドウヅキ式と、釣り場の状況に合わせて両者を使い分けるとよい。

アタリはゴンゴンと派手にサオ先を揺らすので一目瞭然だ。アタリがあったらサオをあおって合わせる。アタリは派手だが巻きだすとあまり暴れないので一定速度で巻き上げる。

●エサ

ほとんどの場合はアオイソメやイワイソメといった虫エサが使われている。最もポピュラーなのはアオイソメで、太めのものは半分程度を通し刺しに、細めのものなら2～3匹を房掛けにする。

少し高価だが食いがよいのはイワイソメだ。こちらは3～5㎝に切って通し刺しにするとよい。アオイソメはクネクネとした動きで、イワイソメは強い臭いでイシモチを誘う。

大型をねらうときにはサンマの切り身を使うこともある。三枚に下ろして幅1㎝ほどの短冊状にカットし、軽く塩を振って身を締めて使う。

暗いところが好きなイシモチだが濁りがあれば日中でもご覧のとおり

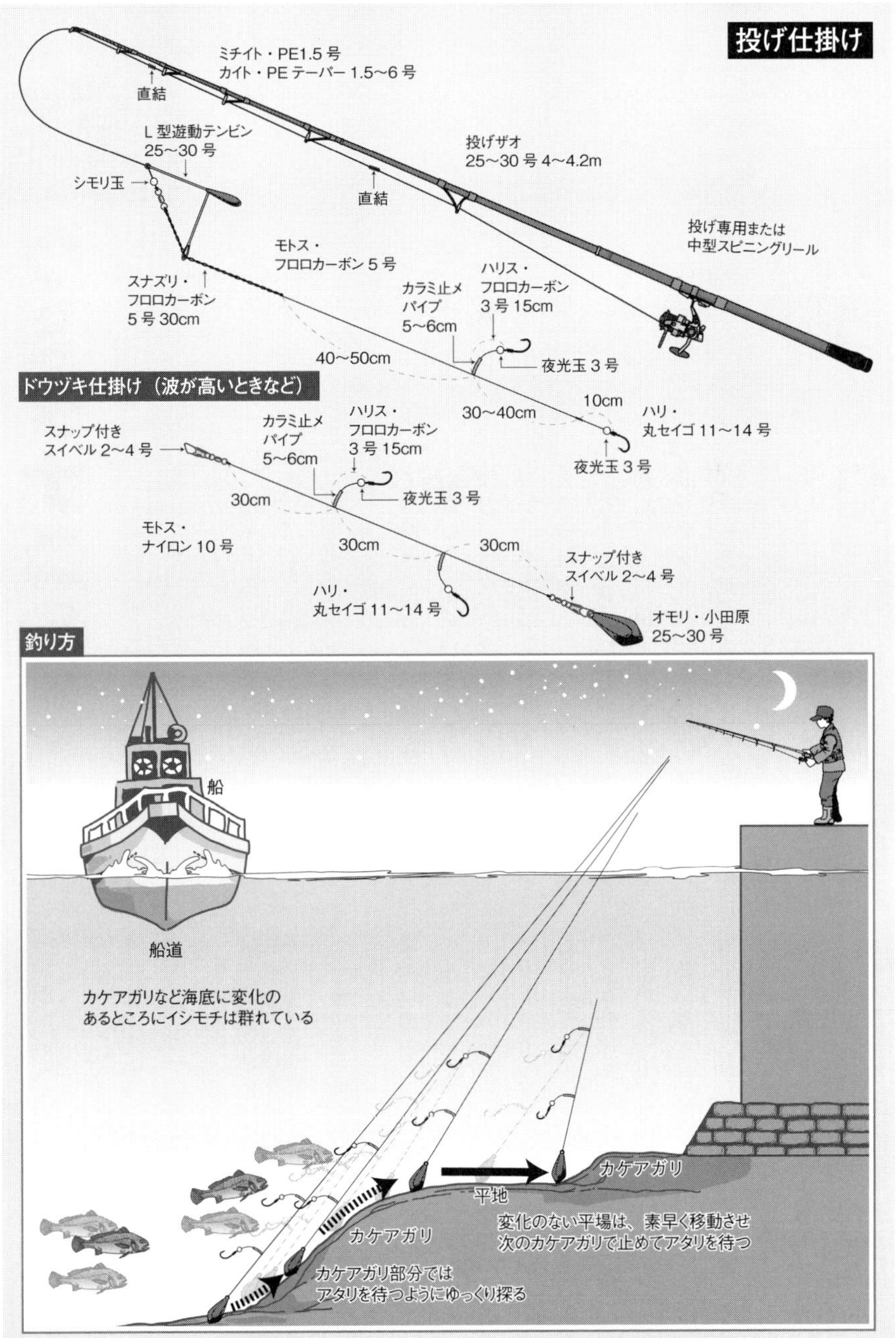

投げ仕掛け
ミチイト・PE1.5 号
カイト・PE テーパー 1.5〜6 号
直結
L 型遊動テンビン
25〜30 号
シモリ玉
投げザオ
25〜30 号 4〜4.2m
直結
投げ専用または
中型スピニングリール
モトス・
フロロカーボン 5 号
スナズリ・
フロロカーボン
5 号 30cm
カラミ止メ
パイプ
5〜6cm
ハリス・
フロロカーボン
3 号 15cm
夜光玉 3 号
40〜50cm
30〜40cm
10cm
ハリ・
丸セイゴ 11〜14 号
夜光玉 3 号
ドウヅキ仕掛け（波が高いときなど）
スナップ付き
スイベル 2〜4 号
カラミ止メ
パイプ
5〜6cm
ハリス・
フロロカーボン
3 号 15cm
夜光玉 3 号
30cm
モトス・
ナイロン 10 号
30cm
30cm
スナップ付き
スイベル 2〜4 号
ハリ・
丸セイゴ 11〜14 号
オモリ・小田原
25〜30 号
釣り方
船
船道
カケアガリなど海底に変化の
あるところにイシモチは群れている
カケアガリ
平地
変化のない平場は、素早く移動させ
次のカケアガリで止めてアタリを待つ
カケアガリ
カケアガリ部分では
アタリを待つようにゆっくり探る

UMI
TANAGO

▶スズキ目
▶ウミタナゴ科

ウミタナゴ（海鱮）

釣り方▼▼▼

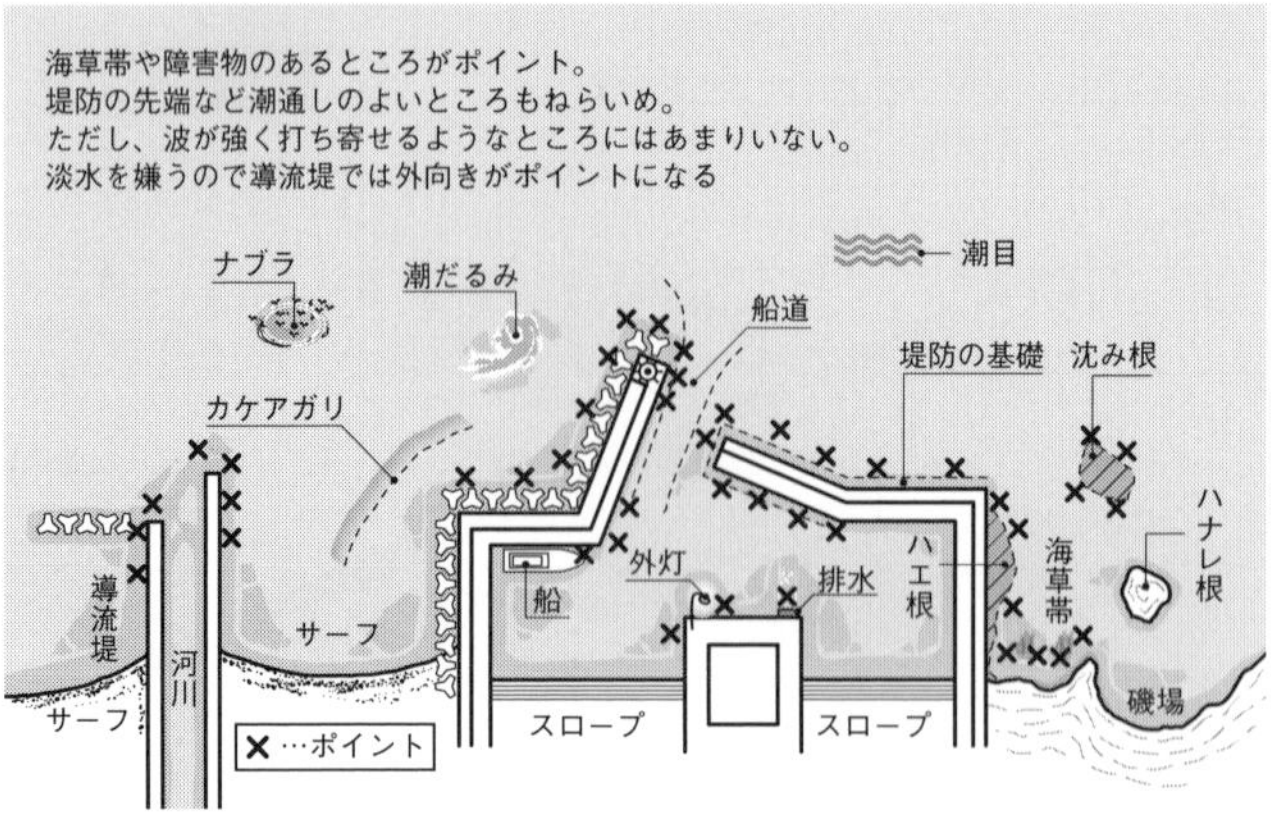
海草帯や障害物のあるところがポイント。
堤防の先端など潮通しのよいところもねらいめ。
ただし、波が強く打ち寄せるようなところにはあまりいない。
淡水を嫌うので導流堤では外向きがポイントになる
ナブラ
潮だるみ
潮目
船道
堤防の基礎
沈み根
カケアガリ
ハナレ根
ハエ根
海草帯
外灯
排水
船
導流堤
河川
サーフ
サーフ
スロープ
スロープ
磯場
×…ポイント

堤防の周りには一年中いる魚だが、冬場の釣りものが少なく寂しい季節でもエサを追うため冬から春にかけてねらう人が多い。寄せエサへの反応もよく、身近な堤防で手軽に釣れるため、以前はウミタナゴでウキフカセ釣りを学び、磯のクロダイやメジナへとステップアップする人も多かった。最近では入門魚としてのステイタスは下がっているが、簡単に釣れることは今も昔も変わっておらず、ファミリーや子供と釣りをする際には楽しませてくれる。

　この魚は卵ではなく稚魚を産む胎生魚で、料理をしようとしておなかを割いたら稚魚が出てきて驚くことがある。釣り場により体色が異なるのも特徴で、青みがかったものや赤みがかったものがいて、青みがかったものをマタナゴ、赤みがかったものをキンタナゴ、アカタナゴと呼んだりする。また近似種にはアオタナゴやオキタナゴがいて釣り人の間ではこれらを総称してウミタナゴと呼んでいる。

ウキ釣り

ウキフカセ釣りの基本ここにあり

●釣り方

海草帯や捨て石、スロープの落ち込みなど障害物や海底に変化のある周りがポイントになる。釣り座を構えたら寄せエサを撒いてウミタナゴを寄せることから始める。寄せエサへの反応が早い魚なのでいればすぐに寄ってくる。

　魚が見えればそのタナにウキ下をセットして釣り始めればよいが、そうでないときは2mくらいのウキ下から始めてみる。小一時間寄せエサを撒いても反応がないときは、魚がいないと判断して場所移動するのが賢明だ。

釣り方

アタリがなければウキ下を
少しずつ下げていく
寄せエサに
素早く反応する
オーバーハングの陰も
ウミタナゴのポイント
海草のあるところはねらいめ。
海草帯の切れ目や際を釣る

ウキ仕掛け

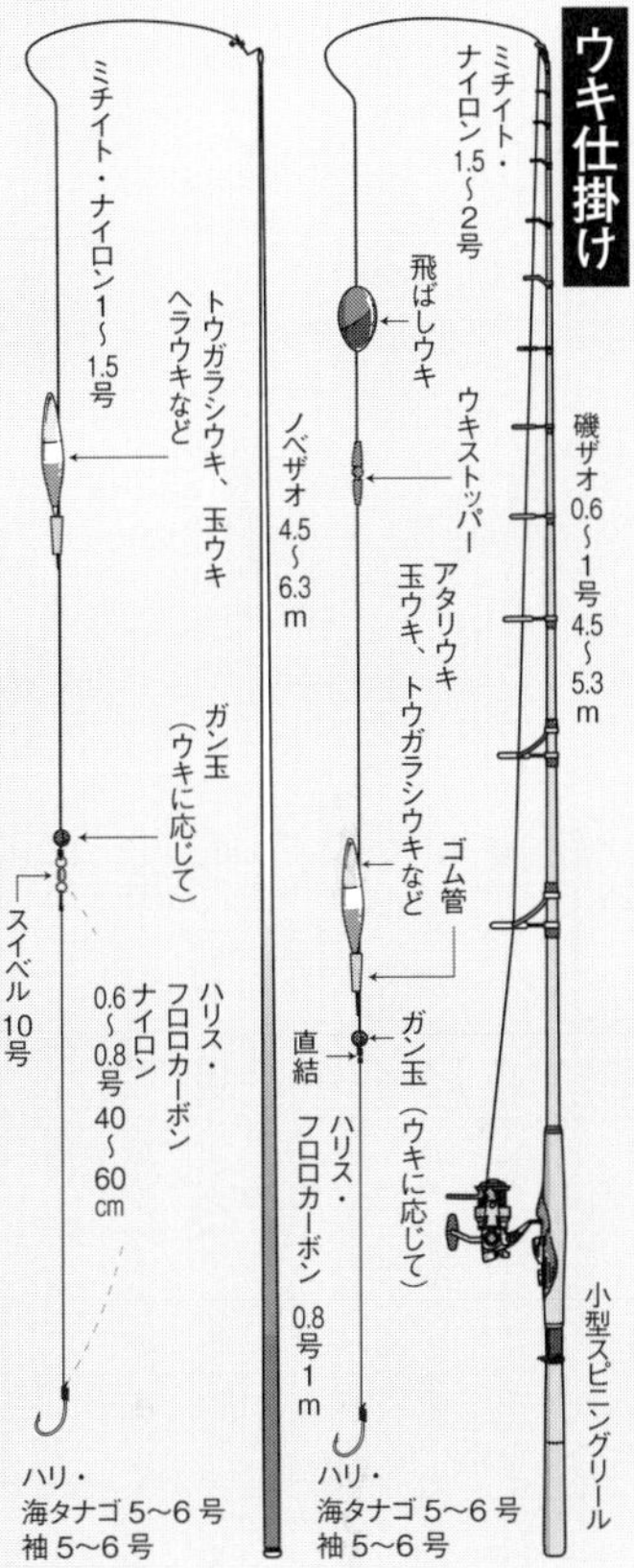
ミチイト・ナイロン1.5~2号
飛ばしウキ
ウキストッパー
アタリウキ
玉ウキ、トウガラシウキなど
磯ザオ0.6~1号4.5~5.3m
ゴム管
ガン玉（ウキに応じて）
直結
ハリス・フロロカーボン 0.8号1m
小型スピニングリール
ハリ・
海タナゴ 5~6 号
袖 5~6 号
ミチイト・ナイロン1~1.5号
トウガラシウキ、玉ウキ
ヘラウキなど
ノベザオ4.5~6.3m
ガン玉（ウキに応じて）
スイベル10号
ハリス・フロロカーボン
ナイロン
0.6~0.8号40~60cm
ハリ・
海タナゴ 5~6 号
袖 5~6 号

ウミタナゴの口は小さく、エサをついばむように食べるため大きさがマッチしていないとアタリがあってもうまくハリ掛かりしてくれない。エサは小さめに付けてやるのがコツだ。

ウキ下が合っていればアタリはウキを消し込むが、深すぎるとウキがモゾモゾとしか動かなかったり、浅すぎると勢いよく消し込んでもハリ掛かりしないことがある。アタリの出方によりウキ下を調整してやることが大切だ。

●エサ&寄せエサ

付けエサは大粒アミエビや小さめのオキアミ、ジャリメなど。大粒アミエビは1匹刺しだが、オキアミは食いの渋いときは尻尾を取りムキ身にして使うとよい。ジャリメも2~3等分する。

寄せエサは半日の釣りでアミエビ2~3ブロック。ポイントが足元なら海水で溶いて水コマセにして撒いてもよいが、足元から離れるようなら比重の小さいメジナ用の配合エサを1袋程度加えてやると扱いやすくなる。

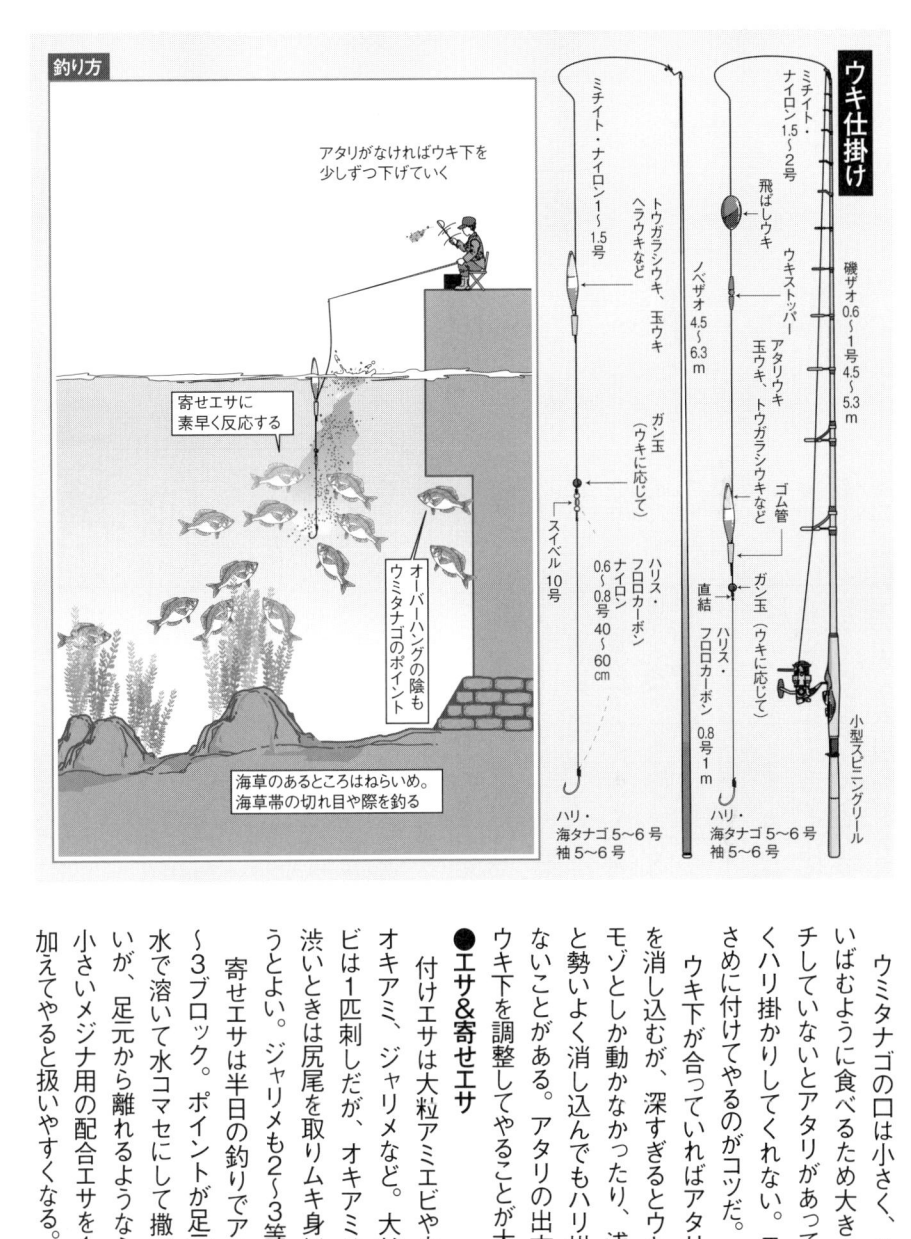

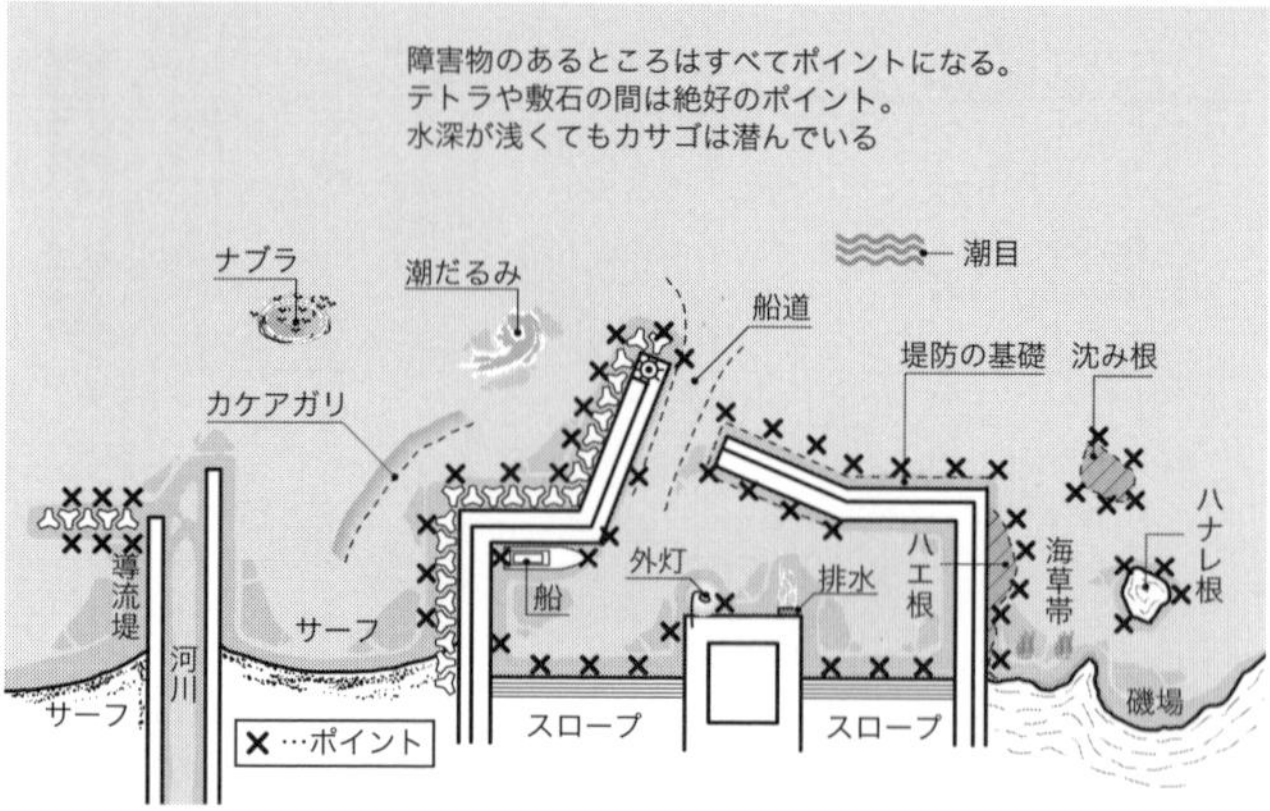
障害物のあるところはすべてポイントになる。
テトラや敷石の間は絶好のポイント。
水深が浅くてもカサゴは潜んでいる
ナブラ
潮だるみ
潮目
船道
堤防の基礎
沈み根
カケアガリ
ハナレ根
海草帯
ハエ根
排水
外灯
船
導流堤
河川
サーフ
サーフ
スロープ
スロープ
磯場
×…ポイント

KASAGO

▶カサゴ目
▶フサカサゴ科

カサゴ（鮋・笠子）

釣り方▼▼▼

いかつい風体で色彩もカラフル。タイやブリから見れば間違いなくブサイクな魚。しかしカサゴは食べると美味。固く締まった身は刺身でも煮付けでも美味しくいただける。磯魚のため網にはあまり入らず、そう簡単には魚屋に出回らない釣り人ならではの魚だ。旬は夏とされているが、一年を通して味はあまり変わらない気がする。

北海道から東シナ海まで広く分布しており、身近な堤防にも潜んでいるので釣り人には馴染み深い。カサゴは横着な性格で普段はあまり泳ぎ回らない。岩場やテトラ、敷石の隙間などに身を隠し、目の前にカニでもエビでも魚でもエサが来ると大きな口でなんでもバクリと食べてしまうのだ。そのため目の前にエサを落としてやれば誰でも簡単に釣れるが、岩場やテトラの穴でカサゴの目の前に落とすのは難しく、これが最大のテクニックといえそうだ。

穴釣り

大きな口でエサと見ればなんでもアタック

●釣り方

堤防沿いに設置された敷石やテトラの隙間にカサゴは潜んでおり、釣り人は穴を見つけてはエサを落とし込んでいく。魚の特徴でも記したように目の前にエサを落としてやれば、すぐにバクリと食いついてくれる。

問題はカサゴのいる穴に仕掛けを落とし込むこと。見ただけでは分からないので片端から仕掛けを落としていくが、仕掛けの深く入らない穴は望み薄。深く落ちる穴を捜すようにする。

穴に仕掛けを入れたらサオ先を上下に動かして穴の中でオモリを転がして落ちるところを捜し、落ちたところ

釣り方
石と石の間に仕掛けを入れ
サオを上下に動かし深いところに
仕掛けを送り込む
途中で止まってしまうと
食ってこない
アタリがあれば、
一気に巻き上げ
根に潜られない
ようにする

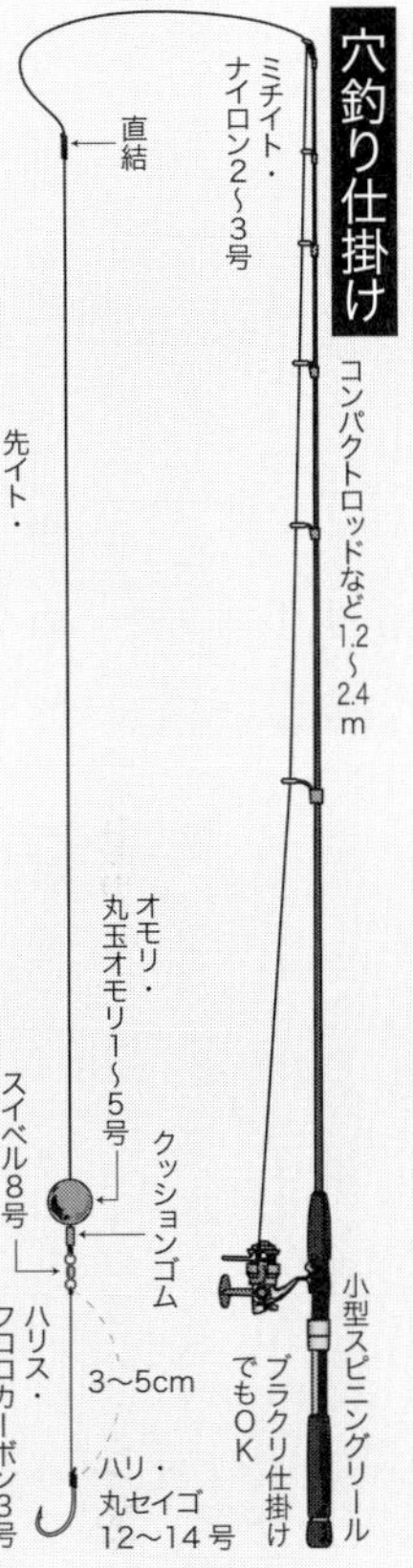
穴釣り仕掛け
ミチイト・
ナイロン2～3号
直結
コンパクトロッドなど1.2～2.4m
先イト・
フロロカーボン2.5～3号1m
オモリ・
丸玉オモリ1～5号
クッションゴム
スイベル8号
ハリス・
フロロカーボン3号
または
ブラクリ用ライン
3～5cm
ハリ・
丸セイゴ
12～14号
ブラクリ仕掛け
でもOK
小型スピニングリール

でアタリを待つ。カサゴがいればすぐにアタリがある。大きな口で一気にエサをほおばるので、すぐに合わせて有無をいわさず穴から引きずり出す。遅アワセやもたもたしていると穴の奥に潜り込まれたり、張り付かれてしまう。

穴の奥に潜り込まれると取り込める率はかなり減る。しかし引き出す途中で張り付かれたときは、カサゴがエラやヒレを立ててつっかえ棒のようにしていることが多い。この場合はイトを張りながらテンションを緩めて数分待つと動き出すことが多く、ふたたび一気に引きずり出すようにする。

●エサ

悪食なのでイソメ、オキアミ、エビ、カニ、魚の切り身などいろいろ使うが、イソメやオキアミは外道が多くなる。専門にねらうなら魚の切り身がベスト。サンマやサバは三枚に下ろして軽く塩を振り1㎝幅程度に短冊切りにして使う。キビナゴやカタクチイワシなど小型の魚はぶつ切りや1尾刺しにする。

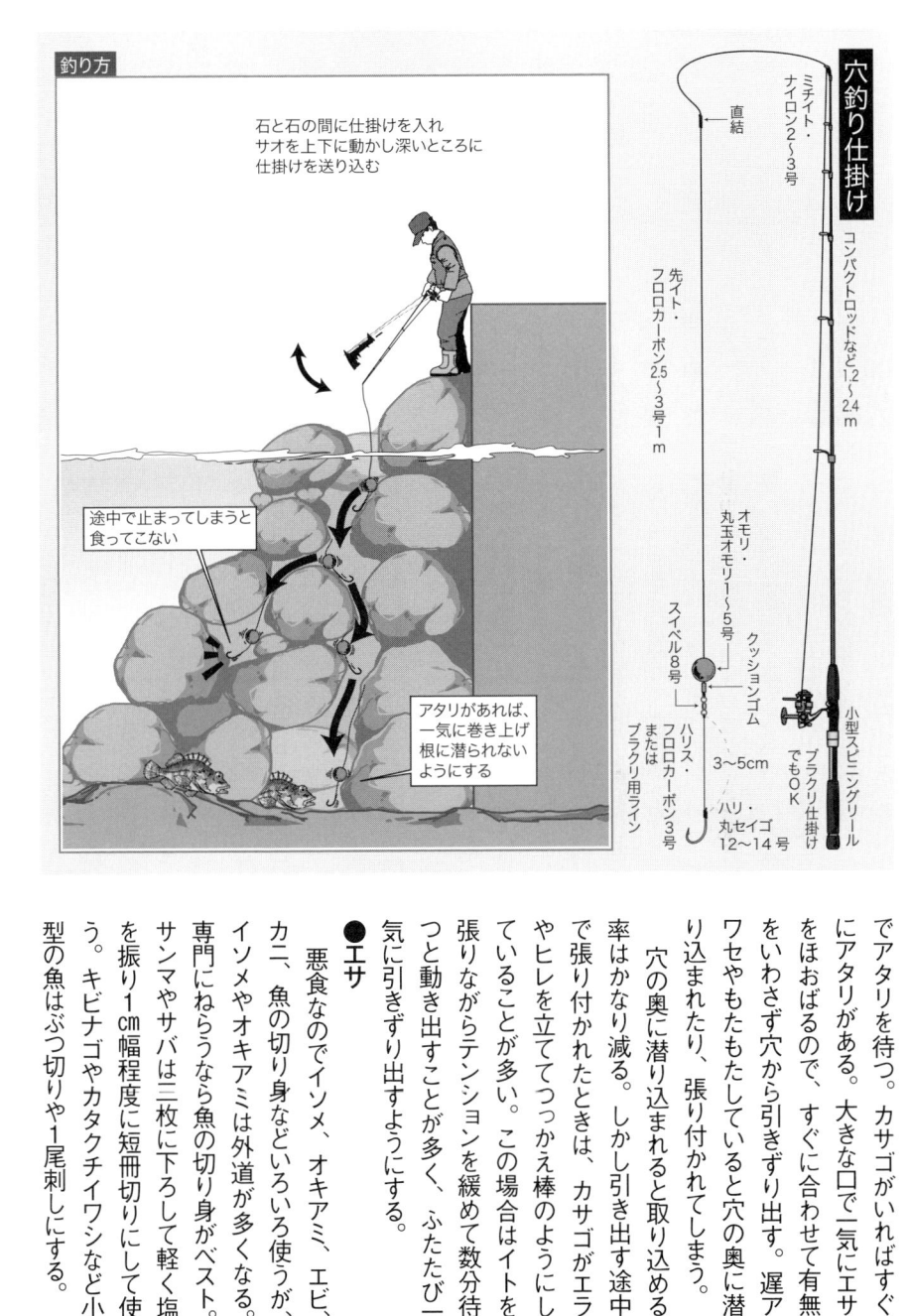

投げ釣り

ドウヅキ仕掛けで岩礁帯ねらい

●釣り方

堤防や港は、海底が砂地や岩場の場所など、さまざまなところに築かれている。通常、投げ釣りは砂地の多いところで行なわれるが、ことカサゴに限ってはゴツゴツとした岩礁帯が釣り場になる。というのもカサゴは磯魚で砂地よりも岩礁帯に好んで生息しているからである。

岩礁帯＝当然根掛かりが多いと考えられる。そのため、カサゴの投げ釣りでは根掛かりしにくいドウヅキ仕掛けのスタイルでねらっていく。特に根掛かりの激しい場所では、根に引っ掛かったオモリだけを切り離して仕掛けの損傷を最小限に抑えて回収できる下オモリ仕掛けが用いられる。

普通のドウヅキ仕掛けはオモリが根掛かりすると仕掛けの途中から切れてしまうことが多い。また、従来の下オモリ仕掛けの場合は、仕掛け絡みが頻発する欠点がある。そこで仕掛け図に記したのは普通のドウヅキ仕掛けに下オモリを組み合わせたハイブリッド型。これなら仕掛け絡みも少なく、仮にオモリが根掛かりしても仕掛けの損傷は少ない。

身エサを付けた仕掛けを投入してアタリを待つのだが、投入した際に仕掛けが根の上にあっては釣果が期待できない。そのためオモリが着底したらサオをあおってオモリを跳ねるように動かし、仕掛けがさらに深く落ちるところを捜していく。根と根の間に仕掛けが落ちたらそのままアタリを待つこと。ここでむやみに動かすと根掛かりしてしまう。

アタリは最初小さくコツコツときた後にゴンゴンと大きくなるので、大きくサオ先を揺らしたらすぐに合わせて一気に根から引き離し巻き上げる。

しばらく置いてアタリのないときは、サオをあおるようにしてオモリを跳ね上げ、そのまま一気に巻いて仕掛けを回収する。

ちなみに、カサゴの投げ釣りでは外道にウツボが掛かることが多い。釣れると仕掛けに絡みついてやっかいだが、無理に外そうとすると鋭い歯でケガをすることもあるので、外せそうにないと思ったらハリスを切って海にお帰りいただこう。

●エサ

サンマやサバの切り身は、臭いが強くエサ取りにも強いので定番エサとして用いられる。三枚に下ろして軽く塩を振り、身を締める。幅1㎝程度の短冊状に切って出来上がり。サンマやサバの切り身は船釣りではよく使われるエサなので、釣具店でも冷凍で売られていることも多い。

このほか、ムキエビやイワイソメなども使われるが、食いはよいのだがエサ取りに弱いので、エサ取りの少ない時期のエサと考えたい。

下オモリ仕掛けの仕組み

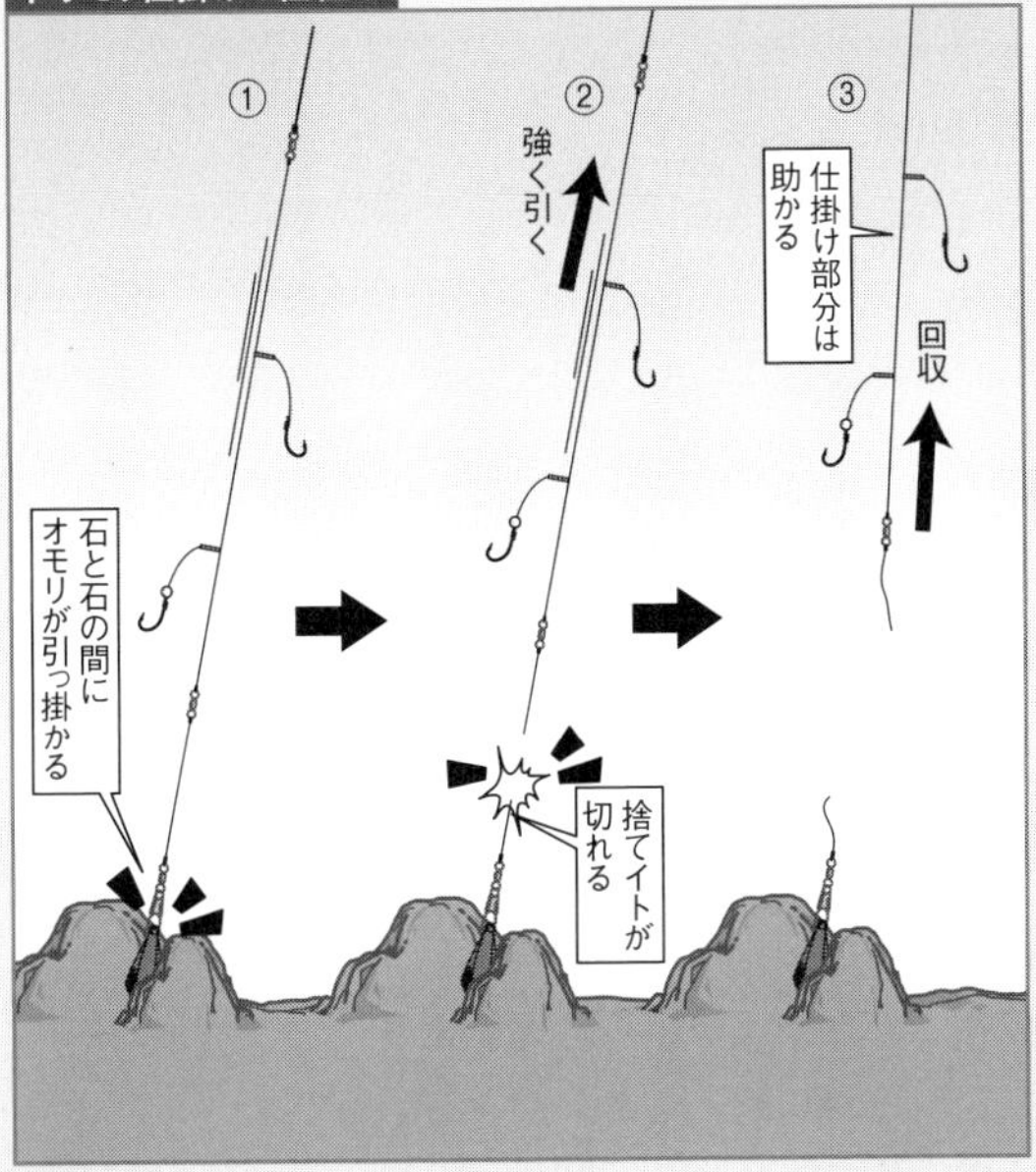
①
②
③
強く引く
仕掛け部分は助かる
回収
石と石の間にオモリが引っ掛かる
捨てイトが切れる

釣り方

投入したら仕掛けが石の上に乗っていることもあるので、サオをあおってオモリの落ちるところを捜す
しばらく待って、アタリがなければサオをあおって、オモリを浮かせてから仕掛けを回収
アタリがあれば大きく合わせて素早く海底から魚を離して一気に巻き上げる
オモリが石の下に落ちたところでアタリを待つ

投げ仕掛け

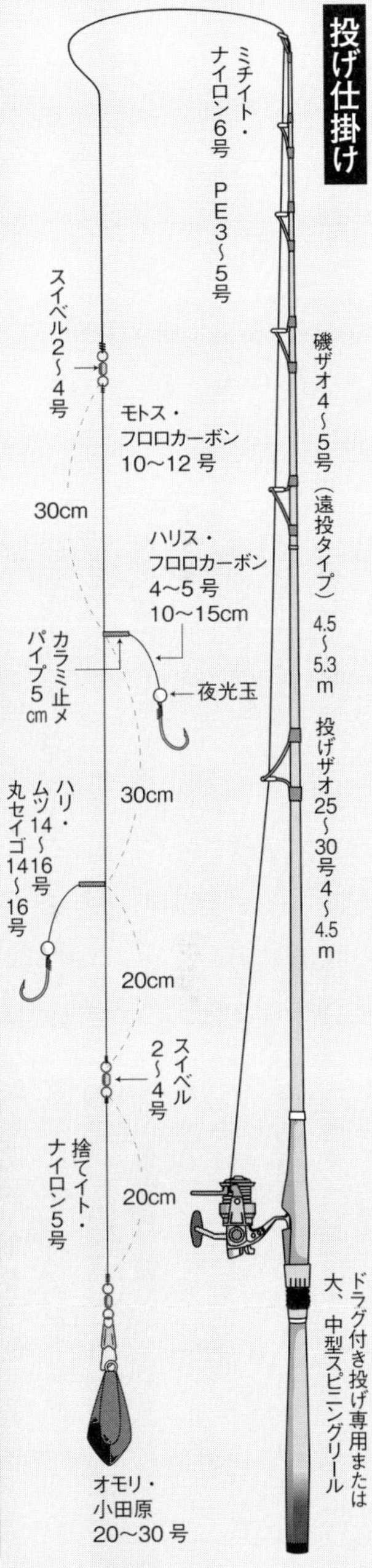
ミチイト・ナイロン6号 PE3～5号
磯ザオ4～5号（遠投タイプ）4.5～5.3m
投げザオ25～30号4～4.5m
スイベル2～4号
モトス・フロロカーボン10～12号
30cm
ハリス・フロロカーボン4～5号 10～15cm
カラミ止メパイプ5cm
夜光玉
30cm
ハリ・ムツ14～16号 丸セイゴ14～16号
20cm
スイベル2～4号
捨てイト・ナイロン5号
20cm
ドラグ付き投げ専用または大、中型スピニングリール
オモリ・小田原20～30号

KAMASU

▶スズキ目
▶カマス科

カマス（魳）

釣り方▼▼▼

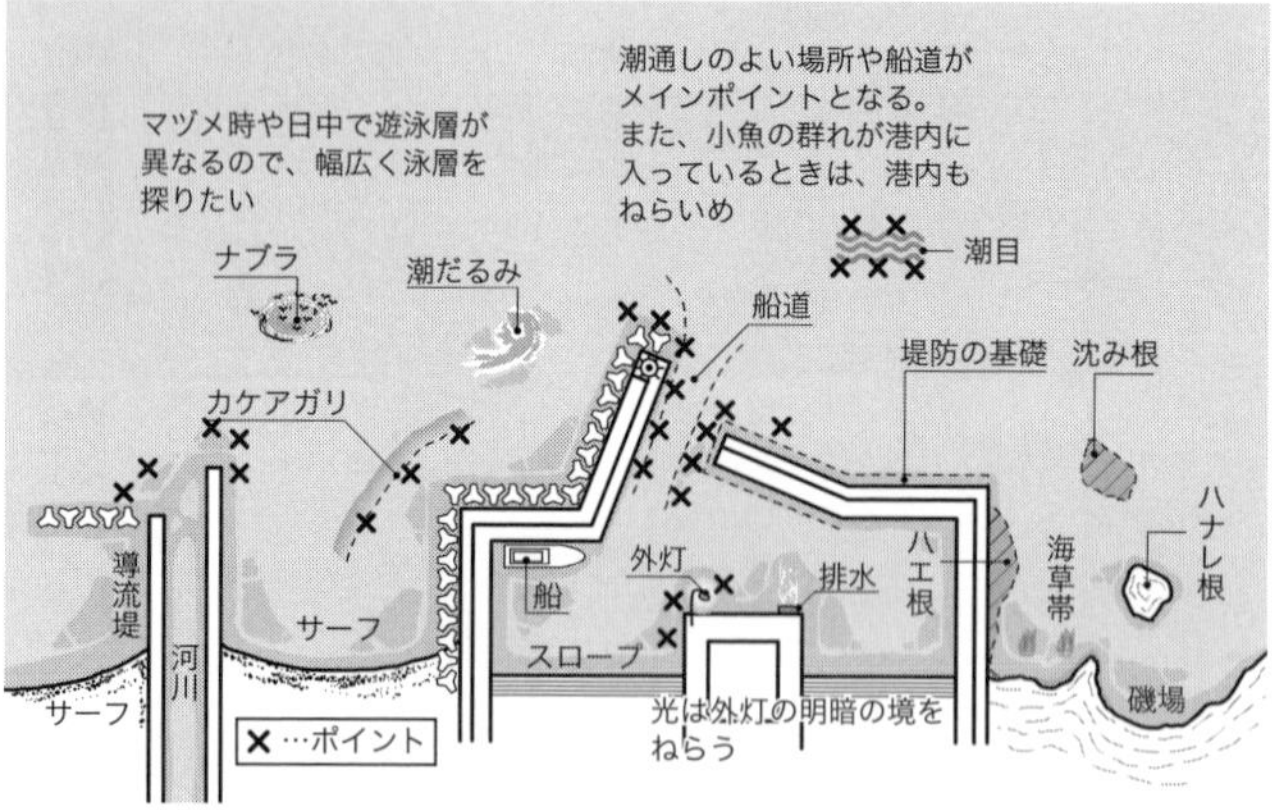
マヅメ時や日中で遊泳層が
異なるので、幅広く泳層を
探りたい
潮通しのよい場所や船道が
メインポイントとなる。
また、小魚の群れが港内に
入っているときは、港内も
ねらいめ
潮目
ナブラ
潮だるみ
船道
堤防の基礎
沈み根
カケアガリ
ハナレ根
海草帯
ハエ根
導流堤
外灯
排水
船
サーフ
スロープ
河川
磯場
サーフ
光は外灯の明暗の境を
ねらう
×…ポイント

カマスはスーパーや鮮魚店などでよく見かけることはあっても、釣りとなると関東や新潟以北の海ではあまり馴染みのない魚だ。しかし、それ以南の沿岸では、サビキ釣りやウキ釣り、ルアーで手軽に楽しめる魚として人気のあるターゲットなのだ。

日本の沿岸には数種類のカマスが生息しているが、一般に釣られているのはアカカマスとヤマトカマス。外見が似ているうえ、分布エリアや釣れる時期も重なるので非常にやっかいである。さらにアカカマスとヤマトカマスでは市場の価値もかなり異なり、アカカマスはヤマトカマスの数倍もする。

見分け方は、よくアカカマスはウロコが粗く、ヤマトカマスはウロコが細かいといわれるが、比較すれば分かるが単独で釣れたときなどは非常に困ってしまう。決定的な違いはヒレの位置で、ヤマトカマスは第1背ビレと腹ビレの始まりがほぼ同じなのに対して、アカカマスは第1背ビレの始まりよりも腹ビレが前にある。この違いさえ覚えていれば間違えることはない。

カマスのシーズンは地域により多少異なるが初夏から冬にかけて。群れで移動する魚なので、シーズン中でも大釣りすることもあれば、サッパリなんてことも多々ある。小アジやイワシなどの群れに付いて回遊していることもあるので、サビキでアジやイワシが釣れているときはねらうと面白い。

サビキ釣り

テクニック不要、投げてシャクってガツン！

●釣り方

カマスのサビキ釣りは、足元に仕掛けを垂らして釣るアジやイワシのサビ

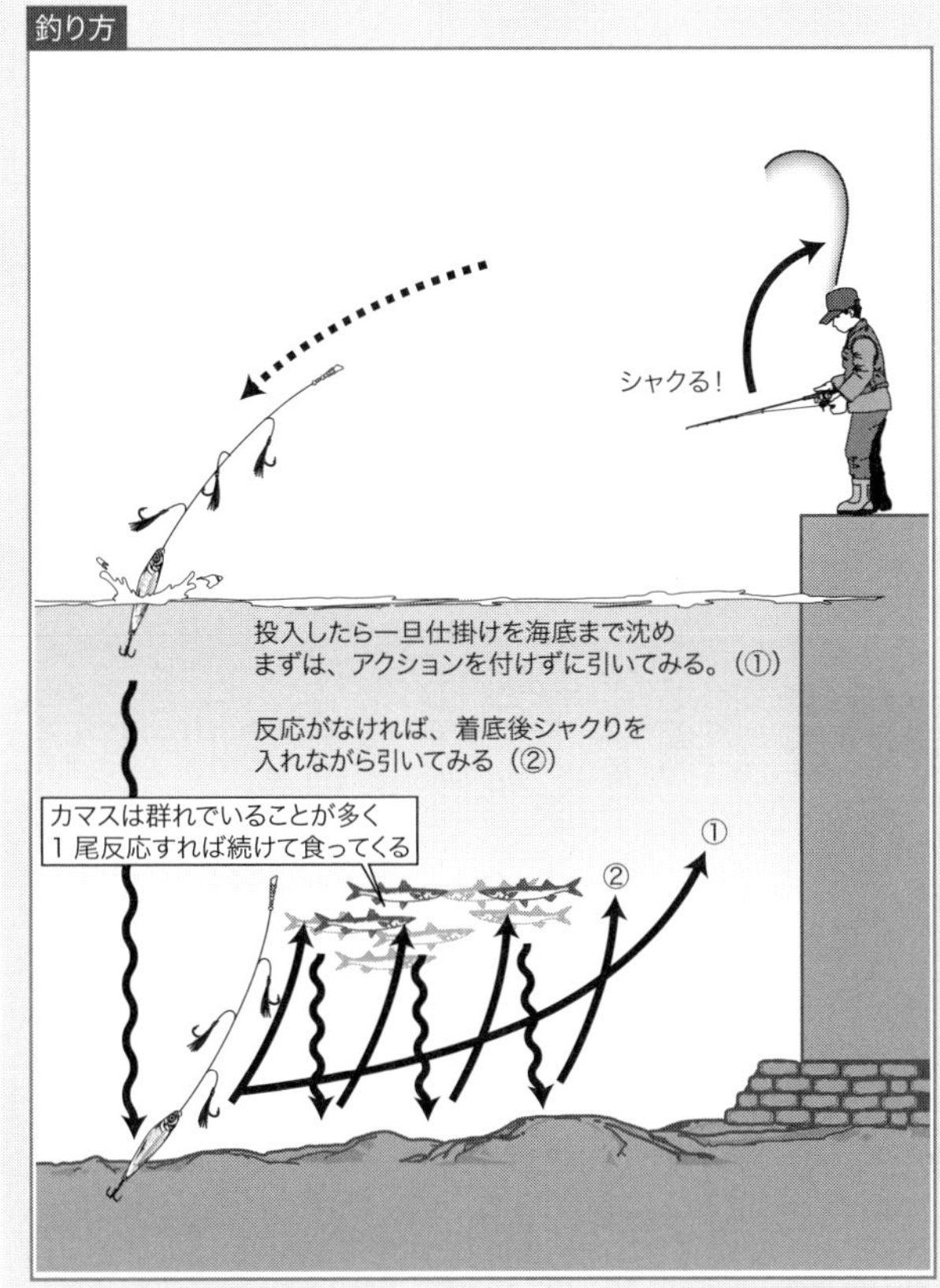
釣り方
シャクる！
投入したら一旦仕掛けを海底まで沈め
まずは、アクションを付けずに引いてみる。（①）
反応がなければ、着底後シャクりを
入れながら引いてみる（②）
カマスは群れでいることが多く
1 尾反応すれば続けて食ってくる
①
②

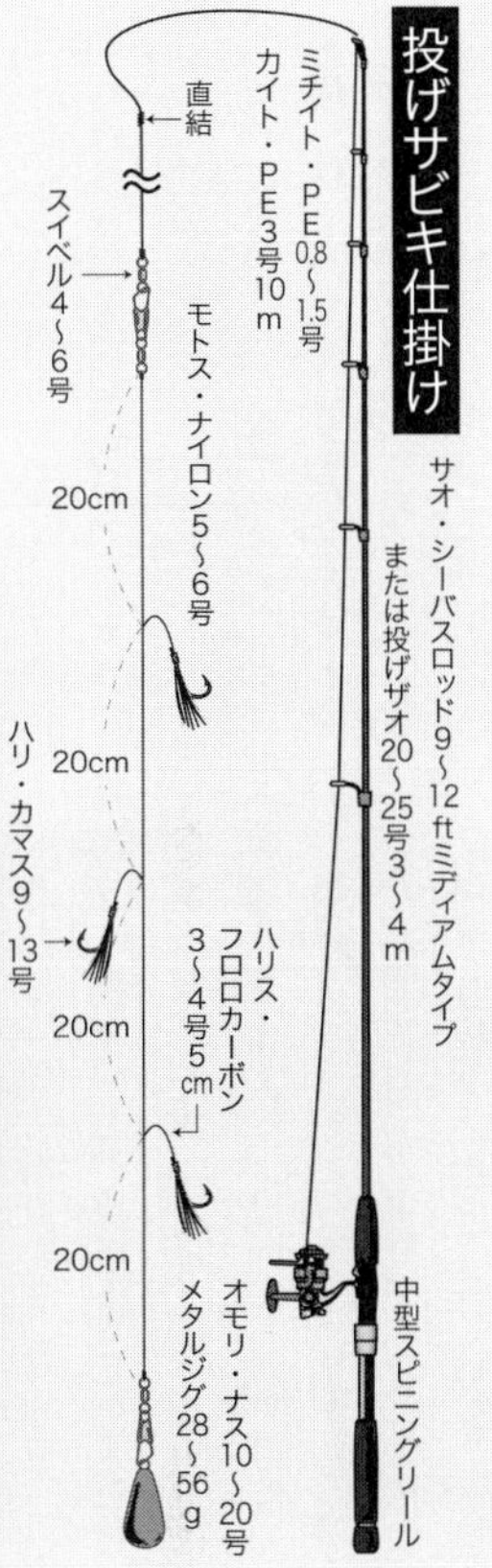
投げサビキ仕掛け
サオ・シーバスロッド9～12ftミディアムタイプ
または投げザオ20～25号3～4m
ミチイト・PE0.8～1.5号
カイト・PE3号10m
直結
スイベル4～6号
モトス・ナイロン5～6号
20cm
20cm
20cm
20cm
ハリ・カマス9～13号
ハリス・
フロロカーボン
3～4号5cm
中型スピニングリール
オモリ・ナス10～20号
メタルジグ28～56g

キ釣りとは少し異なり、投げサビキと呼ばれる釣り方でねらう。タックルは投げ釣りやシーバス用を流用し、市販のカマスサビキ仕掛けを使う。

仕掛けをできるだけ遠投してオモリを着底させ、まずはアクションを付けずに一定のスピードでリールを巻いてみる。反応がなければ遠投&着底後、サオを大きくシャクって、オモリを海底から跳ね上げるようなアクションを与えて探ってくる。跳ね上げたあとの落ち込みでガツンと食ってくることが多いので、仕掛けを跳ね上げたら落下に合わせてミチイトを巻き取る。

群れでいるので一度に2、3尾掛かることもあるが、体型を見ても分かるように瞬発力のあるアタリは見せるが、強烈な引きはないので掛かったらリールを一定速度で早巻きすればよい。

また仕掛けの先に付けるオモリをメタルジグに替えると、仕掛けの動きに変化がつきやすく誘いになるのと、メタルジグに当たってくることも多い。

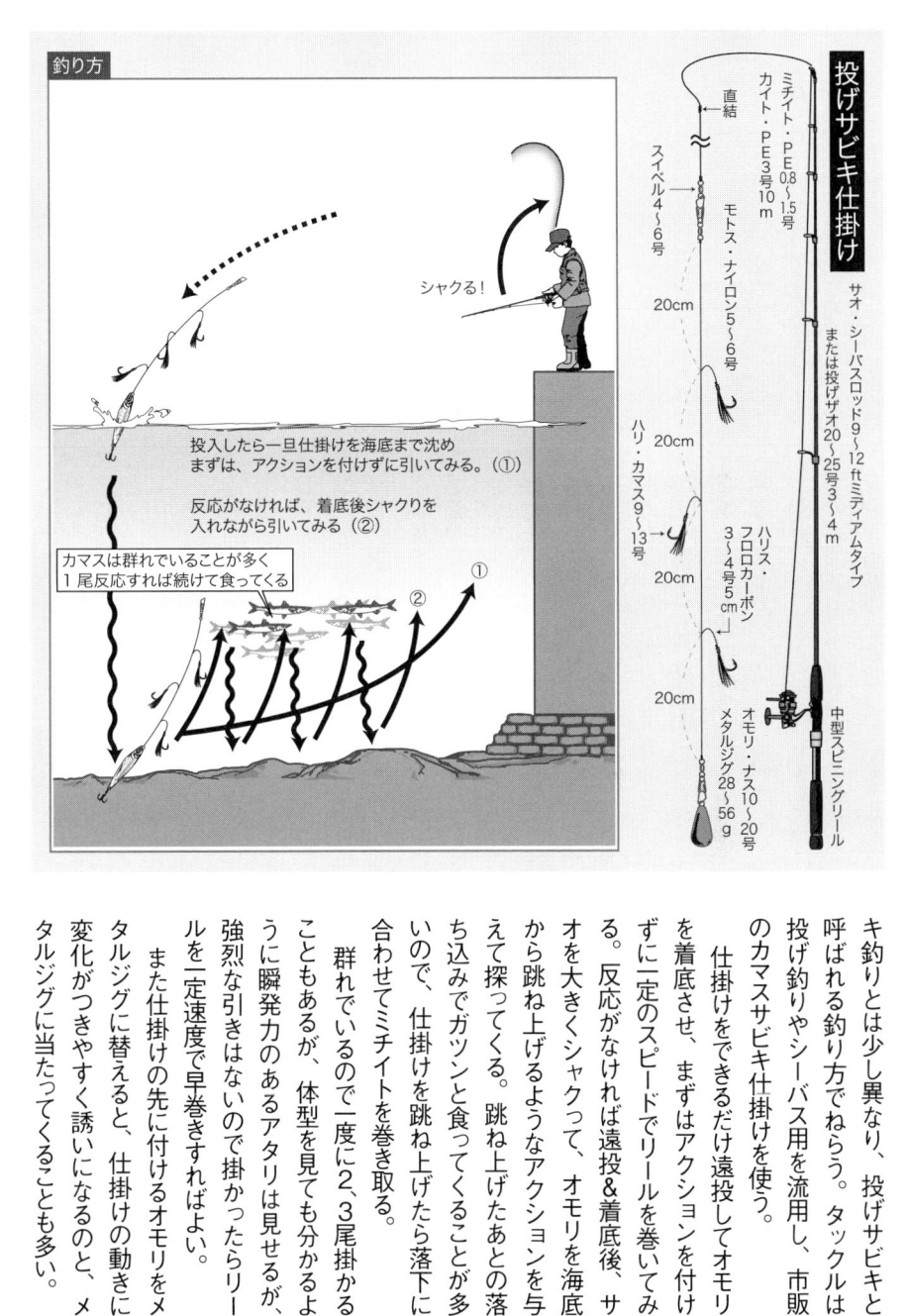

ルアー釣り

イレギュラーな動きで食い気を誘う

●釣り方

実はカマスはれっきとしたフィッシュイーターで、ルアーでもねらえる魚だ。群れで行動するため、接岸していれば手軽に釣れるとあって、最近ではメバルやアジ、メッキねらいと並びライトゲームの人気ターゲットになっている。

ライトゲームが盛んに行なわれ、アジやメバル専用のロッドはいろいろとあるが、カマス専用というのは見かけない。というのもアジやメバルは繊細なロッドさばきやリール操作を要求されるが、ことカマスに関してはそれほど繊細にならなくても釣れてしまうからなのだろう。

仕掛け図にはメバルロッドと記してあるが、軟らかめのシーバスロッドやブラックバス用のロッド、チョイ投げなどで使うコンパクトロッドでも充分代用は利く。使うルアーは5〜7㎝のミノープラグやシンキングペンシル、小型のメタルジグ。ほかには1・5〜3・5gのジグヘッドにソフトルアーの組み合わせもいい。

探り方であるが、カマスは小アジやイワシなどの小魚の群れに付いて行動している。そのため朝夕のマヅメ時には小アジが表層近くで釣れるように、カマスも表層ねらいになる。日中になって小魚のタナが深くなると、底付近になる。ただし底生魚ではないので、底をトレースするような引き方ではなく、底付近の宙層でアクションを付けて探るのが正解だ。

また、カマスは夜行性ではないが港内などに小魚の群れが入り込み、外灯の光に集まっている場合は夜でもヒットすることがある。そんなときは光の明暗の境をねらうようにする。

最初はアクションを付けずにルアーをただ巻きしてアタリがあればよいが、見向きもしないときはロッドを斜め下に構えて素早くチョンチョンとサオ先を動かし、ルアーにイレギュラーな動きを与えることをおすすめする。カマスは1尾でも反応すると群れ全体にスイッチが入り、急にルアーへアタックが始まることがある。したがっていかに群れの気を引かせるかもカギといえよう。

アタリがあればサオを引いて確実にフッキングさせるが、アタリの数ほど掛からないのがこの釣りでもある。軟らかいロッドではうまくフッキングしないこともあるので要注意だ。

カマスは口が細長くフッキングさせるのが意外に難しい

写真のようにメタルジグとアシストフックを組み合わせてもよい

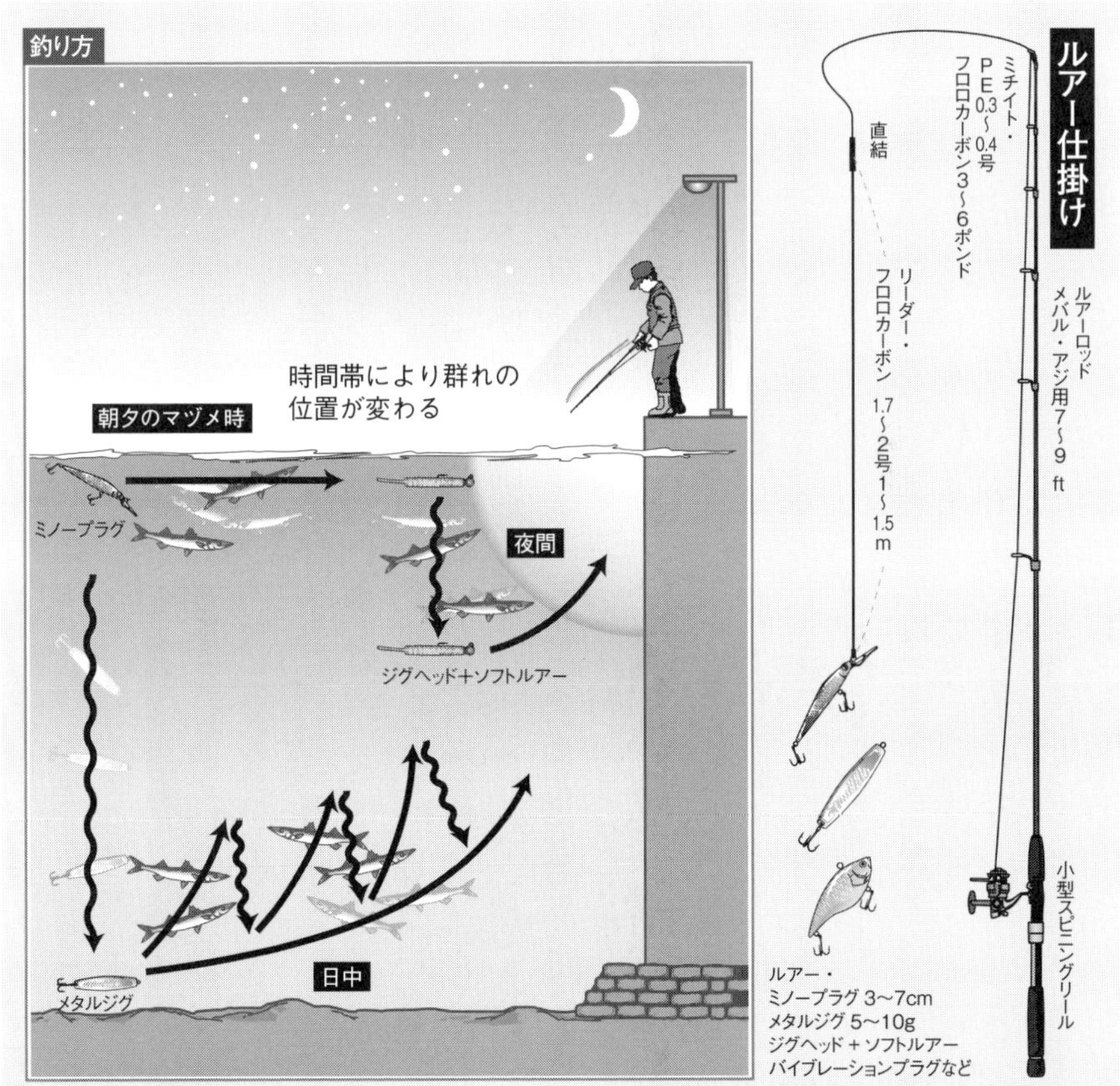
釣り方
時間帯により群れの位置が変わる
朝夕のマヅメ時
ミノープラグ
夜間
ジグヘッド＋ソフトルアー
日中
メタルジグ
ルアー仕掛け
ミチイト・
ＰＥ0.3～0.4号
フロロカーボン3～6ポンド
直結
リーダー・
フロロカーボン 1.7～2号1～1.5m
ルアーロッド
メバル・アジ用7～9 ft
小型スピニングリール
ルアー・
ミノープラグ 3～7cm
メタルジグ 5～10g
ジグヘッド＋ソフトルアー
バイブレーションプラグなど

KAREI

▶カレイ目
▶カレイ科

カレイ（鰈）

釣り方▼▼▼

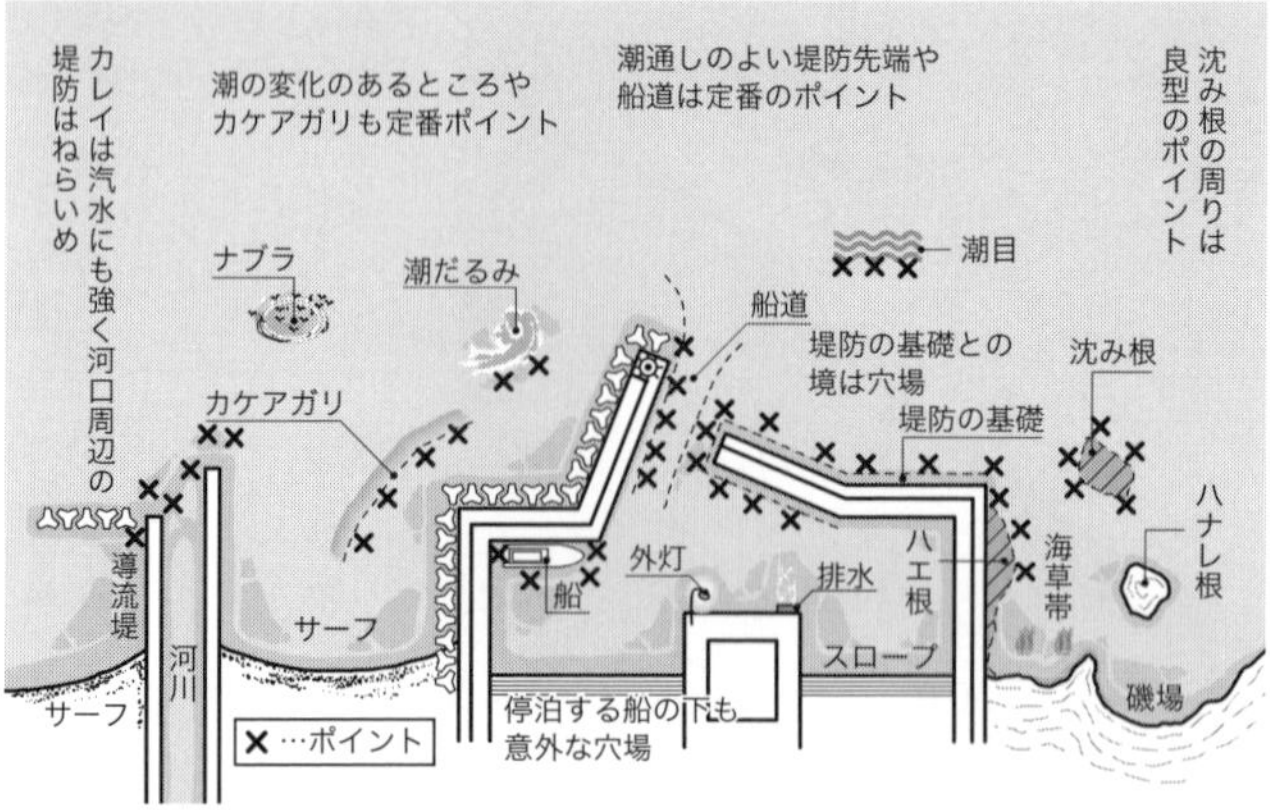
沈み根の周りは良型のポイント
潮通しのよい堤防先端や船道は定番のポイント
潮の変化のあるところやカケアガリも定番ポイント
カレイは汽水にも強く河口周辺の堤防はねらいめ
潮目
ナブラ
潮だるみ
船道
堤防の基礎との境は穴場
沈み根
カケアガリ
堤防の基礎
ハナレ根
ハエ根
海草帯
外灯
排水
導流堤
船
サーフ
河川
スロープ
磯場
サーフ
×…ポイント
停泊する船の下も意外な穴場

「左ヒラメに右カレイ」、一度は聞いたことのある言葉だと思うが、どちらも似たようなひらべったい魚で見分けがつきにくいためよく用いられる。一般に魚の頭を自分の方へ向けて右に目があればカレイ、左ならヒラメである。

カレイは投げ釣りでは夏のシロギス、冬のカレイといわれる人気ターゲットだ。投げ釣りで釣れるカレイは主にマコガレイとイシガレイの2種類。マコガレイは砂泥底の海底を好み湾内や港内など身近な釣り場でねらえる。一方、イシガレイは砂底を好み外海の海岸などでねらえ、マコガレイよりも大きく育つ。

釣りのシーズンは初冬から春までで、産卵で浅場に寄ってきたところをねらうが、食べて美味しいのは産卵後充分に体力の回復した初夏から夏にかけて。釣りの旬と食の旬が違う魚だ。

投げ釣り

砂に隠れる海の忍者。短い時合に集中！

●釣り方

カレイのポイントは海底に変化のあるところや障害物の周りというのが定番。投げ釣りだとつい見落とされがちなのが堤防の基礎との境目。よくカレイ釣りで「チョイ投げで釣れたよ」とか、「足元に入れておいたサオに食ってきたよ」というのは、この堤防の基礎との境目で釣れたのだ。

仕掛けを投入したら海底の様子を探りつつ変化や障害物を見つけ、仕掛けを止めてアタリを待つ。1本ザオでは効率が悪いので同様に2～3本ザオを並べるが、このとき遠投、中距離、近距離と投げる距離を違えると広範囲に探ることができる。

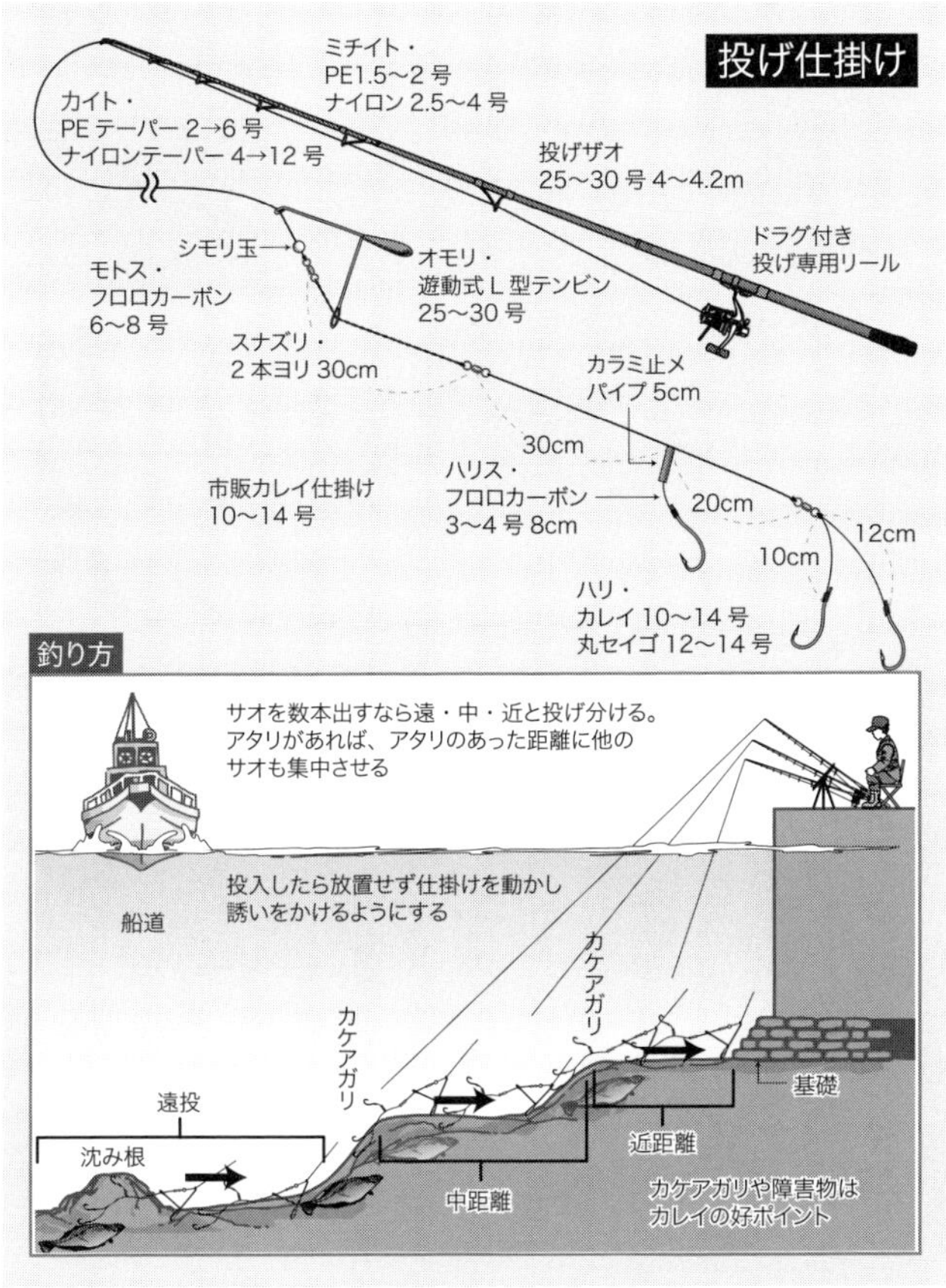
投げ仕掛け
ミチイト・
PE1.5〜2号
ナイロン 2.5〜4号
カイト・
PE テーパー 2→6号
ナイロンテーパー 4→12号
投げザオ
25〜30号 4〜4.2m
ドラグ付き
投げ専用リール
シモリ玉
モトス・
フロロカーボン
6〜8号
オモリ・
遊動式L型テンビン
25〜30号
スナズリ・
2本ヨリ 30cm
カラミ止メ
パイプ 5cm
30cm
市販カレイ仕掛け
10〜14号
ハリス・
フロロカーボン
3〜4号 8cm
20cm
12cm
10cm
ハリ・
カレイ 10〜14号
丸セイゴ 12〜14号
釣り方
サオを数本出すなら遠・中・近と投げ分ける。
アタリがあれば、アタリのあった距離に他の
サオも集中させる
投入したら放置せず仕掛けを動かし
誘いをかけるようにする
船道
カケアガリ
カケアガリ
基礎
遠投
沈み根
近距離
中距離
カケアガリや障害物は
カレイの好ポイント

仕掛けを止めてアタリを待つといっても放置では釣れない。5〜10分に1回くらいは聞きアワセをして仕掛けを動かし誘いをかけるようにする。この誘いはカレイを誘うというよりも、エサ取りのヒトデなどからエサを守る意味合いのほうが大きい。

アタリがあれば他のサオも同じ距離（ポイント）に集中させるが、カレイの時合は短いのが特徴なので、短時間でいかに釣るかがカギになる。カレイは普段砂の中に身を隠してジッとしていて、時合が来ると周囲をうかがいエサを漁るのだ。そのためアタリがないからといって、すぐに場所移動するのは早計だ。時合が来るまで腰を据えて釣るのもこの釣りならではといえる。

●エサ

アオイソメやイワイソメなどの虫エサを使う。カレイは大きなエサを好む傾向があるので、ハリにはたっぷりと刺してやるのが大切。アオイソメの太いもので2〜3匹、細ければ3〜5匹房掛けにする。

臭いの強いイワイソメは硬い頭の部分をカットして5㎝程度を通し刺しにする。イワイソメを3㎝ほどに切り、ハリスまでコキ上げ、その下にアオイソメを房掛けにする方法もある。このイワイソメとアオイソメのミックス掛けは「マムアオ」とか「アオマム」と呼ばれ、カレイ釣りでは定番の刺し方でもある。

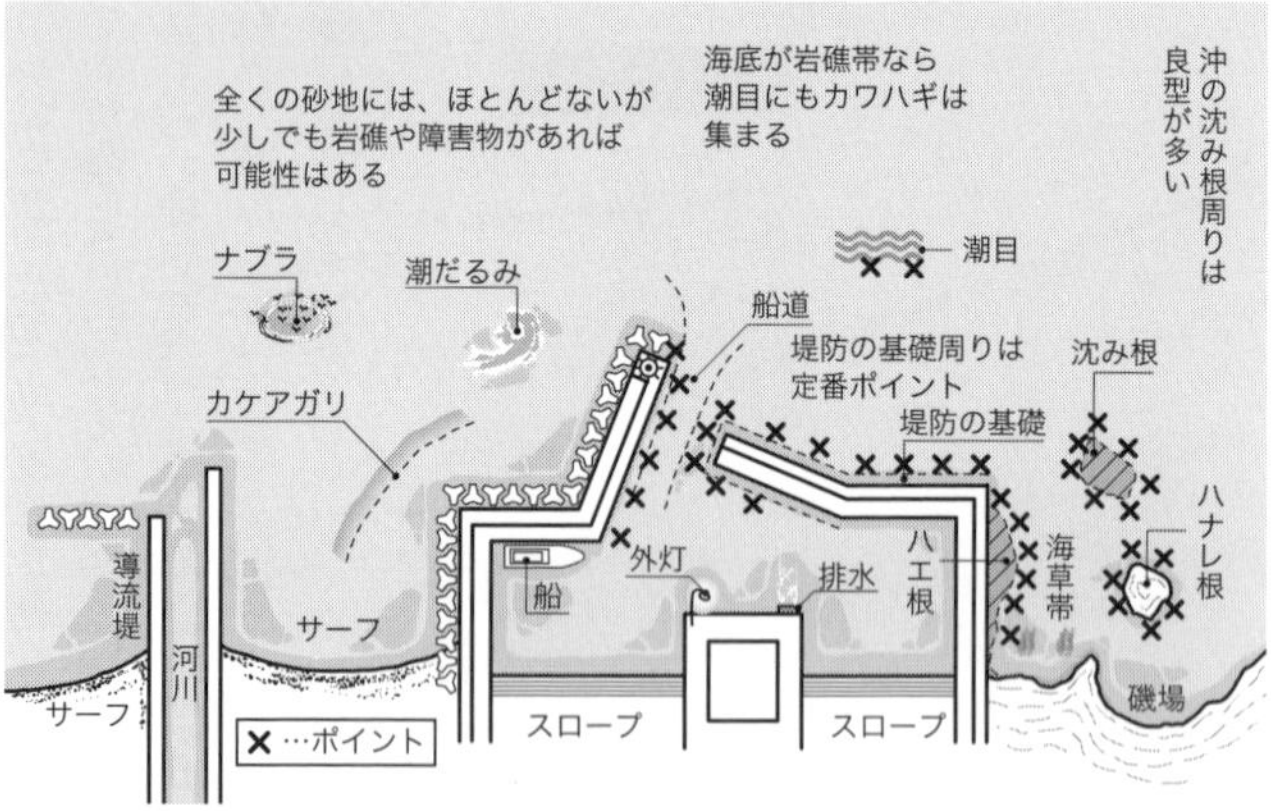
沖の沈み根周りは良型が多い
海底が岩礁帯なら潮目にもカワハギは集まる
全くの砂地には、ほとんどないが少しでも岩礁や障害物があれば可能性はある
潮目
ナブラ
潮だるみ
船道
堤防の基礎周りは定番ポイント
沈み根
カケアガリ
堤防の基礎
ハナレ根
外灯
排水
ハエ根
海草帯
船
導流堤
河川
サーフ
サーフ
磯場
スロープ
スロープ
×…ポイント

KAWAHAGI

▶フグ目
▶カワハギ科

カワハギ（皮剥、鮍）

釣り方▼▼▼

皮を剥《は》いでから料理をするので「カワハギ」という名前が付いたこの魚は、ひし形でおちょぼ口、おまけに頭には1本の太い角があり、見るからにひょうきんな格好をしている。

お世辞にも泳ぎが達者のような魚には見えないが、実は思いのほか泳ぎは上手い。というのも、ヒレを上手に使ってヘリコプターのようにエサの動きに合わせてエサを食うことができるのだ。これが釣り人から「エサ取り名人」といわれる所以《ゆえん》なのだ。

また、カワハギという名前は関東だけで、地方へ行くといろいろな呼び方がある。つい笑ってしまうが関西では「ハゲ」「丸ハゲ」と言ったり、紀州では皮を剥ぐさまから身ぐるみはがされることを連想する「バクチ」なんて呼ばれ方もしている。

姿形からは想像できないが、食味は最高で煮魚、刺身、鍋などどんな料理にも合う。特に身を薄切りにして肝を醤《しょう》油《ゆ》に溶いた肝醤油で食べる刺身は絶品で、釣り人ならではのぜいたくだ。

探り釣り

おちょぼ口のエサ取り名人

●釣り方

船釣りの対象魚だと思われがちだが、暖かいシーズンは意外と身近な堤防にも姿を見せる。沈み根や障害物に付く魚なので、堤防ではヘチや基礎石周りがポイント。

基本的には足元やサオ下直下の釣りで、図のようなドウヅキ仕掛けを落とし込んで釣る。前述したようにカワハギはエサ取り名人なので、ただアタリを待っていてもエサだけかすめ取られてしまう。そのため、仕掛けを落と

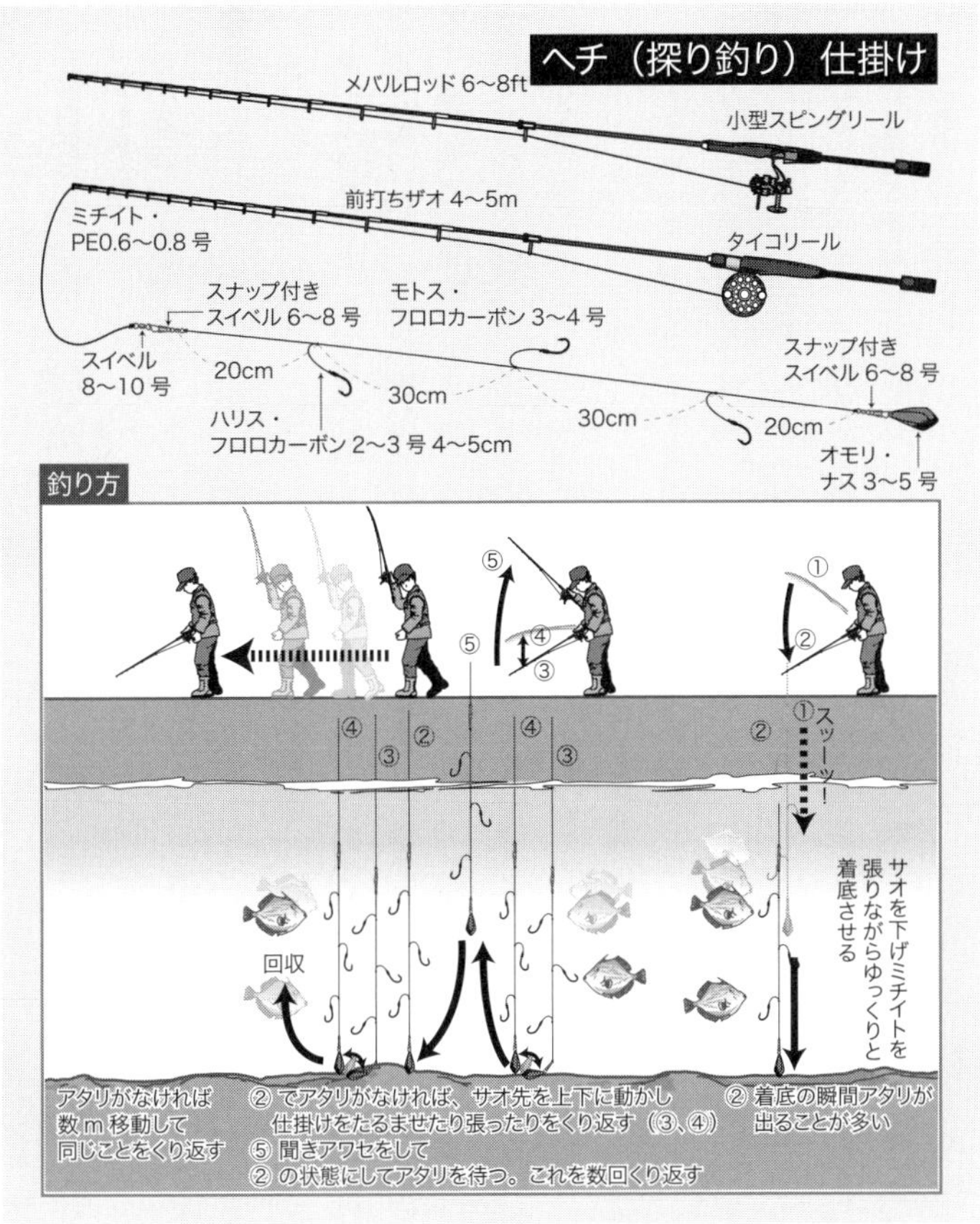
ヘチ（探り釣り）仕掛け
メバルロッド 6〜8ft
小型スピングリール
前打ちザオ 4〜5m
タイコリール
ミチイト・
PE0.6〜0.8 号
スナップ付き
スイベル 6〜8 号
モトス・
フロロカーボン 3〜4 号
スイベル
8〜10 号
20cm
ハリス・
フロロカーボン 2〜3 号 4〜5cm
30cm
30cm
20cm
スナップ付き
スイベル 6〜8 号
オモリ・
ナス 3〜5 号
釣り方
スーッ!
サオを下げミチイトを張りながらゆっくりと着底させる
回収
アタリがなければ
数 m 移動して
同じことをくり返す
② でアタリがなければ、サオ先を上下に動かし
仕掛けをたるませたり張ったりをくり返す（③、④）
⑤ 聞きアワセをして
② の状態にしてアタリを待つ。これを数回くり返す
② 着底の瞬間アタリが
出ることが多い

し込むときもイトフケを作らないようにすることが大切。サオ1本程度の水深の浅い堤防なら、あらかじめ水深分のイトを出しておき、イトを張りながら落とすのも1つのテクニックだ。

オモリが着底して仕掛けの動きが止まった瞬間にアタリが出ることが多いので要注意。ここでアタリがなかったらサオ先を小刻みに動かし、仕掛けを揺らしてエサをアピールする。そして仕掛け止めてアタリを待つ。コツコツッとアタリがあったら即アワセをし、エサだけ取られてしまったら、また同じ場所に仕掛けを落とすと食ってくる。掛かっても引きの強い魚ではないので、強引に巻き上げればOK。

アタリがなければ仕掛けを上げ、数m移動してまた同じように落とし込んで堤防を探り歩くようにする。

●エサ

アサリのムキ身やイソメを使う。アサリのムキ身は柔らかく取られやすい反面、食いのよいエサなので慣れた人向き。イソメはハリいっぱいに刺してカワハギがくわえた瞬間にハリが口の中に入るようにしてやるとよい。

また、人工エサ（パワーイソメ）も有効で、虫エサに比べて硬くハリからズレにくいためアタリが明確に伝わり、初心者にはアサリやイソメなどよりも釣りやすいエサといえる。

投げ釣り

「横の釣り」で沖の沈み根の良型を直撃

●釣り方

投げ釣りでカワハギというと一般的に知名度は低いかもしれないが、日本最大の投げ釣り組織「全日本サーフキャスティング連盟」の対象魚の中には、ちゃんとカワハギも入っていて時期になると専門にねらうキャスターもいる。

船釣りや堤防で足元やサオ下を探る釣り方は海底に対して仕掛けが縦になるが、投げ釣りの場合はポイントまでの距離があるため、仕掛けは横方向に伸びることから投げ釣りは「横の釣り」とも呼ばれている。

投げカワハギのシーズンは水深のある堤防なら周年ねらえるところもあるが、一般的には初夏から初冬。特に秋から初冬にかけては群れがまとまり釣りやすくなる。

ポイントは沈み根やハエ根などの障害物の周り。海底は砂地と岩礁が入り混じるようなところやゴロタがよい。

仕掛けは、根掛かりが少なければ吹き流しタイプ、多い場所ではドウヅキタイプを使う。

根掛かりの少ないところでは仕掛けを投入し、着底したらゆっくり数m引き、止めてアタリを待つ。このストップ&ゴーを繰り返して探っていく。仕掛けを動かしたときにオモリが根に当ったら根際に来た証拠なので、特にアタリに集中したい。

根の多いところではむやみに動かすと根掛かりしてしまうので、投入してオモリが着底したらイトフケを作り仕掛けを少し寝かせる（傾ける）ようにする。そしてオモリを支点にイトを張ったり緩めたりを繰り返してエサを揺らしてカワハギを誘う。

横の釣りの特徴は、縦の釣りに比べてエサが自然に漂うため、カワハギは違和感なくエサを食べ、飲み込んでくれやすい。そのためキツネ系や丸セイゴといった吸い込みやすい形状のハリを使う。

アタリがあっても最初は見送り、数回コツコツときてアタリが少し大きくなったら合わせるようにする。

カワハギを掛けて遠くから巻いてくると途中で突然フッと軽くなり、ハリ外れしたのかと思うことがある。これは魚が手前へ手前へと泳いでくるときに起きる現象で、投げのカワハギ釣りではしばしばある。巻き上げだしたら一定速度で最後まで回収するようにしたい。

●エサ

イワイソメやアオイソメといった虫エサがメイン。イワイソメは2㎝ほど、アオイソメは少し長めの3㎝ほどにカットして通し刺しにして使う。また、不思議に人工エサ（パワーイソメ）を使うとベラやフグが少なくなり、カワハギのアタリが増えるという特徴がある。

根掛かりの少ないところでの探り方

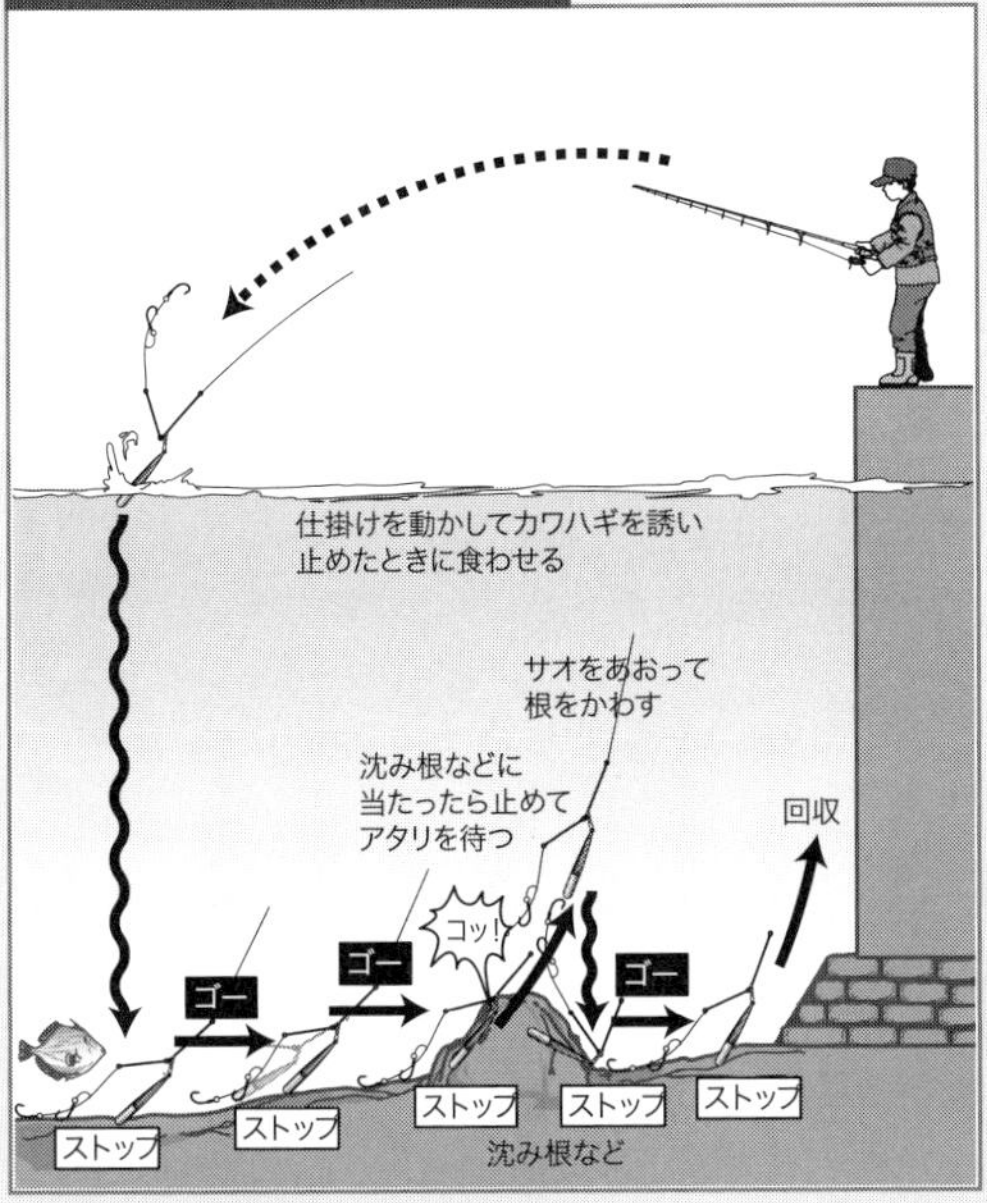
仕掛けを動かしてカワハギを誘い
止めたときに食わせる
サオをあおって
根をかわす
沈み根などに
当たったら止めて
アタリを待つ
回収
ゴー
ゴー
コッ!
ゴー
ストップ
ストップ
ストップ
ストップ
ストップ
沈み根など

根掛かりの多いところでの探り方

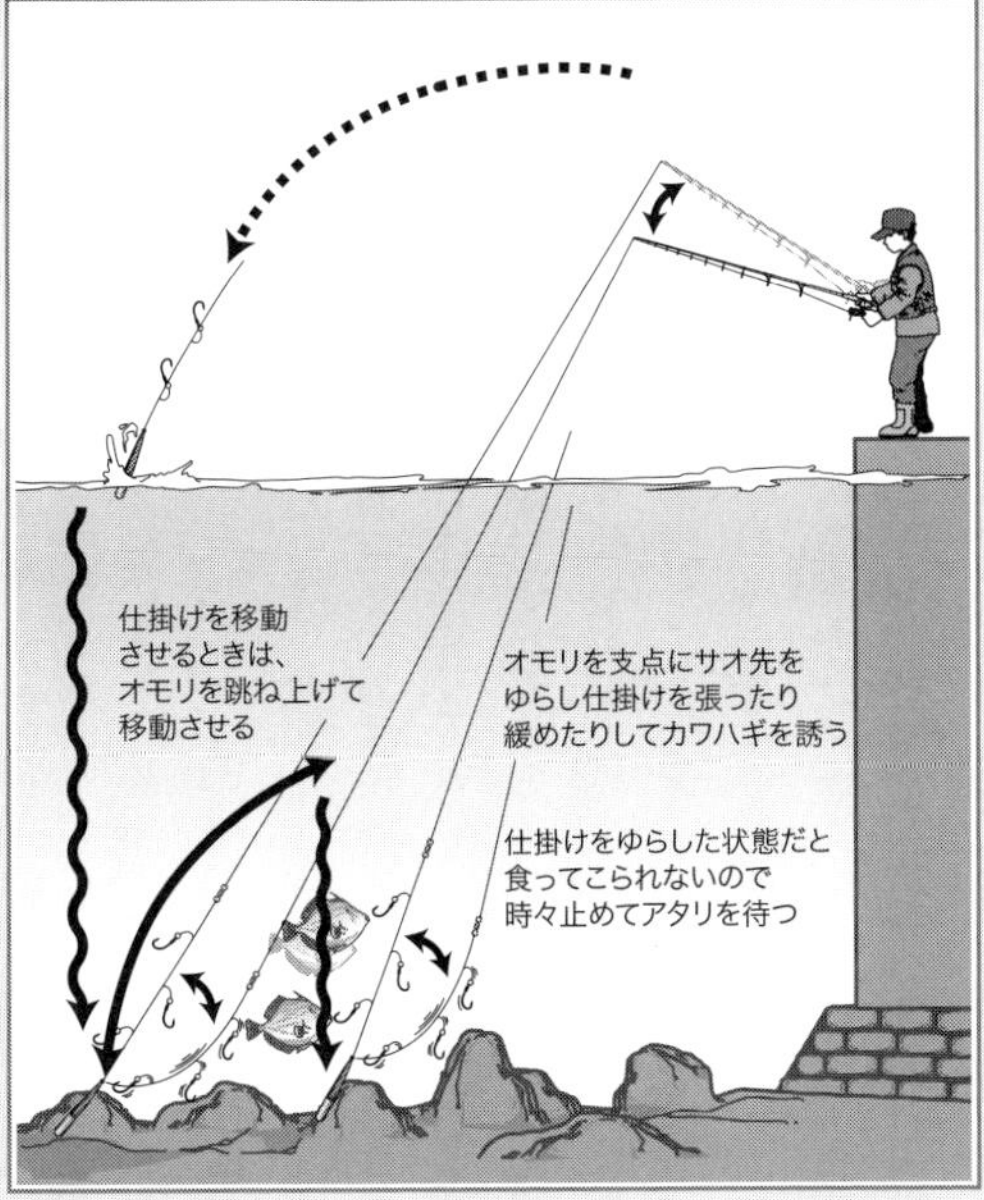
仕掛けを移動
させるときは、
オモリを跳ね上げて
移動させる
オモリを支点にサオ先を
ゆらし仕掛けを張ったり
緩めたりしてカワハギを誘う
仕掛けをゆらした状態だと
食ってこられないので
時々止めてアタリを待つ

投げ仕掛け

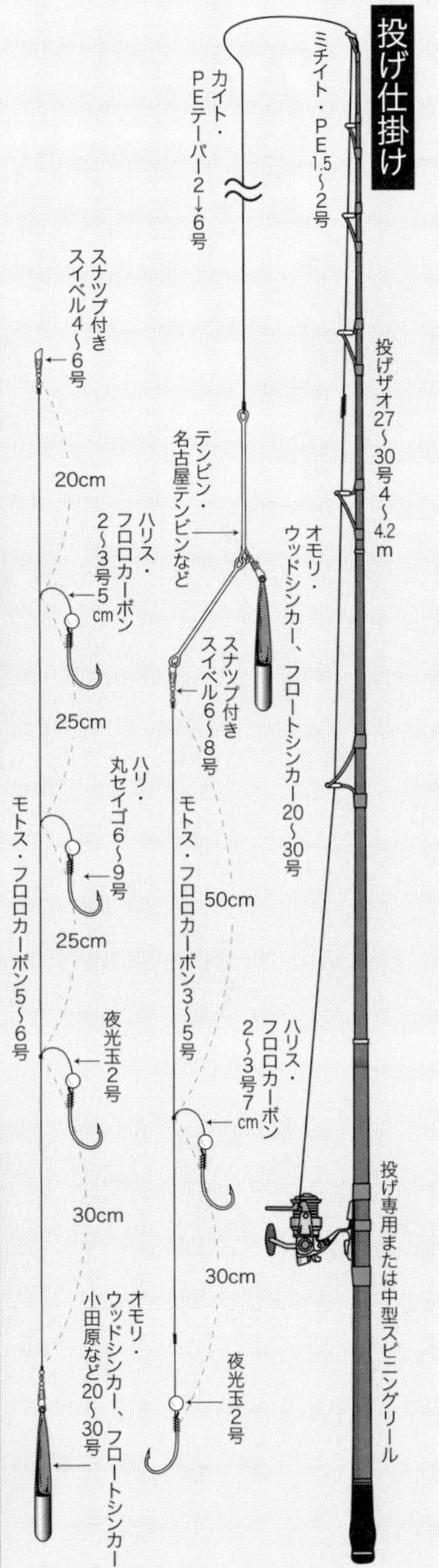
ミチイト・PE1.5〜2号
カイト・PEテーパー2→6号
投げザオ27〜30号4〜4.2m
スナップ付きスイベル4〜6号
テンビン・名古屋テンビンなど
オモリ・ウッドシンカー、フロートシンカー20〜30号
20cm
ハリス・フロロカーボン2〜3号5cm
スナップ付きスイベル6〜8号
25cm
ハリ・丸セイゴ6〜9号
モトス・フロロカーボン3〜5号
50cm
25cm
モトス・フロロカーボン5〜6号
夜光玉2号
ハリス・フロロカーボン2〜3号7cm
投げ専用または中型スピニングリール
30cm
30cm
オモリ・ウッドシンカー、フロートシンカー小田原など20〜30号
夜光玉2号

KURODAI

▶スズキ目
▶タイ科

クロダイ（黒鯛）

釣り方

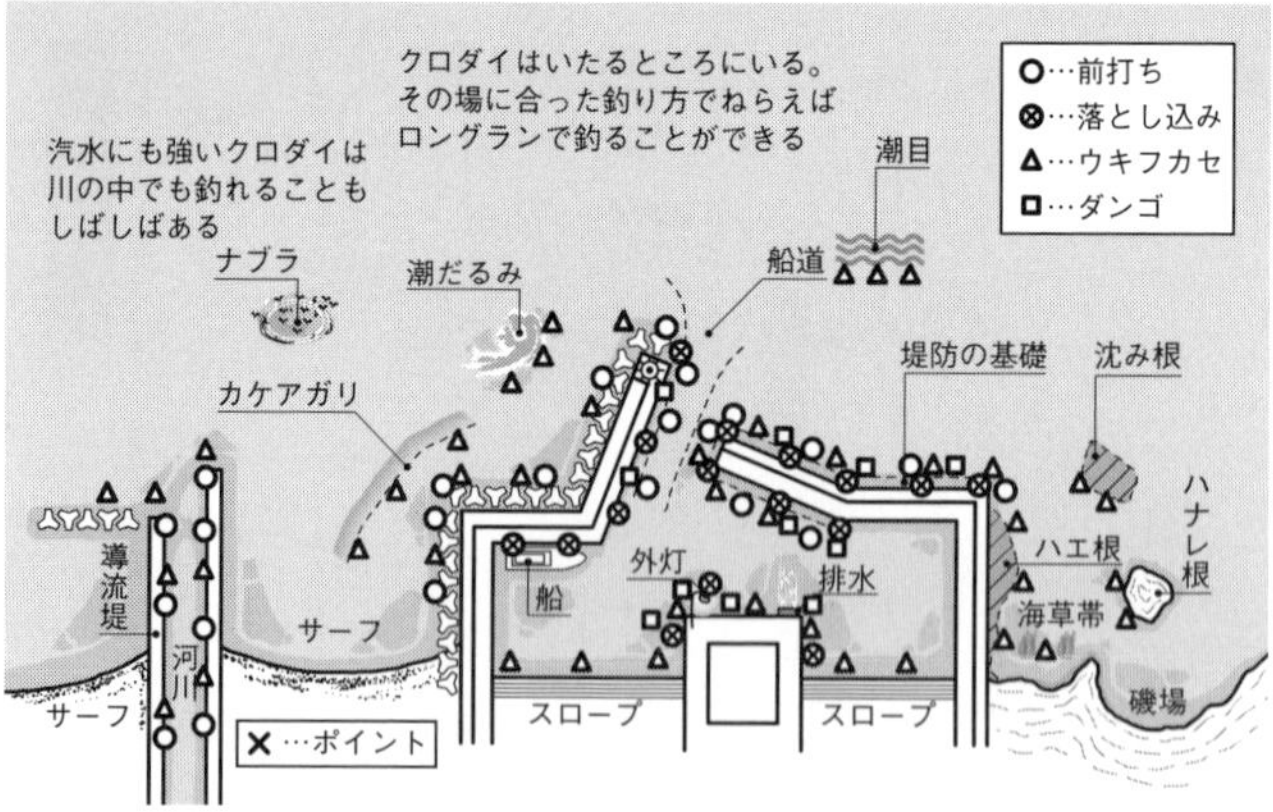

汽水にも強いクロダイは
川の中でも釣れることも
しばしばある
クロダイはいたるところにいる。
その場に合った釣り方でねらえば
ロングランで釣ることができる
○…前打ち
⊗…落とし込み
△…ウキフカセ
□…ダンゴ
潮目
船道
ナブラ
潮だるみ
カケアガリ
堤防の基礎
沈み根
ハナレ根
ハエ根
海草帯
磯場
排水
外灯
船
導流堤
河川
サーフ
サーフ
スロープ
スロープ
×…ポイント

名前のとおり黒い色をしたタイで、マダイが赤いのに対し、クロダイという名前が付いた。実際は黒銀色といったほうが近いだろう。マダイは比較的水深の深い場所に生息するが、クロダイは浅海を好み、都会の海や身近な堤防にもたくさん生息する。生息範囲も非常に広く、北は北海道、南は九州鹿児島まで。琉球列島や沖縄にはいないが、ミナミクロダイという同属種が生息している。このようにほぼ全国に生息するため、クロダイ釣りは各地で盛んに行なわれ、土地や季節により釣り方もさまざまだ。

　身近な海で釣れ、マダイに似て威風堂々とした姿形は釣り人を魅了してやまず、堤防では人気No.1の魚だ。

前打ち釣り

堤壁の少し先にいるクロダイをねらい撃つ！

●釣り方

「前打ち」の意味は、足元をねらう落とし込み釣りに対して、仕掛けを前方に振り込んで釣ることから。堤防のクロダイは堤壁のほか、堤防の基礎や捨石の周り、その先のカケアガリにもいる。これらをミャク釣りでねらうために考案された。また、テトラ帯でもこの釣り方は有効で、沈みテトラの周りやテトラの間にエサを落としてねらう。

　シーズンは初夏から秋にかけて。特に初期のクロダイが堤壁に付く前には効果のある釣法だ。

　釣り方は底釣りが基本。あらかじめ水深に合わせたイトを出しておき、エサを落とし込んでいく。海底にエサが付いたらサオ先で持ち上げたり、横へ引っぱり引きずってクロダイを誘う。潮の流れがあるときは潮上に投入して

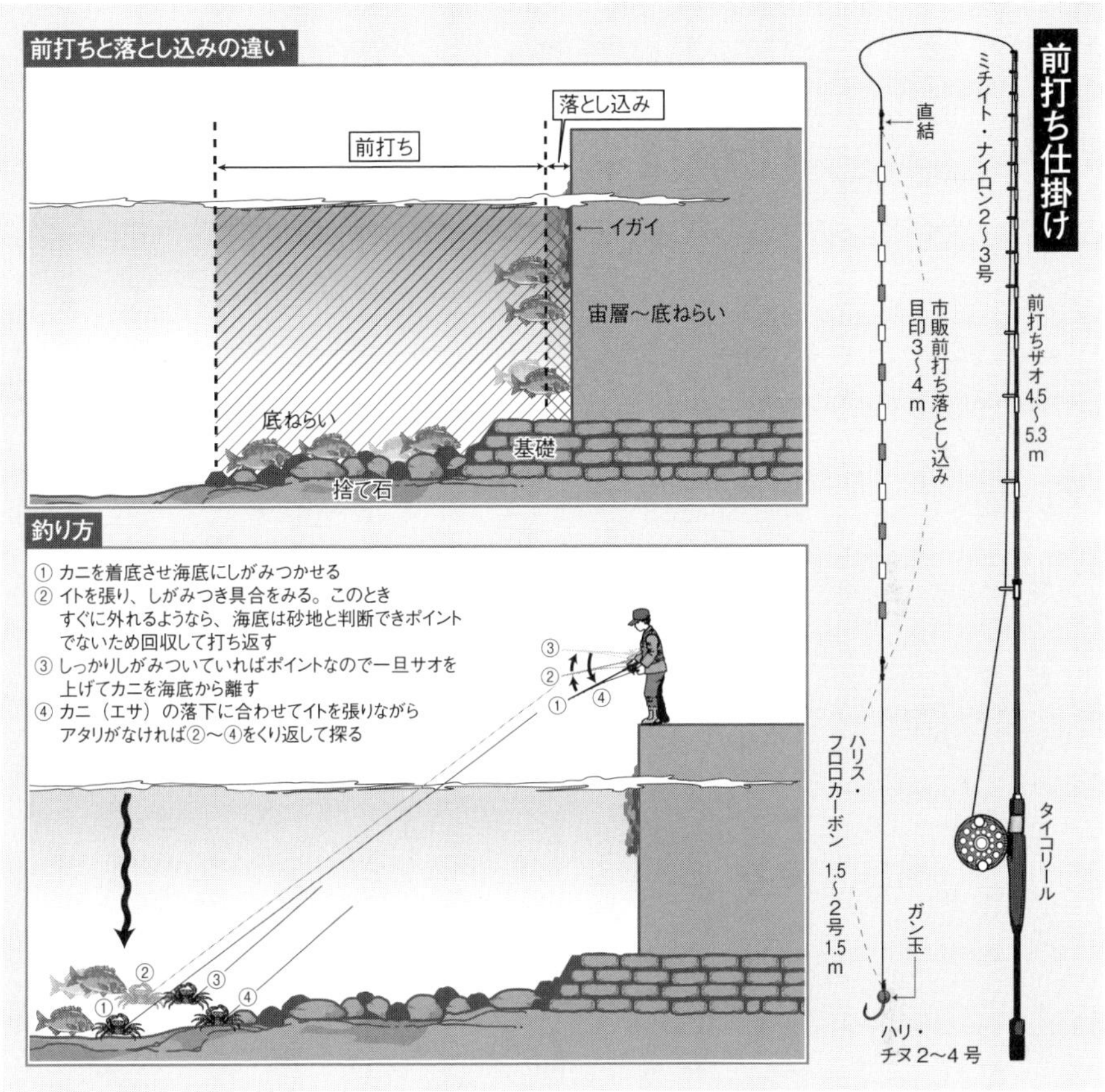
前打ちと落とし込みの違い
落とし込み
前打ち
イガイ
宙層～底ねらい
底ねらい
基礎
捨て石
釣り方
① カニを着底させ海底にしがみつかせる
② イトを張り、しがみつき具合をみる。このとき
すぐに外れるようなら、海底は砂地と判断できポイント
でないため回収して打ち返す
③ しっかりしがみついていればポイントなので一旦サオを
上げてカニを海底から離す
④ カニ（エサ）の落下に合わせてイトを張りながら
アタリがなければ②～④をくり返して探る
前打ち仕掛け
ミチイト・ナイロン2～3号
直結
市販前打ち落とし込み
目印3～4m
前打ちザオ4.5～5.3m
ハリス・フロロカーボン1.5～2号 1.5m
ガン玉
タイコリール
ハリ・チヌ2～4号

ミチイトが潮に引かれる抵抗を利用し、エサが海底を転がるイメージで探るようにする。

アタリは居食いがほとんどで小さく、コツッとかサオ先が震えたり、ミチイトが走ったり、サオ先がジワッと押さえ込まれたりなどと千差万別。探っていて「オヤッ?」と思ったら、ためらわず即合わせるようにする。

仕掛けに目印を付けるかどうかは好みによるところが大きいが、あると仕掛けの位置が把握しやすく、目印の動きでアタリを取ることもできる。

●エサ

基本的に現地に生息する貝やカニ等を使う。セオリーとして初期はスナガニ（コメツキガニ）など柔らかいもの、盛期はイガイやフジツボなどの硬いものを使う。カニの刺し方にはコツがあり、一番後ろ足の付け根からハリを刺すと弱りにくく、動き回ってクロダイを誘うのと、カニが海底をつかむので軽い仕掛けでも底を感じられる。

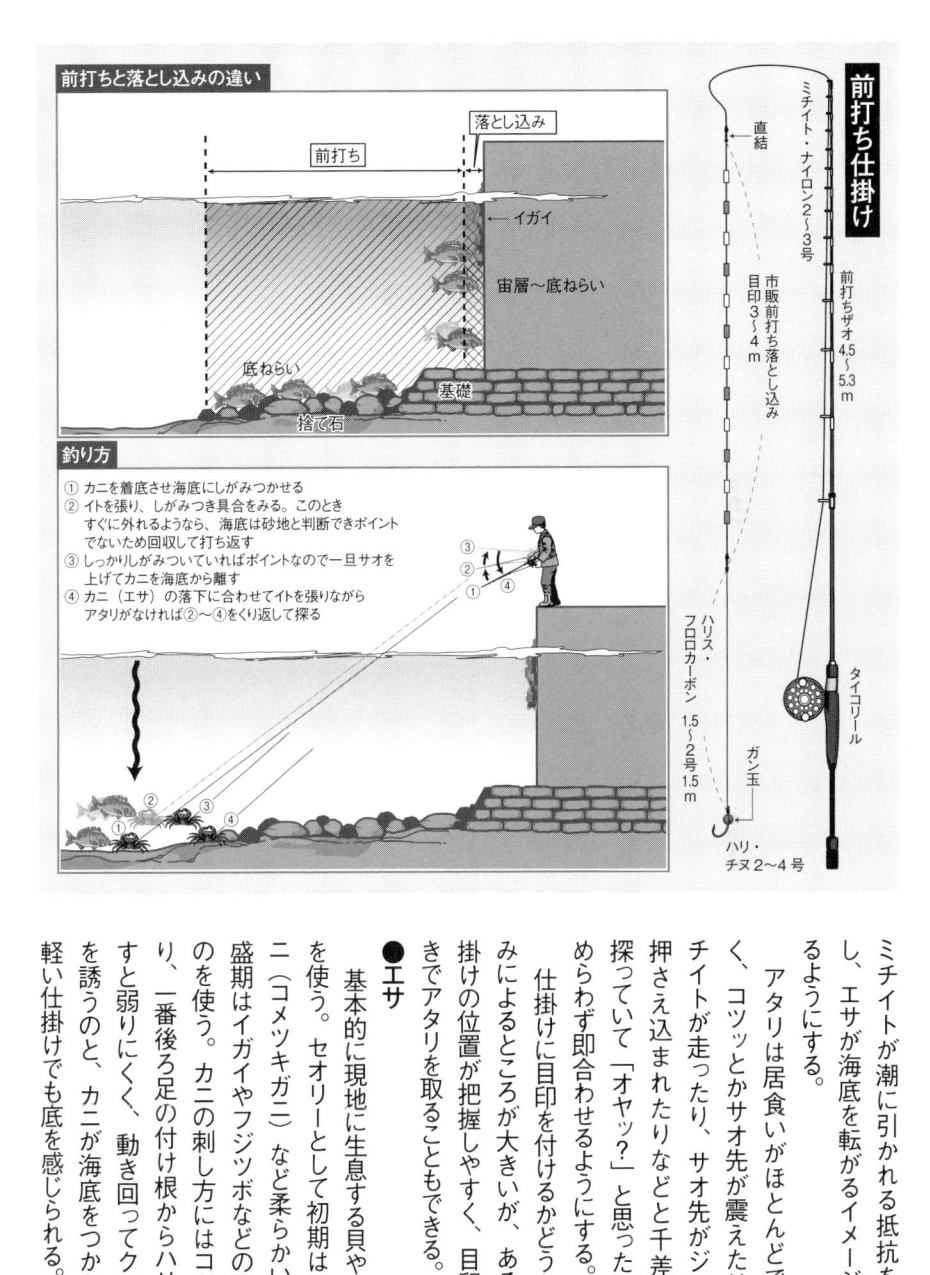

落とし込み（ヘチ）釣り

落とし込んだ数が釣果に比例！

●釣り方

堤防の上から堤壁ギリギリにエサを落とし込み、堤壁に付く貝やカニ、エビを漁りにくるクロダイをねらうのが落とし込み釣りだ。一般には水温が上昇して堤壁にカニやエビ、貝などが湧きだすとシーズンインで、主に初夏から秋にかけて行なわれる。

この釣りには関東流の短ザオと関西、名古屋流の長ザオの2つのスタイルがある。東京湾の堤防は足場の低いところが多く短いサオでも楽しめる。一方、名古屋の伊勢湾や大阪湾は足場が高い堤防が多く、必然的に長いサオが必要となる。サオの長さこそ違えども基本的な釣り方（考え方）は一緒だ。

普通、クロダイ釣りといえば、海底付近をねらうのがセオリーとされているが、落とし込み釣りでは宙層ねらいが基本。というのもクロダイにとって堤壁は海底の延長線であると考えられ、堤壁に沿ってなら水面直下まで普通に浮いてきてエサを漁るからだ。そのため水面付近のイガイの層から海底までがポイントとなる。

釣り方は、仕掛け（エサ）を堤壁に沿って落としていくのだが、エサは堤壁に付いた貝やカニ、エビが自然に落ちるように演出してやるのがこの釣りの特徴であり、最大のテクニックでもある。そのためエサを落とし込む際は、堤壁から離れないようにするのがコツ。

仕掛けの落とし方はサオを立ててあらかじめ探るタナまでのミチイトを出しておき、サオ先をゆっくりと下ろしながら探っていく。このとき弱ったカニやエビが堤壁から落ちるさまをイメージして途中で止めたり、サオ先を横へずらすとアピール力が高まる。落とし込んでアタリがなければサオを上げて数m移動して、ふたたび仕掛けを落とし込んで探るようにする。

長ザオを使ったときにはミチイトとハリスの間に目印を付けることがあるが、この目印は浮力のあるものとないものが組み合わされており、アタリを見るためのウキの役割と、エサの落下を演出する働きがある。

アタリはサオ先や目印を一気に引き込むこともあるが、多くは目印の動きが止まったり、イトがフケたりする小さなアタリを捉えなければならない。

●エサ

エサは堤壁に付く貝やエビ、カニなどだが、釣り場での採取が禁止されているところも多いので注意したい。釣りエサとして売られているのはイガイやスナガニ、タンクガニ、モエビ、イソメ類であるが、モエビやイソメ類は外道が多く、専門にねらう人はイガイやカニを使う人が多い。イガイは蝶番側からハリを刺しハリ先を少し出す程度にして、オモリをハリに密着させる。カニは後ろ足の付け根から側面に抜くかフンドシ側から浅く刺し甲羅へ抜く。

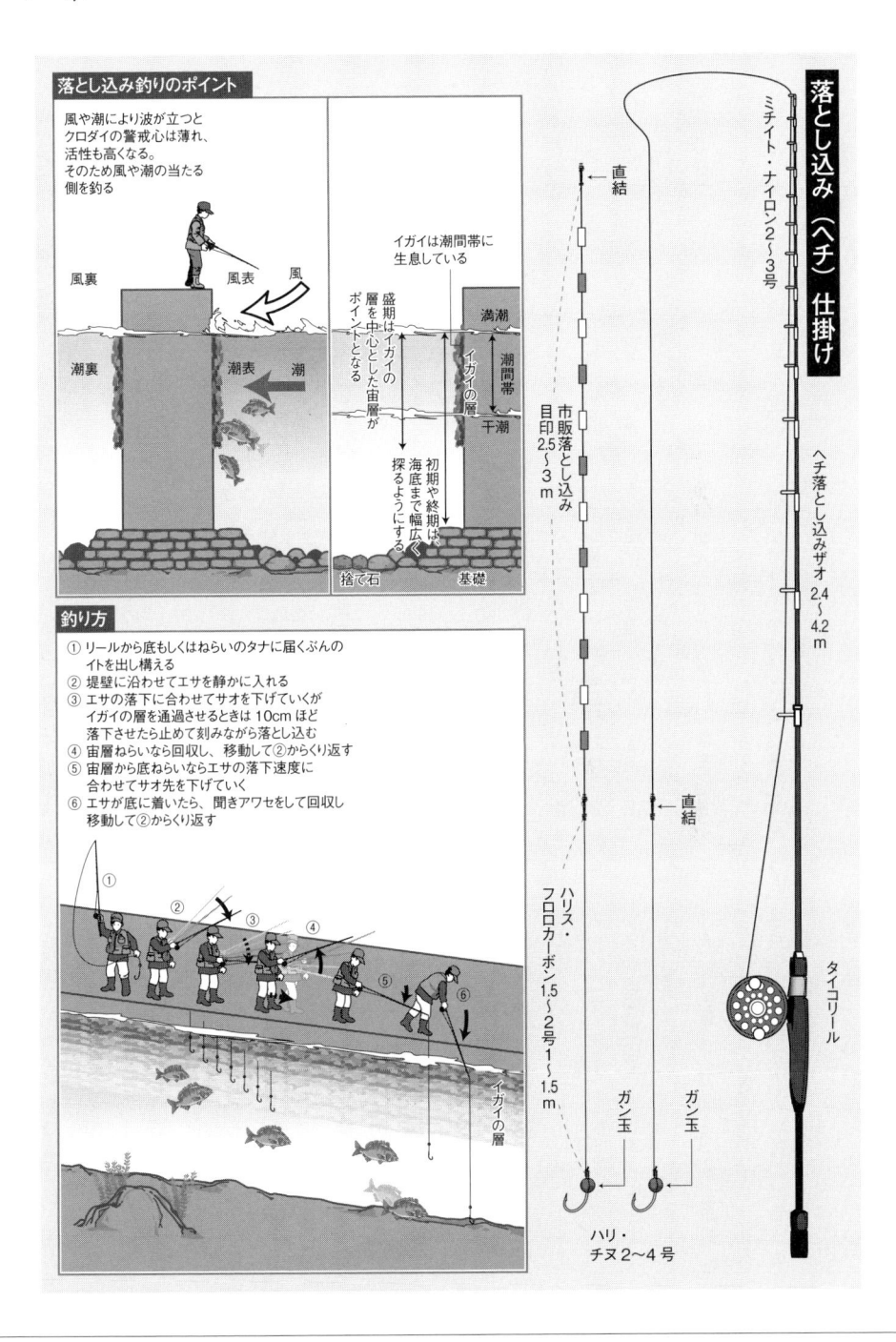

落とし込み釣りのポイント

風や潮により波が立つと
クロダイの警戒心は薄れ、
活性も高くなる。
そのため風や潮の当たる
側を釣る

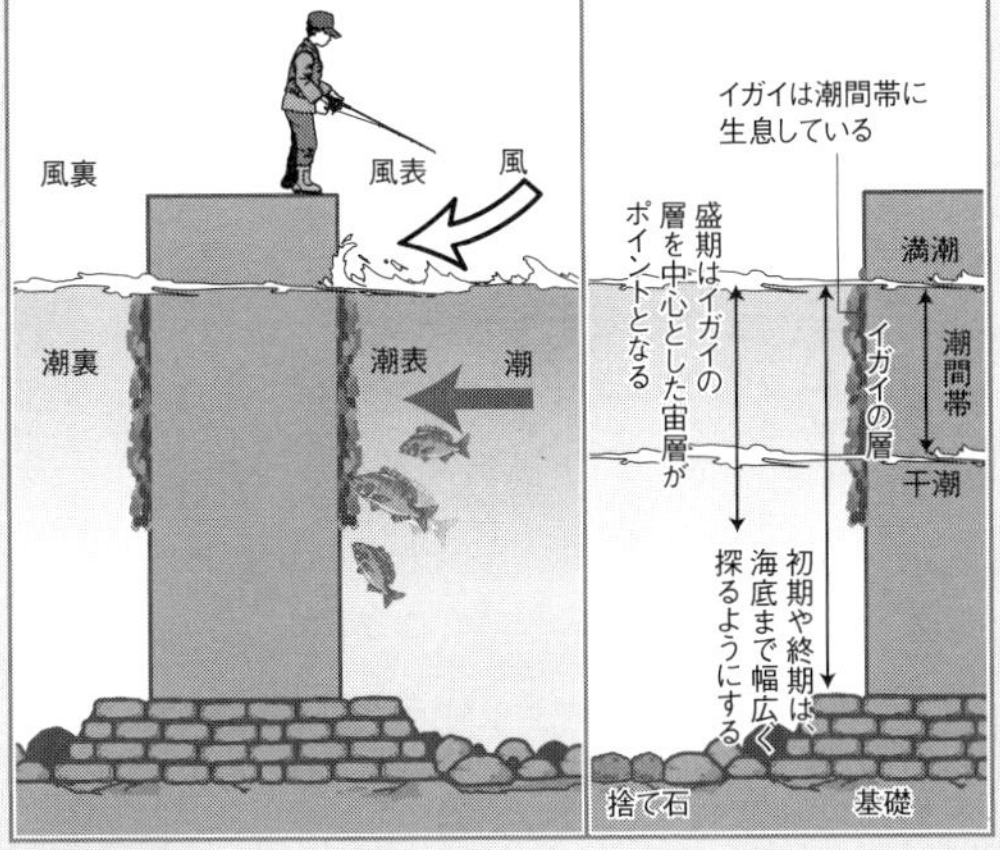

風裏
風表
風
潮裏
潮表
潮
イガイは潮間帯に生息している
盛期はイガイの層を中心とした宙層がポイントとなる
満潮
潮間帯
イガイの層
干潮
初期や終期は、海底まで幅広く探るようにする
捨て石
基礎

釣り方

① リールから底もしくはねらいのタナに届くぶんのイトを出し構える
② 堤壁に沿わせてエサを静かに入れる
③ エサの落下に合わせてサオを下げていくがイガイの層を通過させるときは 10cm ほど落下させたら止めて刻みながら落とし込む
④ 宙層ねらいなら回収し、移動して②からくり返す
⑤ 宙層から底ねらいならエサの落下速度に合わせてサオ先を下げていく
⑥ エサが底に着いたら、聞きアワセをして回収し移動して②からくり返す

①
②
③
④
⑤
⑥
イガイの層

落とし込み（ヘチ）仕掛け

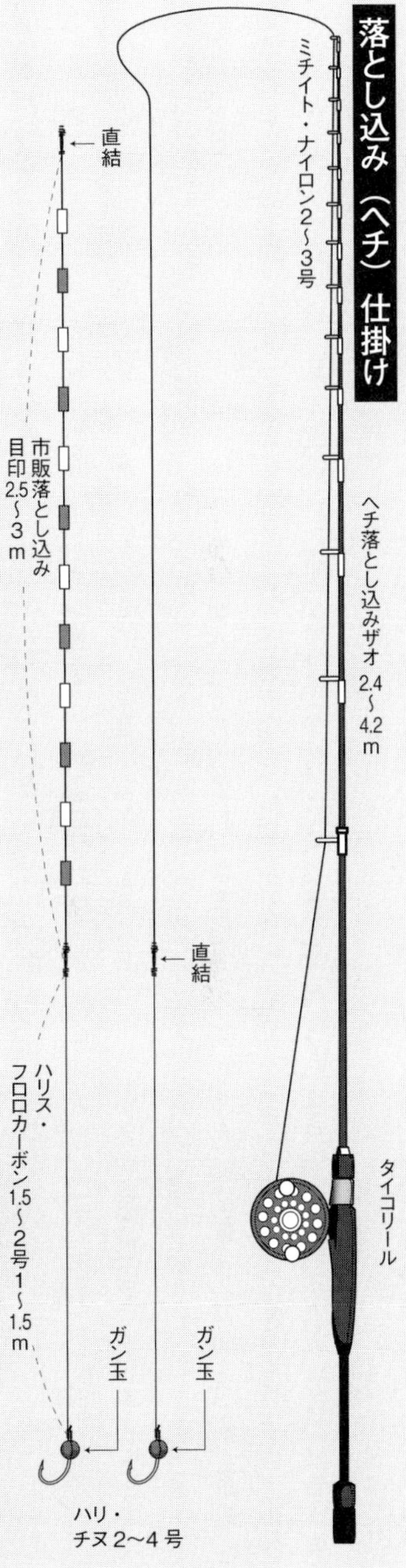

ミチイト・ナイロン2〜3号
直結
市販落とし込み目印2.5〜3m
ヘチ落とし込みザオ2.4〜4.2m
直結
ハリス・フロロカーボン1.5〜2号1〜1.5m
ガン玉
ガン玉
タイコリール
ハリ・チヌ2〜4号

ウキフカセ釣り

寄せエサでポイントを作り仕掛けを流し込む

●釣り方

クロダイといえば堤防では横綱級の魚。釣り場に通い詰めて、やっと手にできる難しい魚だと思っている人も多いだろう。さらに、寄せエサを撒いて釣るウキフカセ釣りとなると、敷居の高い釣りと考えている人も少ない。

確かに、ウキフカセ釣りはウキ下1つで表層から宙層、底まで釣ることができ、カバーエリアも広い。「どこを釣っていいのか分からない」というビギナーの声も理解できる。寄せエサも比重の小さいもの、拡散性の高いものなどさまさまな製品があり、初心者なら迷うのも当然だろう。

しかし、クロダイという魚のことをよく思い出してみてほしい。基本的には海底のカケアガリや根の側にいる魚なので、その近くに寄せエサでポイントを作ってやれば、あとは何も悩むことなく、いかに付けエサを作ったポイントに流し込めばよいかを考えるだけとなる。

まずポイント捜しであるが、海底のカケアガリや根の位置を把握することから始める。図のような仕掛けにゴム付きのオモリをセットして釣り座周辺の水深をくまなくチェックする。これで海底のどこに凹凸やカケアガリがあるか分かるので、海底に変化のある場所をポイントに設定し、寄せエサをその1点に投入する。

このとき寄せエサは投入してすぐにバラケてしまうものでは海底にポイントを作れない。配合エサのパッケージを参考に、比重が大きく拡散性の低いものを選び、オキアミとよく混ぜ合わせて投入しても固まりのまま落ちるようにするのがコツ。寄せエサは仕掛け投入前に2~3杯、仕掛けが馴染んだ頃に1~2杯、同じ場所に打つようにする。

海底にポイントを作ったら、潮の速さを考え、仕掛けが馴染んだ頃に付けエサがポイントに入るようその潮上に仕掛けを投入する。そしてポイントを通過させたら回収する。

仕掛けを回収した際に付けエサがなくなっているようなら、投入点を潮上に移動させ、ウキ下を少し深めにとって付けエサを海底に這わせるようにする。また、付けエサが残ってくるようならさらに潮下まで探ってみるようにする。

●付けエサ&寄せエサ

付けエサのメインはオキアミだが、エサ取りの多いときには練りエサやサナギ、コーンなどが活躍するので、必ず2~3種類持ち込むようにする。

寄せエサは半日分としてオキアミ1.5kgに配合エサ2~3袋。最初に配合エサを海水で固めに仕上げ、最後にオキアミを加えて混ぜ合わせるとオキアミの粒が残り、クロダイへのアピール力が高くなる。

寄せエサでポイントを作る

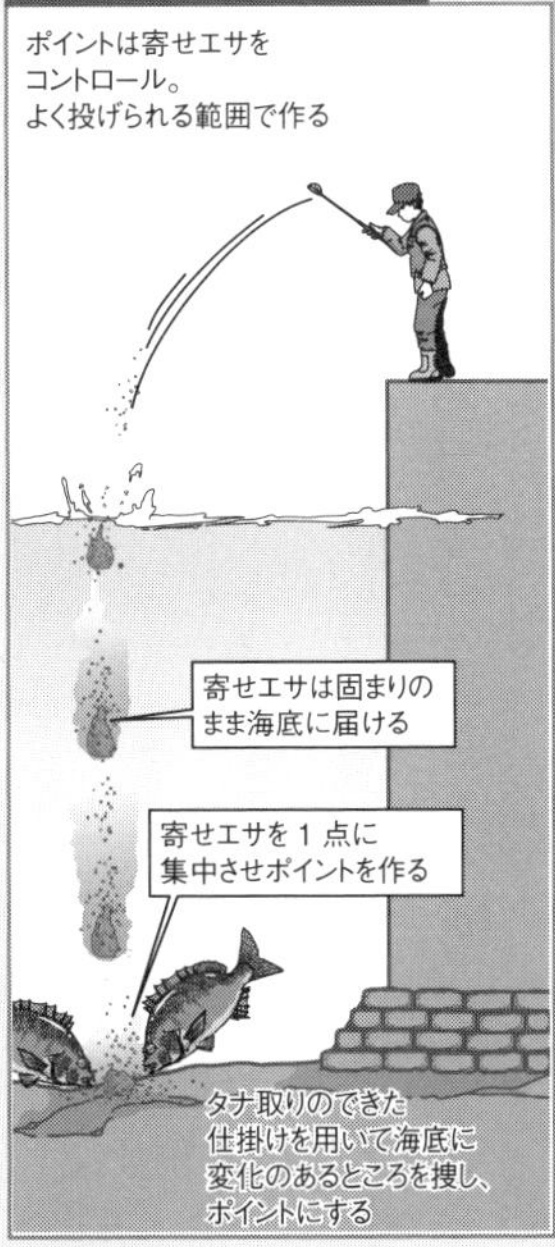
ポイントは寄せエサを
コントロール。
よく投げられる範囲で作る
寄せエサは固まりの
まま海底に届ける
寄せエサを 1 点に
集中させポイントを作る
タナ取りのできた
仕掛けを用いて海底に
変化のあるところを捜し、
ポイントにする

ウキフカセ釣りのタナの取り方

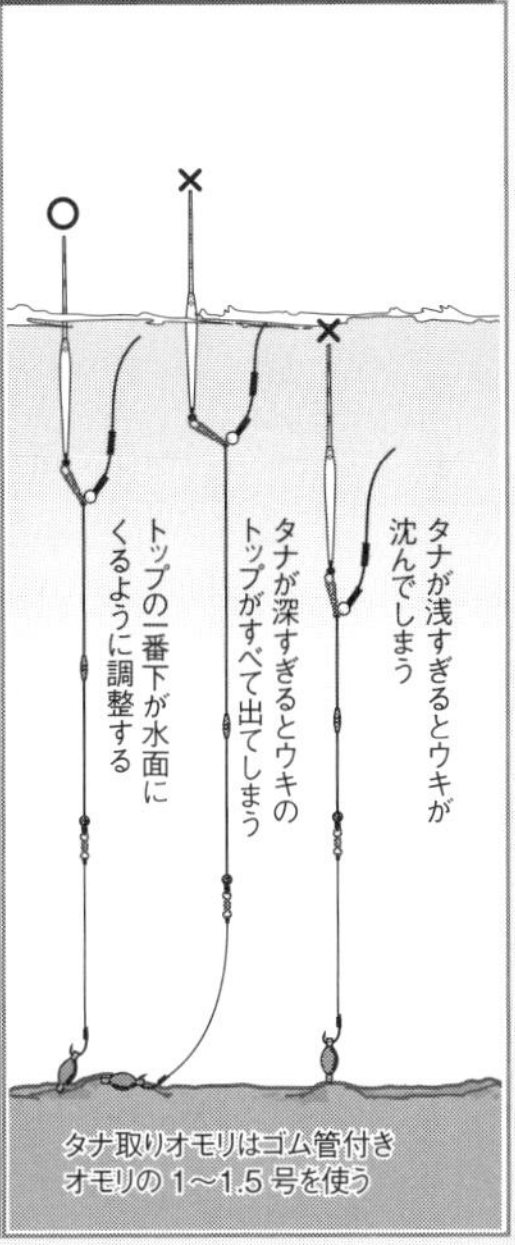
○
×
×
トップの一番下が水面にくるように調整する
タナが深すぎるとウキのトップがすべて出てしまう
タナが浅すぎるとウキが沈んでしまう
タナ取りオモリはゴム管付き
オモリの 1〜1.5 号を使う

釣り方

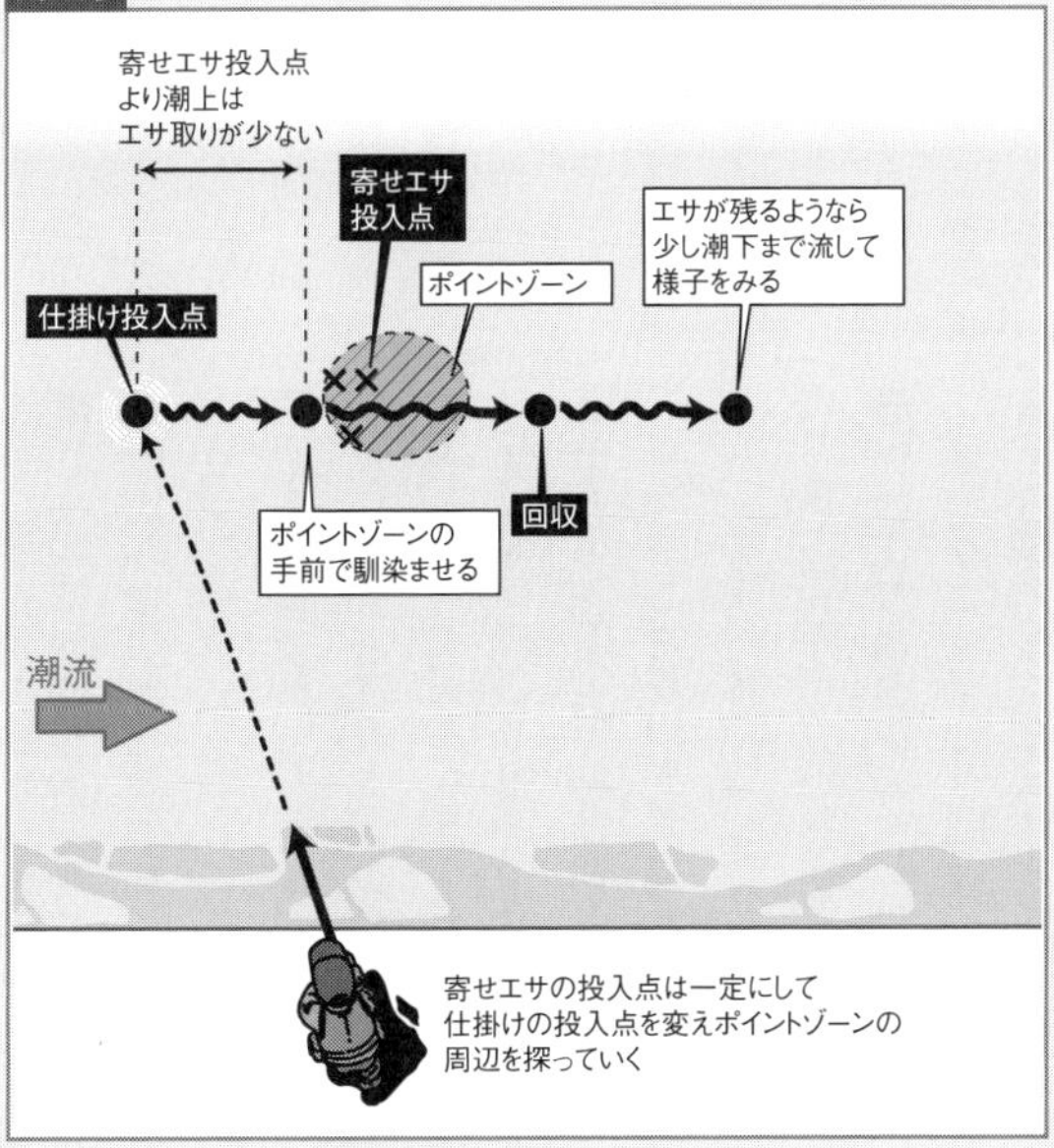
寄せエサ投入点
より潮上は
エサ取りが少ない
寄せエサ
投入点
仕掛け投入点
ポイントゾーン
エサが残るようなら
少し潮下まで流して
様子をみる
ポイントゾーンの
手前で馴染ませる
回収
潮流
寄せエサの投入点は一定にして
仕掛けの投入点を変えポイントゾーンの
周辺を探っていく

ウキフカセ仕掛け

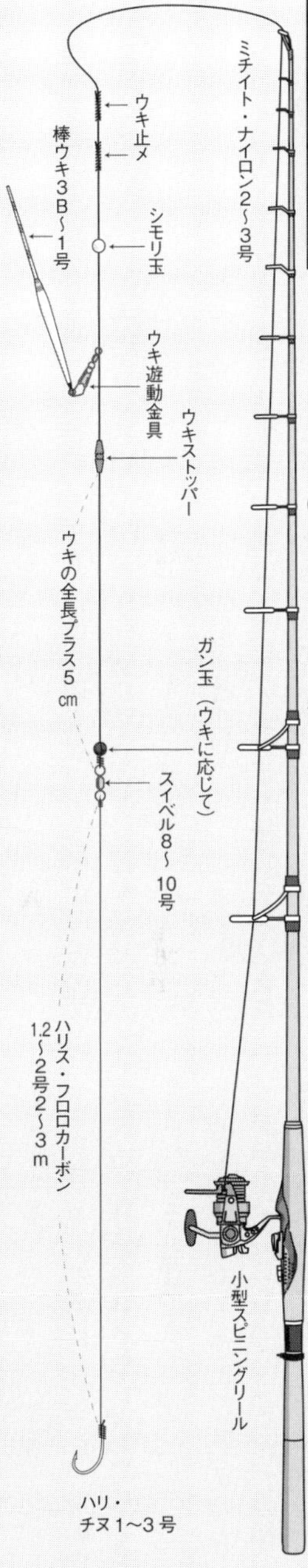
ミチイト・ナイロン2〜3号
ウキ止メ
棒ウキ3B〜1号
シモリ玉
ウキ遊動金具
ウキストッパー
ウキの全長プラス5cm
ガン玉（ウキに応じて）
スイベル8〜10号
ハリス・フロロカーボン1.2〜2号2〜3m
ハリ・
チヌ 1〜3 号
磯ザオ0.6〜1号
チヌザオ5〜5.3m
小型スピニングリール

ダンゴ釣り

付けエサをダンゴで
ガード&ポイント直撃

●釣り方

ダンゴ釣りは紀州に端を発することから「紀州釣り」とも呼ばれる。付けエサをダンゴに包んで海底に潜むクロダイを直撃するこの釣法は、初心者でも簡単に付けエサと寄せエサを同調させることができ、エサ取りにも強い。

ダンゴが着底した際にウキが海面とスレスレになるようにして、ダンゴが割れてエサが飛び出すとウキのトップが海面に出るのが基本。ウキ下を水深よりやや浅く合わせるため、しっかりとしたタナ取りが必要になる。

次にダンゴだが、市販の配合エサがいろいろと出ている。まずはパッケージに記された作り方で試してみたい。

ダンゴは常に一定の力で握る。そうしないと投入毎に割れる時間が異なり、エサ取りに割られたのか、クロダイの気配があるのかの違いが分からない。同じ間隔で浮き上がっていたウキトップが、早く浮き上がってきたらエサ取りが寄ってきてダンゴをつついて早く割れるようになっている証拠。逆に遅くなったら、クロダイが寄ってきてエサ取りが蹴散らされていると判断したい。このようにダンゴの割れ具合からも海中の様子を察知できるので、必ず一定の力で握るようにしたい。

ダンゴの投入法はオーバースロー、アンダースロー、ヒシャク投げなどあるが、毎回同じ場所へ投入できるのなら投げ方は問わない（あちらこちらに飛ぶと海底にポイントを作ることができない）。ただ、アンダー・オーバースローとも野球の球を投げるように手首のスナップを利かせるとダンゴが割れるので、押し出す感じで投げてやる。

アタリの出方は、ダンゴが割れてウキのトップが浮上した後に引き込まれるケースが一番多い。この場合はしっかりとウキが入るのを待って合わせる。

ダンゴが割れてトップが浮上する瞬間にトップが止まるようなアタリは、飛び出したエサを反射的に食ってきたときで、こういう場合は活性も高いので止まった瞬間に合わせる。

ダンゴからエサが飛び出してもいないのにウキがさらに引き込まれるアタリは、ダンゴごと食ってきたときに出るもので大型の可能性が高い。

ヒットしたクロダイは必死に抵抗するが、あまり根に張り付く魚ではないのであわてずやり取りすればよい。

●付けエサ&ダンゴ

他のクロダイ釣り同様、付けエサは多彩だが、ダンゴが付けエサをガードしてくれるため、柔らかいものが多い。一番ポピュラーなのはオキアミ。その他コーンや練りエサ、ボケジャコやイソメ、モエビなどの活きエサも使う。

ダンゴは慣れてくれば独自のブレンドパターンなども出てくるが、最初の間は市販品のパッケージに書かれてあるとおりに作るとよいだろう。

ダンゴ釣りの利点

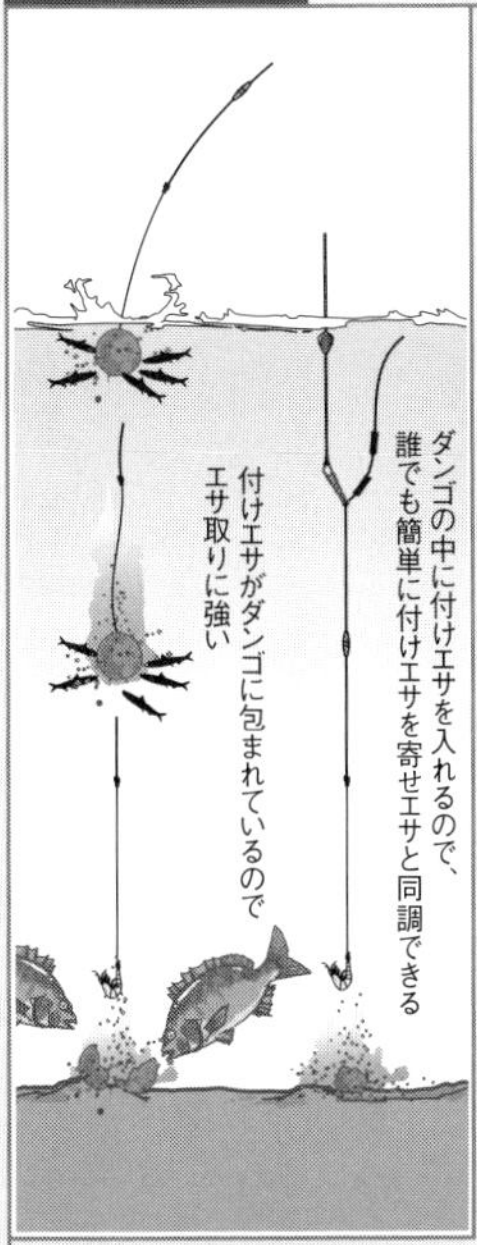
ダンゴの中に付けエサを入れるので、誰でも簡単に付けエサを寄せエサと同調できる
付けエサがダンゴに包まれているのでエサ取りに強い

ダンゴ釣りのタナの取り方

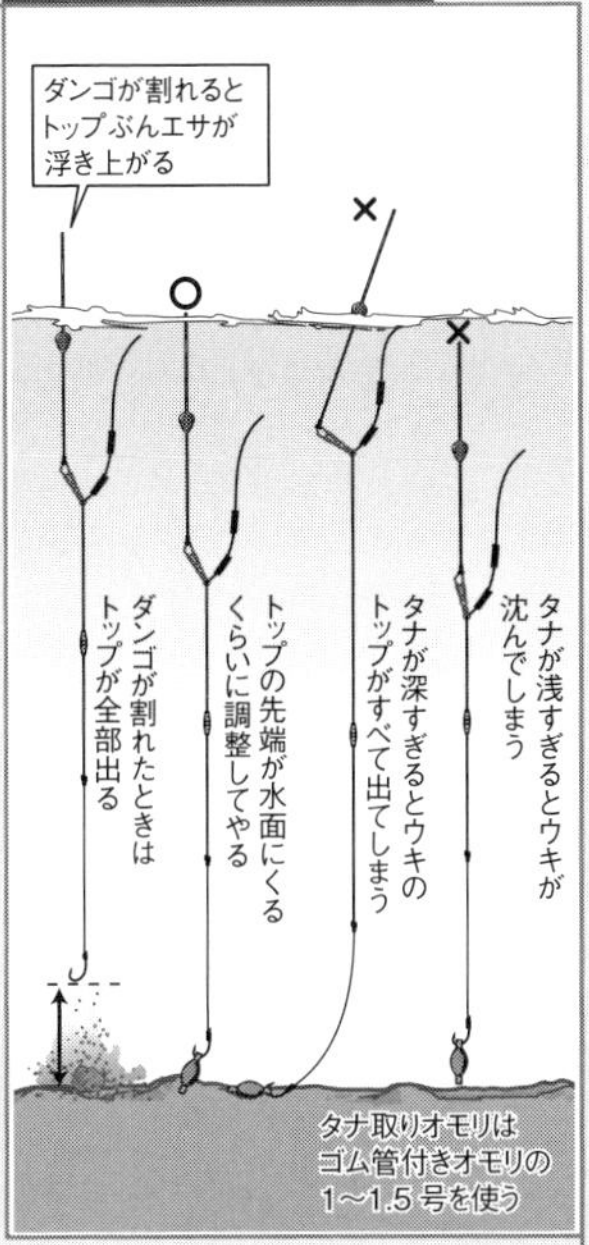
ダンゴが割れると
トップぶんエサが
浮き上がる
○
×
×
タナが浅すぎるとウキが沈んでしまう
タナが深すぎるとウキのトップがすべて出てしまう
トップの先端が水面にくるくらいに調整してやる
ダンゴが割れたときはトップが全部出る
タナ取りオモリは
ゴム管付きオモリの
1～1.5号を使う

ダンゴ釣りに適した地形

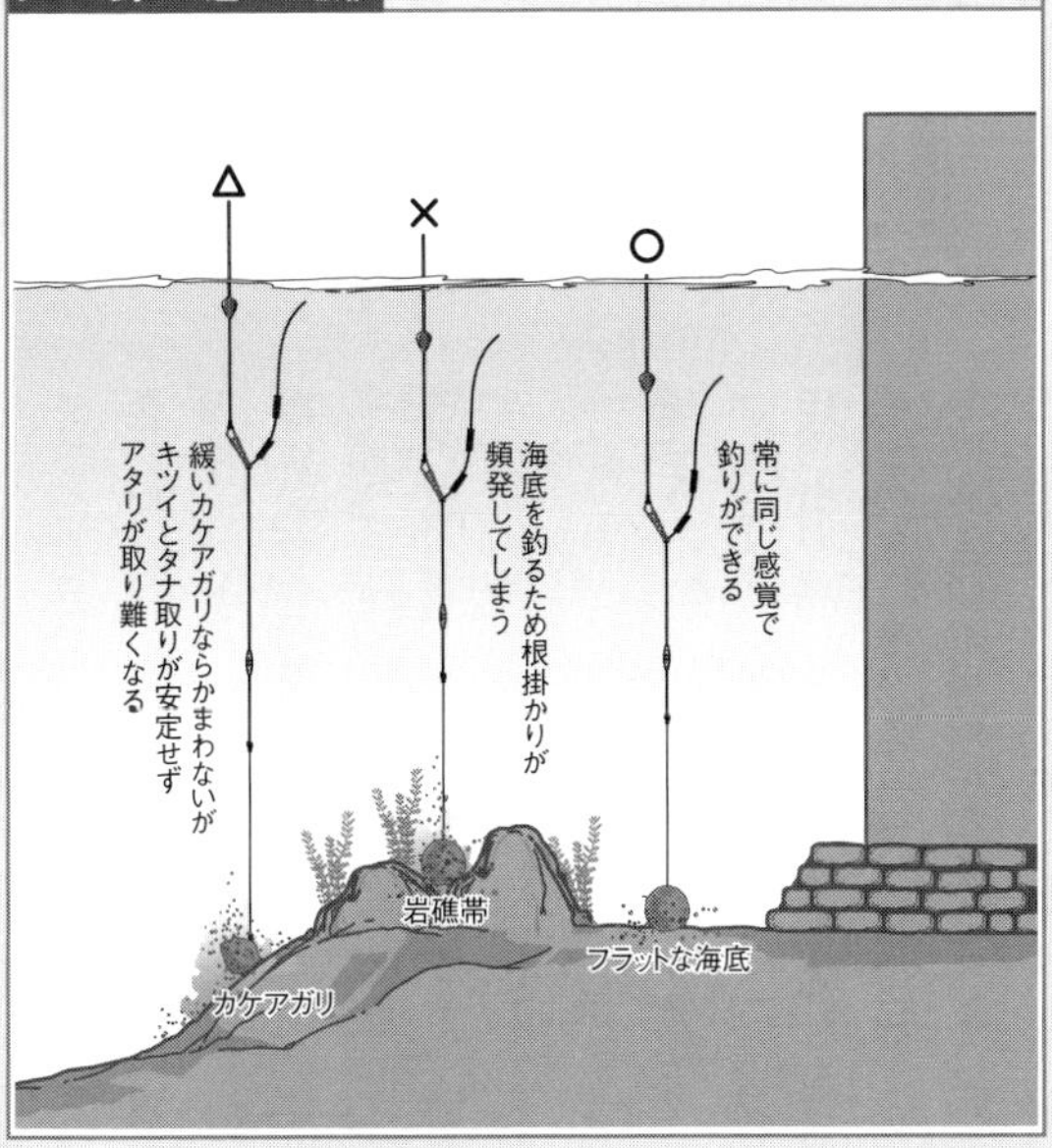
△
×
○
常に同じ感覚で釣りができる
海底を釣るため根掛かりが頻発してしまう
緩いカケアガリならかまわないがキツイとタナ取りが安定せずアタリが取り難くなる
岩礁帯
フラットな海底
カケアガリ

ダンゴ仕掛け

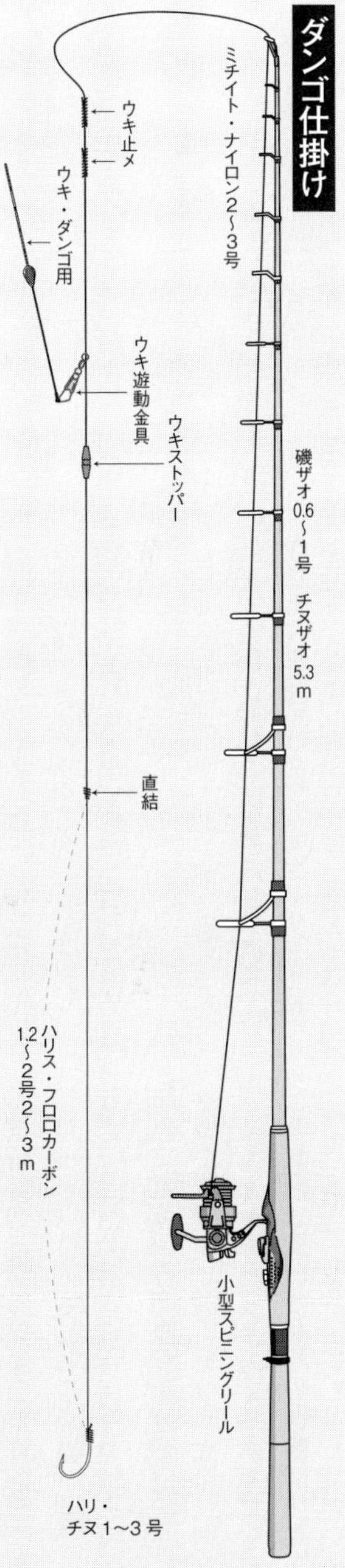
ミチイト・ナイロン2～3号
ウキ止メ
ウキ・ダンゴ用
ウキ遊動金具
ウキストッパー
磯ザオ0.6～1号 チヌザオ5.3m
直結
ハリス・フロロカーボン1.2～2号2～3m
小型スピニングリール
ハリ・
チヌ1～3号

SAYORI

▶ダツ目
▶サヨリ科

サヨリ（細魚、鱵）

釣り方▼▼▼

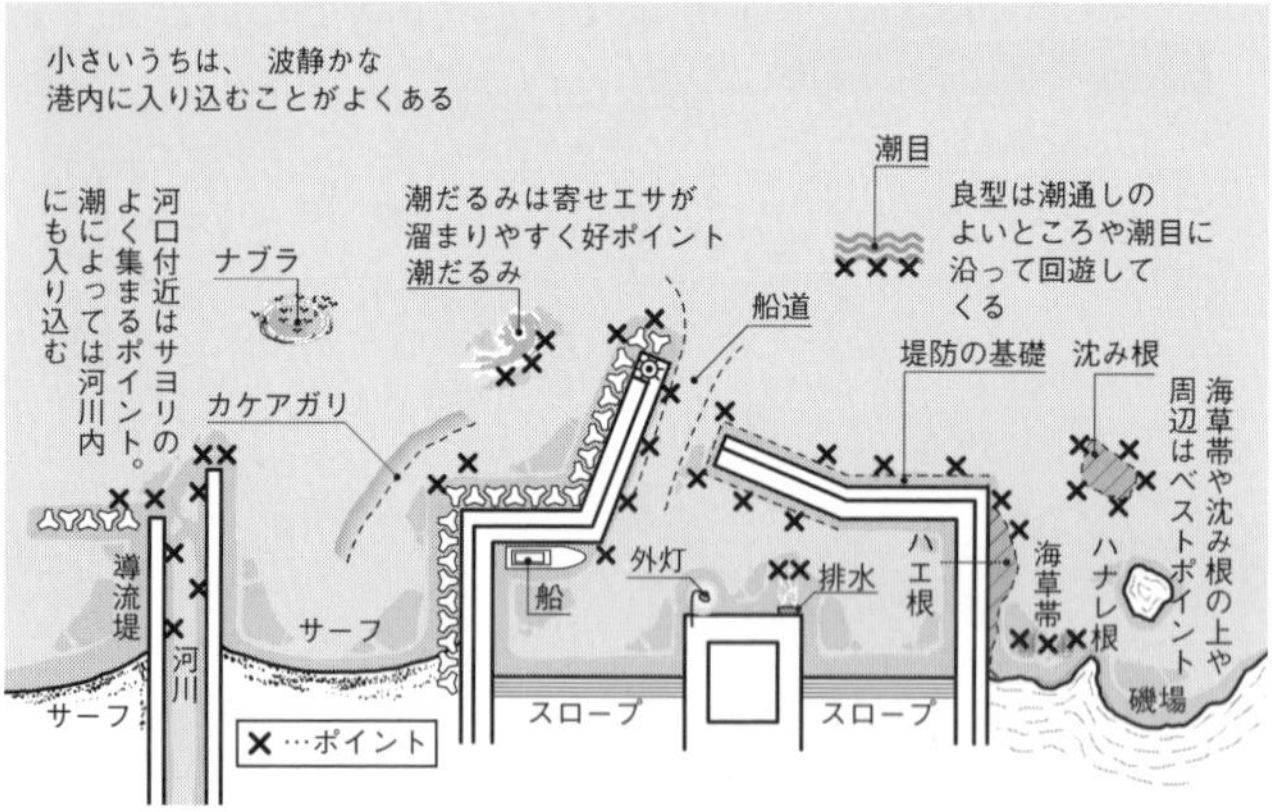

小さいうちは、波静かな港内に入り込むことがよくある
河口付近はサヨリのよく集まるポイント。潮によっては河川内にも入り込む
ナブラ
潮だるみは寄せエサが溜まりやすく好ポイント
潮だるみ
潮目
良型は潮通しのよいところや潮目に沿って回遊してくる
船道
堤防の基礎
沈み根
海草帯や沈み根の上や周辺はベストポイント
カケアガリ
導流堤
河川
サーフ
サーフ
船
外灯
排水
ハエ根
海草帯
ハナレ根
スロープ
スロープ
磯場
×…ポイント

北は北海道、南は九州に至る日本各地の沿岸に生息し、堤防や港、小磯、ときには汽水域にまで入り込むサヨリ。そのため身近な釣り場で手軽に楽しめ人気が高い。容姿はサンマに似ており、下アゴが尖った独特の形をしている。

釣り方は各地で進化を遂げ、アミエビやイワシのミンチを海水で溶いた水コマセを撒くウキ釣りや、サビキ仕掛けを延縄《はえなわ》のように吊したサビキ釣り、さらにサヨリ専用の飛ばしカゴを使ったカゴ釣りなどがある。

シーズンは地域や釣り場で異なる。関東では秋に新子の当歳魚が、冬から春にかけては35cm級のサンマクラスがねらえる。四国では秋に大型が釣れて冬はサイズダウンする。中部では初夏に大型が釣れ、秋に新子が釣れる。また、サヨリは群れで移動する回遊魚なので、好不調の波がある。釣りに行く際は最新の情報が不可欠である。

ウキ釣り

群れが寄ればサイトフィッシングもOK

●釣り方

サヨリは潮に乗って回遊してくるので、釣り場は潮通しのよい堤防の先端や外海に面する護岸がベスト。新子のシーズンは、港内や湾内、河川内の波静かなところにも入ってくる。水面近くを泳ぐので条件がよければ簡単に見つけられ、釣り座選びも苦労しない。しかし波気のあるときは見つけるのが難しく、寄せエサを撒いて釣ることになる。

水コマセはイワシのミンチやアミエビを海水で溶いたもの。最初は少し濃いめで撒いて様子をみて、サヨリが寄りだしたらさらに海水で薄めて色の付いた上澄みだけを撒く。水コマセは普通の寄せエサのように遠投することができないので、釣り座は足下から潮が払い出している場所や追い風になっているところを選ぶのが鉄則だ。

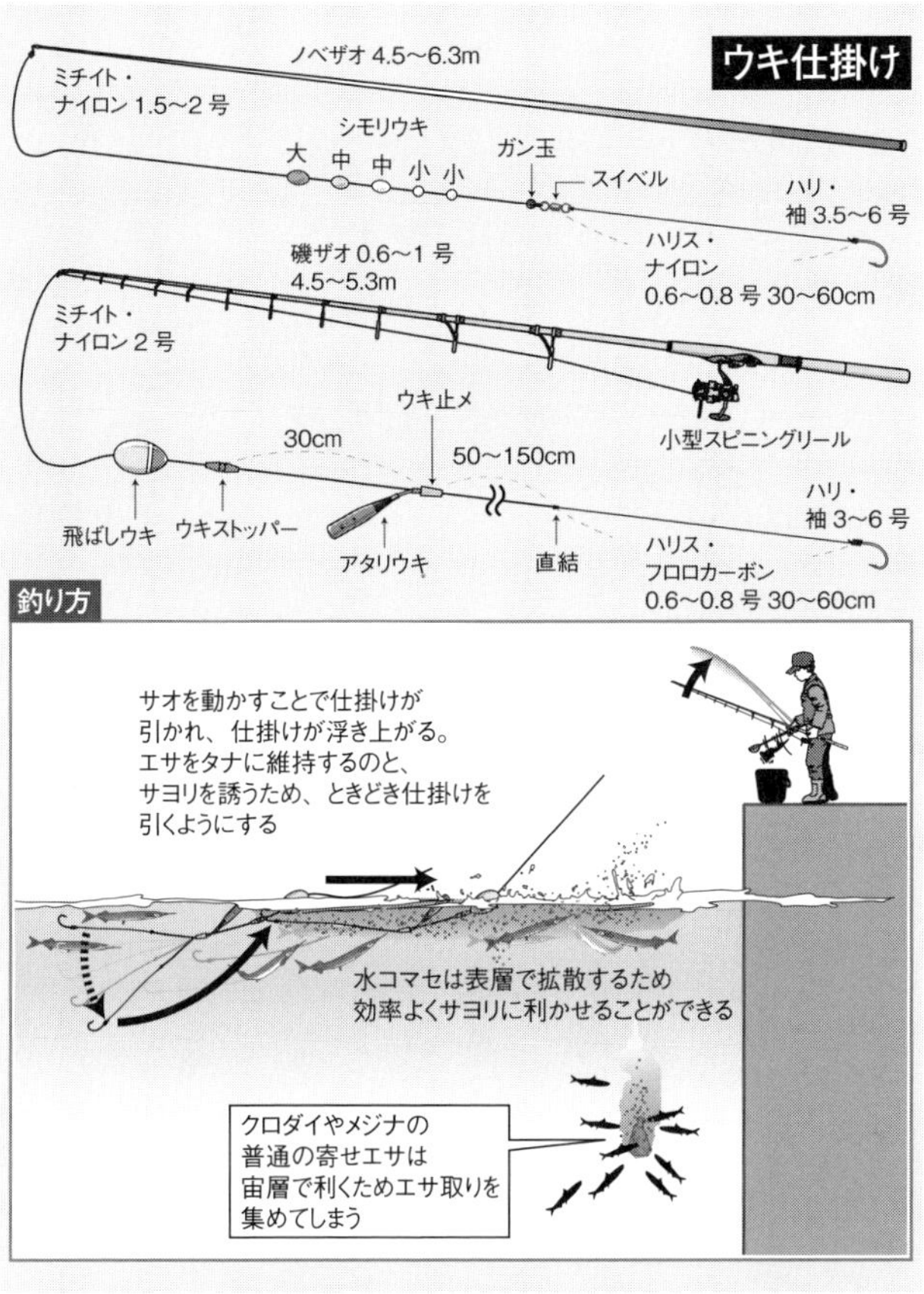
ウキ仕掛け
ノベザオ 4.5～6.3m
ミチイト・
ナイロン 1.5～2 号
シモリウキ
大 中 中 小 小
ガン玉
スイベル
ハリ・
袖 3.5～6 号
ハリス・
ナイロン
0.6～0.8 号 30～60cm
磯ザオ 0.6～1 号
4.5～5.3m
ミチイト・
ナイロン 2 号
ウキ止メ
30cm
50～150cm
小型スピニングリール
ハリ・
袖 3～6 号
飛ばしウキ
ウキストッパー
アタリウキ
直結
ハリス・
フロロカーボン
0.6～0.8 号 30～60cm
釣り方
サオを動かすことで仕掛けが
引かれ、仕掛けが浮き上がる。
エサをタナに維持するのと、
サヨリを誘うため、ときどき仕掛けを
引くようにする
水コマセは表層で拡散するため
効率よくサヨリに利かせることができる
クロダイやメジナの
普通の寄せエサは
宙層で利くためエサ取りを
集めてしまう

仕掛けはシモリウキを並べた連玉（シモリ）仕掛けや、ポイントが少し遠くても対応できる飛ばしウキとアタリウキの組み合わせが一般的。

寄せエサを撒いた潮筋の先へ仕掛けを投入し、手前へ引きながら寄せエサの中へ付けエサを引き込みアタリを待つ。待ち時間が長いとエサが沈んでしまうので、ときどき仕掛けを引いて誘いをかけてエサを浮かせる。

アタリはウキの動きで察知するほか、ウキの後ろでサヨリが跳ねたり、もじりが出ることもある。周辺で変化が出たときは空振りしてもかまわないので合わせてみることが大切だ。

●付けエサ&寄せエサ

付けエサは大粒アミエビや小さめのオキアミ、ジャリメ、ハンペンなど。大粒アミエビやオキアミは尻尾からハリに沿わせてこぢんまりと刺し、ジャリメは3～4㎝に切りタラシを1～2㎝出した通し刺し。ハンペンは細いストローで抜く。少し乾かしてから使うと表面が固くなって刺しやすく、ハリ持ちがよくなる。

寄せエサはイワシのミンチやアミエビを海水で溶いた水コマセ。半日分で約3㎏。一度に海水で溶かず、色が付かなくなったら継ぎ足して使う。

カゴ釣り

沖の潮目を直撃、誘って食わせる

●釣り方

潮が払い出すような釣り場なら足下から水コマセを撒いてサヨリを寄せることもできるが、波静かな大きな湾の港や堤防では、好条件が揃わなければサヨリも沖の潮目を回遊するだけで岸近くには寄ってこない。そこで生まれたのが、サヨリならではのカゴ釣りである。

普通のカゴ釣りでねらうターゲットのマダイやアジ、青ものなどと異なり、サヨリは表層に群れるため、同じカゴ釣りでも仕掛けや釣り方がかなり違ってくる。

仕掛けは少し前までは、ウキ釣りのシモリ仕掛けに飛ばしウキとカゴが付いたものを使っていたが、最近ではカゴとウキとテンビンが一体となったサヨリ専用のものが使われるようになってきた。テンビンにモトスを結び、その先にハリスとハリを結んだシンプルな1本バリ。

エサを付け、カゴに寄せエサを入れたら投入するのだが、ミチイトに細いPEラインを使っているので思いのほかよく飛び、慣れた人なら図のようなタックルでも80mほど投げる。

投げるときは海面をよく見て潮目のあるところをねらうようにする。投入したらサオ尻を小脇に挟んで固定し、リールのハンドルをゆっくり回して誘ってくる。ハンドルを回すスピードは活性が高ければ少々速くても釣れるが、通常なら3秒でハンドルを1回転させる程度だ。

ハンドルを回していると時々重たく感じる部分があるが、そこは潮が通しているところで、カゴに当った水流抵抗で重たく感じるのだ。潮に変化のあるこういう場所は、サヨリの好ポイントでもあるので、重たく感じるところが見つかれば、サオを数回あおって寄せエサを振り出してサヨリを誘う。

アタリは最初小さくコツコツッとくるが、焦らず同じ速度で巻き続けると、さらに大きくなり向こうアワセでハリに乗る。ハリに乗ったのを確認したらサオを立てて少し早めに巻き取り寄せてくる。引きはそれほど強い魚ではないが、突然手前に泳いできたり、食った瞬間飛び跳ねたりするなど、イレギュラーな動きに驚いてしまうこともある。そんなとき、サオが柔らかければバラシは減る。

●付けエサ&寄せエサ

付けエサはジャリメ（イシゴカイ）を中心に大粒アミエビや小さめのオキアミ、ハンペンのストロー抜き、人工エサ（パワーイソメ）など使う。ジャリメや人工エサは3～4㎝に切ってタラシを1～2㎝出した通し刺しにする。大粒アミエビやオキアミは尻尾からハリに沿わせてこぢんまりと刺す。

水温が14℃よりも高いときはサヨリの活性も高くジャリメが有利。新子を

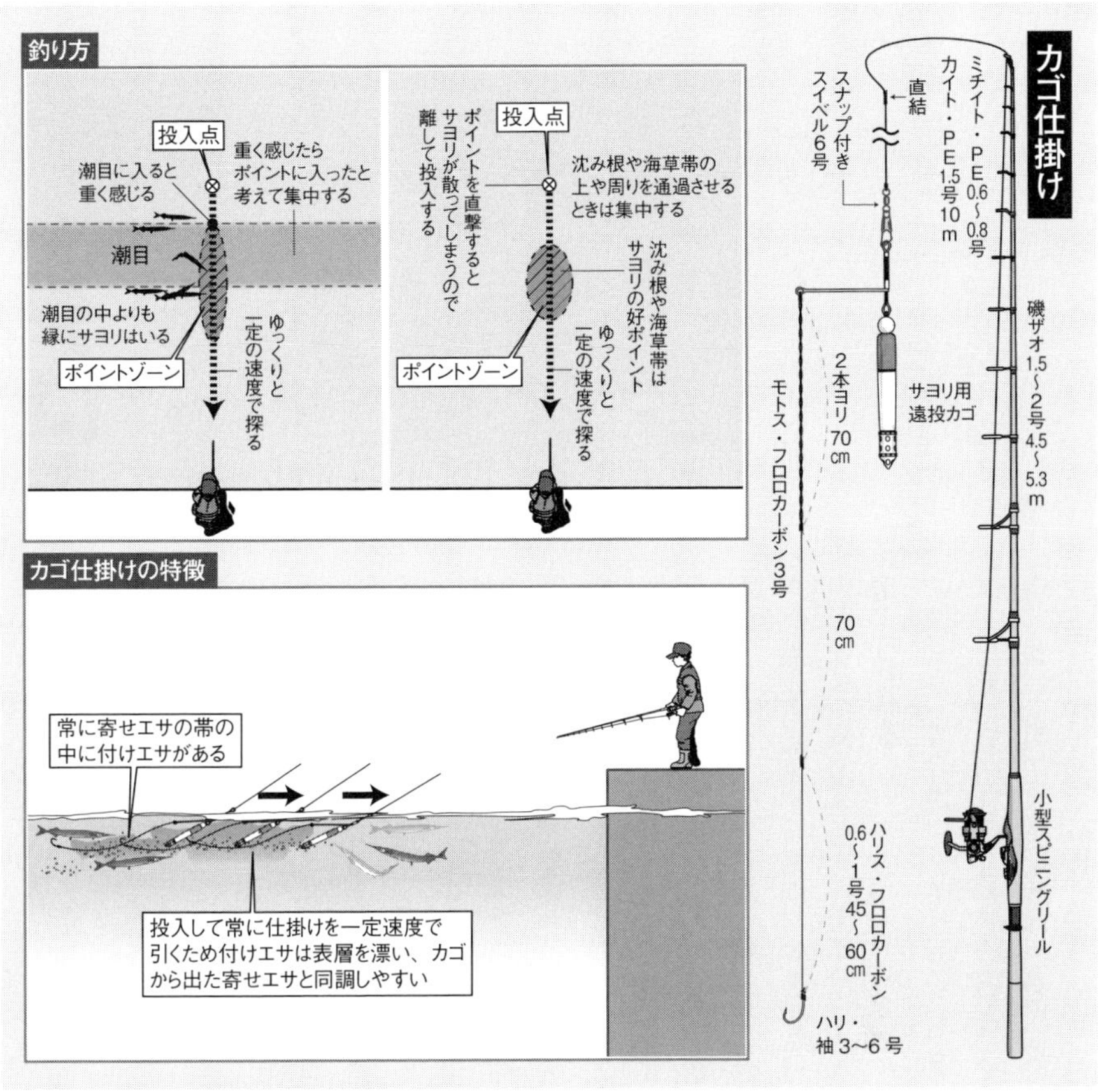
釣り方
投入点
重く感じたらポイントに入ったと考えて集中する
潮目に入ると重く感じる
潮目
潮目の中よりも縁にサヨリはいる
ゆっくりと一定の速度で探る
ポイントゾーン
投入点
沈み根や海草帯の上や周りを通過させるときは集中する
ポイントを直撃するとサヨリが散ってしまうので離して投入する
沈み根や海草帯はサヨリの好ポイント
ゆっくりと一定の速度で探る
ポイントゾーン
カゴ仕掛けの特徴
常に寄せエサの帯の中に付けエサがある
投入して常に仕掛けを一定速度で引くため付けエサは表層を漂い、カゴから出た寄せエサと同調しやすい
カゴ仕掛け
ミチイト・PE0.6〜0.8号
カイト・PE1.5号10m
直結
スナップ付きスイベル6号
磯ザオ1.5〜2号4.5〜5.3m
サヨリ用遠投カゴ
2本ヨリ70cm
モトス・フロロカーボン3号
70cm
ハリス・フロロカーボン0.6〜1号45〜60cm
ハリ・袖3〜6号
小型スピニングリール

ねらうときは人工エサでもよく釣れる。水温が下がってくると大粒アミエビがよくなり、不思議とハンペンのストロー抜きは他のエサがダメなときに釣れる。

寄せエサは半日分としてアミブロック2〜3個（2〜3kg）にサヨリパワー1袋を混ぜたものを使うが、手を汚さずカゴに寄せエサを詰められる「ハイパワーアミエビ」などの市販品も便利である。

MARUKYU
marukyu.tv
回遊ポイントを上手に見つけて数釣りを楽しもう

SHIROGISU

▶スズキ目
▶キス科

シロギス（白鱚）

釣り方▼▼▼

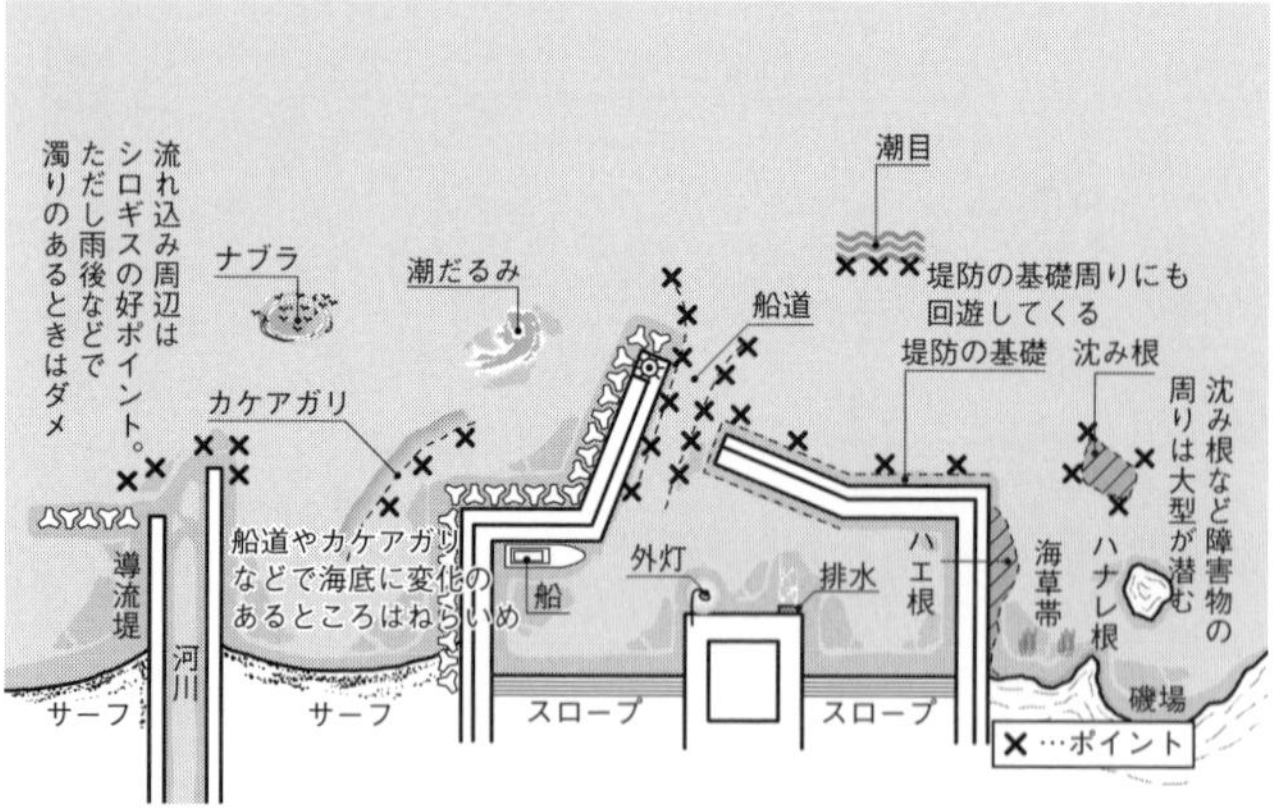

シロギスは暖水系の魚だが、北は北海道、南は九州鹿児島まで日本沿岸に広く分布し、パールピンクの魚体から「海の貴婦人」とも称される。魚体に似合わずアタリは鋭く小気味よく、砂浜からの投げ釣りや船釣りでは釣り大会も開催されるほどファンが多い。

初夏から秋にかけて浅海で盛んにエサを漁り、冬になると深みへ落ちて越冬する。シーズンも初夏〜秋だが、大きな船が入る港や、岸から沖合へ数百mも伸びる堤防などでは周年ねらえるところもある。

通常サイズは15〜20㎝だが、「尺ギス」と呼ばれる30㎝を超える大型も出る。投げ釣りの大型記録は、長崎県の37・2㎝というのだからすごい。

投げ釣り

ビギナーからベテランまで楽しめる

●釣り方

重いオモリで１００m以上投げる本格的なものからコンパクトロッドで近距離を釣るものまであり、両者ではタックルや仕掛けもかなり違うが、基本は一緒。仕掛けを投入したらゆっくりと引っ張り、重くなる場所やオモリから「コツコツ」と伝わる海底の変化を捉えて、変化のある場所では仕掛けを止めたり、さらにゆっくりと引く。重くなるところはカケアガリで、「コツコツ」は小石底や、沈み根にオモリが当たったときに起こる。

投げ釣りのミチイトは通常25m毎に色分けされ、飛距離やポイントが分かる。チョイ投げの場合は10m毎に色分けされ、さらに1m毎にマーキングしてある船釣り用のイトを流用するとより細かくポイントを把握できる。

投げ仕掛け

基本仕掛け

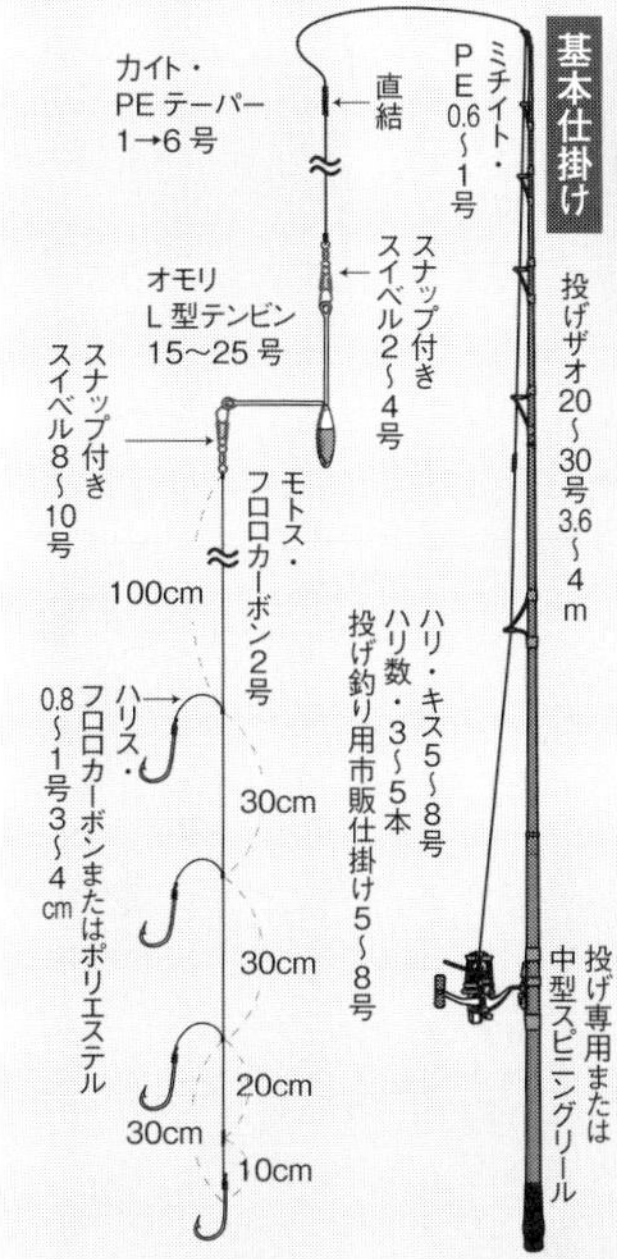
ミチイト・PE 0.6～1号
カイト・PEテーパー 1→6号
直結
スナップ付きスイベル2～4号
オモリ L型テンビン 15～25号
スナップ付きスイベル8～10号
モトス・フロロカーボン2号
100cm
ハリス・フロロカーボンまたはポリエステル 0.8～1号3～4㎝
30cm
30cm
20cm
30cm
10cm
投げザオ20～30号3.6～4m
ハリ・キス5～8号 ハリ数・3～5本 投げ釣り用市販仕掛け5～8号
投げ専用または中型スピニングリール

チョイ投げ

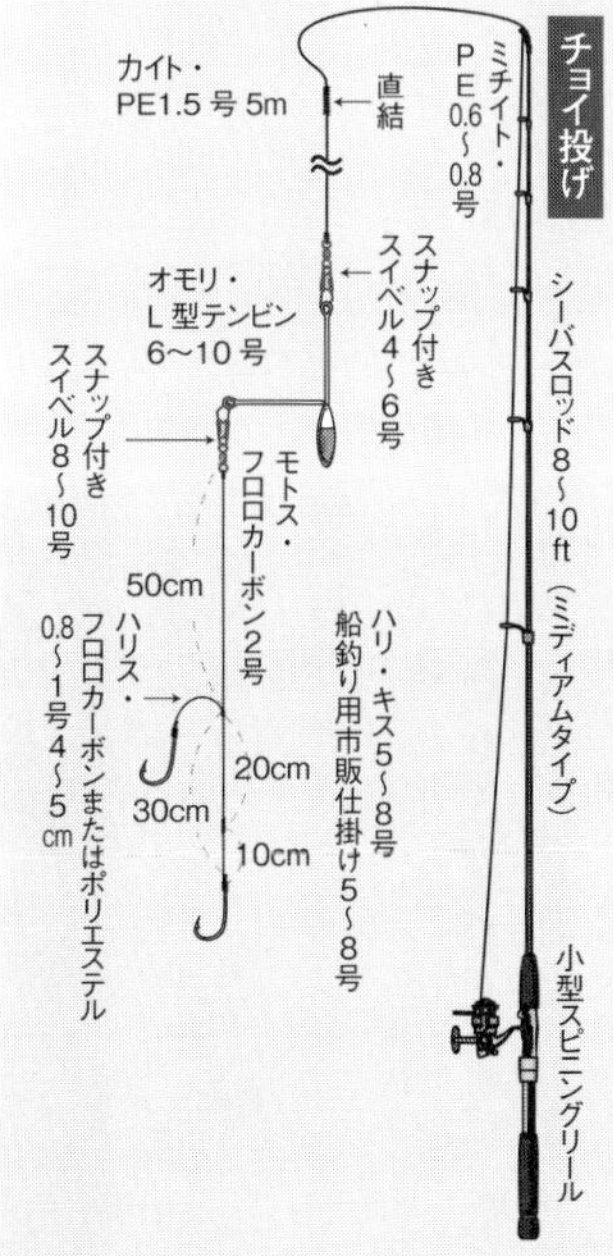
ミチイト・PE 0.6～0.8号
カイト・PE1.5号5m
直結
スナップ付きスイベル4～6号
オモリ・L型テンビン 6～10号
スナップ付きスイベル8～10号
モトス・フロロカーボン2号
50cm
ハリス・フロロカーボンまたはポリエステル 0.8～1号4～5㎝
20cm
30cm
10cm
シーバスロッド8～10ft（ミディアムタイプ）
ハリ・キス5～8号 船釣り用市販仕掛け5～8号
小型スピニングリール

釣り方

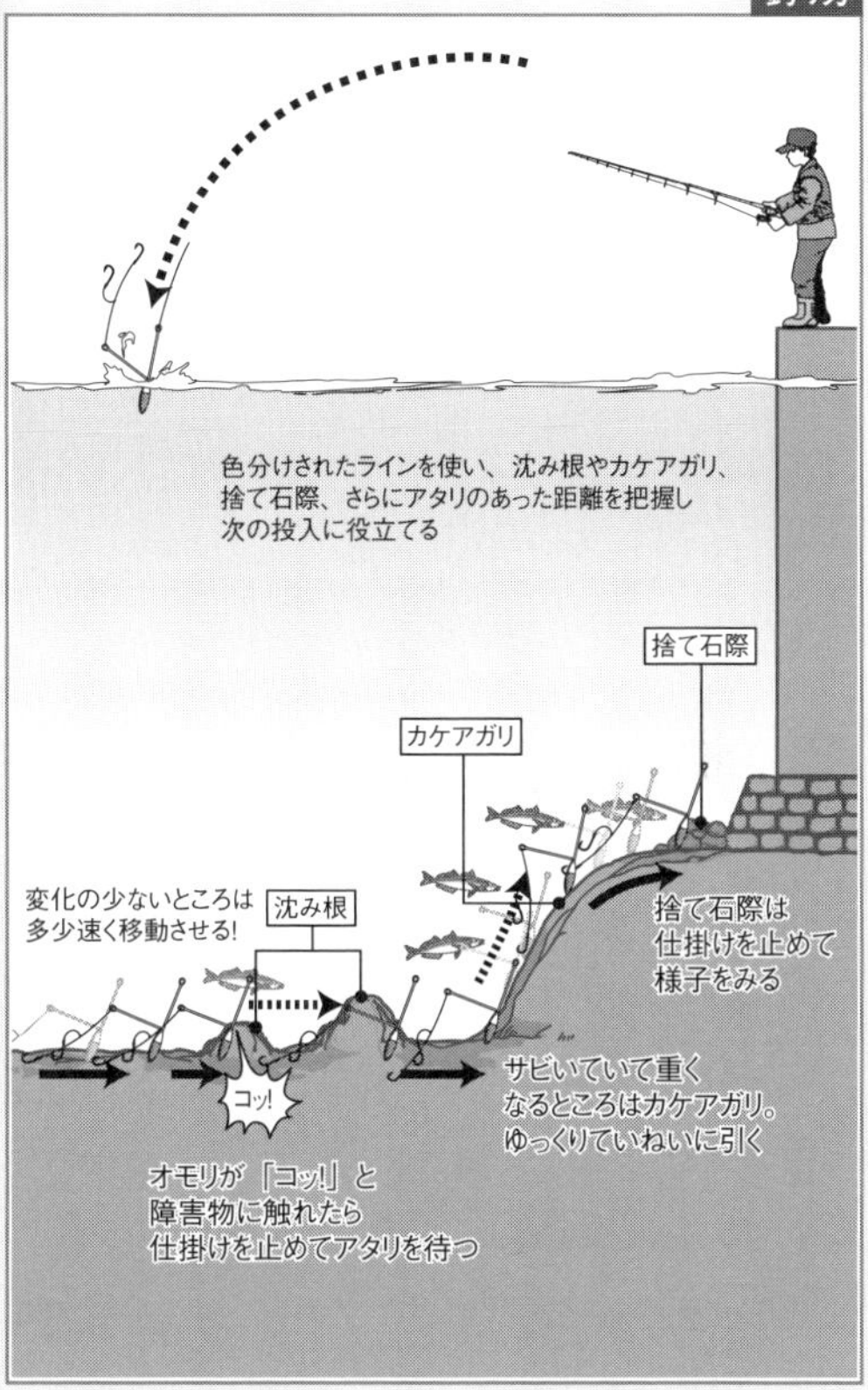
色分けされたラインを使い、沈み根やカケアガリ、捨て石際、さらにアタリのあった距離を把握し次の投入に役立てる
捨て石際
カケアガリ
変化の少ないところは多少速く移動させる!
沈み根
捨て石際は仕掛けを止めて様子をみる
コッ!
サビいていて重くなるところはカケアガリ。ゆっくりていねいに引く
オモリが「コッ!」と障害物に触れたら仕掛けを止めてアタリを待つ

仕掛けは2～4本バリが一般的。市販品も多く便利。注意点は魚に合ったハリを選ぶこと。15㎝前後のシロギスなら6号、18㎝前後なら7号、20㎝前後なら8号くらいがよい。

●エサ

定番はジャリメ。硬い頭は切り、ハリに通し刺しにする。基本はタラシなしから5㎜ほど出す。大きく付けるとアタリだけでハリ掛かりしないことも多い。大型ねらいにはチロリやイワイソメも有効で、硬い頭を切り、タラシを1㎝ほど出した通し刺しにする。

SUZUKI

▶スズキ目
▶スズキ科

スズキ（鱸）

釣り方

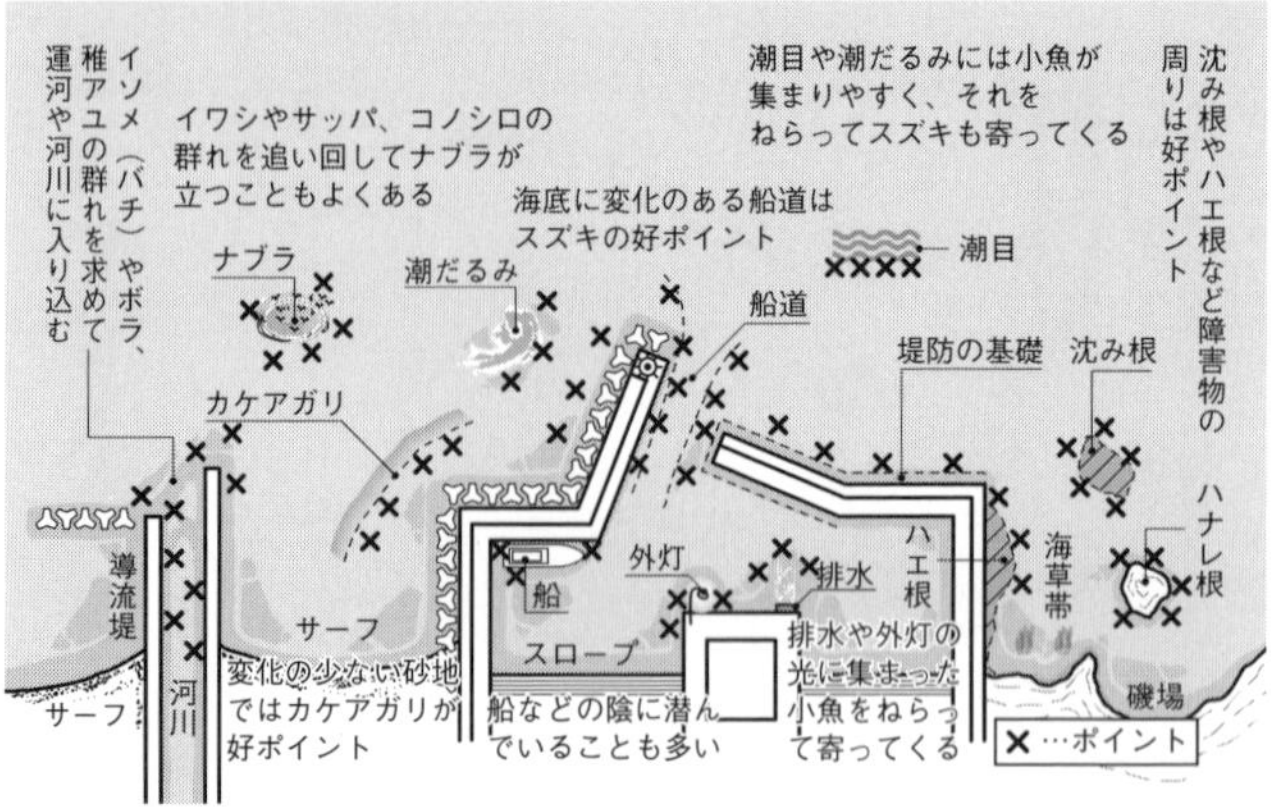
イソメ（バチ）やボラ、稚アユの群れを求めて運河や河川に入り込む
イワシやサッパ、コノシロの群れを追い回してナブラが立つこともよくある
海底に変化のある船道はスズキの好ポイント
潮目や潮だるみには小魚が集まりやすく、それをねらってスズキも寄ってくる
沈み根やハエ根など障害物の周りは好ポイント
ナブラ
潮だるみ
潮目
船道
カケアガリ
堤防の基礎
沈み根
ハナレ根
導流堤
ハエ根
海草帯
外灯
排水
船
サーフ
スロープ
河川
サーフ
磯場
変化の少ない砂地ではカケアガリが好ポイント
船などの陰に潜んでいることも多い
排水や外灯の光に集まった小魚をねらって寄ってくる
×…ポイント

スズキは都市部の汽水河川から外海の堤防やサーフ、磯など身近なフィールドに生息し、70、80㎝と大きくなることから非常に人気が高い。

夜行性で夜釣り中心。食性は荒く、イソメなどの虫類も食べるが小魚を主食にするフィッシュイーターだ。掛かると水面で激しく頭を振ってハリを外そうとする（「エラ洗い」と呼ばれる）。

スズキは出世魚で、30㎝未満をセイゴ、60㎝未満をフッコ、それ以上をスズキと呼ぶ。また湖沼のブラックバスの海版としてルアー釣りではシーバスと呼ぶ。高級魚で非常に美味しい魚として知られ、一般には夏場の洗いが旬とされているが、秋の深まりとともに冬に備えて脂を持つスズキも旬に劣らず美味。

ウキ釣り

電気ウキが海中に消えていくドキドキ感！

●釣り方

大型のサーフライトや電気ウキを潮の流れに乗せて探るウキ釣りは、最近ではあまり見かけなくなってきた。それでも遠投が利くうえに遠くへ流してもよく見え、広範囲を探れるとあって根強いファンも少なくない。

ほぼ周年ねらえるが、一番威力を発揮するのが冬から春にかけての産卵後。スズキは体力回復のため浅場へ回遊してくるが、このとき浅場にはエサとなる小魚が乏しく、ちょうど夜間に水面近くで産卵中のイソメ類を捕食する。そのイソメをエサにするのだから釣れないハズもない。

イソメの産卵行動に合わせてウキ下もかなり浅く1m以下が多い。また他の時期でも夜は比較的浅いタナを泳いでいるようで、深くてもウキ下は2m

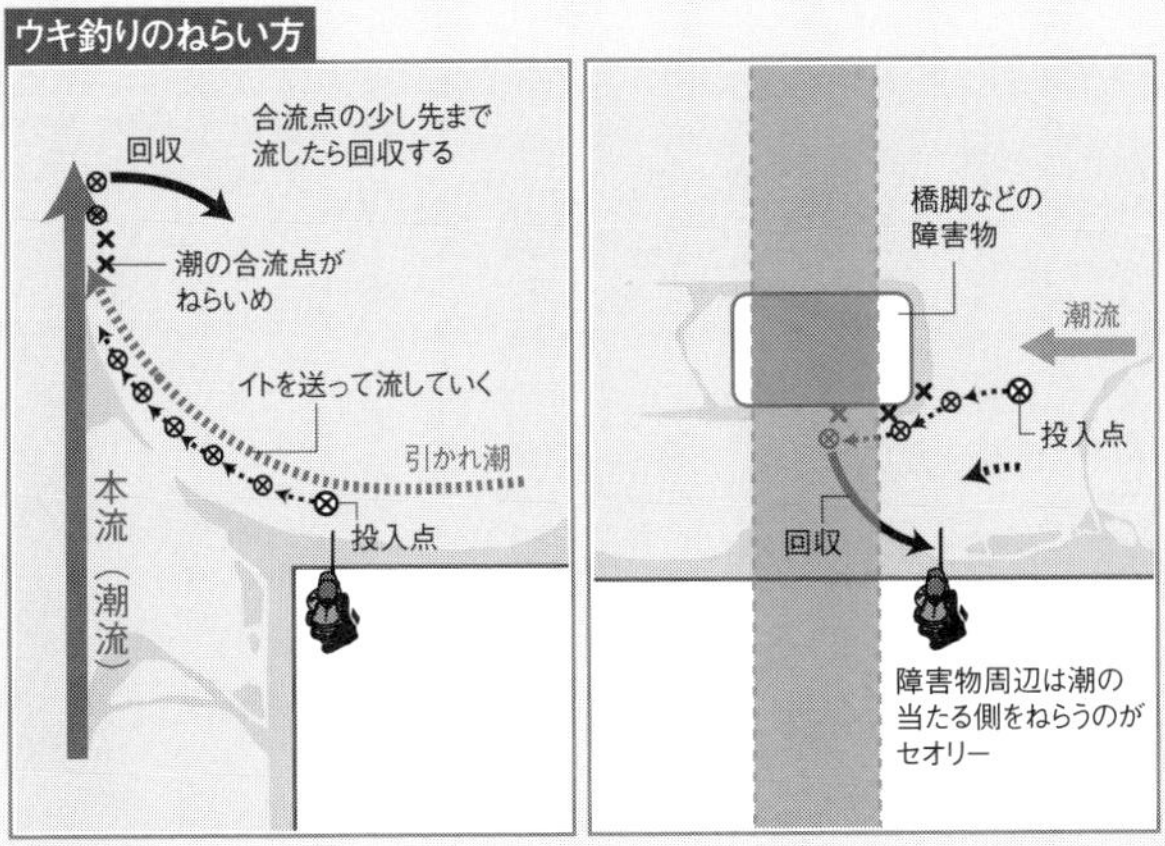
ウキ釣りのねらい方
回収
合流点の少し先まで
流したら回収する
潮の合流点が
ねらいめ
イトを送って流していく
引かれ潮
本流（潮流）
投入点
橋脚などの
障害物
潮流
投入点
回収
障害物周辺は潮の
当たる側をねらうのが
セオリー

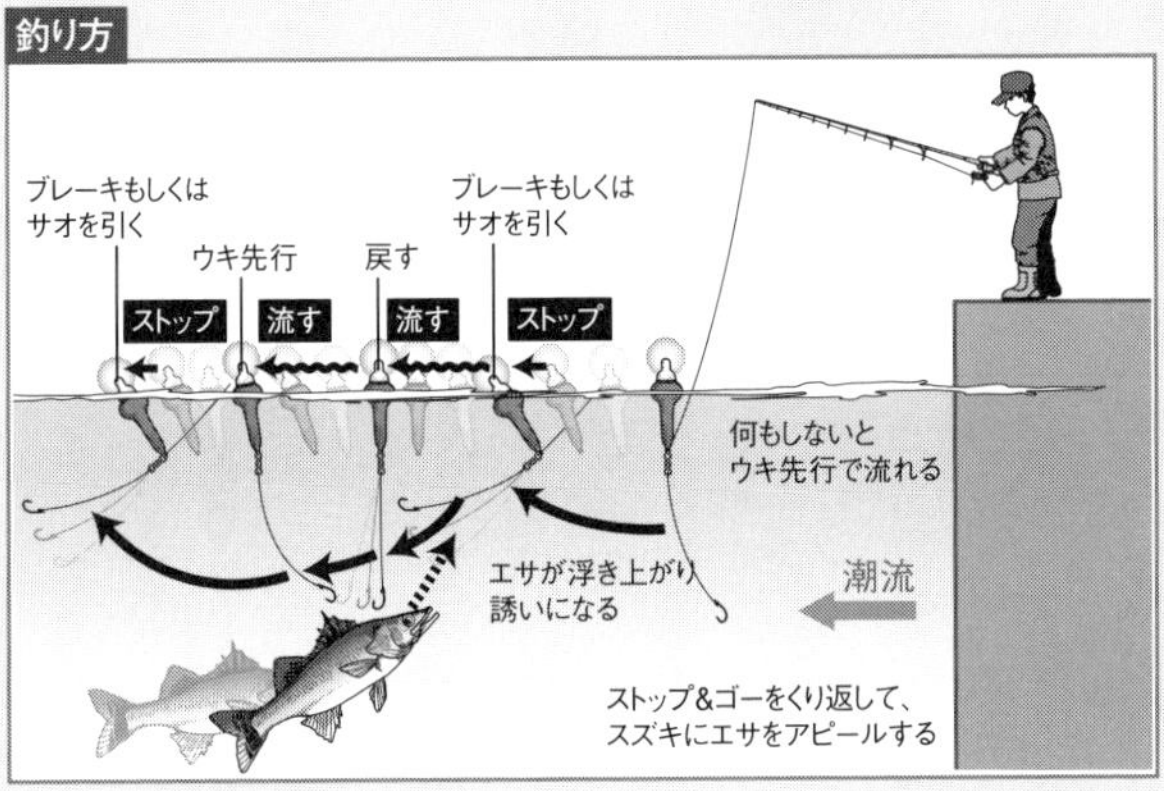
釣り方
ブレーキもしくは
サオを引く
ウキ先行
戻す
ブレーキもしくは
サオを引く
ストップ
流す
流す
ストップ
何もしないと
ウキ先行で流れる
エサが浮き上がり
誘いになる
潮流
ストップ&ゴーをくり返して、
スズキにエサをアピールする

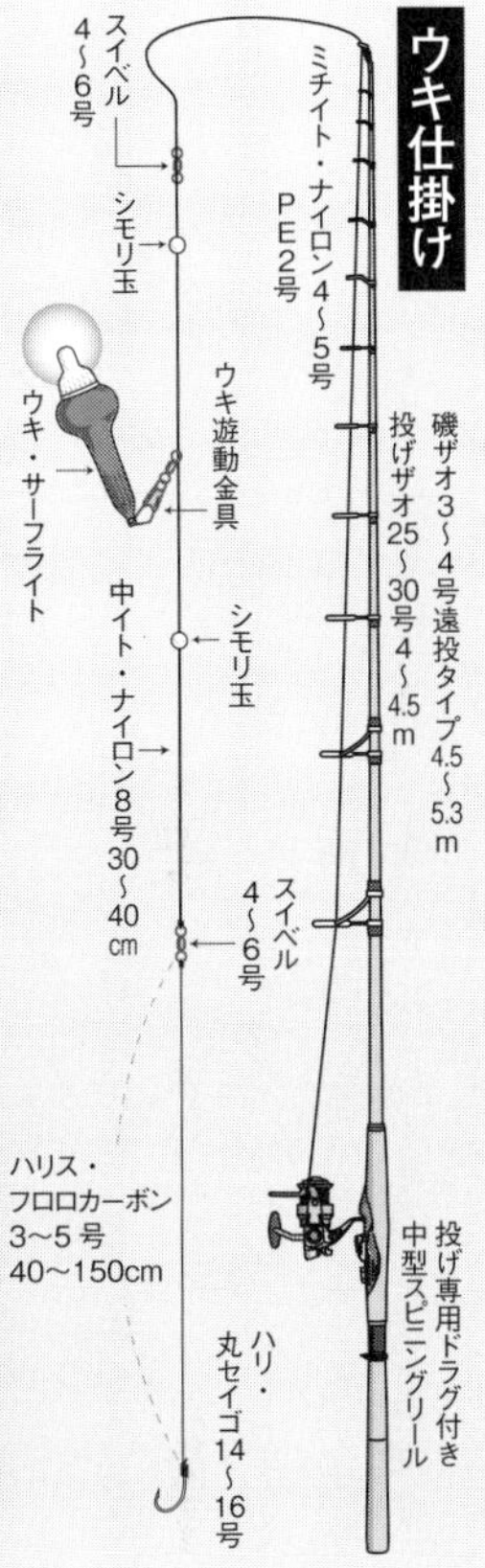
ウキ仕掛け
ミチイト・ナイロン4～5号
PE2号
スイベル
4～6号
シモリ玉
ウキ遊動金具
ウキ・サーフライト
磯ザオ3～4号遠投タイプ4.5～5.3m
投げザオ25～30号4～4.5m
シモリ玉
中イト・ナイロン8号30～40cm
スイベル
4～6号
ハリス・
フロロカーボン
3～5号
40～150cm
投げ専用ドラグ付き
中型スピニングリール
ハリ・
丸セイゴ14～16号

前後だ。

　仕掛けを投入したら潮に乗せて流していくが、ときどき余分なイトフケを取ることも兼ねて出ていくミチイトを止めたり、サオをゆっくり大きくあおって誘いをかけるようにする。

　アタリはウキの明かりが海中に入ると見えなくなることで判断する。即アワセをすると空振りが多いため、ひと呼吸おいてからサオを大きくあおって合わせる。掛かったらエラ洗いされないようにサオを水平にして、横へ引くようにやり取りする。

●エサ

　アオイソメの房掛けが安価で一般的。1つのハリに3～5匹掛ける。大型ねらいにはイワイソメも有効。7～10㎝ほどに切って頭から通し刺しにして、タラシを5㎝以上とってやる。

　暖かくなり小魚が多くなるとイソメには見向きもしなくなる。そんなときは同じ仕掛けに活きた小魚をハリに掛けて流してやればよい。

投げ釣り

カケアガリに仕掛けを止めて待ち伏せる

●釣り方

ウキ釣りでも分かるようにスズキは比較的浅いところを回遊しているため、底釣り中心の投げ釣りでは表層や宙層をねらうことが難しい。投げ釣りでねらう場合はポイント選び方や仕掛けに工夫を凝らさないといけない。

まずポイントだが、全体的に水深の浅い釣り場の中で海底に変化のあるところを選ぶようにする。船道やカケアガリは分かりやすく、ねらいやすいポイントだ。夜釣りだとスズキはかなり浅いところまで入ってきているので、カケアガリの水深が2～3mもあれば充分可能性がある。

潮の流れの速いところではエサが潮に乗って浮き上がるので問題ないが、潮の緩いところだとエサが海底に落ち着いてしまい、なかなかスズキにエサをアピールすることができない。そんな場合はハリスにシモリ玉などのウキを付けてエサを浮かせる工夫が必要だ。

また、スズキは荒れているときに活性が上がるので、ウネリや風で波気のあるときはチャンスといえる。

投入したらゆっくりと海底を探り、カケアガリなど変化のあるところで仕掛けを止めてアタリを待つ。基本的には仕掛けを引き続けたり、サオをあおって誘いをかけることはせず、回遊を待つスタイルとなる。

1本ザオでは手持ち無沙汰となるため、2～3本並べて待つとよいだろう。その際、リールのドラグを緩め、アタリでサオを海に引き込まれないようにしておく。

アタリは派手にサオ先を揺らすので、ひと呼吸おいてスプールを押えながら合わせる。ハリ掛かりしたのを確認したら、引きの強さから魚の大きさを想定してリールのドラグを調整し、やり取りする。小さければドラグを絞めて早巻きで寄せてくればよいが、70㎝を超えてくるとドラグ調整がキモとなる。投げザオの場合はサオが硬いので、少し弱めのドラグ設定でやり取りするとバラシが少ない。

●エサ

アオイソメの房掛けや5㎝ほどに切ったイワイソメの通し刺しなどが一般的である。

エサ取りの多いときや、大ものねらいではユムシの1匹掛けがよい。

ユムシは毛の生えているほうからハリを刺し、反対側にハリ先を抜く。このとき必ずハリ先を出すことがポイントで、出さないとアタリがあってもハリ掛かりしないことがある。また海に入れると水を吸って膨張するので、ハサミで数ヵ所切れ込みを入れて膨張を防ぐようにする。

ユムシは釣れれば大型の確率が高いが、エサ取りに強いぶんアタリも少なくなる。辛抱強く待てる人向きのエサといえる。

釣り方

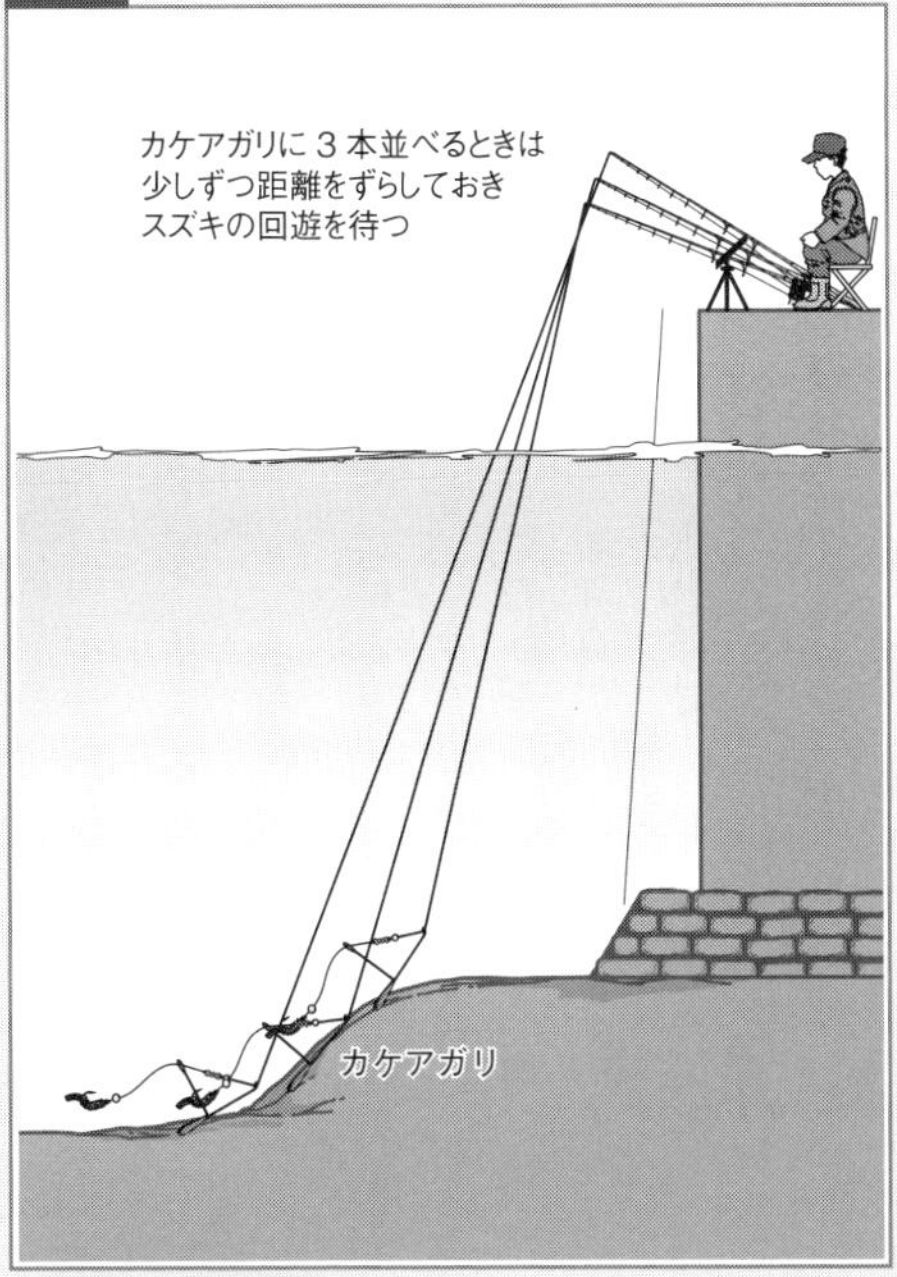
カケアガリに３本並べるときは
少しずつ距離をずらしておき
スズキの回遊を待つ
カケアガリ

エサを浮かせる理由

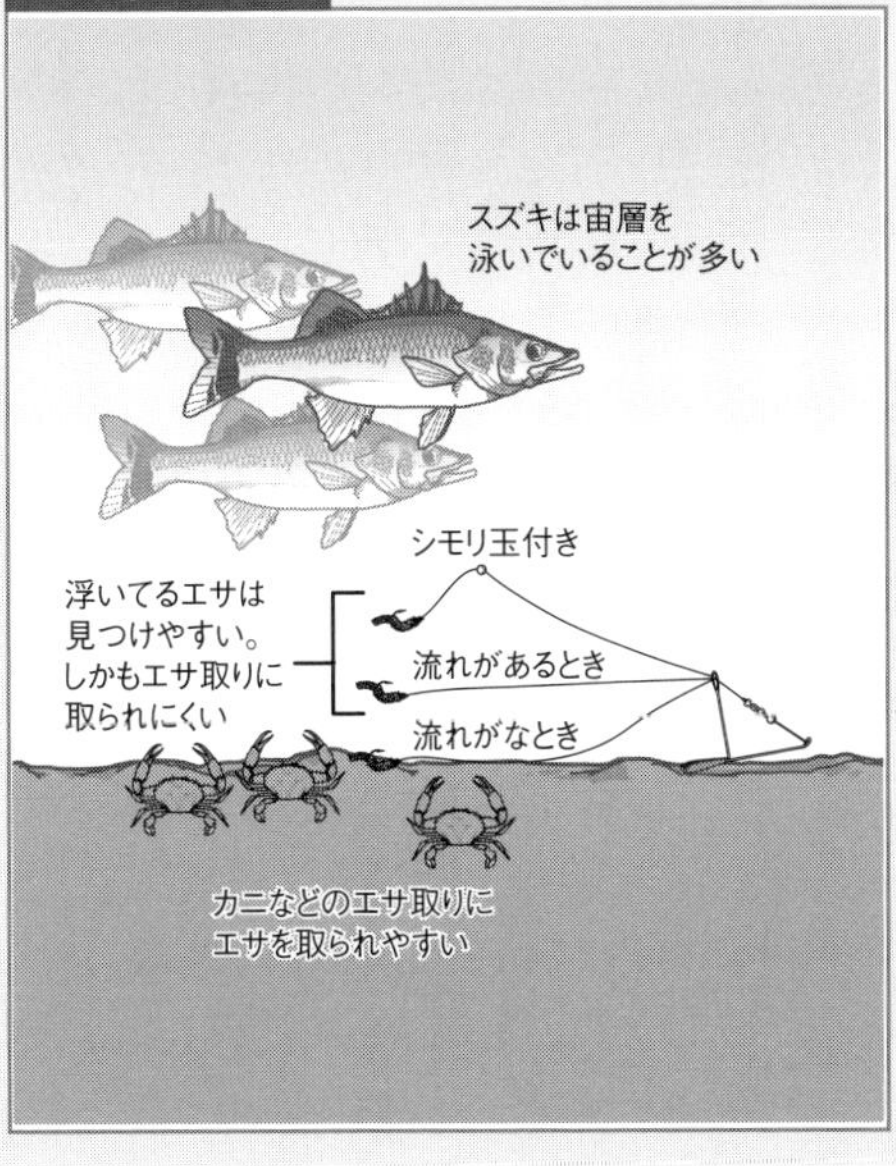
スズキは宙層を
泳いでいることが多い
シモリ玉付き
浮いてるエサは
見つけやすい。
しかもエサ取りに
取られにくい
流れがあるとき
流れがなとき
カニなどのエサ取りに
エサを取られやすい

投げ仕掛け

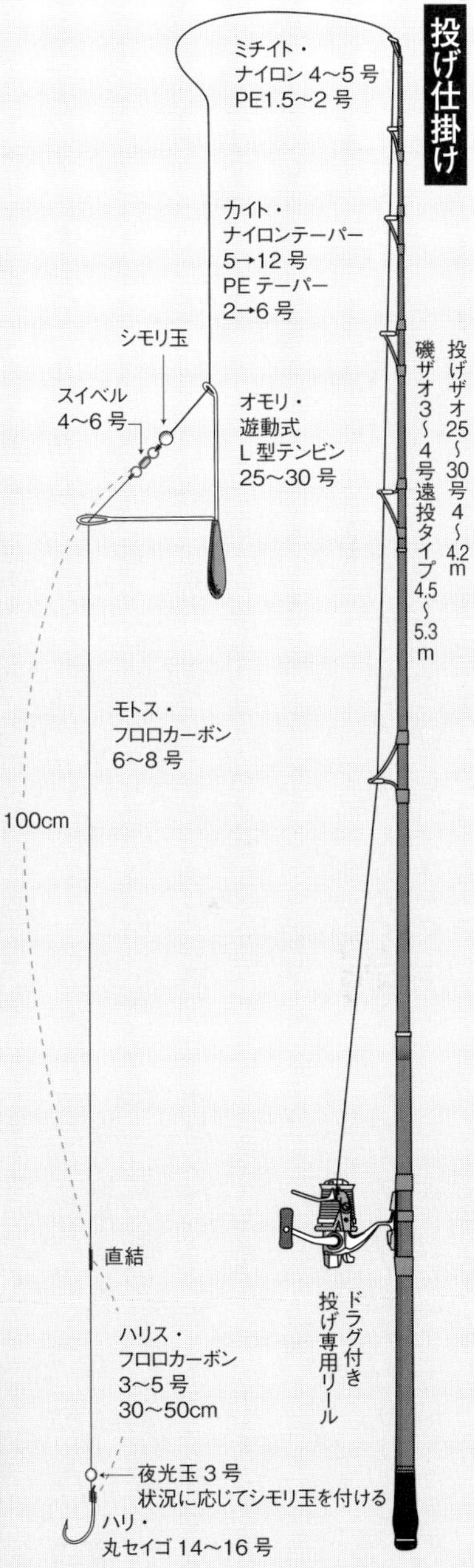
ミチイト・
ナイロン４～５号
PE1.5～２号
カイト・
ナイロンテーパー
5→12号
PEテーパー
2→6号
シモリ玉
スイベル
4～6号
オモリ・
遊動式
L型テンビン
25～30号
投げザオ25～30号4～4.2m
磯ザオ3～4号遠投タイプ4.5～5.3m
モトス・
フロロカーボン
6～8号
100cm
直結
ドラグ付き
投げ専用リール
ハリス・
フロロカーボン
3～5号
30～50cm
夜光玉３号
状況に応じてシモリ玉を付ける
ハリ・
丸セイゴ14～16号

ルアーフィッシング

ローテーションで広く泳層を探る

●釣り方

身近な釣り場で大型魚と対峙できるシーバス（スズキ）は、海のルアーフィッシングの中で最も人気のあるターゲットだ。外海はもちろん内湾や河口、ときには河川の中にまでさまざまな場所に生息し、ルアーフィッシングでも釣り場ごとにねらい方は変わってくる。

基本的なスタイルは居着きをねらうか回遊してくるのを待つかの2つ。居着きをねらうスタイルでは海や川の中にある橋脚などの障害物や、張り出した堤防の下が暗部になっているような場所、外灯の明暗の境など、シーバスが潜んでいそうな場所を何ヵ所も見つけておき、それぞれの場所で数回投げては移動を繰り返しテンポよく探っていく。

回遊待ちのスタイルは、潮通しのよい場所で潮目やカケアガリなどのシーバスが通りそうなところを予想して、ひたすら投げては巻きを繰り返し、じっくりと回遊を待つ。

どちらのスタイルもシーバスがいれば必ず釣れるというわけでもなく、そのときの潮回りやベイト（エサ）の有無によって食い気の出るタイミングは異なる。さらに食い気はあっても使うルアーがマッチしていないと、隣は釣れても自分は全く釣れないなんてことも珍しくない。ルアーの選択も重要な要素になっているのだ。

ルアーの使い分け、探り方は次のとおり。エサを追い回してナブラが出ているようなときは非常に活性が高い。この状態ではシーバスは常に自分より上の層の魚を意識しており、表層や水面にまで出てきてエサを捕食する。そんなときはフローティングミノーを使い、水面から表層を引けばすぐにアタリが出る。

次が一番多いシチュエーションだが、エサを追う気はあるがベイトがいなくて宙層を回遊していたり、障害物の陰に身を潜めてベイトが目の前を通過するのを待っているというパターンだ。こんなときはシンキングミノーを使い、投入毎に探る深度を変えてやる。

それでもダメなときはより深い深度を探ることのできるバイブレーションを使って底付近を引いてくる。

基本的な引き方はサオ先を下げて構え、ルアーの動きをサオ先で感じながらリールのハンドルを一定速度で巻く。使うルアーやシーバスの活性により巻く速度は変わってくるが、活性の高いときは速く、低いときは遅くがセオリーだ。

ルアーのローテーションの仕方にはいろいろあるが、まずはシーバスのいる層を見つけるのが先決で、次にベストなサイズを捜し、釣れだしたらシーバスに飽きられないようにカラーをチェンジしていくようにする。

シーバスフィッシングでよく使われるルアー

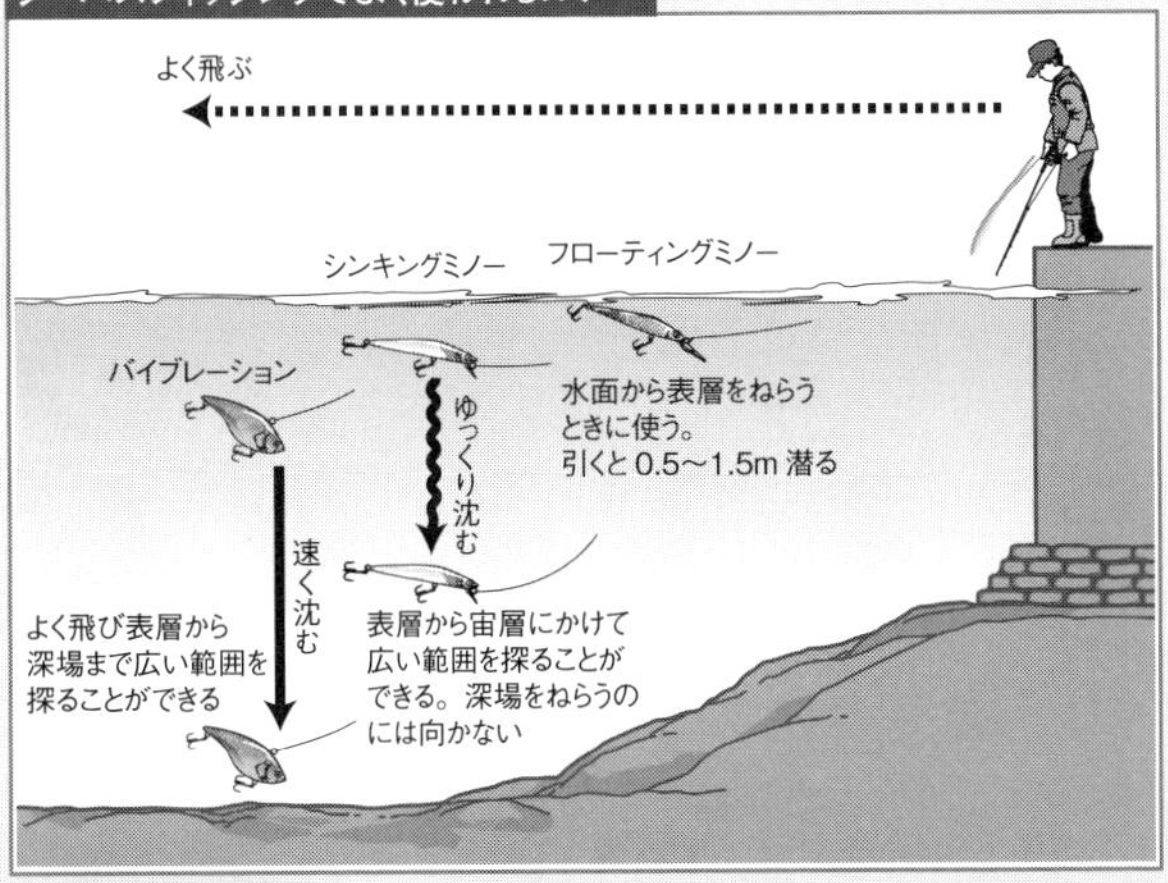
よく飛ぶ
シンキングミノー
フローティングミノー
バイブレーション
ゆっくり沈む
水面から表層をねらうときに使う。
引くと 0.5～1.5m 潜る
速く沈む
よく飛び表層から
深場まで広い範囲を
探ることができる
表層から宙層にかけて
広い範囲を探ることが
できる。深場をねらうの
には向かない

ルアーの探り方

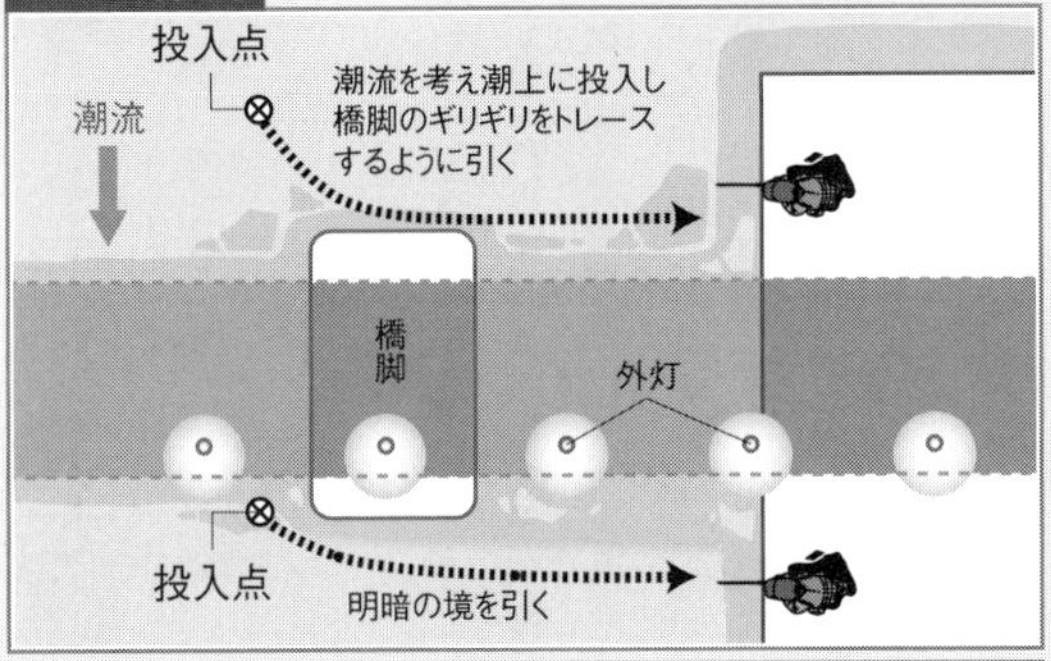
投入点
潮流
潮流を考え潮上に投入し
橋脚のギリギリをトレース
するように引く
橋脚
外灯
投入点
明暗の境を引く

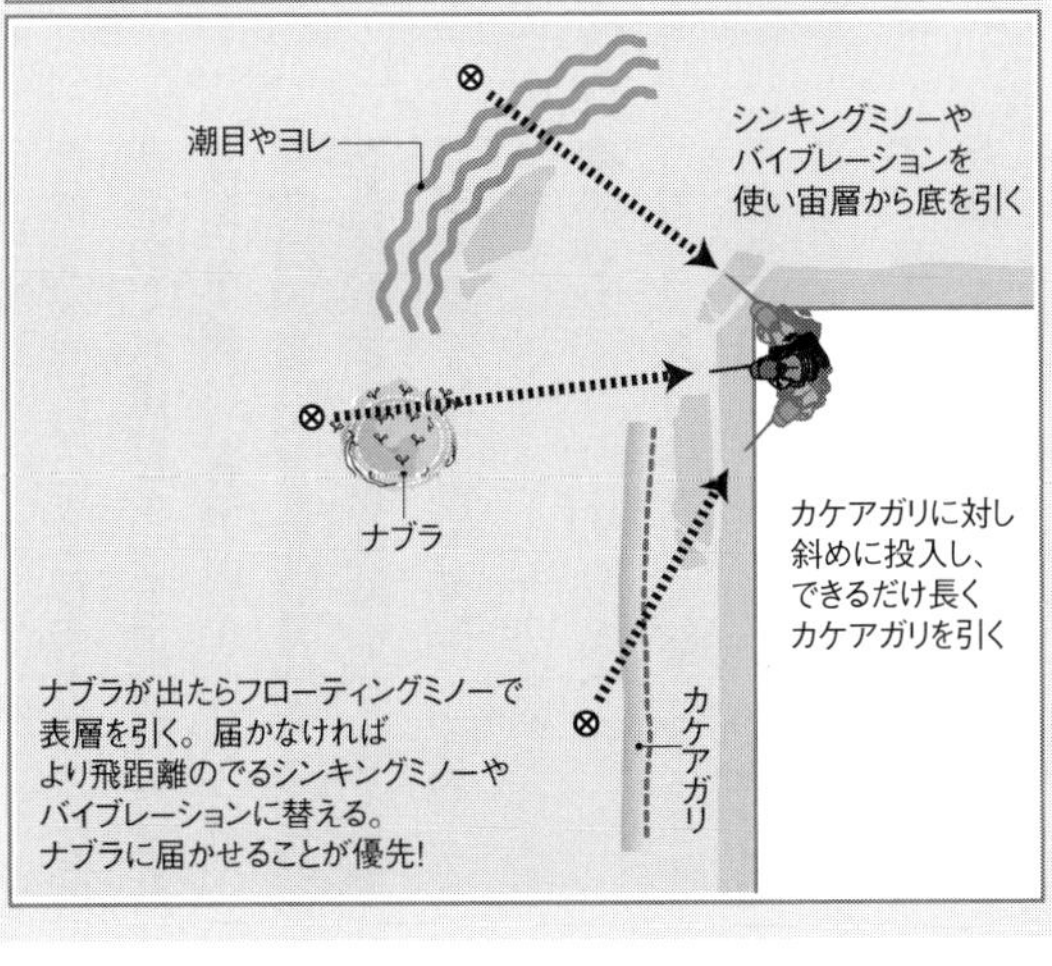
潮目やヨレ
シンキングミノーや
バイブレーションを
使い宙層から底を引く
ナブラ
カケアガリに対し
斜めに投入し、
できるだけ長く
カケアガリを引く
ナブラが出たらフローティングミノーで
表層を引く。届かなければ
より飛距離のでるシンキングミノーや
バイブレーションに替える。
ナブラに届かせることが優先!
カケアガリ

ルアー仕掛け

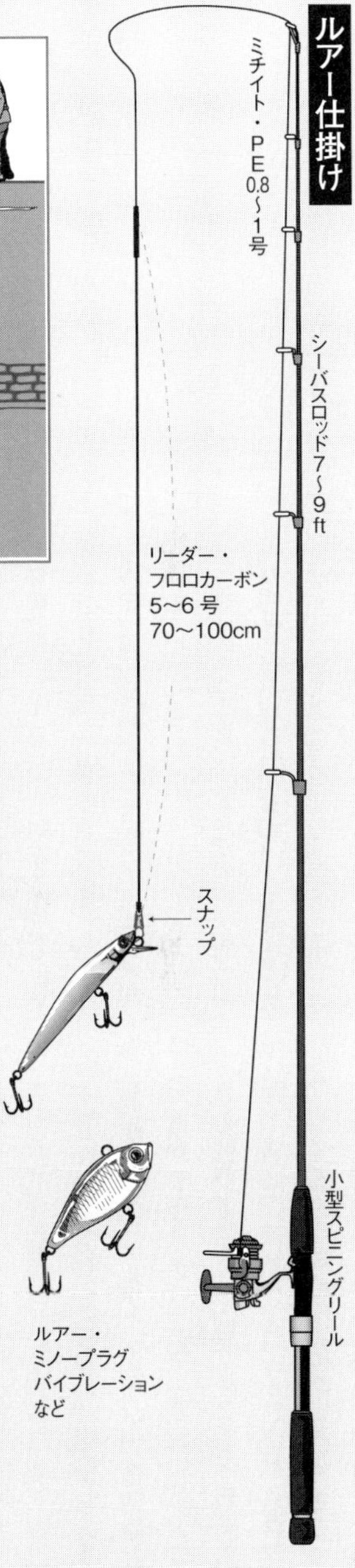
ミチイト・PE 0.8～1号
シーバスロッド7～9 ft
リーダー・
フロロカーボン
5～6 号
70～100cm
スナップ
小型スピニングリール
ルアー・
ミノープラグ
バイブレーション
など

SOUDA GATSUO

▶スズキ目
▶サバ科

ソウダガツオ（宗田鰹、宗太鰹）

釣り方 ▼▼▼

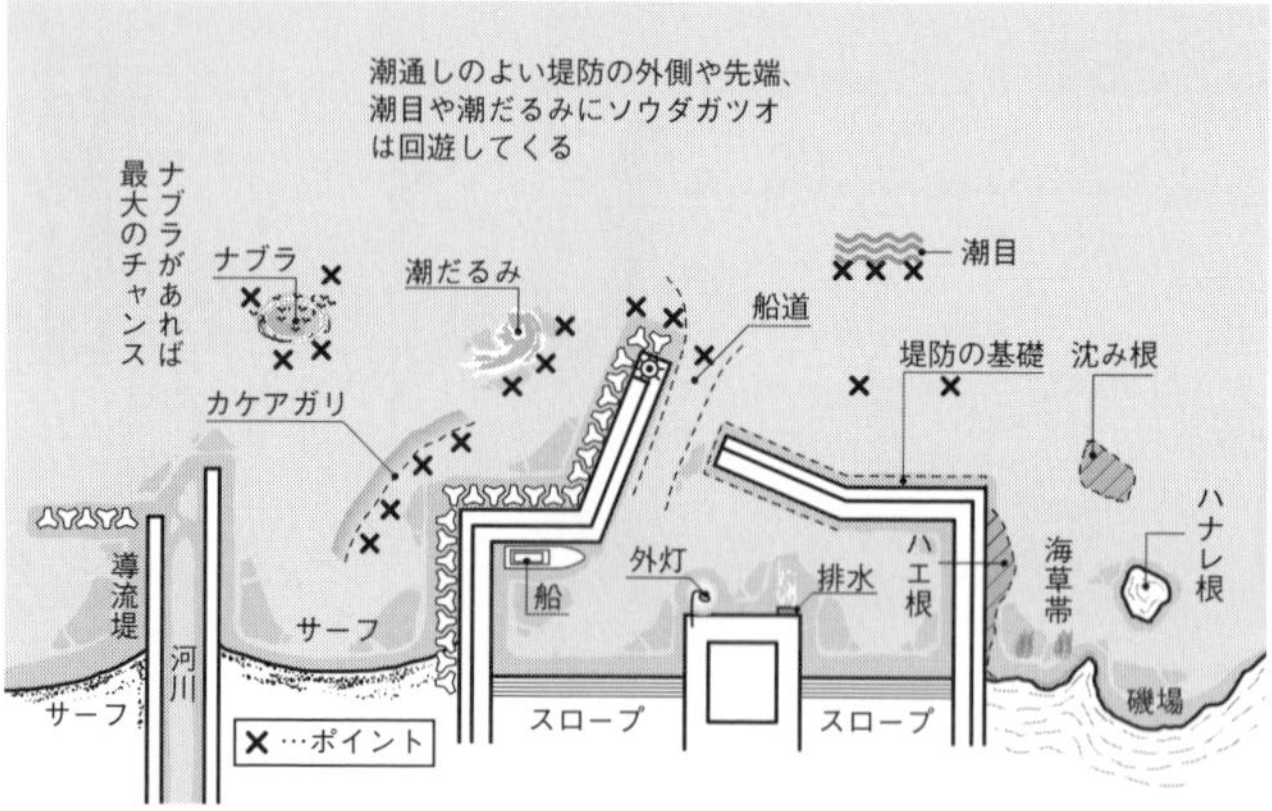

潮通しのよい堤防の外側や先端、潮目や潮だるみにソウダガツオは回遊してくる
ナブラがあれば最大のチャンス
ナブラ
潮だるみ
船道
潮目
堤防の基礎
沈み根
カケアガリ
ハナレ根
海草帯
ハエ根
外灯
排水
船
導流堤
河川
サーフ
サーフ
スロープ
スロープ
磯場
×…ポイント

ひと口にソウダガツオといっても、体高のあるヒラソウダと丸みをおびたマルソウダの2種類がいる。これらを総称してソウダガツオと呼ぶ。並べると体高差で分かるが、単体では判別しにくい。そこでウロコのある部分を見ると、ヒラソウダは第1・2背ビレの間で急激に細り側線へ続くが、マルソウダは第2背ビレまで徐々に細くなる。

亜熱帯に生息し、日本沿岸では初夏から秋にかけて姿を見せる。シーズンの早い頃は30㎝ほどのものが多いが、秋になると40㎝くらいに成長する。

外見はカツオによく似るが、カツオよりも血合の部分が多く、生臭さを感じるためか一般の評価はカツオより低い。網で大量に獲られたものは仕方ないが、釣れたらすぐに血抜き・ワタ抜き処理を施し、鮮度が落ちるのが早い魚なので氷漬けにして持ち帰れば、段違いに美味しい魚である。

サーフトロウリング（弓ヅノ）

逃げまどう小魚を演出

●釣り方

弓ヅノと呼ばれる和製ルアーを使って釣るのであるが、これは本来漁具であって、漁師が船から引き釣りで使っていたもの。ソウダガツオに限らず潜行板を使い、探る深度や角《つの》の大きさ、種類によってさまざまな回遊魚やヒラメ、スズキを獲っていたのだ。

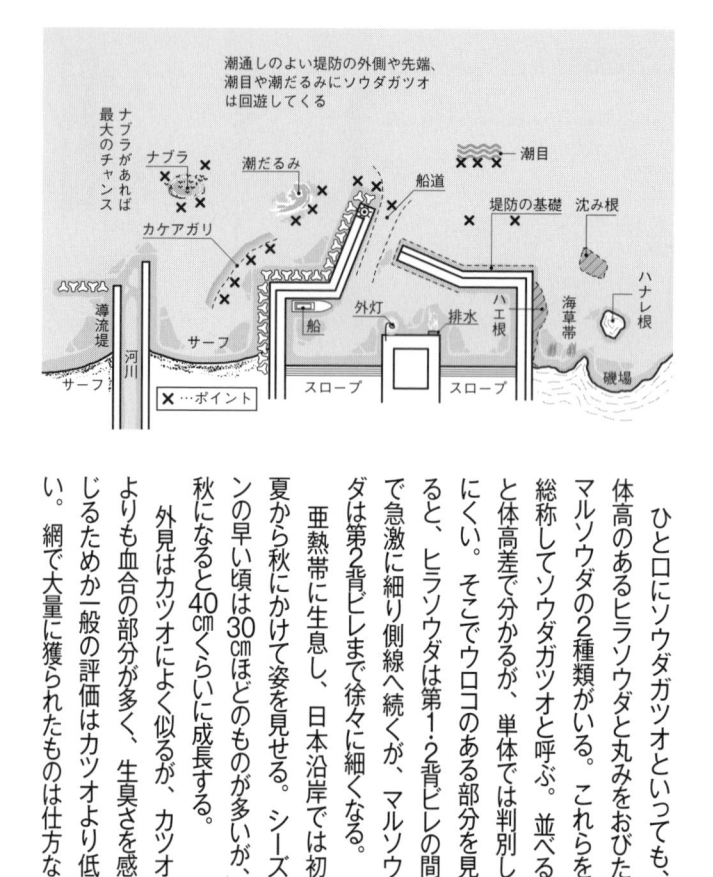

元々動物の角で作られ、弓型なので「弓角」と呼ばれているが、現在はほとんどがプラスチック製に変わり、大きさも釣りで使う小型サイズが手軽に入手できる。精巧なルアーと比べれば見劣りするが、弓型の形状は引くとクルクルと回転して逃げまどう小魚を見事

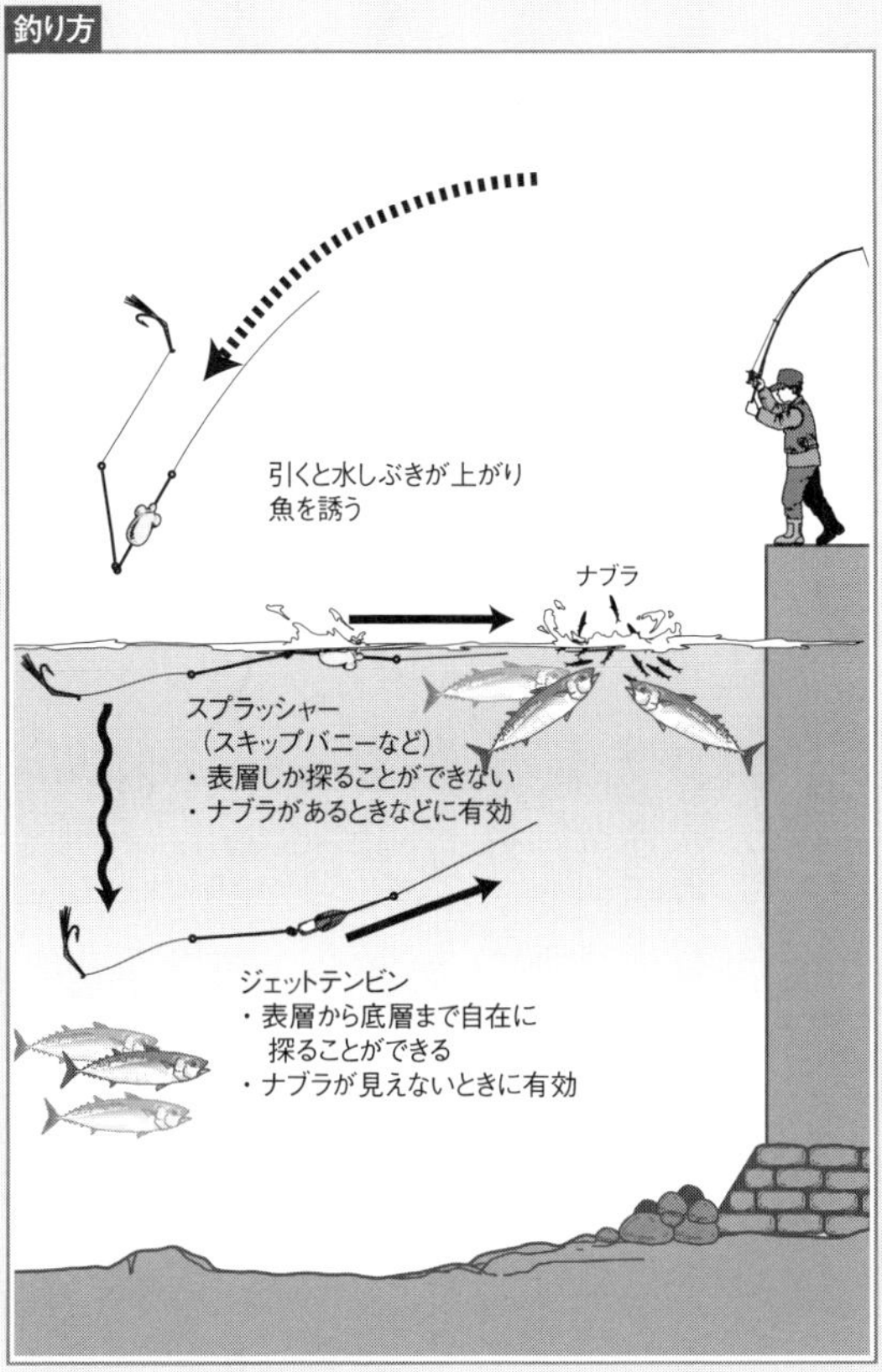
釣り方
引くと水しぶきが上がり
魚を誘う
ナブラ
スプラッシャー
（スキップバニーなど）
・表層しか探ることができない
・ナブラがあるときなどに有効
ジェットテンビン
・表層から底層まで自在に
探ることができる
・ナブラが見えないときに有効

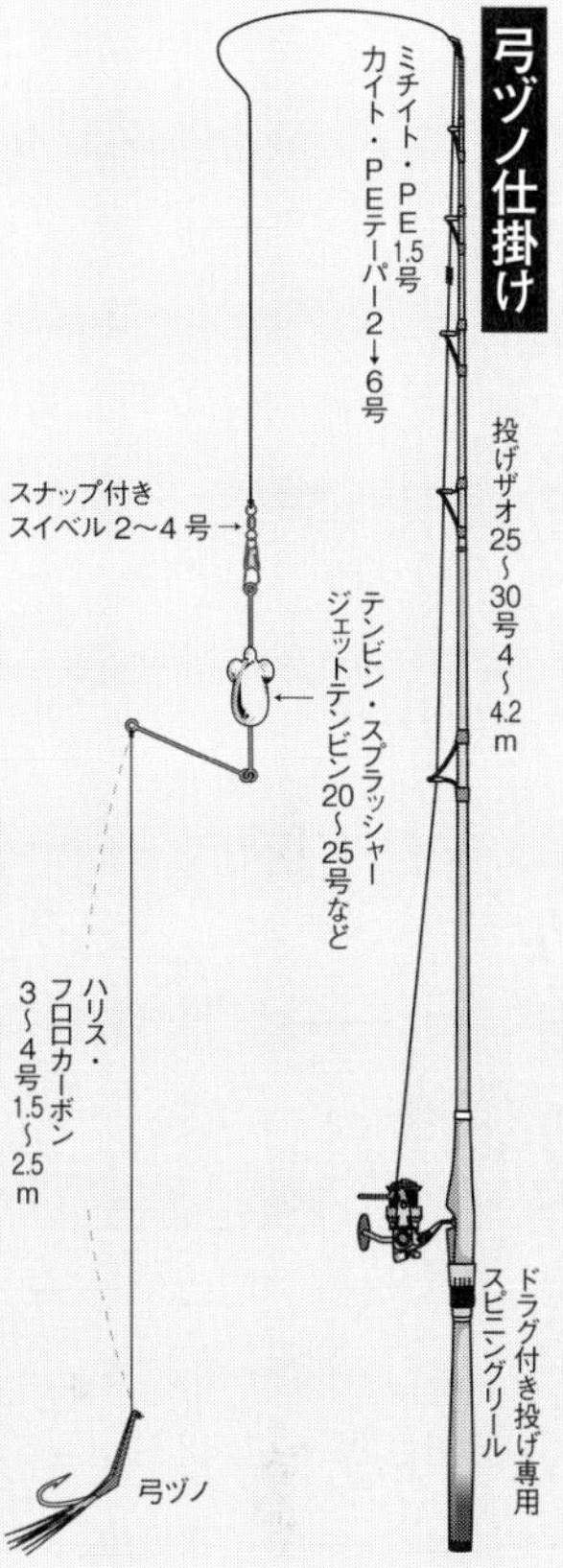
弓ヅノ仕掛け
ミチイト・PE1.5号
カイト・PEテーパー2→6号
投げザオ25〜30号4〜4.2m
スナップ付き
スイベル2〜4号
テンビン・スプラッシャー
ジェットテンビン20〜25号など
ハリス・
フロロカーボン
3〜4号1.5〜2.5m
ドラグ付き投げ専用
スピニングリール
弓ヅノ

に演出する。ルアーで反応がないときでも弓ヅノだけには食ってくるということもしばしばあるほどだ。

単体では小さく軽いため、ジェットテンビンやスプラッシャー（スキップバニーなど）を合わせて遠投する。ルアーよりも飛距離が出るのでポイントやナブラが遠いときには重宝する。

釣り方は簡単で、投げたら一定速度で巻くだけ。使い方はメタルジグに近く、ジェットテンビンと組み合わせた仕掛けは表層から底まで広く探れるので最もポピュラーだが、ソウダガツオは比較的表層を泳ぐので、ジェットテンビンでは沈みすぎて食わないことも多い。そんなときは表層を効率的に探れるスキップバニーなどを用いるとよい。ジェットテンビンほど距離は出ないが常に表層を探れるうえ、引くと水しぶきが上がりアピールは高い。

このようの弓ヅノを用いてオカッパリから行なう釣り方をサーフトロウリングという。

カゴ釣り（ブリッジ仕掛け）

２つの玉ウキで表層を釣る

●釣り方

２つの玉ウキの間にモトスを渡しそこからハリを垂らし、表層をねらうブリッジ仕掛けは、ソウダガツオやワカシ、イナダといった回遊魚を釣るのには非常に有効な仕掛けだ。静岡県沼津市の片浜海岸が発祥の地とされ、「片浜仕掛け」とも呼ばれている。

釣り方はいたって簡単。カゴに寄せエサを詰めて仕掛けを投入し、イトフケをとってサオを一、二度あおり、寄せエサを振り出したらミチイトを張らず緩めずの状態で流してやる。寄せエサと仕掛けの同調などの難しいことは考えず、自然な状態で流せばＯＫ。ただしベイルが戻った状態だと仕掛けにテンションが加わり、手前に引かれて寄せエサと仕掛けがズレるので、ベイルをオープンにして流れに合わせてミチイトを送り出してやるのがコツ。

アタリは先の玉ウキが沈んだり横走りする。この時点でほとんどハリ掛かりしているので、もう一度サオで合わせてしっかりとフッキングさせる。

ソウダガツオの引きは強烈で、弱気にやり取りしていると左右に走られて周りに迷惑をかけてしまうので、ある程度強引に寄せてくる。その際、掛かった魚とは別に何尾も後ろから付いてくることがあるが、これは食い気のある魚で時合が続いていると判断できる。素早く取り込んで次の投入をしたい。

ハリにはエサを刺さず寄せエサだけで釣るため、この釣りではハリ選びも重要になってくる。ソウダガツオオンリーなら土佐カブラがよく、白をメインに、天候や潮色によってピンクやオーロラを用意しておくとよい。外道にイナダやワカシが混じるときはピンクのスキンバケを使うとよい。

ブリッジ仕掛けは表層をねらう仕掛けのため、魚が表層まで出てこないときは威力を発揮しない。そんなときは先のウキを外してオモリに付け替えてやると、仕掛けがタテになって若干深く探れる。

投入の際、仕掛けが長いうえに２つの玉ウキが張り合って慣れないうちは仕掛け絡みが多くなる。サオを振り切るように飛ばそうとすると絡みやすくなるので、サオの胴に仕掛けを乗せるようにゆっくり振り、フライ気味に投入してやるといい。

●寄せエサ

付けエサは使わないので、エサは寄せエサのアミエビのみ。アミエビをバケツなどで解凍してザルなどで水気を取って使う。水気を取らずに使うと投げる際にポタポタと自分に降り注ぐので、必ず取るようにしたい。水気を取るのには配合エサを使うのも有効だが、比重の大きなものを使うとタナが深くなってしまう。配合エサの袋書きをよく見て、沈下速度の遅いものを選ぶようにしたい。

カゴ釣り仕掛けの流し方

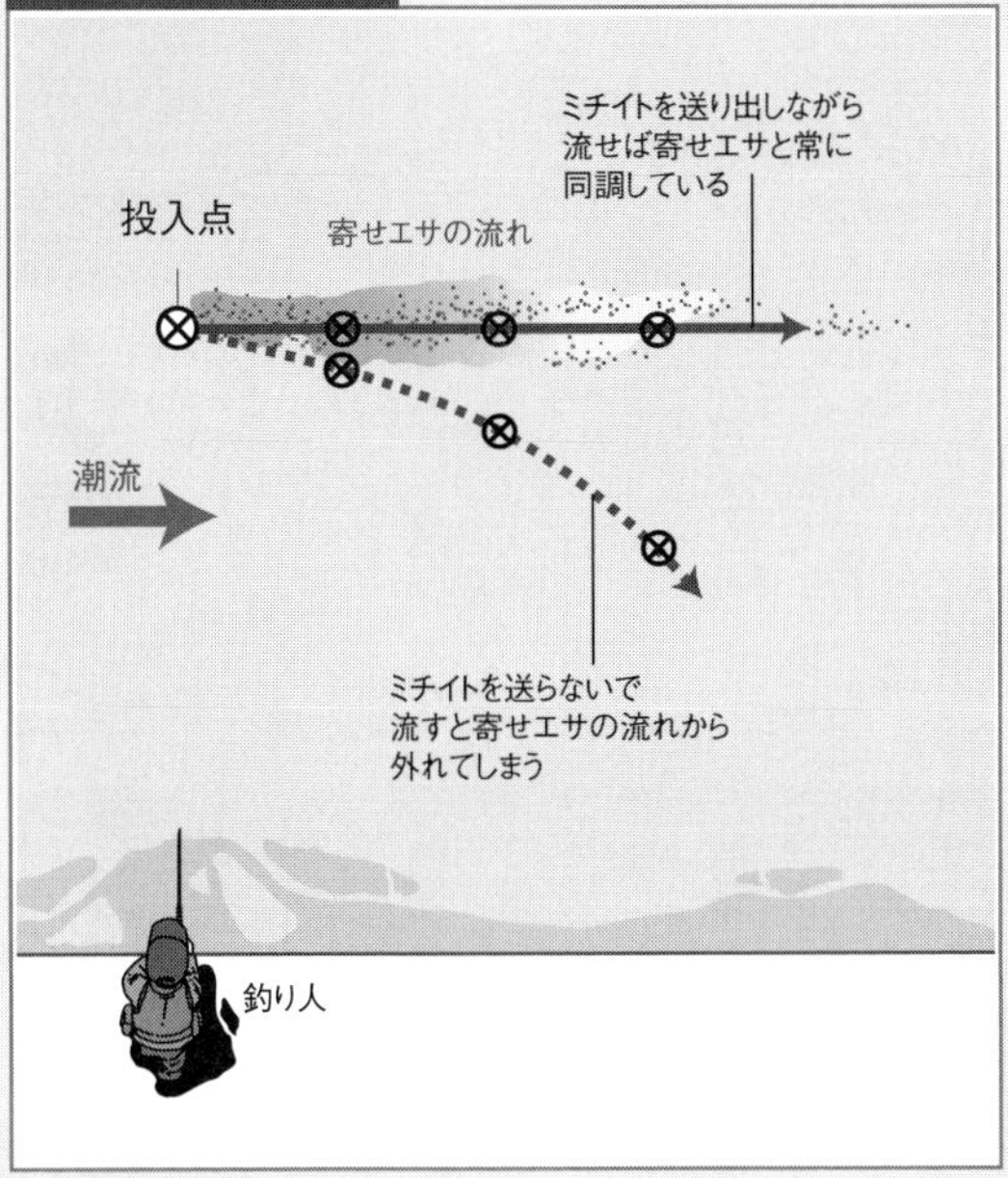
ミチイトを送り出しながら
流せば寄せエサと常に
同調している
投入点
寄せエサの流れ
潮流
ミチイトを送らないで
流すと寄せエサの流れから
外れてしまう
釣り人

釣り方

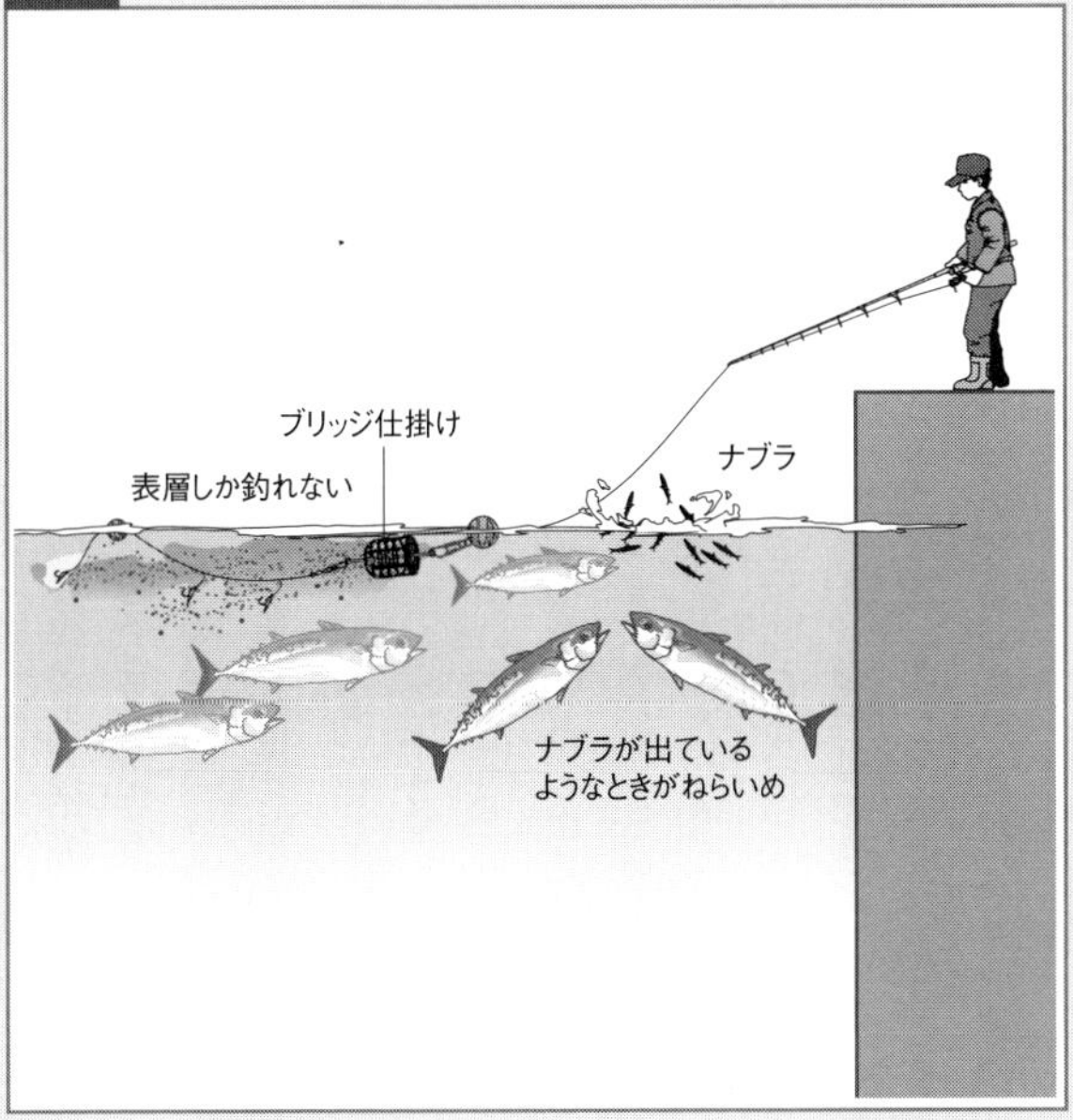
ブリッジ仕掛け
表層しか釣れない
ナブラ
ナブラが出ている
ようなときがねらいめ

カゴ仕掛け

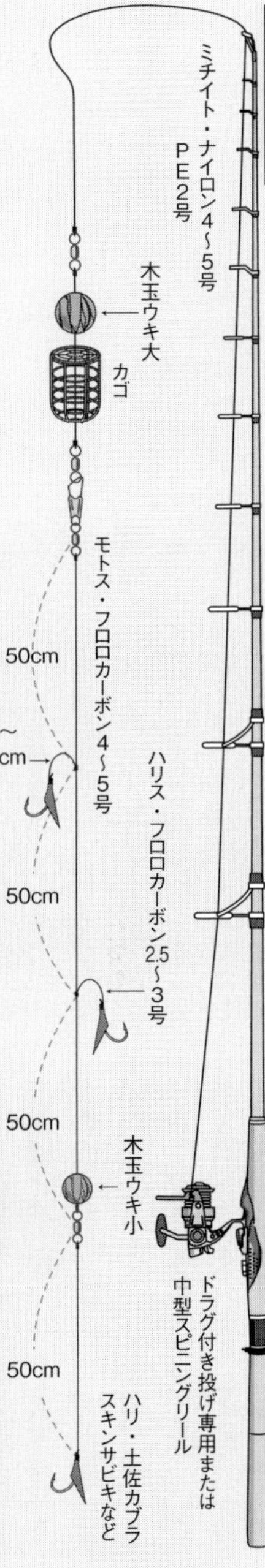
ミチイト・ナイロン4～5号
PE2号
木玉ウキ大
カゴ
磯ザオ3～4号遠投タイプ5.3m
モトス・フロロカーボン4～5号
50cm
15～
20cm
ハリス・フロロカーボン2.5～3号
50cm
50cm
木玉ウキ小
ドラグ付き投げ専用または
中型スピニングリール
50cm
ハリ・土佐カブラ
スキンサビキなど

TAKO

▶八腕形目
▶マダコ科

タコ（イイダコ・飯蛸／マダコ・真蛸）

釣り方

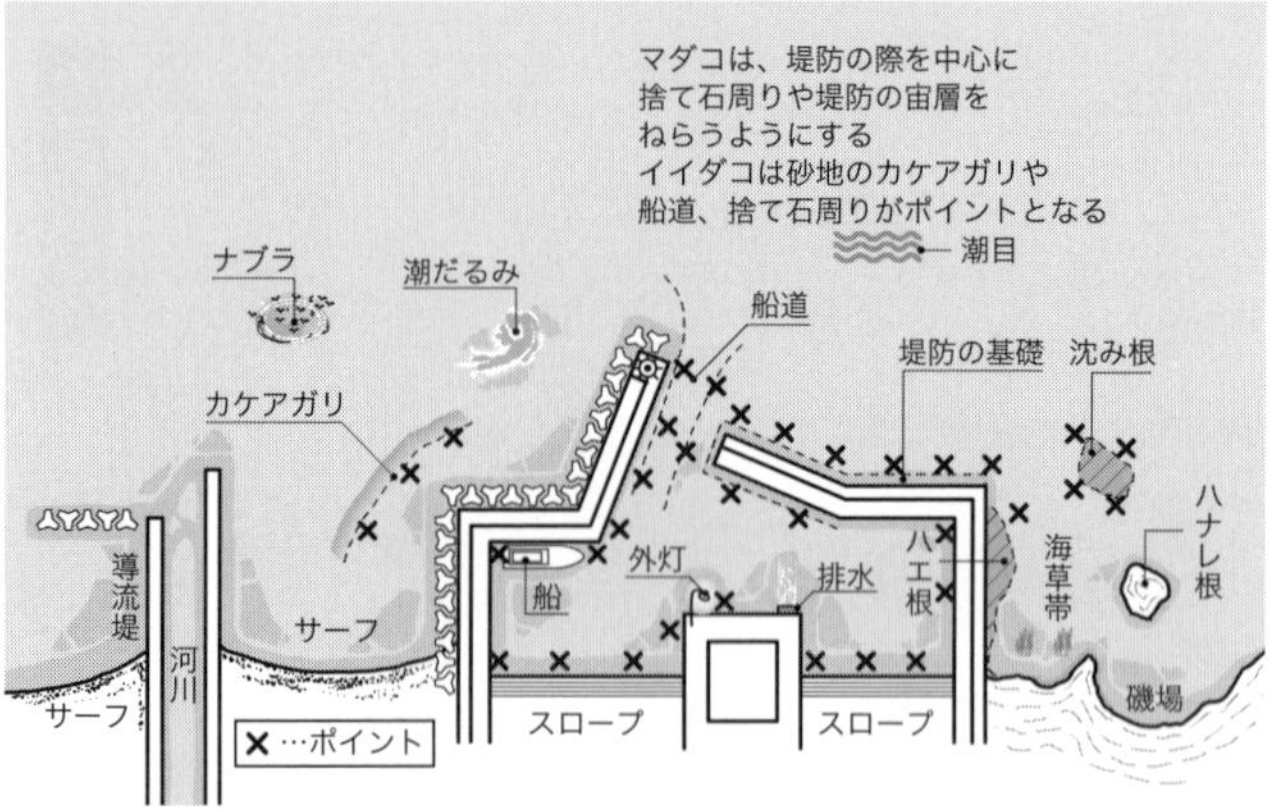
マダコは、堤防の際を中心に
捨て石周りや堤防の宙層を
ねらうようにする
イイダコは砂地のカケアガリや
船道、捨て石周りがポイントとなる
潮目
ナブラ
潮だるみ
船道
堤防の基礎
沈み根
カケアガリ
ハナレ根
ハエ根
海草帯
導流堤
外灯
排水
船
サーフ
河川
磯場
サーフ
スロープ
スロープ
×…ポイント

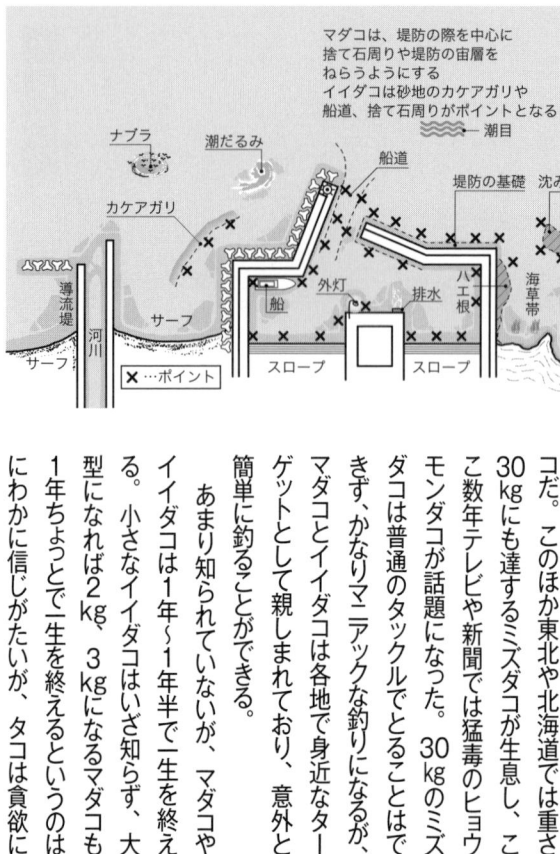

日本沿岸には数種類のタコが生息している。代表的なのはマダコとイイダコだ。このほか東北や北海道では重さ30㎏にも達するミズダコが生息し、ここ数年テレビや新聞では猛毒のヒョウモンダコが話題になった。30㎏のミズダコは普通のタックルでとることはできず、かなりマニアックな釣りになるが、マダコとイイダコは各地で身近なターゲットとして親しまれており、意外と簡単に釣ることができる。

あまり知られていないが、マダコやイイダコは1年～1年半で一生を終える。小さなイイダコはいざ知らず、大型になれば2㎏、3㎏になるマダコも1年ちょっとで一生を終えるというのはにわかに信じがたいが、タコは貪欲にエサを漁るのでシーズン中でも日に日にサイズがよくなるのを目の当たりにすれば納得できるだろう。

イイダコ釣り

ゲーム&ライトタックルで楽しめる

●釣り方

イイダコは内湾に多く棲み、アマモの生えるような砂地や砂利底を好む。堤防では船道やカケアガリ、捨て石周りなどがポイント。シーズンは夏から秋にかけて。夜行性で夜になると活発にエサを漁るが、目の前にエサがくれば昼間でも貪欲に食らいつく。普段はアサリなどの二枚貝を食べているが、不思議と白っぽいものに興味を示す習性から、釣りではラッキョウや瀬戸物、消しゴムをテンヤに取り付けて釣る。

タックルと仕掛けはいたって簡単。サオはコンパクトロッドやシーバスロッド、エギングロッド、バスロッド、投げザオなど、テンヤを投げられるものな

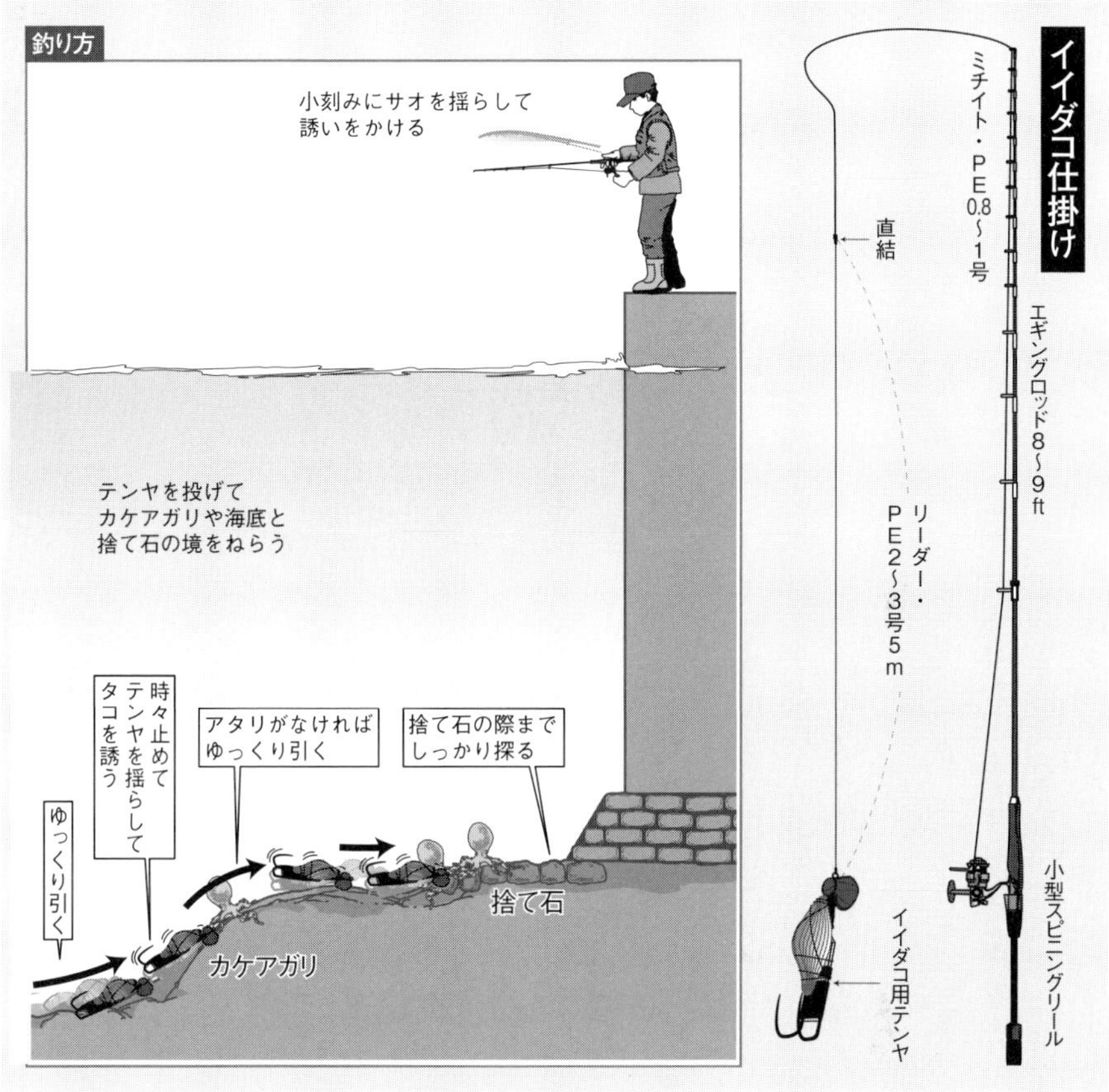
釣り方
小刻みにサオを揺らして誘いをかける
テンヤを投げてカケアガリや海底と捨て石の境をねらう
ゆっくり引く
時々止めてテンヤを揺らしてタコを誘う
アタリがなければゆっくり引く
捨て石の際までしっかり探る
カケアガリ
捨て石
イイダコ仕掛け
ミチイト・PE0.8～1号
直結
エギングロッド8～9ft
リーダー・PE2～3号5m
小型スピニングリール
イイダコ用テンヤ

ら流用OKだ。リールも小～中型のスピニングリールで、ミチイトは1号程度のPEにキャスト切れを防ぐため5mほどPE2～3号を繋ぎ、その先に市販のイイダコ用テンヤを結ぶ。

釣り方は、エサを付けたテンヤを遠投して時々止めながらゆっくりと引っぱってくるだけ。リールを巻いてくる途中で重みを感じたらそれがアタリ。ゴツンとかギューッという魚のようなアタリではなく、ただ重くなるだけだ。

重みを感じたらサオを起こしてゆっくりと聞き、重さが伝わるようならそのまま一定速度で巻き上げる。

●エサ

テンヤにはタコ糸などでラッキョウや消しゴムを取り付けるタイプと、あらかじめ白やピンクの瀬戸物が仕込まれているものもある。後者のタイプならタックルケースに1つ忍ばせておけば、シロギス釣りなどをしていて外道にイイダコが掛かってくるようなときにすぐチェンジできるので便利だ。

マダコ釣り

足元をトントン小突いて堤防を歩き回る

●釣り方

マダコは外洋に面するところに多く棲み、岩礁帯など障害物の周りを好む。堤防では、堤防自体が障害物となるので足元や堤壁、繋ぎ目、捨て石の周りなど、比較的近いところがポイントになる。もちろん沖に沈み根やカケアガリなどがあれば、そこに居着いている場合もある。

シーズンは地域により多少前後するが、5～12月と比較的ロングランで楽しめる。特に200～300gに育った新子の季節の5～6月は数も釣れるのでタコ釣り入門にはもってこいだ。

7～8月になると一気に大きくなり500～800gにまで成長する。中には1kgクラスも姿を現わすようになる。夏を過ぎると徐々に数が釣れなくなる。10月にはほとんどが1kg前後になり、12月に入ると1・5～2kg級の大型も釣れるがやはり数は出ない。そして年が明けるとシーズン的には終了といった感じになるが、釣れれば超大型というのがパターンである。

タックルはシーズン初～中期の小～中型ならシーバスロッドやエギングロッド、コンパクトロッドで代用できるが、ある程度大きくなると重量もさることながら、海底にへばりついているのを引きはがすようにやり取りするので頑丈なサオが必要になる。最近ではタコ専用のサオもあるが、80号以上の船ザオやジギングロッド、投げザオを流用する人も多い。

掛かったら一気に巻いてくるので、リールもパワーのある中型の両軸リールが一般的だ。これにPEラインの5～8号を50mほど巻く。その先にタコベイトやビニール、ホロなどタコを寄せる仕掛けをセットし、マダコ用のテンヤやジグをセットする。

基本的な釣り方は堤防のヘチにテンヤやジグ、餌木を落とし込み、海底を小突いてアタリがなければ数m移動してまた小突く、という動作を繰り返して堤防を探っていく。また、堤壁の宙層にもタコがへばりついていることが多く、海底ばかりにとらわれず、宙層でも小突いてみるのも手だ。

沖に沈み根やカケアガリがある場合はテンヤや餌木を遠投してねらう。投入したら着底を待ち、サオ先を小刻みに動かしテンヤをチョコチョコ引っぱってくる。このときテンヤを海底から離さないのがコツ。

アタリはズシッと重くなる。モタモタしていると根に入られたり海底にしがみつかれてしまうので、重さを感じたらしっかり合わせてすぐに海底や堤壁からタコを離すこと。海底で掛けたときは問題ないが、堤壁で掛けた場合は、サオを前へ突き出すように合わせて素早く堤壁から離すようにする。

合わせた後は一定速度でリールを巻いて取り込む。小さいものは抜き上げ

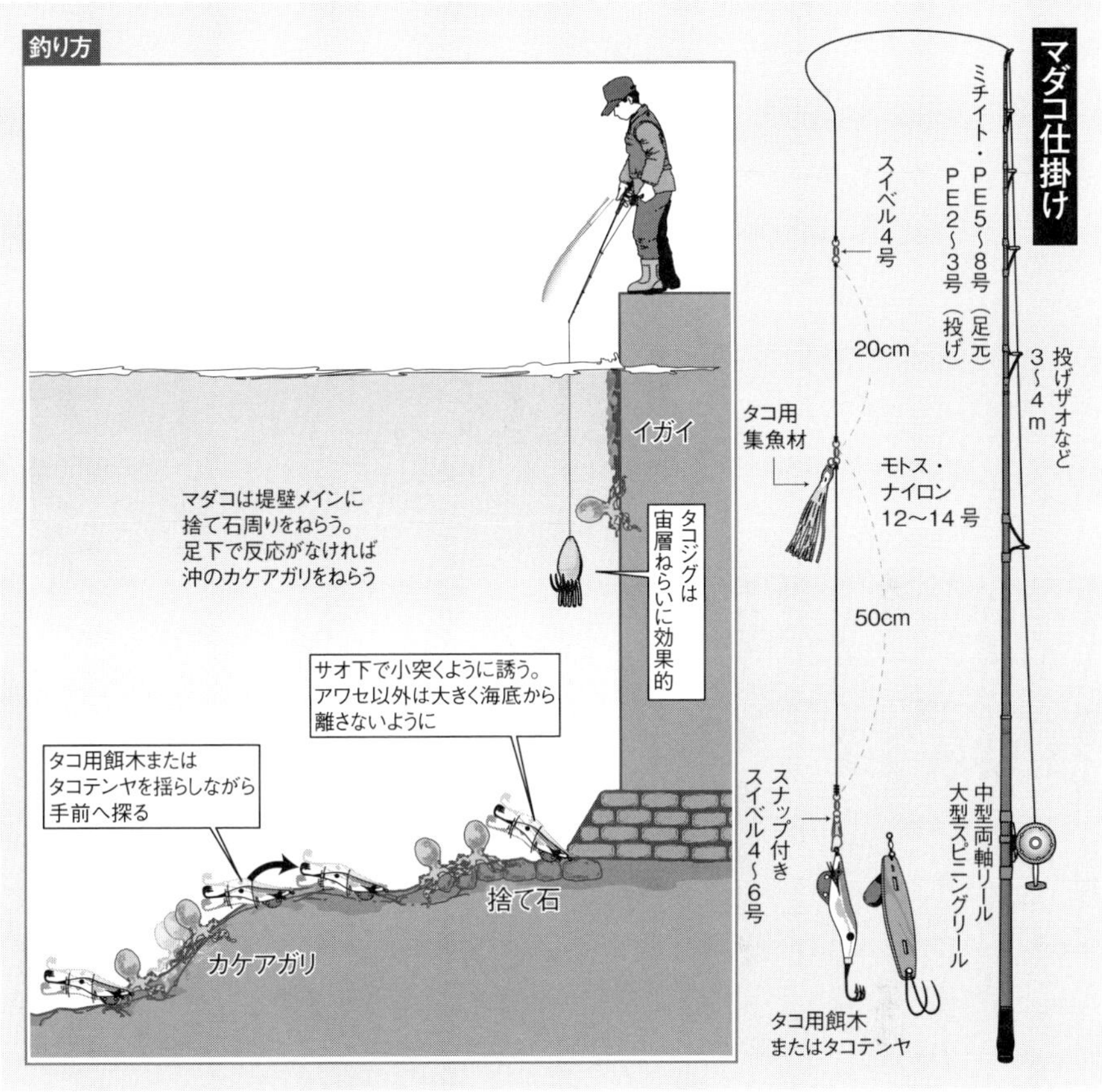
釣り方
マダコは堤壁メインに
捨て石周りをねらう。
足下で反応がなければ
沖のカケアガリをねらう
イガイ
タコジグは宙層ねらいに効果的
サオ下で小突くように誘う。
アワセ以外は大きく海底から
離さないように
タコ用餌木または
タコテンヤを揺らしながら
手前へ探る
捨て石
カケアガリ
マダコ仕掛け
投げザオなど
3～4m
ミチイト・PE5～8号（足元）
PE2～3号（投げ）
スイベル4号
20cm
タコ用
集魚材
モトス・
ナイロン
12～14号
50cm
スナップ付き
スイベル4～6号
中型両軸リール
大型スピニングリール
タコ用餌木
またはタコテンヤ

ればよいが、大型は無理せずタモ入れするようにしたい。

●エサ

ジグや餌木にはエサは不要だが、テンヤの場合はイシガニやガザミ、ワタリガニなどをタコ糸でくくりつける。本物のカニが手に入らないときはビニール製のカニでも代用できる。また、マダコもイイダコと同様に白いものに興味があるようで、豚肉の脂身をテンヤに巻きつけて使う人も多い。

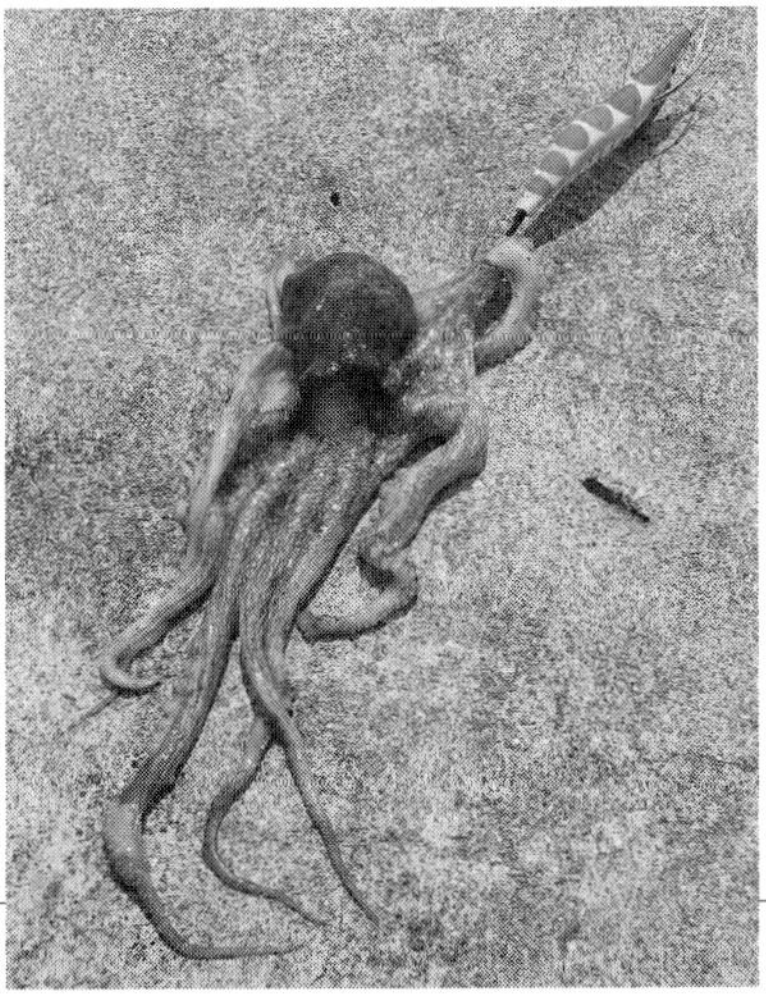

小型サイズでも食欲旺盛

TACHIUO

▶スズキ目
▶タチウオ科

タチウオ（太刀魚、立魚、魛）

釣り方

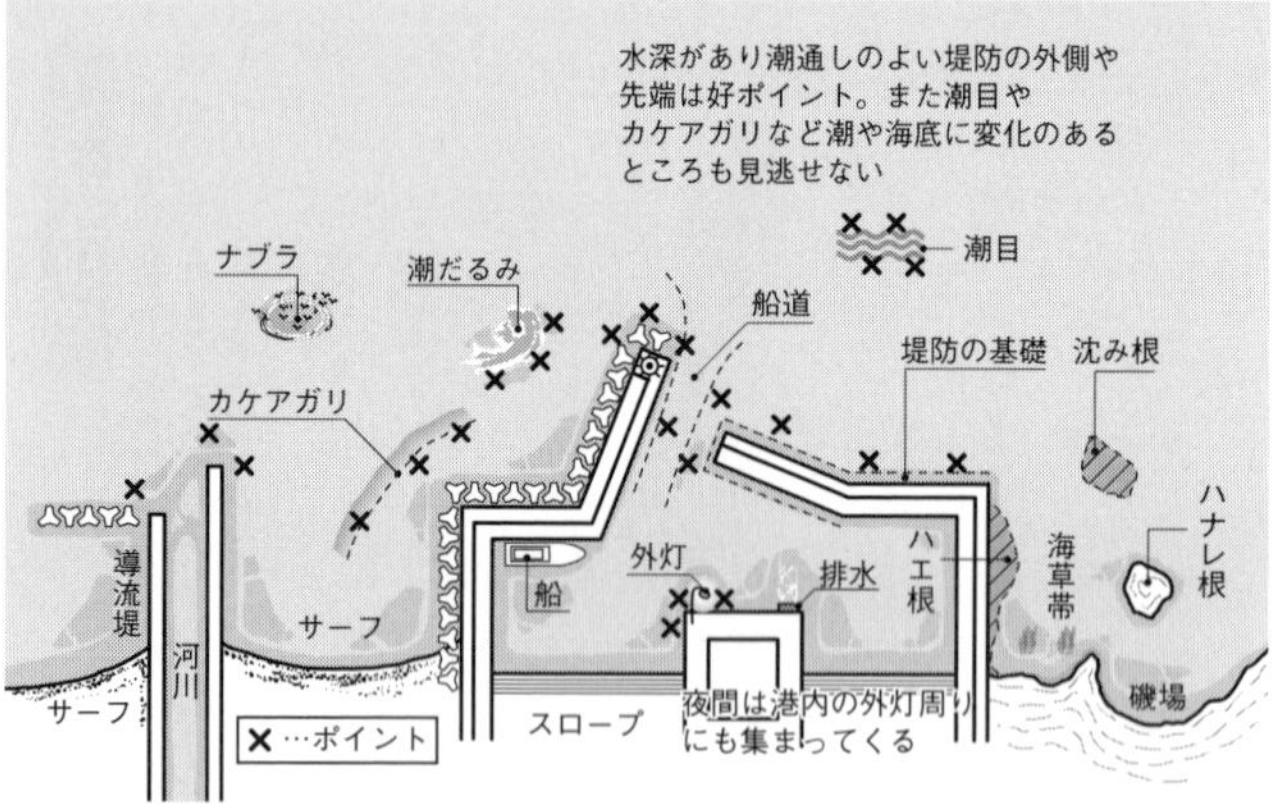

水深があり潮通しのよい堤防の外側や
先端は好ポイント。また潮目や
カケアガリなど潮や海底に変化のある
ところも見逃せない
潮目
ナブラ
潮だるみ
船道
堤防の基礎
沈み根
カケアガリ
ハナレ根
海草帯
ハエ根
外灯
排水
船
導流堤
サーフ
河川
サーフ
スロープ
夜間は港内の外灯周り
にも集まってくる
磯場
×…ポイント

「太刀＝刀」を表わす名前の由来は、刀のような魚体をひと目見れば一目瞭然だろう。「立魚」という字も当てられているが、これはタチウオが立って泳ぐ性質からきているもので、どちらの由来も言い得て妙である。また、世界中の熱帯から温帯に生息し、海外ではサーベルフィッシュと呼ばれる。

シーズンは夏から冬にかけてで、日中は沖合の深い海底付近にいて岸から釣れることは希だが、夕方から夜になると岸近くの浅いところまでエサを求めて群れで回遊する。エサはアジやイワシ、キビナゴといった小魚で完全なフィッシュイーターだ。そのためルアーはもちろん、エサ釣りでは魚の切り身やキビナゴやイワシを使う。

釣り人によるタチウオのサイズの表わし方は独特で、体高を指の幅になぞらえて3本、4本などという。5本となれば結構な大きさだ。また1mを超える大ものはドラゴン級と呼ばれる。歯はとても鋭く、素手でハリを外そうものなら噛《か》まれてケガをするので、必ずプライヤーなどで外すようにしたい。

ウキ釣り

鋭い歯をワイヤー仕掛けでかわす

●釣り方

タマヅメから夜間に岸近くへ寄ってきて小魚を漁るため、釣り場の善し悪しを決めるのは「エサの小魚がいるかいないか」によるところが大きい。またタチウオは立ち泳ぎの姿勢で下からエサを獲る習性のため、水深が1〜2mしかない浅場にはあまり姿を現わさない。そのため、ある程度水深があることもポイントになってくる。

釣り方自体はそれほど難しいことは

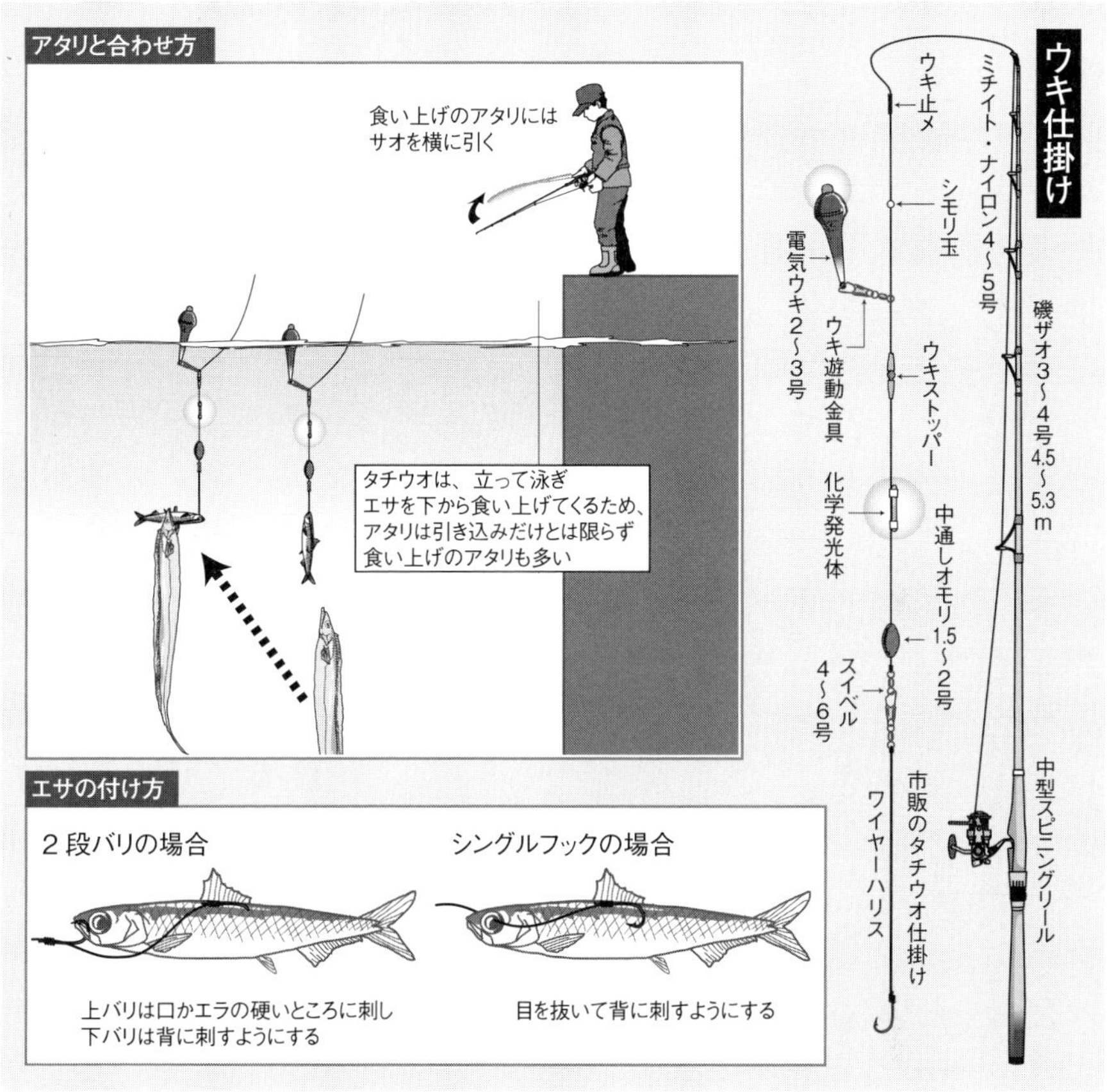
アタリと合わせ方
食い上げのアタリには
サオを横に引く
タチウオは、立って泳ぎ
エサを下から食い上げてくるため、
アタリは引き込みだけとは限らず
食い上げのアタリも多い
エサの付け方
2段バリの場合
上バリは口かエラの硬いところに刺し
下バリは背に刺すようにする
シングルフックの場合
目を抜いて背に刺すようにする
ウキ仕掛け
ミチイト・ナイロン4～5号
ウキ止メ
シモリ玉
電気ウキ2～3号
ウキ遊動金具
ウキストッパー
磯ザオ3～4号4.5～5.3m
化学発光体
中通しオモリ1.5～2号
スイベル4～6号
市販のタチウオ仕掛け
ワイヤーハリス
中型スピニングリール

ないのだが、タチウオは歯の鋭い魚なので普通の仕掛けではすぐに切られてしまい、太刀打ちできない。そのため考えられたのがハリスにワイヤーを用いた仕掛けだ。市販品も数多く揃っているので好みの商品を選ぶとよい。

　ハリにはエサのキビナゴや魚の切り身をセットして小魚の集まりそうな場所へ投入する。ウキ下は最初サオ1本くらいにセットするが、日が暮れてくると徐々に浅くなるので食いを見ながらこまめに変えるようにしたい。

　どう猛な魚であるが、エサを食べるのは意外と下手なようで、アタリで即合わせるとハリ掛かりしないことが多い。アワセのタイミングはその時々で違うものだが、しっかりと食い込ませるということを覚えておきたい。

●エサ

　キビナゴやサバ、サンマなど魚の切り身が一般的。キビナゴは1尾刺しに、魚の切り身は幅1㎝、長さ6㎝程度の短冊状に切って使う。

ルアーフィッシング

ワインド釣法が最強メソッド

●釣り方

小魚を主食とするタチウオはルアーフィッシングにおいて、うってつけのターゲットである。少し前まで、タチウオといえばエサ釣りで楽しむ人がほとんどであったが、最近ではルアーでのねらい方も確立して人気が出てきている。

タチウオは普通にメタルジグやバイブレーション、ミノープラグを投げても釣れるが、イチ押しはワインドと呼ばれる釣法だ。

タックルはシーバスロッドに細めのPEラインを巻いた小型スピニングリールを組み合わせ、70～100㎝ほどフロロカーボンのリーダーを取り、その先に鋭い歯によるラインブレイクを防ぐため、ワイヤーリーダーを25㎝ほど継ぎ足す。そしてタチウオのワインド釣法のために作られた専用のジグヘッドとワームをセットして仕掛けはできあがりだ。

タチウオは夜間になると足下までやってくるが、タマヅメなどのまだ少し明るさが残るうちは、岸から離れた深いところに群れていることが多い。そのため、明るい間はできるだけ遠投して底を取り、サオを立てて軽くシャクり続けながらゆっくりとリールを巻いてくる。

ワームはシャクると左右に振れながら落ち、それが誘いにつながる。ただしずっとシャクり続けているとワームが表層まで出てきてしまうので、途中で一旦沈めてふたたびシャクり上げるようにする。

夜間になるとポイントも近くなり、タチウオはさらに表層近くまで上がってくる。そうなれば軽めのジグヘッドに切り替えて宙層から浅いタナを探るようにする。

エサ釣りでも同様のことがいえるが、タチウオの場合、アタリがあってもなかなかフッキングしないこともままある。そんなときは、メインフックにトレーラーフック（アシストフック）を装着してやるとフッキング率がアップするので試してみるとよい。

ワームはホワイト系やグロー系が定番カラーで9～11㎝がベスト。また、タチウオは光に集まってくる習性もあるので、グロー系のワームなら蓄光器で光を当てて使うとよい。

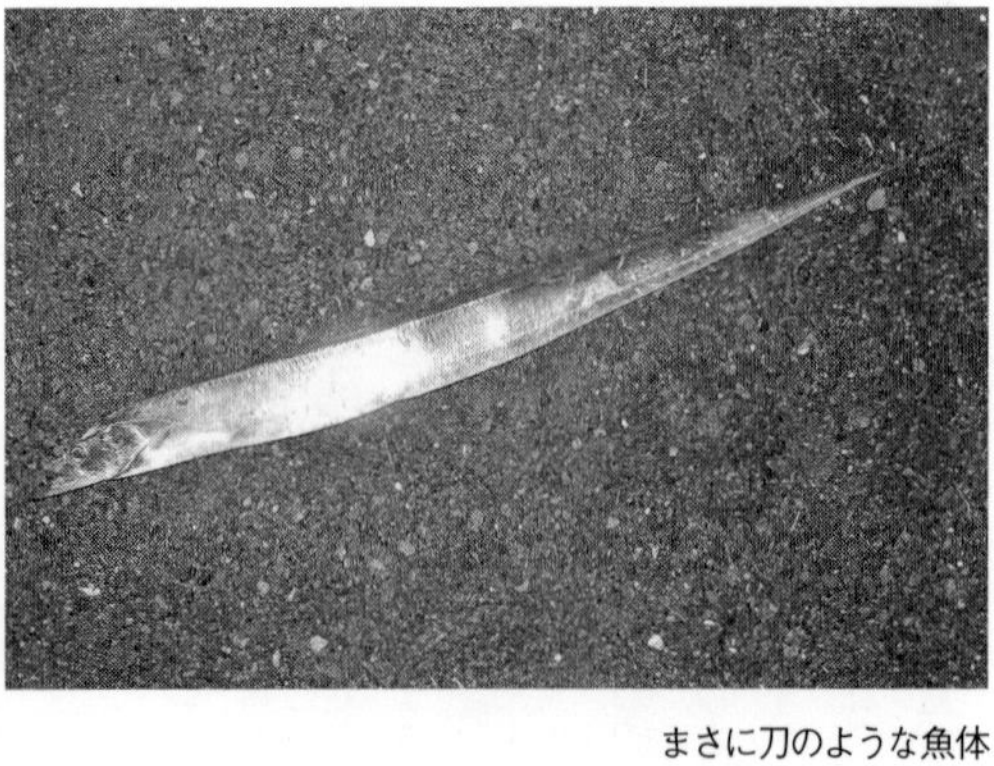

まさに刀のような魚体

タマヅメから夜間はタチウオが岸近くに寄ってくるチャンスタイム

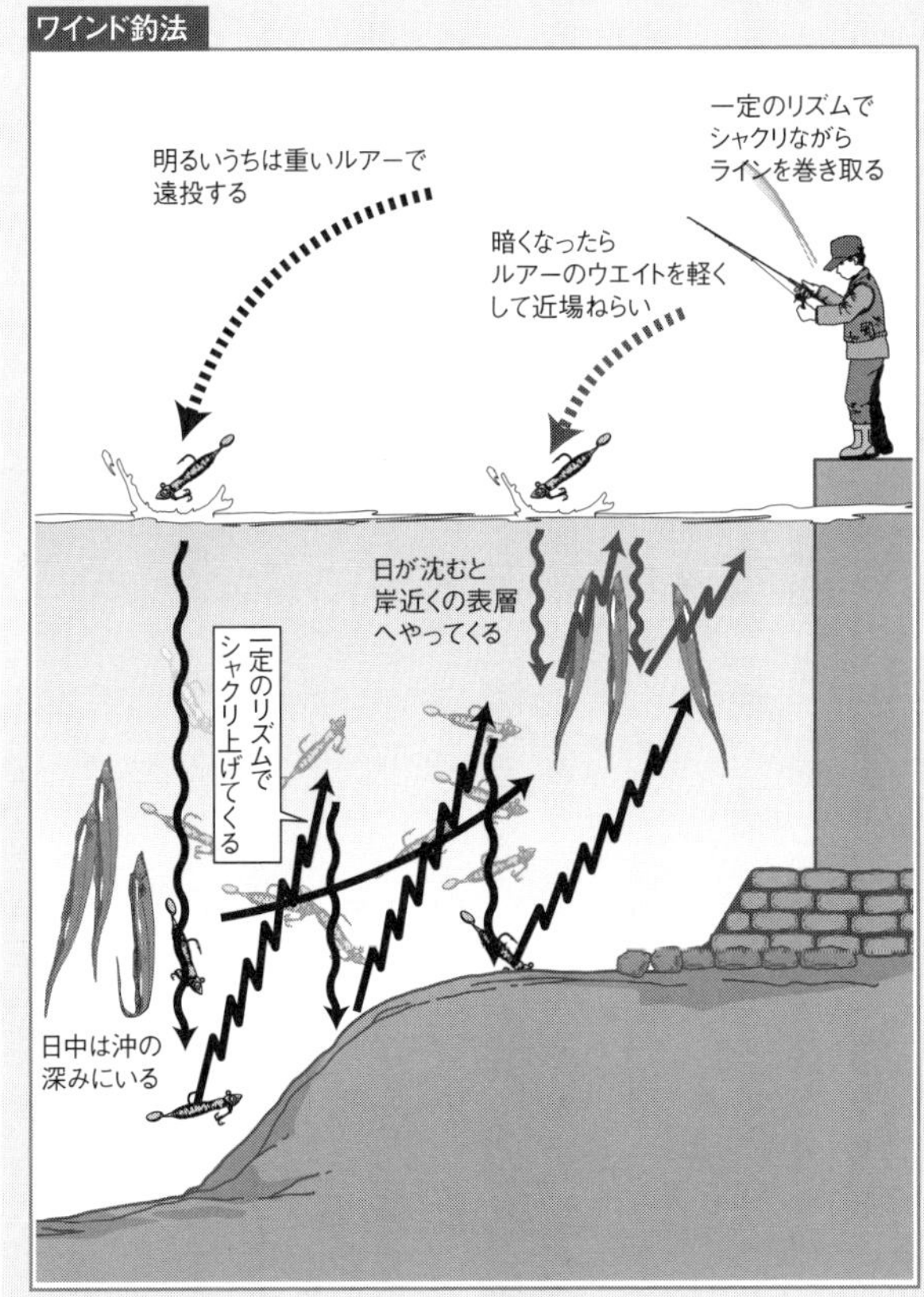
ワインド釣法
明るいうちは重いルアーで
遠投する
一定のリズムで
シャクリながら
ラインを巻き取る
暗くなったら
ルアーのウエイトを軽く
して近場ねらい
日が沈むと
岸近くの表層
へやってくる
一定のリズムで
シャクリ上げてくる
日中は沖の
深みにいる

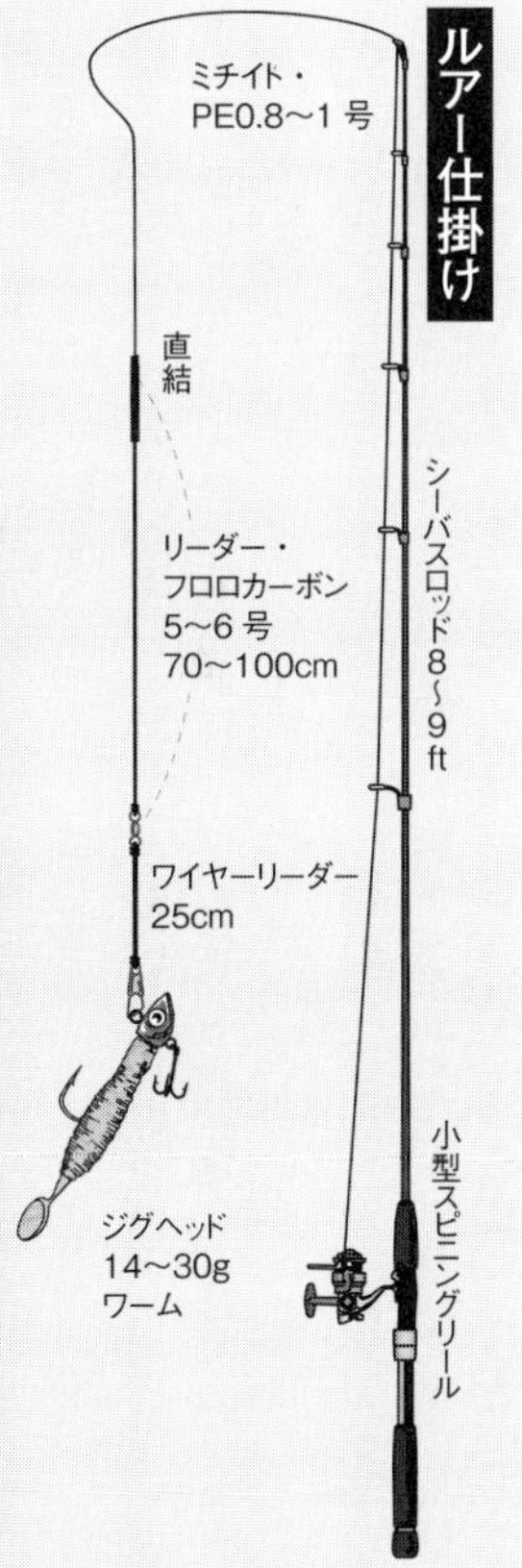
ルアー仕掛け
ミチイト・
PE0.8～1 号
直結
リーダー・
フロロカーボン
5～6 号
70～100cm
ワイヤーリーダー
25cm
ジグヘッド
14～30g
ワーム
シーバスロッド8～9ft
小型スピニングリール

HAZE

▶スズキ目
▶ハゼ科

ハゼ（鯊、沙魚）

釣り方

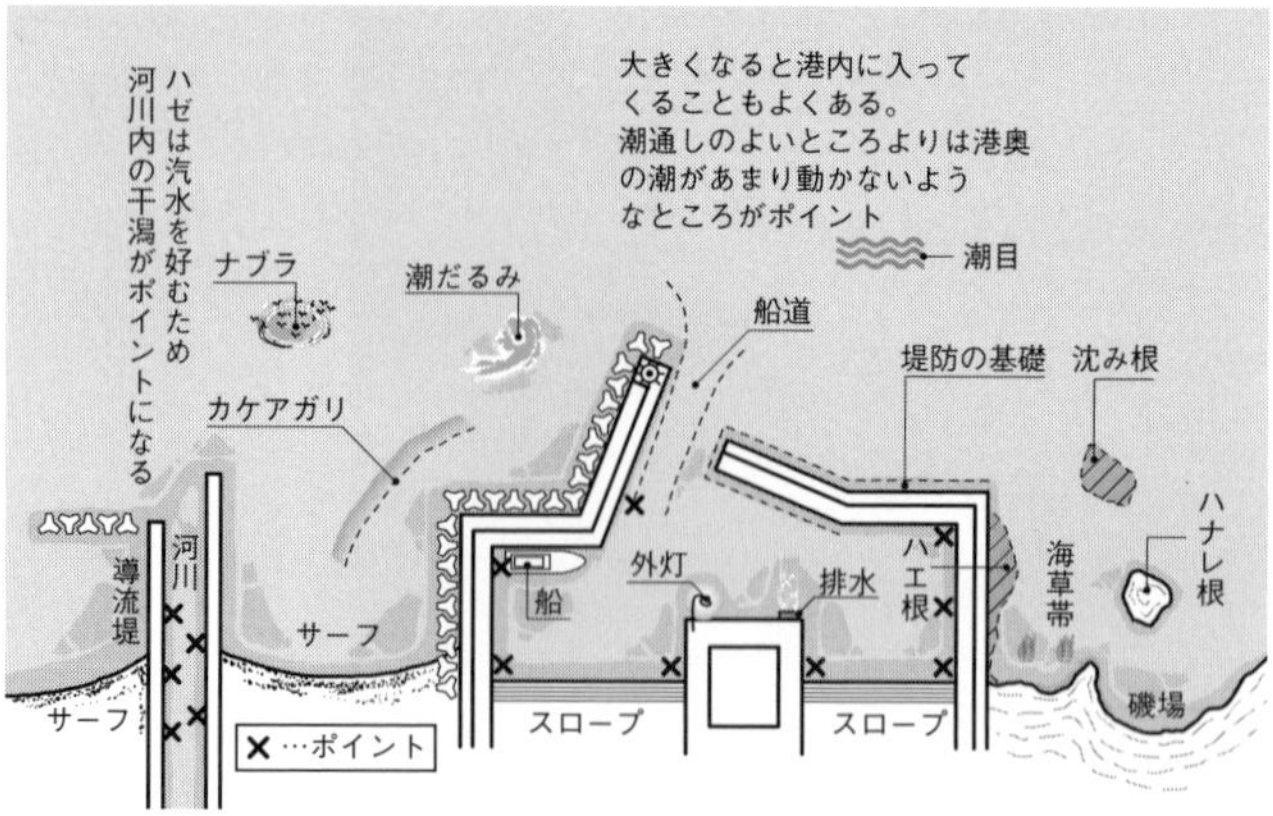
大きくなると港内に入ってくることもよくある。潮通しのよいところよりは港奥の潮があまり動かないようなところがポイント
潮目
ハゼは汽水を好むため河川内の干潟がポイントになる
ナブラ
潮だるみ
船道
堤防の基礎
沈み根
カケアガリ
ハナレ根
海草帯
ハエ根
導流堤
河川
外灯
排水
船
サーフ
サーフ
スロープ
スロープ
磯場
×…ポイント

夏から秋にかけて、河口の護岸にはハゼねらいの釣り人がズラリとサオを並べる。釣り場はとても賑やかでお手軽系ターゲット・ナンバーワンである。

普通、ハゼは1年で一生を終える「年魚」だ。梅雨に干潟や河口の浅瀬で稚魚が湧き、夏は浅瀬で盛んにエサを漁り、秋の水温低下とともに深場へ移動する。冬になると海底に巣穴を作り、産卵して生涯を終える。しかし水温の低い地域や遅生まれの個体は冬でも成熟せず2、3年生きるものもいる。

例年、早いところでは梅雨なかばからデキハゼ釣りがスタートする。夏場のハゼは淡水の混じる水深30～50㎝の浅場に群れ、サイズは5～7㎝。好奇心旺盛でどんなエサにもアタックし、初心者や子供でも簡単に釣れる。

お盆を過ぎると10㎝前後まで成長し、やや深場へと移動するが、それでもねらう水深は50～100㎝。秋のお彼岸頃までは比較的手軽にねらえるのでファミリーでも楽しめる。その後は秋の深まりとともにさらに深みへ落ち、少しずつ釣るのが難しくなってくる。

ウキ釣り

お手軽ターゲットの定番！

●釣り方

誰でも簡単に楽しめるウキ釣り。静止していたウキがピョコピョコと動いたり、ツッツーッと引き込まれるので、手に取るようにアタリが分かる。

シーズンは初期から中盤まで。それ以降はハゼが深場へと移動してしまうので釣りにくくなってしまう。

初期から夏のハゼは非常に好奇心旺盛だ。エサを見つければすぐに飛びつくので、仕掛けを投入して10秒待って

続・ハゼのポイント図

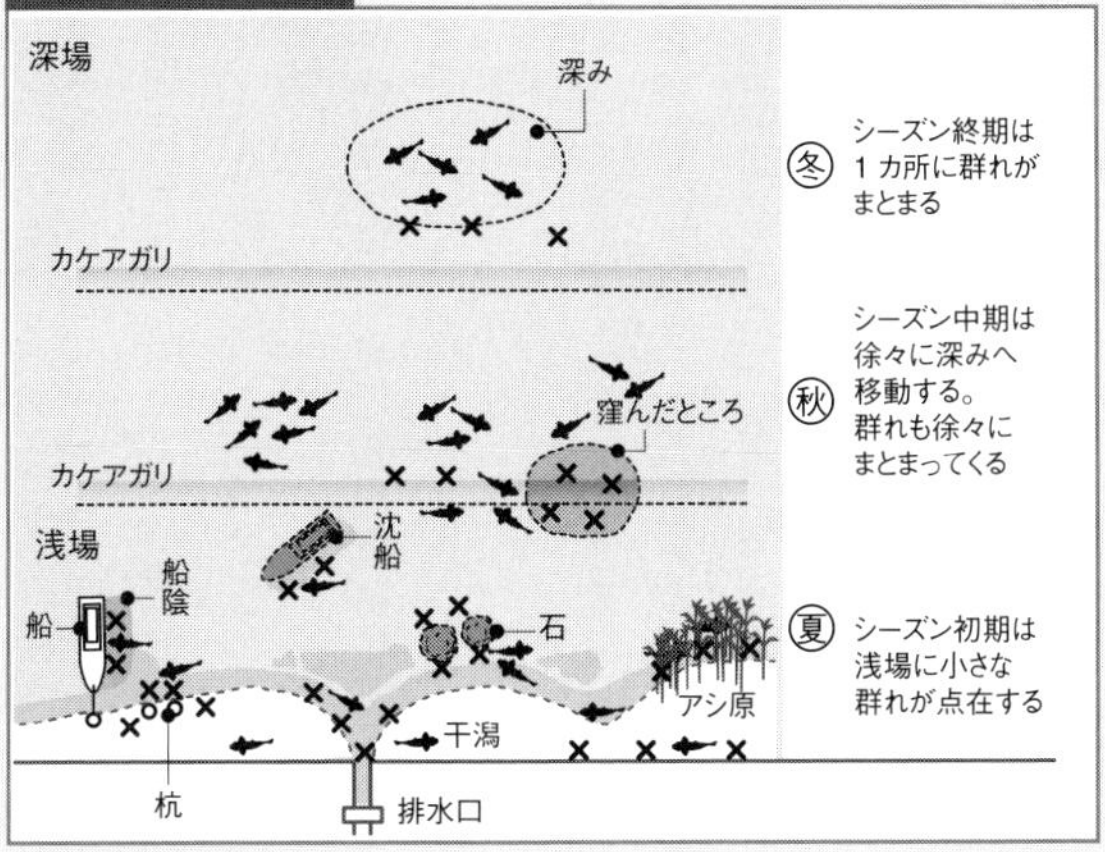
深場
深み
カケアガリ
窪んだところ
カケアガリ
浅場
沈船
船陰
船
石
アシ原
干潟
杭
排水口
冬
シーズン終期は1カ所に群れがまとまる
秋
シーズン中期は徐々に深みへ移動する。群れも徐々にまとまってくる
夏
シーズン初期は浅場に小さな群れが点在する

ウキ下の取り方

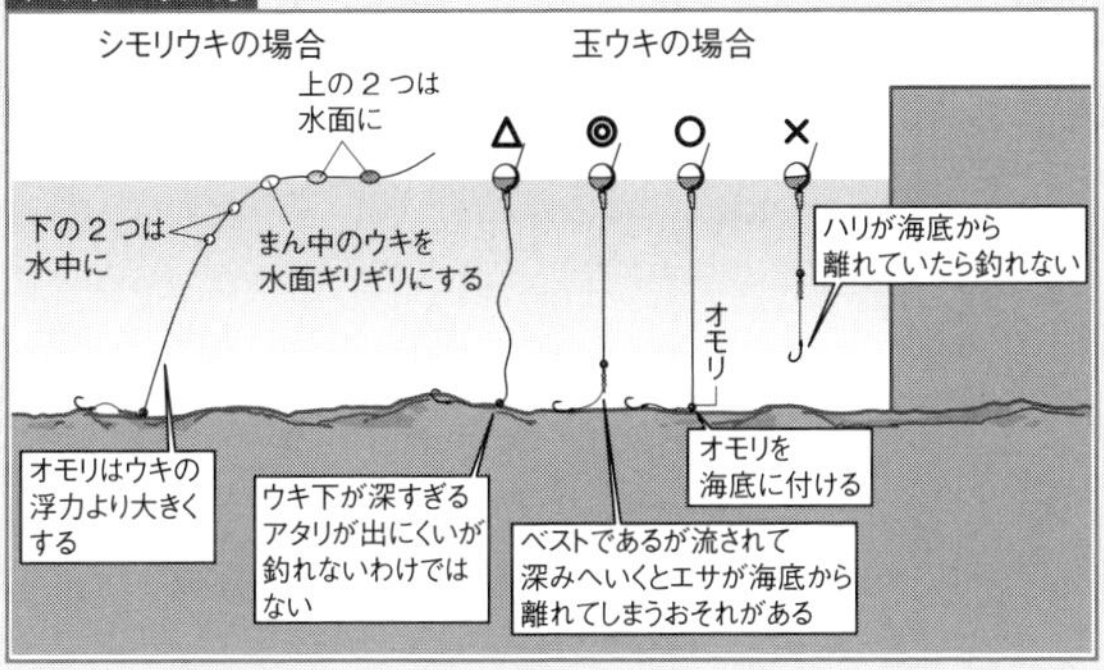
シモリウキの場合
玉ウキの場合
上の２つは水面に
下の２つは水中に
まん中のウキを水面ギリギリにする
△
◎
○
×
ハリが海底から離れていたら釣れない
オモリ
オモリはウキの浮力より大きくする
ウキ下が深すぎるアタリが出にくいが釣れないわけではない
ベストであるが流されて深みへいくとエサが海底から離れてしまうおそれがある
オモリを海底に付ける

ウキ仕掛け

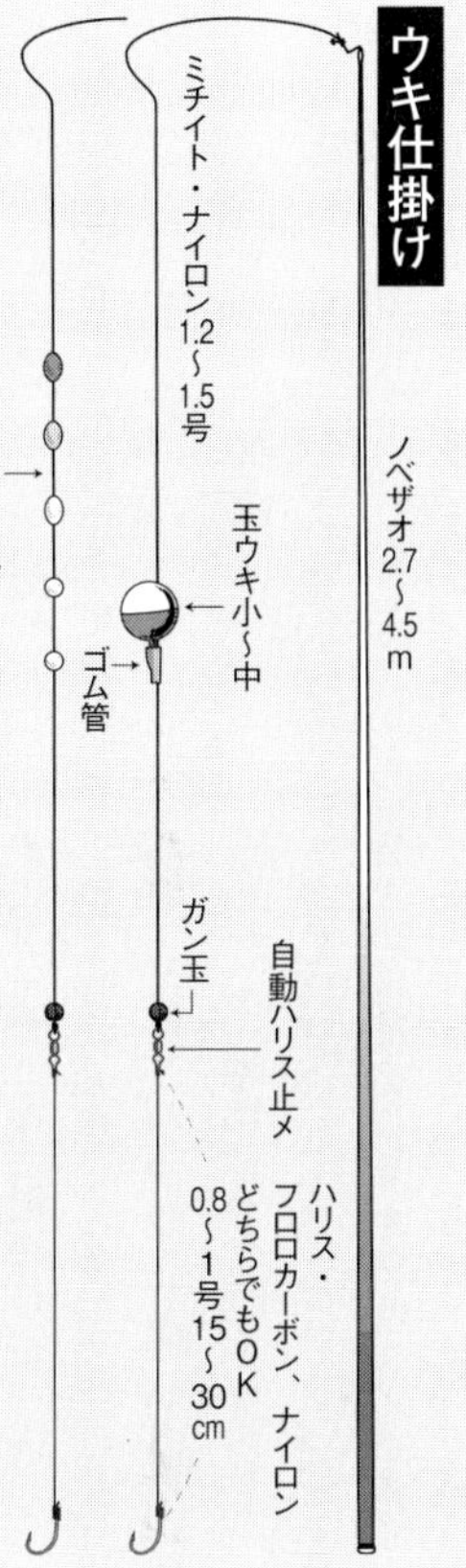
ノベザオ2.7～4.5m
ミチイト・ナイロン1.2～1.5号
ウキ・シモリ玉（大・中・中・小・小）
玉ウキ小～中
ゴム管
ガン玉
自動ハリス止メ
ハリス・フロロカーボン、ナイロンどちらでもOK
0.8～1号15～30cm

もアタリがないときは、エサの周辺にハゼはいないと判断し、仕掛けを数十cm移動して様子をみる。

アタリはウキがピョコピョコと動いたり、ツッツーッと引き込まれるが、「ピョコ」でも「ツッ」でも動いたら即アワセでOK。空振りを恐れてアワセを遅らせるとエサだけ取られたり、ハリを飲まれて外すのに時間が掛かる。

ウキ釣りのコツはウキ下調整。絶対に付けエサを底から離さないのがコツだ。ハゼは海底にへばりついているので、エサが宙層にあっては釣れない。ウキ下はオモリが底に付くセッティングでハリスを完全に底に這わせる。

●エサ

アオイソメやジャリメがよく使われる。特にシーズン初期の小さいハゼには細身のジャリメがよい。硬く食いの悪い頭を取り1～1.5cmにカットして通し刺しにする。タラシを長く出すとそこだけ食われるので、ほとんど出さないでよい。

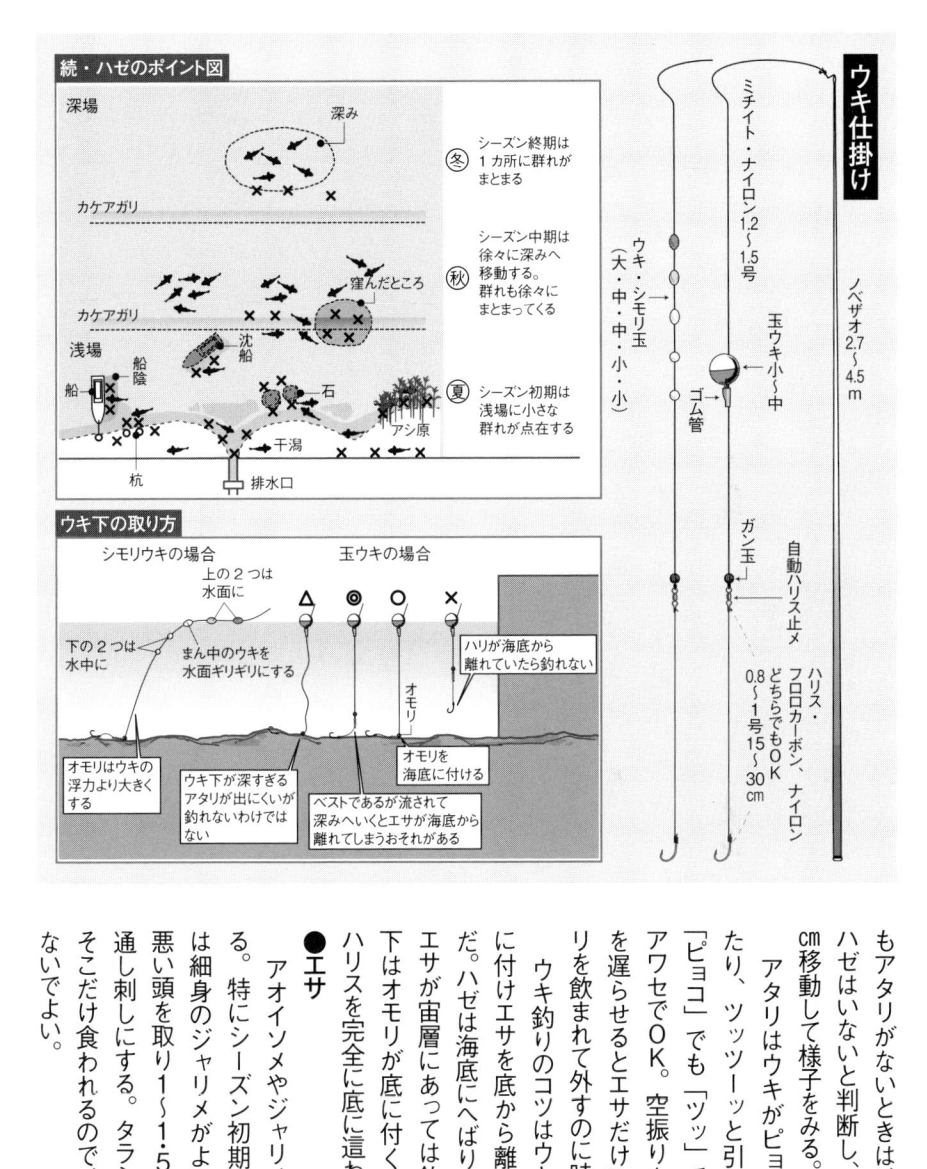

ミャク釣り

手元に伝わる感覚でアタリを判断

●**釣り方**

ウキ釣りが初心者の釣りだとすると、ミャク釣りは少しベテラン向きだ。ウキが付いていないので、アタリはイトを通してサオ先から伝わる感覚で判断しなければならず、初心者とベテランで一番釣果に差がついてしまう釣りでもある。

ウキ釣りはウキが動いて視覚的には楽しいが、合わせてしまえば魚が小さいため引きを味わうことなく取り込んで終了となる。一方、ミャク釣りは手元にハゼがエサをくわえた瞬間のコツッというアタリから、反転して逃げ出すブルブルッという引きまで手に取るように魚の動きが分かるので、慣れてくるとミャク釣りのほうが楽しいという人も少なくない。

ミャク釣りでねらえるシーズンはウキ釣り同様初期から中盤まで、それ以降はハゼが深場へと移動してしまうので釣りにくくなってしまう。

釣り方は仕掛けを振り込み、ミチイトを張った状態をキープしながらオモリを着底させる。ハゼは上から落ちてくるエサに非常に興味をしめすので、オモリ着底後5秒以内でアタリが出ることが多い。アタリがなければ海底を引きずるように数十cm動かしてふたたびアタリを待つ。これを繰り返して手前へ探ってくる。

アタリはハゼがエサをくわえた瞬間に出る「コツ」が取れればそこで即アワセ。「ブルブルッ」とくるアタリではすでに魚は反転していて、違和感があればすぐにエサを吐き出してしまう。

アタリは頻繁にあるので空振りを恐れず、どんどん合わせて振り込み回数を増やしてやるほうが釣果は伸びる。

この時期のハゼは一度アタリがあればその場所に何尾も集まっていることが多く、また同じ場所を釣っているとエサの食《は》み音を聞きつけて他のハゼが寄ってくることも多い。そのため一度アタリがあったところは重点的に釣ることでさらに周りからもハゼを引き寄せ、アタリが遠のいたり、サイズダウンしてきたら次のポイントへ移るようにする。次のポイントといっても大きく移動するわけではなく、5mほど動くか、振り込む方向を変えるくらいでOKだ。

●**エサ**

アオイソメやジャリメがよく使われる。特にシーズン初期の小さいハゼをねらうのなら細身のジャリメが使いやすい。硬く食いの悪い頭を取り、1〜1.5cmにカットして通し刺しにする。タラシを長く出すとそこだけ食われるので、ほとんど出さない。

中盤くらいの時期になり食い渋りを感じたり、小さいのを避けて大きいのを釣ろうとするときは、エサを通常の倍の大きさにして、ボリュームでアピールしてやるとよい。

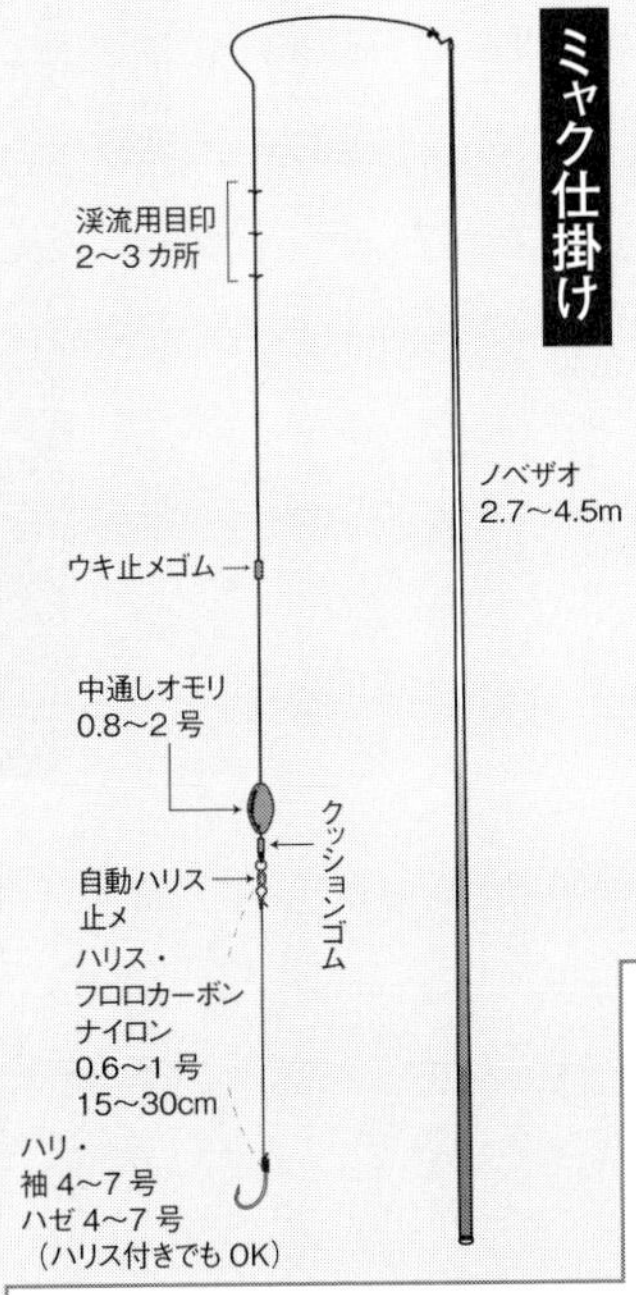
ミャク仕掛け
渓流用目印
2～3カ所
ノベザオ
2.7～4.5m
ウキ止メゴム
中通しオモリ
0.8～2号
クッションゴム
自動ハリス止メ
ハリス・
フロロカーボン
ナイロン
0.6～1号
15～30cm
ハリ・
袖4～7号
ハゼ4～7号
(ハリス付きでもOK)

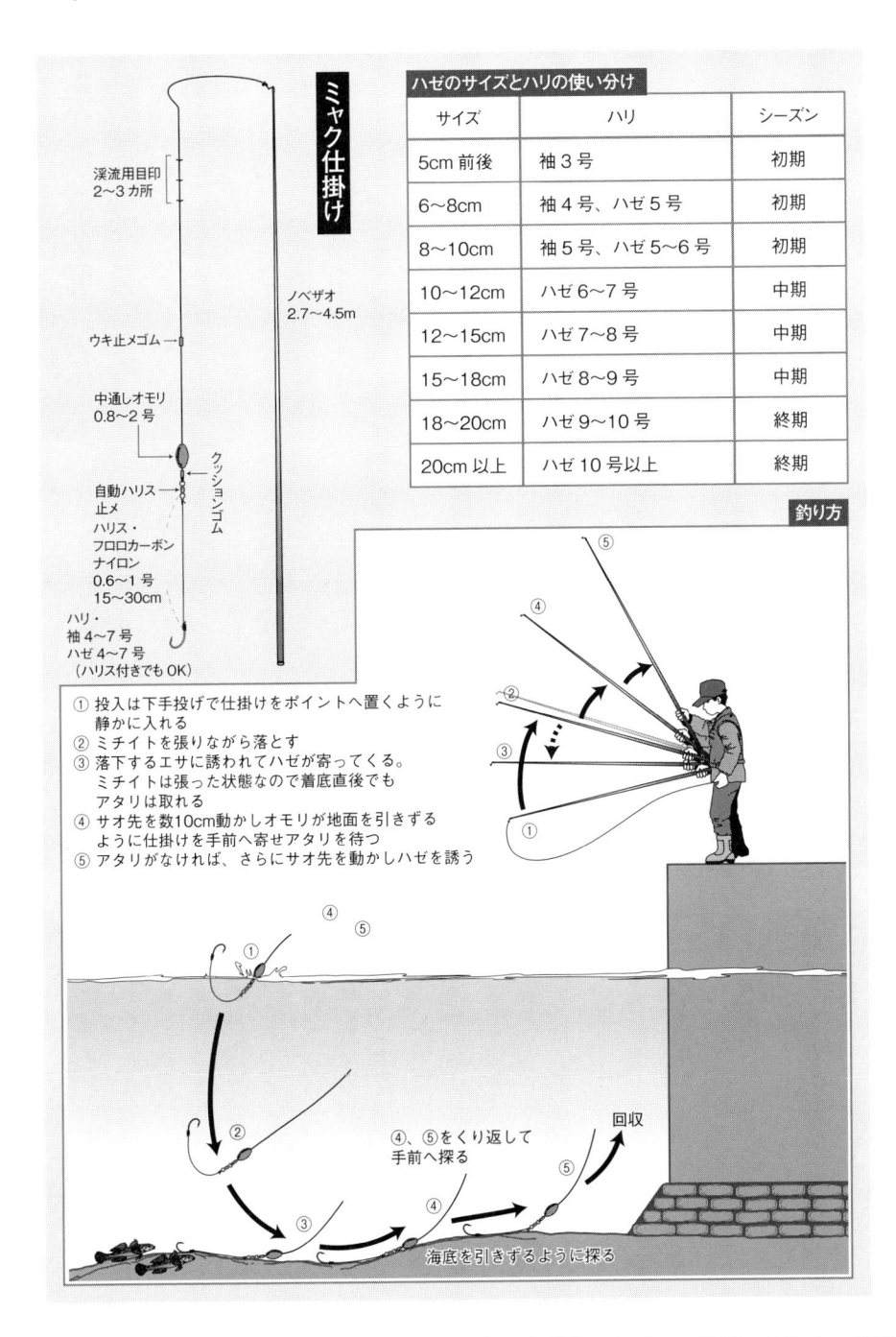

ハゼのサイズとハリの使い分け

サイズ	ハリ	シーズン
5cm前後	袖3号	初期
6～8cm	袖4号、ハゼ5号	初期
8～10cm	袖5号、ハゼ5～6号	初期
10～12cm	ハゼ6～7号	中期
12～15cm	ハゼ7～8号	中期
15～18cm	ハゼ8～9号	中期
18～20cm	ハゼ9～10号	終期
20cm以上	ハゼ10号以上	終期

釣り方

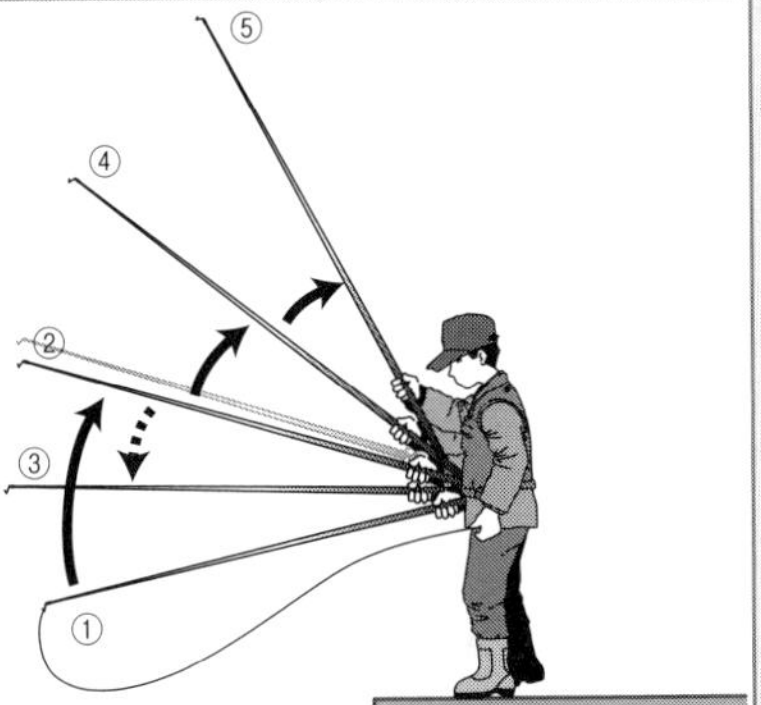
⑤
④
②
③
①

① 投入は下手投げで仕掛けをポイントへ置くように静かに入れる
② ミチイトを張りながら落とす
③ 落下するエサに誘われてハゼが寄ってくる。ミチイトは張った状態なので着底直後でもアタリは取れる
④ サオ先を数10cm動かしオモリが地面を引きずるように仕掛けを手前へ寄せアタリを待つ
⑤ アタリがなければ、さらにサオ先を動かしハゼを誘う

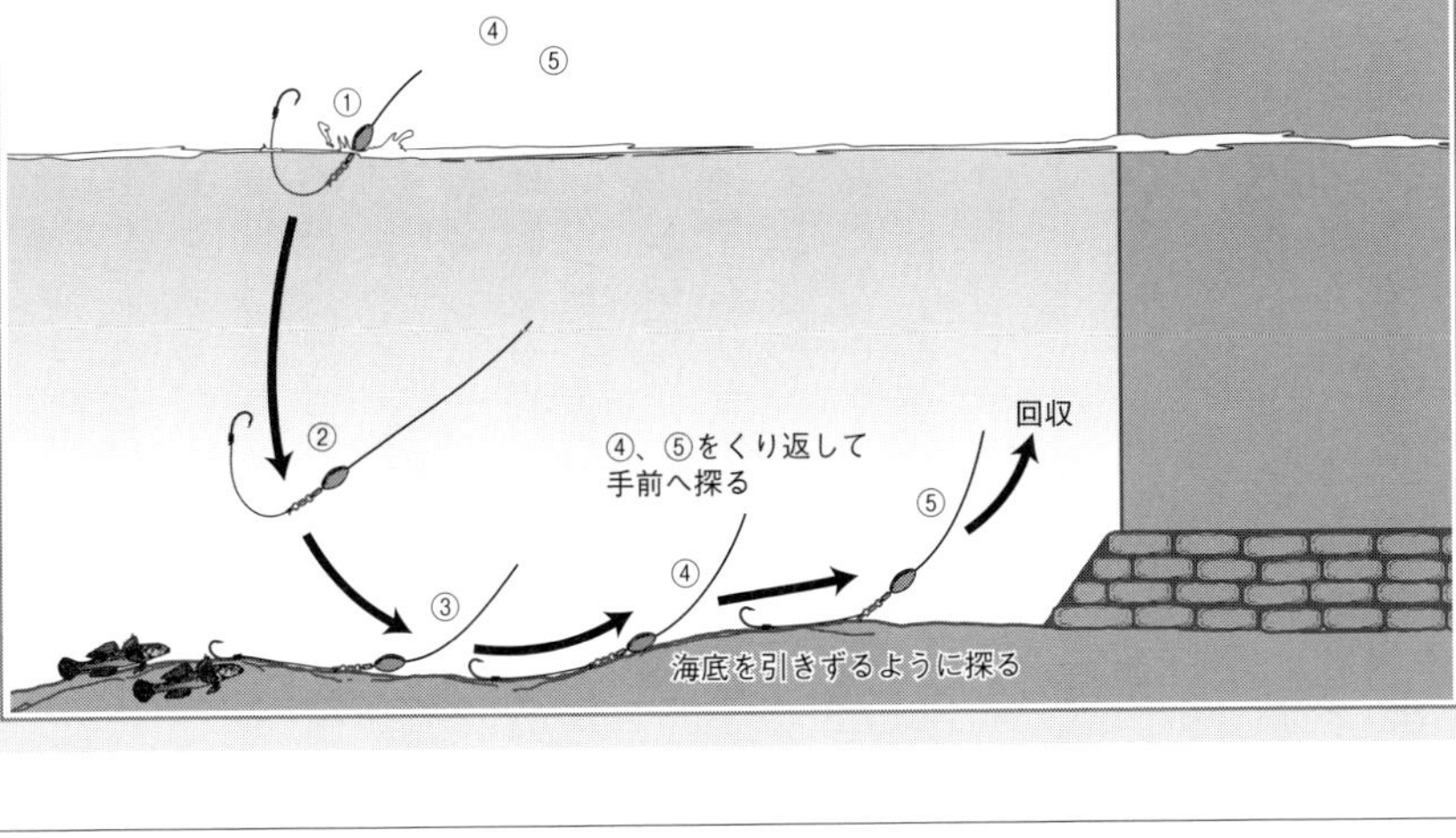
④
⑤
①
②
回収
④、⑤をくり返して
手前へ探る
⑤
④
③
海底を引きずるように探る

投げ釣り

群れを捜してねらい撃ち！

●釣り方

夏を過ぎるとハゼは徐々に深みへ落ち始める。釣り方も秋のお彼岸を過ぎるあたりから、ウキ釣りやミャク釣りといったノベザオスタイルから、遠めのポイントや深いところでもねらえる投げ釣りに変わってくる。

ポイントは少し沖の深みや船道、川であれば流心など。浅場にいるときは小さな群れが散在している状態だったが、落ちの行動が始まると、その群れが少しずつまとまって点在する感じになってくる。寒くなってきたら群れを見つけることが釣果を伸ばすコツだ。

また、夏の間はガンガンアタリを送ってくれたハゼも、成長とともにエサを警戒して食べるようになる。ノベザオで釣っていたときはエサが着底して数秒でアタリが出たのが、お彼岸頃になると、エサが着底もしくは誘いをかけてから10～30秒待たないとアタリが出ないこともある。

季節が進むとさらに待ち時間は長くなる。シーズンオフに近い11月中旬になると活性も低くなり、5分以上待たないとアタリが出ないことも普通にある。こうなると1本ザオでは手持ち無沙汰となるので、2～3本サオを並べて待つようになる。

また、シーズンオフが近付くと、それまで日中釣れていたポイントで全く釣れなくなり、「これで今シーズンも終わった」と思っていると、意外にも夜釣りで日中以上に釣れることもあるから不思議だ。

仕掛けを投入したらミチイトを張って10秒～5分程度アタリを待つ。アタリがなければ仕掛けを引いて重くなる場所を捜し、ふたたび止めてアタリを待つ。カケアガリが緩かったり深みでも平場だったりすると、仕掛けを引いたときの重さの変化が分かりにくいことも多い。そんなときは定期的に仕掛けを移動してアタリを待つ。

アタリがあれば距離を把握してその周辺をねらうのがコツ。そのためには10m毎に色分けされ、1m毎にマーキングのある船釣り用のPEラインを使うと正確にポイントを把握できる。

●エサ

ハゼは成長すると口も大きくなるので、シーズン中盤以降ならアオイソメがベスト。お彼岸頃までは活性も高く、エサは小さくハリと同じ長さか、5～10㎜タラシを出してやればよい。

活性が下がってきたら逆にエサは大きく付けてボリュームでアピールする。11月中旬でサイズが15～18㎝ならエサを5㎝ほどに切ってハリに刺しタラシを2～3㎝取る。

置きザオで釣るときはアオイソメを2～3匹房掛けにしてもよい。ただし1匹をそのまま刺して海の中へ入れるとダランとしてしまうので、タラシの長さを4～5㎝に揃えるようにする。

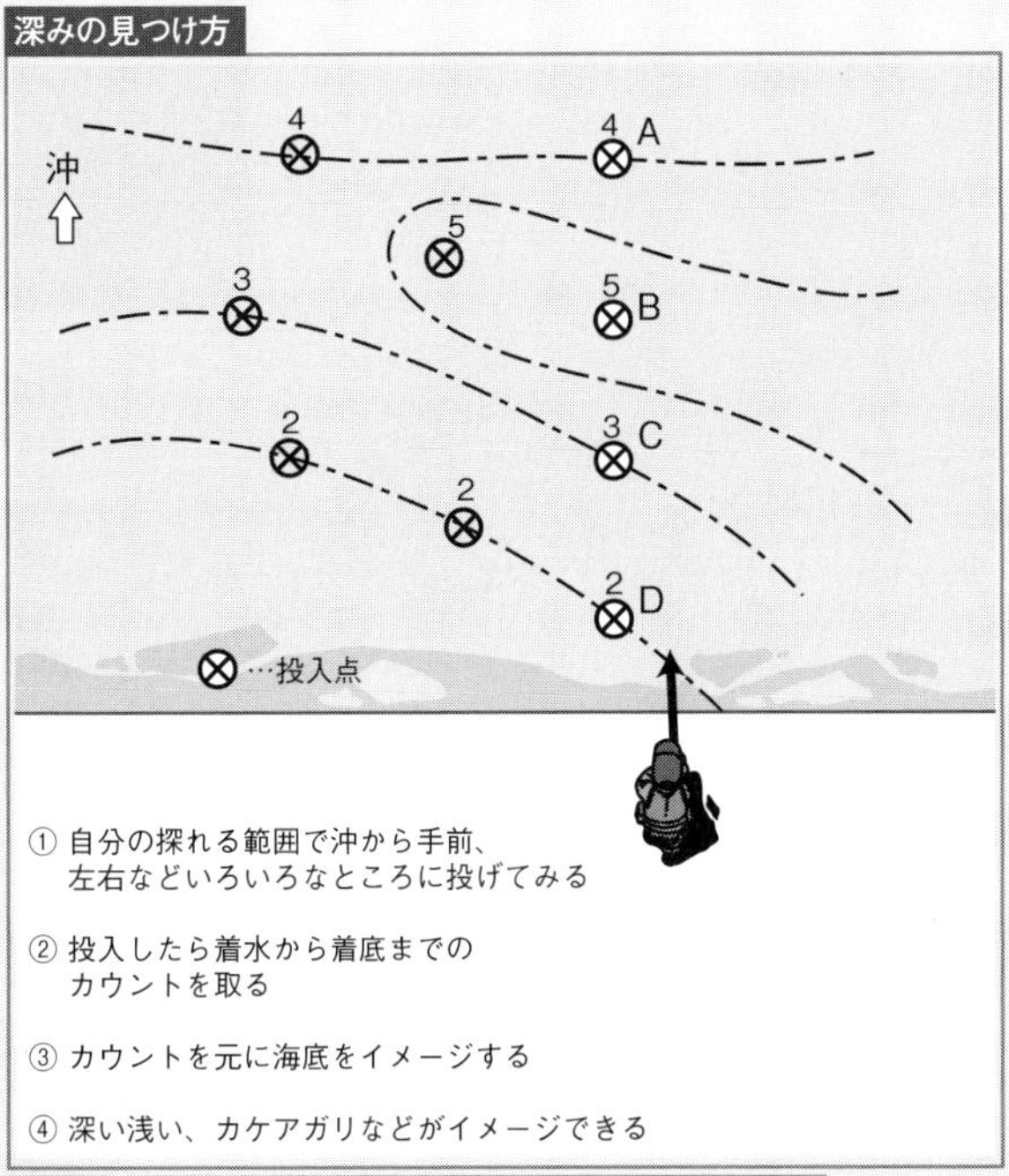
深みの見つけ方
沖
4
4 A
5
5 B
3
2
3 C
2
2 D
…投入点
① 自分の探れる範囲で沖から手前、左右などいろいろなところに投げてみる
② 投入したら着水から着底までのカウントを取る
③ カウントを元に海底をイメージする
④ 深い浅い、カケアガリなどがイメージできる

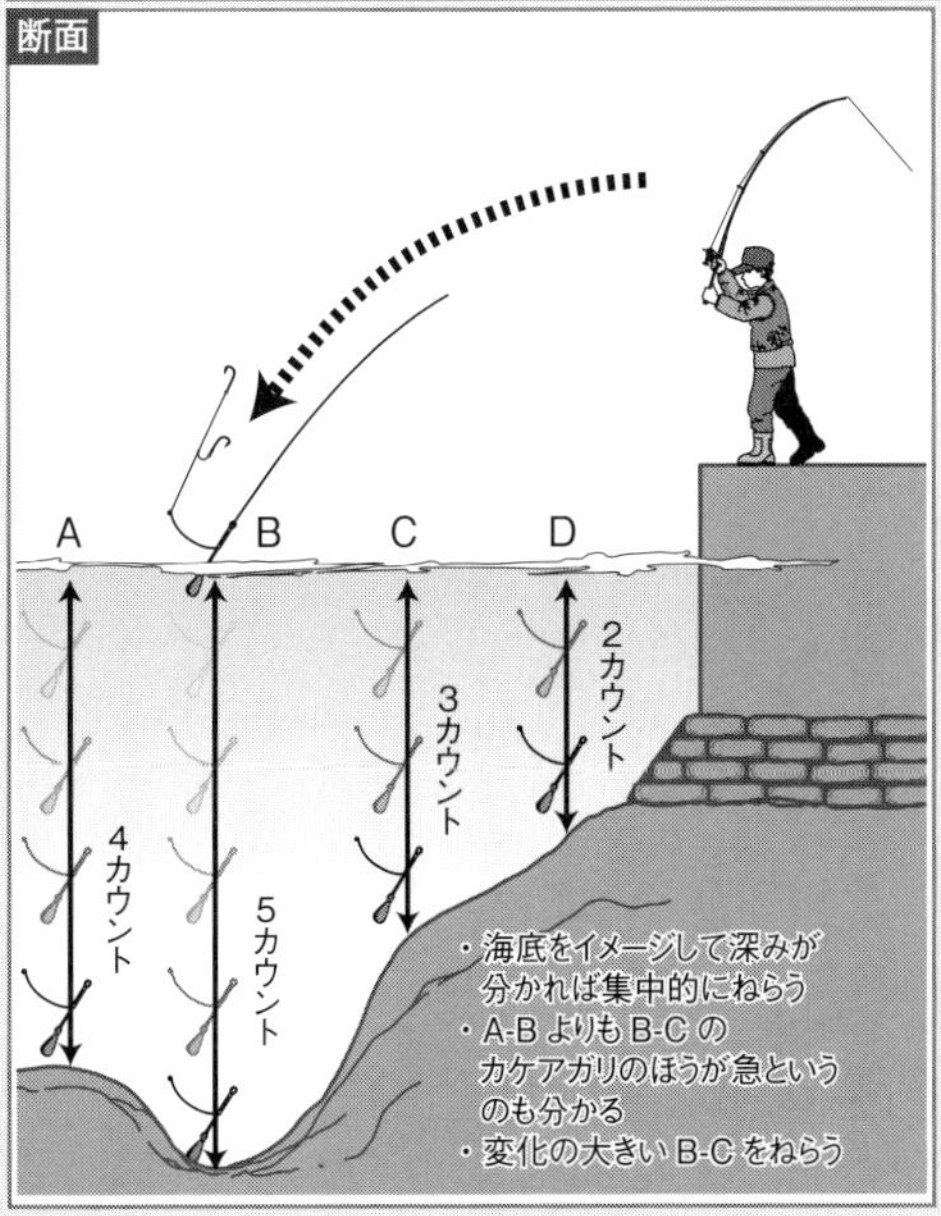
断面
A
B
C
D
2カウント
3カウント
4カウント
5カウント
・海底をイメージして深みが分かれば集中的にねらう
・A-BよりもB-Cのカケアガリのほうが急というのも分かる
・変化の大きいB-Cをねらう

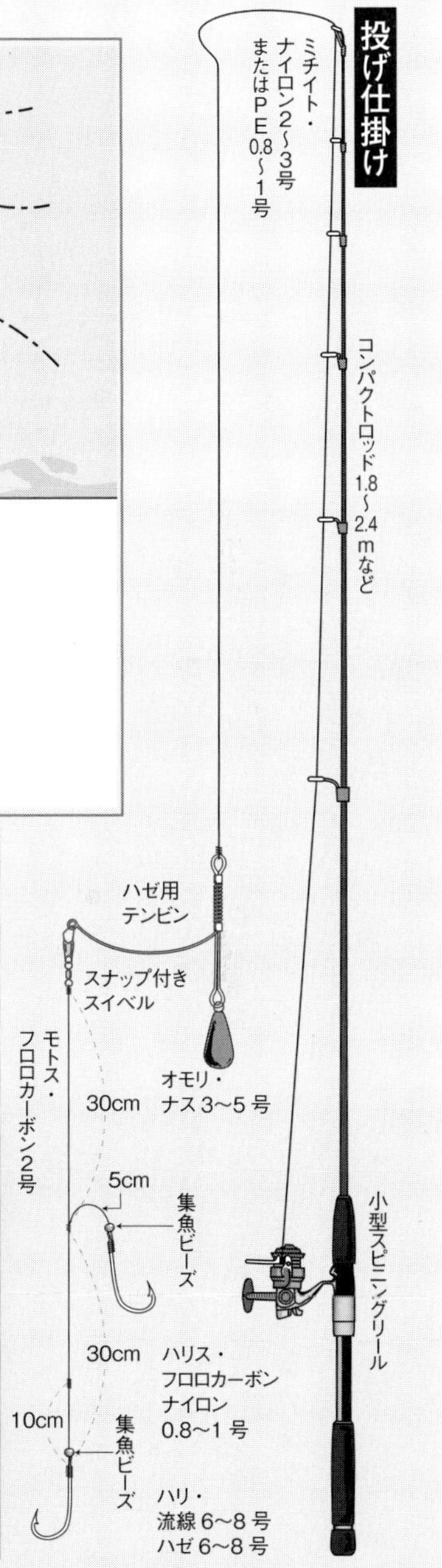
投げ仕掛け
ミチイト・ナイロン2〜3号またはPE0.8〜1号
コンパクトロッド1.8〜2.4mなど
ハゼ用テンビン
スナップ付きスイベル
モトス・フロロカーボン2号
オモリ・ナス3〜5号
30cm
5cm
集魚ビーズ
30cm
ハリス・フロロカーボンナイロン0.8〜1号
10cm
集魚ビーズ
ハリ・流線6〜8号ハゼ6〜8号
小型スピニングリール

MAGOCHI/HIRAME

▶カレイ目ヒラメ科
▶カサゴ目コチ科

ヒラメ（鮃）、マゴチ（真鯒）

釣り方 ▼▼▼

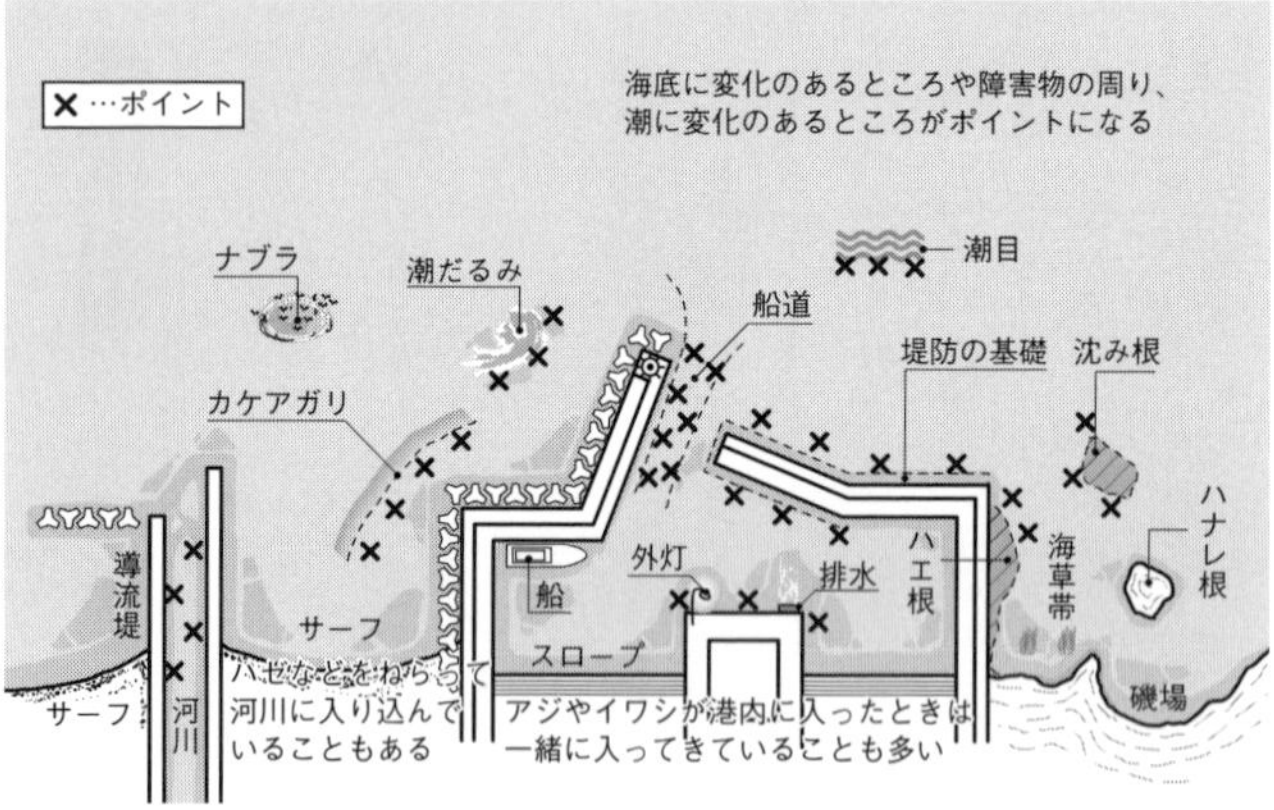

「夏のコチに冬のヒラメ」。どちらも船釣りで人気の高級魚だが、実は身近な堤防やサーフにも潜んでいるのだ。

シーズンはマゴチが初夏から秋、ヒラメはエサの小魚が接岸していれば年中ねらえる場所もあるほど意外に長い。ただし両魚種とも産卵後は一時食いが悪く、マゴチは夏、ヒラメは冬に産卵期を迎える。ちなみにマゴチは大きくなると性転換してすべてメスになり、オスは40㎝以下のものしかいない。

どちらも普段は砂の中に身を隠し、目の前を小魚やエビ、タコなどが通ると襲いかかる。エサにはイワシやアジ、ハゼ、シロギスなどが使われる。そんな身近な魚がいるところに、高級魚が潜んでいるかもしれないのだ。

泳がせ釣り

小魚をエサにわらしべ長者を目論む

●釣り方

堤防にイワシやアジ、シロギスが寄っていると、それを目当てにヒラメやマゴチも寄っていることが多い。捕食物をエサに使うのは鉄則で、釣れた小魚を使うのは一番理にかなった方法だ。

まずはサビキやチョイ投げでエサを確保し、仕掛けにセットして投入する。堤防は足元に基礎や捨て石が入っていることも多く、その先の砂地をねらう。投入後はイトフケを取ってアタリを待つ。ミチイトは強く張らずサオ先に若干テンションが掛かる程度で、リールのドラグは緩めにセットする。

アタリは最初、サオ先がピクピクと動くがこれはエサが逃げまどっている状態。その後、力強くゴツン、ゴツンとサオ先を叩くが、「ヒラメ40、コチ20」という格言があるように、まだく

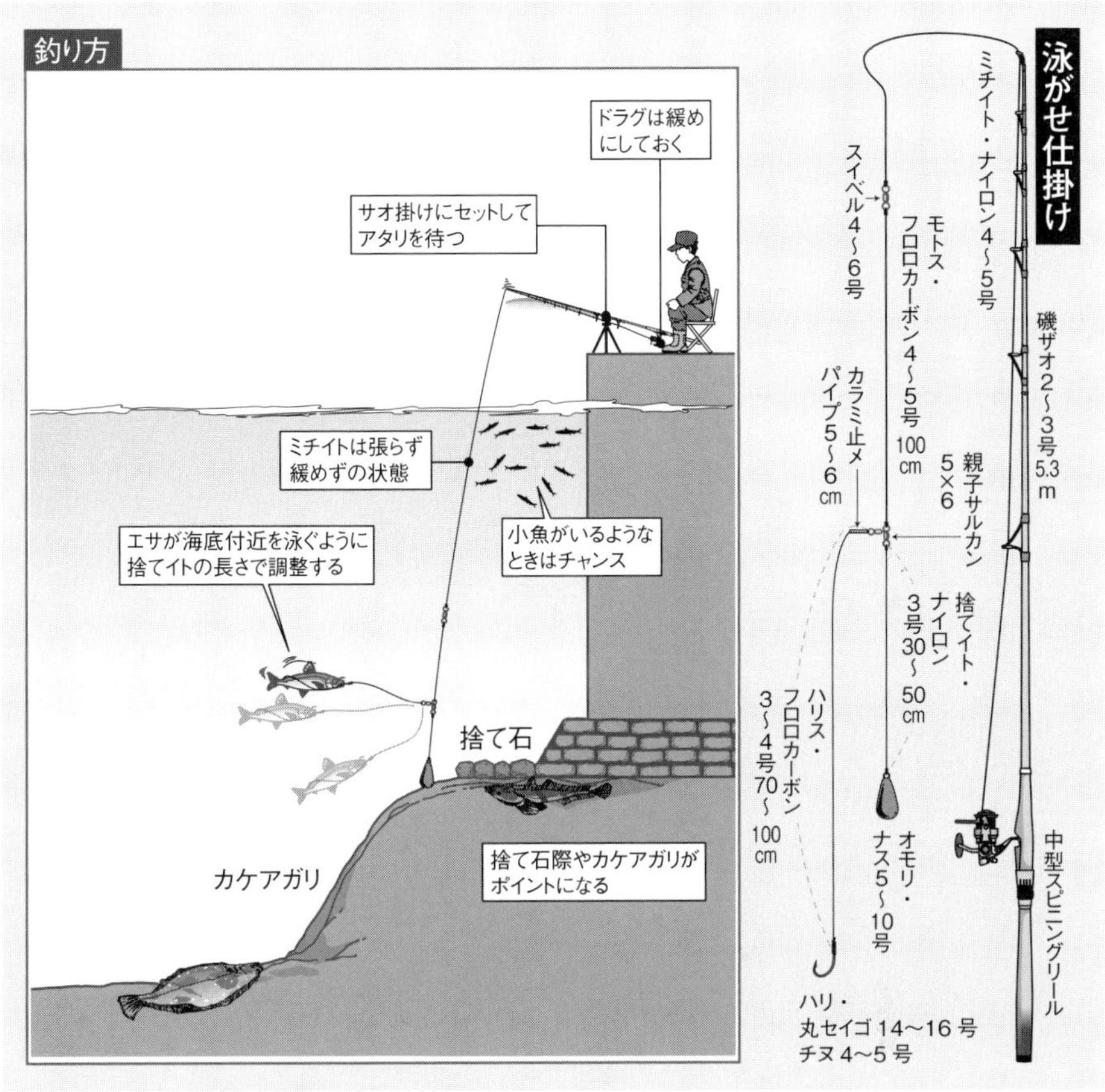
釣り方
ドラグは緩めにしておく
サオ掛けにセットしてアタリを待つ
ミチイトは張らず緩めずの状態
小魚がいるようなときはチャンス
エサが海底付近を泳ぐように捨てイトの長さで調整する
捨て石
カケアガリ
捨て石際やカケアガリがポイントになる
泳がせ仕掛け
ミチイト・ナイロン4～5号
スイベル4～6号
モトス・フロロカーボン4～5号 100cm
磯ザオ2～3号 5.3m
親子サルカン 5×6
カラミ止メパイプ5～6cm
捨てイト・ナイロン3号30～50cm
ハリス・フロロカーボン3～4号70～100cm
オモリ・ナス5～10号
中型スピニングリール
ハリ・丸セイゴ14～16号
チヌ4～5号

わえているだけなので合わせても空振りが多い。サオ先の違和感を覚えると放してしまうので、イトを引き出して食い込ませる。そして送り込んだイトも引き込まれた時点で合わせて、やり取りする。マゴチはすんなり上がってくるが、ヒラメは水面まで来るとかなり抵抗するので最後まで要注意だ。

どちらの魚も、エサが海底付近を泳ぐように捨てイトとハリスの長さを調整する。ヒラメは海底から1m以上ジャンプして食うこともあるので、根掛かりが多い場所では海底から少し浮かせて泳がせる。逆にマゴチは海底から50cmも離すと食ってこないので、できるだけ海底付近を泳がせる。

●エサ

イワシ、アジ、ハゼ、シロギス、メゴチなど多くの小魚が使える。特にイワシは弱りやすいが食い込みが早い。ハゼは弱りにくく長時間の置きザオによい。刺し方は下アゴから上アゴを抜く口刺しか、鼻掛け、背掛けの3種類。

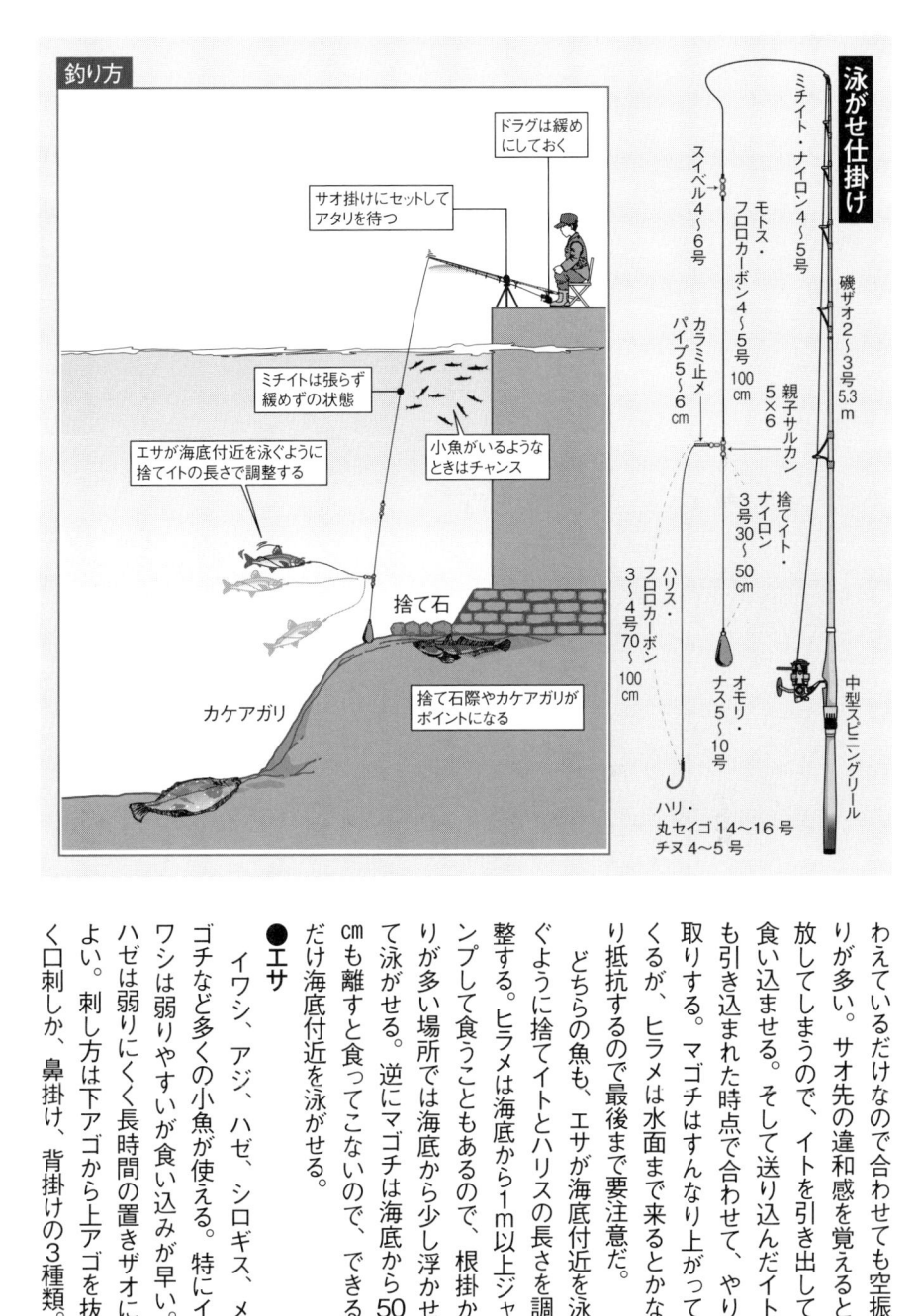

ルアーフィッシング

底を意識してテンポよく探り歩く

●釣り方

ヒラメ、マゴチとも小魚が集まるところがポイントになる。堤防では捨て石と砂地の境やカケアガリ、沈み根の周り、さらに離岸流や潮目などもよい。

ルアーは寄せエサで魚を集める釣り方ではないうえに、マゴチ、ヒラメとも回遊性が低いので、同じ場所で数回投入して反応がなければポイントを移動するのが一般的。また、小魚に寄る魚なので、1つの港や堤防でポイントを細かく変えて粘るよりも、大きく移動して小魚が寄っている港を捜したほうが結果につながる場合が多い。

マゴチにしてもヒラメにしても、普段は底にいて目の前や頭上を通過する小魚に襲いかかる魚だ。足元から10mもあるような場所で1・5mくらいしか潜らないフローティングミノーを引いていては、いくら飛び上がってエサを捕食するヒラメでも食ってくることは希である。しかし水深2mの堤防なら、ヒラメはおろか底にこだわるマゴチでも充分に食ってくるのだ。

このように釣り場の水深と使うルアーの関係は非常に密接しており、底を意識したルアー選択がカギになってくる。ヒラメやマゴチねらいでよく使われるのは、ミノープラグ（フローティング、シンキング）、メタルジグ、ワームの3種類。

ミノープラグは、水深の浅い堤防や港で使うのがベター。10cm前後のサイズでイワシカラーをセレクトするのがセオリーだ。ポイントと思われる場所にルアーを投入したら、アクションをつけずに巻いてくるのが基本である。

メタルジグを使う場合は、18～45gのものを選択し、投入して底付近をただ巻き、もしくは一旦底まで落として、落としては跳ね上げる、落としては跳ね上げるを繰り返して誘うのも効果的。

ワームはミノーやメタルジグに反応のないときや低活性時に有効で10～20gのジグヘッドにワームを刺し、投入して海底をトレースするようにゆっくりと引いてくる。

アタリはルアーを引いているときにゴツンとくることが多い。エサ釣りでは「ヒラメ40、コチ20」という言葉があるが、ルアーでは食い込みを待たず、アタリがあれば即合わせてしっかりとフッキングさせる。あとはラインの強度を信じて足元まで寄せて取り込むだけである。

マゴチ。海底に潜み、その大きな口で目の前や頭上のエサを捕食する

ヘッドランドでのポイント

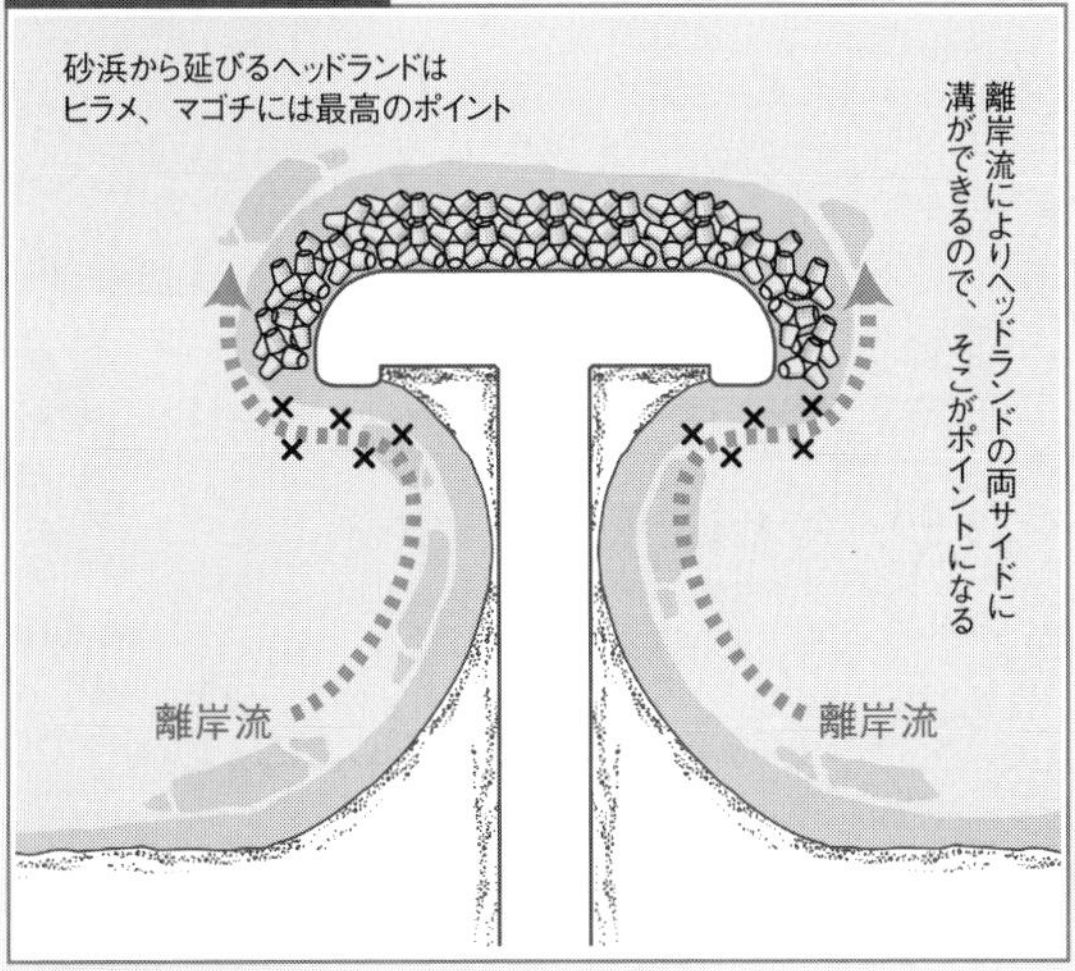
砂浜から延びるヘッドランドは
ヒラメ、マゴチには最高のポイント
離岸流によりヘッドランドの両サイドに
溝ができるので、そこがポイントになる
離岸流
離岸流

ルアーの探り方

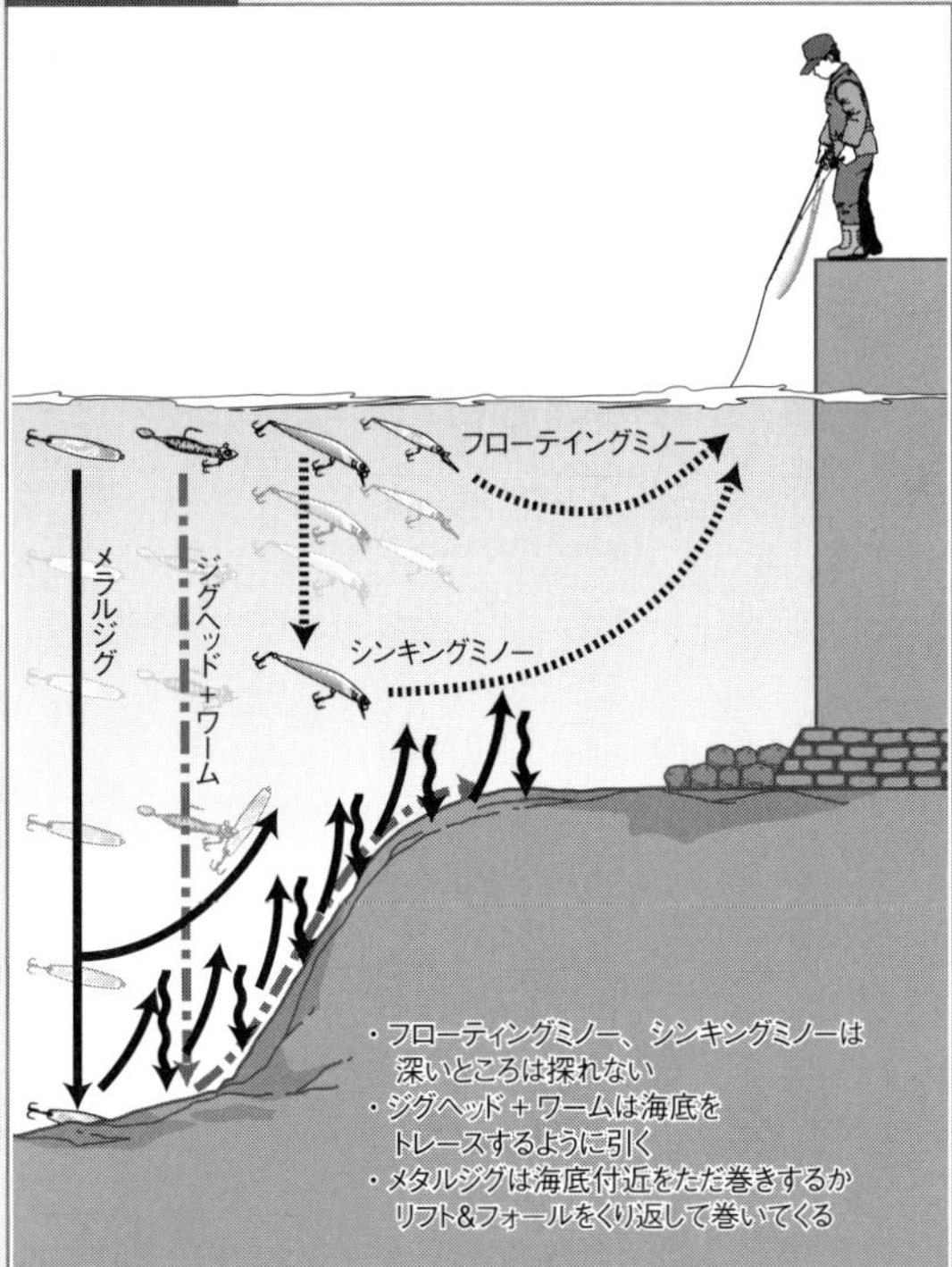
フローテイングミノー
シンキングミノー
メラルジグ
ジグヘッド＋ワーム
・フローティングミノー、シンキングミノーは
深いところは探れない
・ジグヘッド＋ワームは海底を
トレースするように引く
・メタルジグは海底付近をただ巻きするか
リフト&フォールをくり返して巻いてくる

ルアー仕掛け

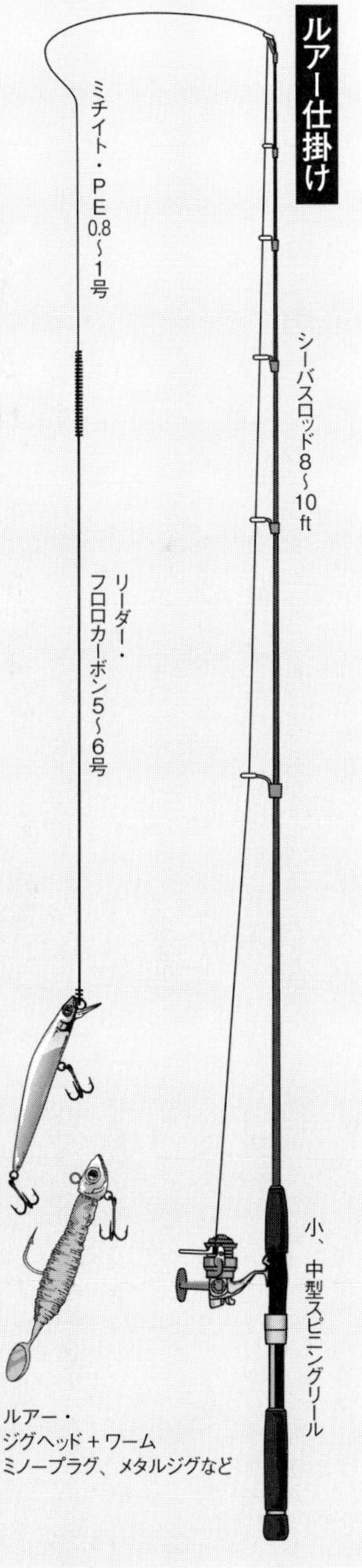
ミチイト・PE0.8〜1号
リーダー・フロロカーボン5〜6号
シーバスロッド8〜10ft
小、中型スピニングリール
ルアー・
ジグヘッド＋ワーム
ミノープラグ、メタルジグなど

MEJINA

▶スズキ目
▶メジナ科

メジナ（目近魚、眼仁奈、目品）

釣り方▼▼▼

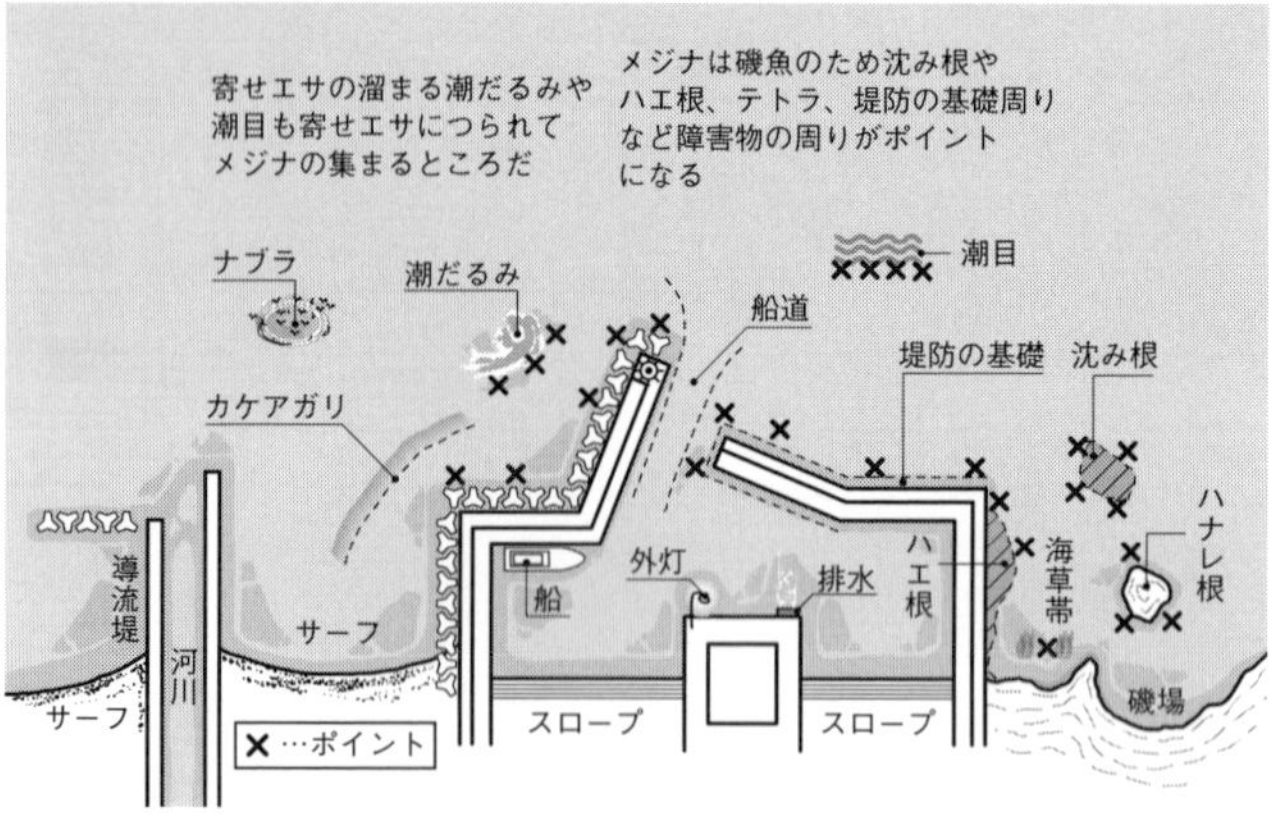

メジナは北海道南部から沖縄まで広く分布する磯釣りの人気魚。堤防でもよく釣れ、クロダイと二分するウキフカセ釣りのターゲットだ。標準和名はメジナだが、西日本ではグレと呼ばれる。「メジナ」、「クロメジナ」、「オキナメジナ」の3種類があり、釣りの対象は主にメジナとクロメジナだ。

釣り人の間ではメジナを「クチブトメジナ」、エラブタに黒い縁取りがあり尾ビレの先端が尖っているクロメジナを「オナガメジナ」と呼んで区別している。どちらも外海や潮の通すところを好むが、クロメジナのほうがより外洋性で離島などに多く見られる。

メジナは60㎝、クロメジナは80㎝まで育つが、堤防で釣れるのは20～30㎝が多い。時期や場所によっては40㎝クラスが釣れることもある。

ウキフカセ釣り

堤防からもねらえる磯の人気ターゲット

●釣り方

もともとメジナは磯場に生息する魚なので、沈み根やハエ根、テトラや堤防の基礎周辺などをねらえる場所に釣り座を構える。潮通しのよいところや堤防の先端、潮目もねらいめ。

まず、寄せエサを数杯撒いて潮の速さや方向を確かめ、どの位置に仕掛けと寄せエサを入れたらポイントで同調できるかをイメージして釣る。寄せエサの沈降速度や仕掛けの流され具合などを計算してイメージどおりに釣れると喜びも倍増だ。

仕掛けは、浅いタナで食うときはウキの遊動幅を狭めるとアタリが出やすい。タナが深いときは重めのガン玉で上層を一気に通過する移動仕掛けがよ

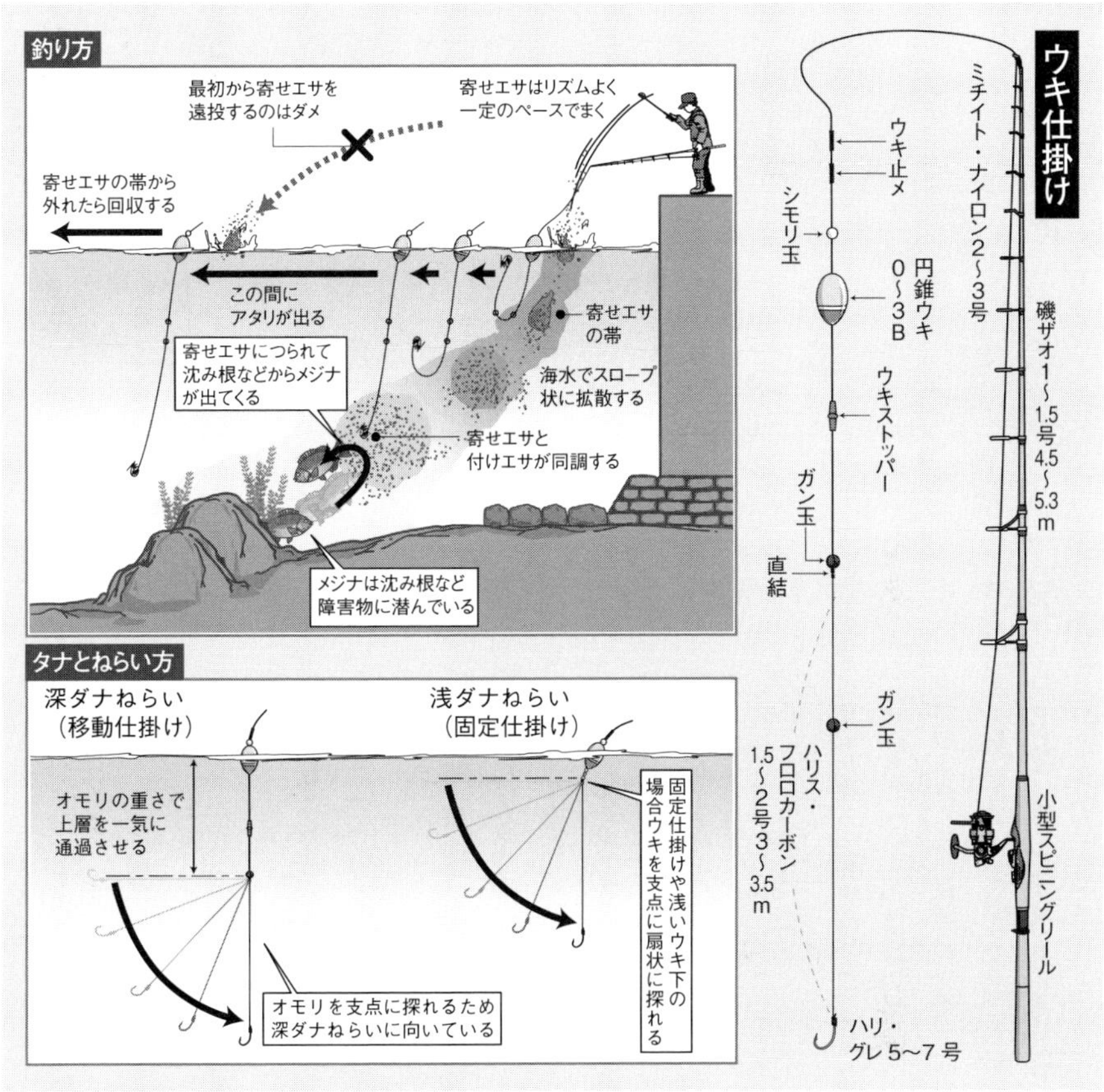
釣り方
最初から寄せエサを遠投するのはダメ
寄せエサはリズムよく一定のペースでまく
寄せエサの帯から外れたら回収する
この間にアタリが出る
寄せエサの帯
寄せエサにつられて沈み根などからメジナが出てくる
海水でスロープ状に拡散する
寄せエサと付けエサが同調する
メジナは沈み根など障害物に潜んでいる
タナとねらい方
深ダナねらい（移動仕掛け）
浅ダナねらい（固定仕掛け）
オモリの重さで上層を一気に通過させる
オモリを支点に探れるため深ダナねらいに向いている
固定仕掛けや浅いウキ下の場合ウキを支点に扇状に探れる
ウキ仕掛け
ミチイト・ナイロン2〜3号
ウキ止メ
シモリ玉
円錐ウキ 0〜3B
磯ザオ1〜1.5号 4.5〜5.3m
ウキストッパー
ガン玉
直結
ガン玉
ハリス・フロロカーボン1.5〜2号3〜3.5m
小型スピニングリール
ハリ・グレ5〜7号

い。潮の流れの緩いときはハリスのガン玉を外し、速いときはガン玉を段打ちすると仕掛けの浮き上がりを防げる。

アタリはウキを押さえ込み海中へ引き込むが、ウキがゆっくり入った後にさらにスピードを上げて引き込むタイミングで合わせる。やり取りはイトを出すと根に張り付かれることが多く、できるだけサオで耐える。足元まで激しく抵抗するが二、三度空気を吸わせれば大人しくなるのでタイミングを見計らいタモを入れる。

●付けエサ&寄せエサ

寄せエサは半日分としてオキアミ6kgにメジナ用配合エサ2〜3袋を混ぜ合わせる。解凍したオキアミを砕き、配合エサを均一に混ぜ合わせ、最後に海水を加えて硬さを調整する。水加減が大切で、少量ずつ数回に分けて海水を入れて仕上げる。付けエサはオキアミ。食いのよいときは尻尾から1匹刺しでよいが、渋いときは尻尾だけか、尻尾のカラを剥いたムキ身を使う。

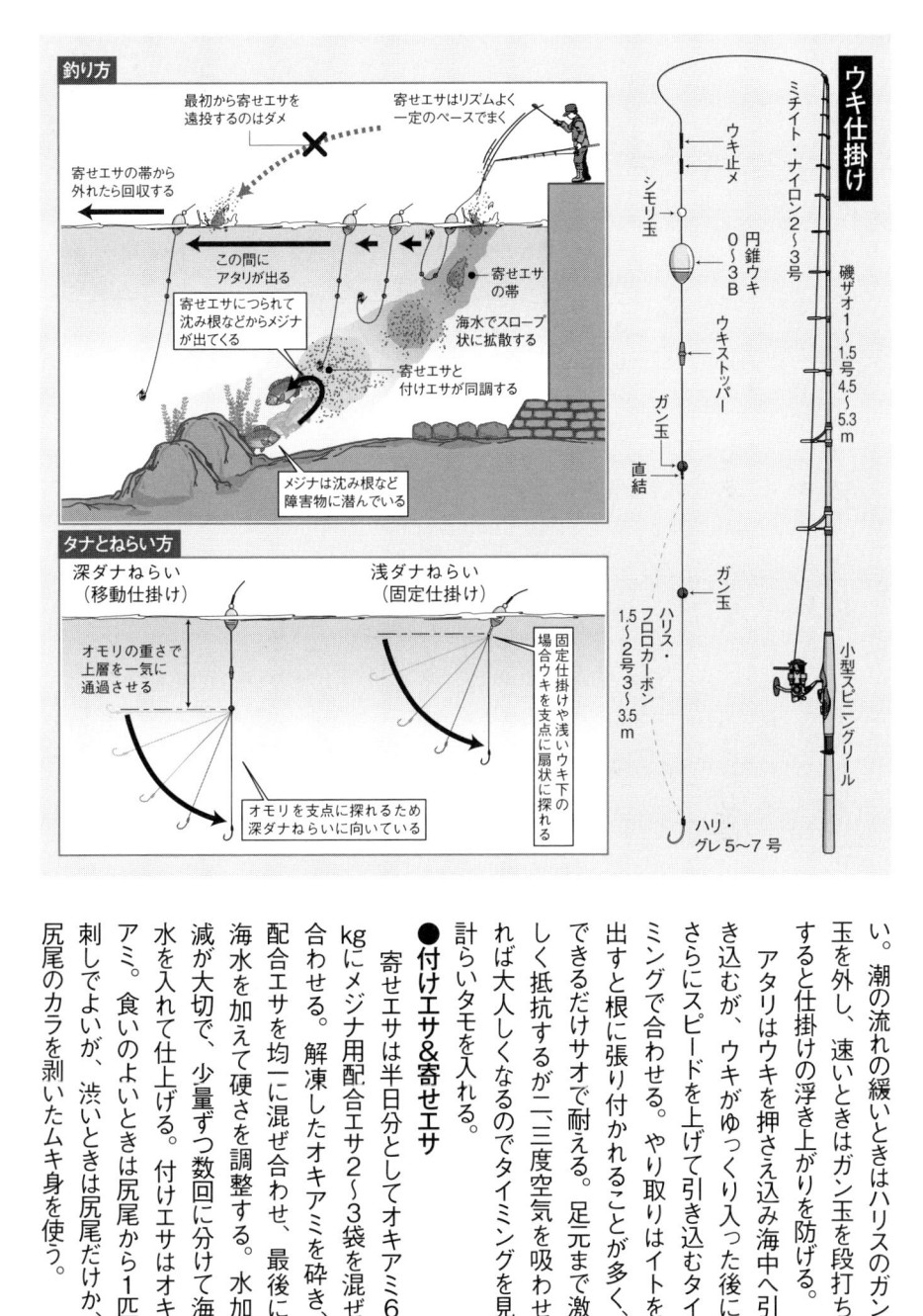

MEBARU

▶カサゴ目
▶フサカサゴ科

メバル（眼張）

釣り方▼▼▼

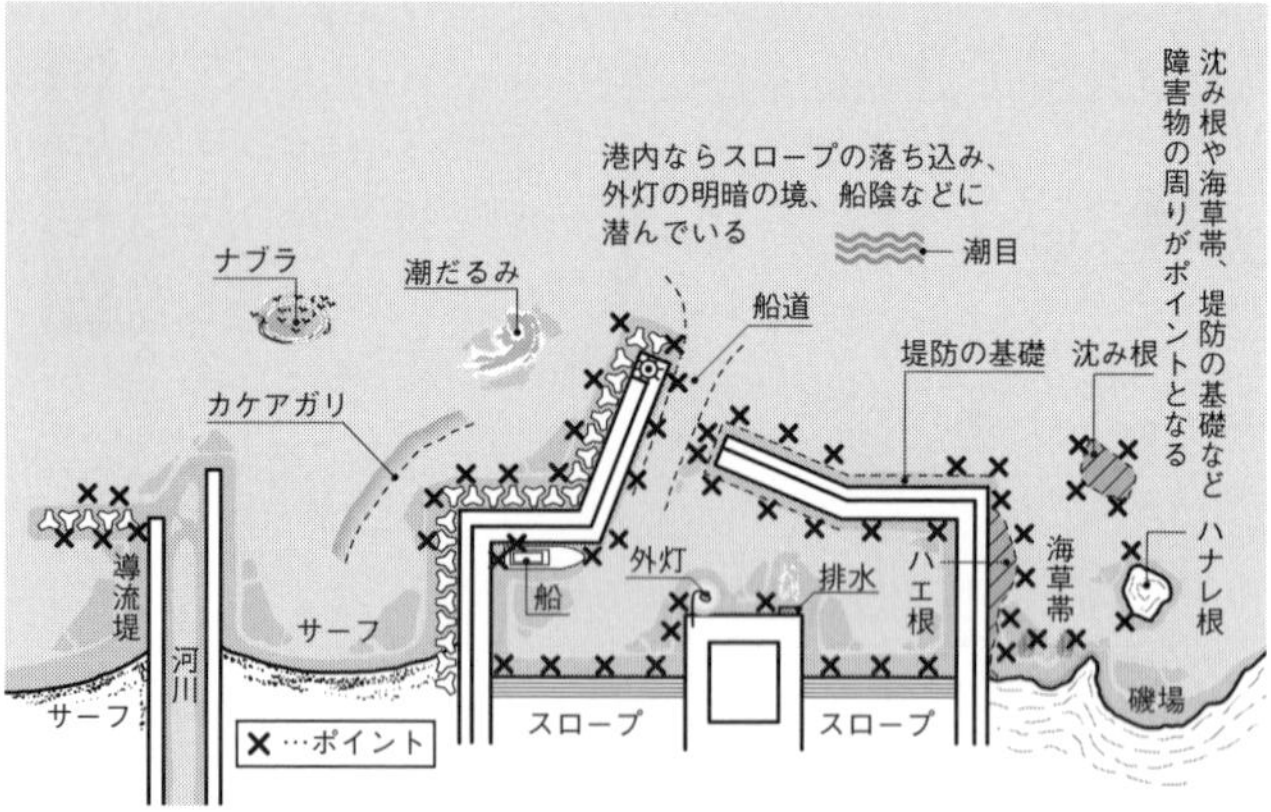
沈み根や海草帯、堤防の基礎など障害物の周りがポイントとなる
港内ならスロープの落ち込み、外灯の明暗の境、船陰などに潜んでいる
潮目
ナブラ
潮だるみ
船道
カケアガリ
堤防の基礎
沈み根
ハナレ根
海草帯
ハエ根
排水
外灯
船
導流堤
河川
サーフ
サーフ
スロープ
スロープ
磯場
×…ポイント

漢字で眼が張ると書くメバル。目が大きいのは夜行性が関わっており、暗い海の中でも目が利く。北海道から九州まで広く分布し、穏やかな場所を好み内湾の身近な堤防や港内に多い。小さいものは一年中港や堤防周りに居着くが、良型は冬になると春の産卵に備えて深場から浅場へやってくる。釣りものが少なくなる冬場には、うれしい魚だ。

レギュラーサイズは18～20㎝。25㎝を超えると大もので、30㎝以上は「尺メバル」と呼ばれファンの憧れになっている。レギュラーサイズは煮付けで、大きなものが釣れたら刺身で食べたい。プリプリとした歯ごたえのある身は甘味があって非常に美味しい。

ウキ釣り

身近な堤防や港で楽しめる夜釣りの人気者

●釣り方

メバルは磯魚で日中は沈み根や海草帯、テトラ、基礎石など障害物の周辺に身を潜めている。夜になると活発にエサを求めて泳ぎ回るが、基本的には障害物の周辺を探る。

仕掛けには、夜釣りなので電気ウキや化学発光体をセットできるウキを使う。メバルは海中で常に上を向いて泳いでおり、エサは障害物の上を流れるようにする。そのためウキ下は50～100㎝底を切るようにセットしたい。

ウキ下の調整ができたら障害物の周りに仕掛けを潮に乗せて流す。ときどき止めてエサを浮き上がらせると誘いの効果で食ってくることも多い。

海底に海草帯やゴロタ石、沈み根など障害物が広く点在する場所では遠投して手前へ引いてくる引き釣りが効

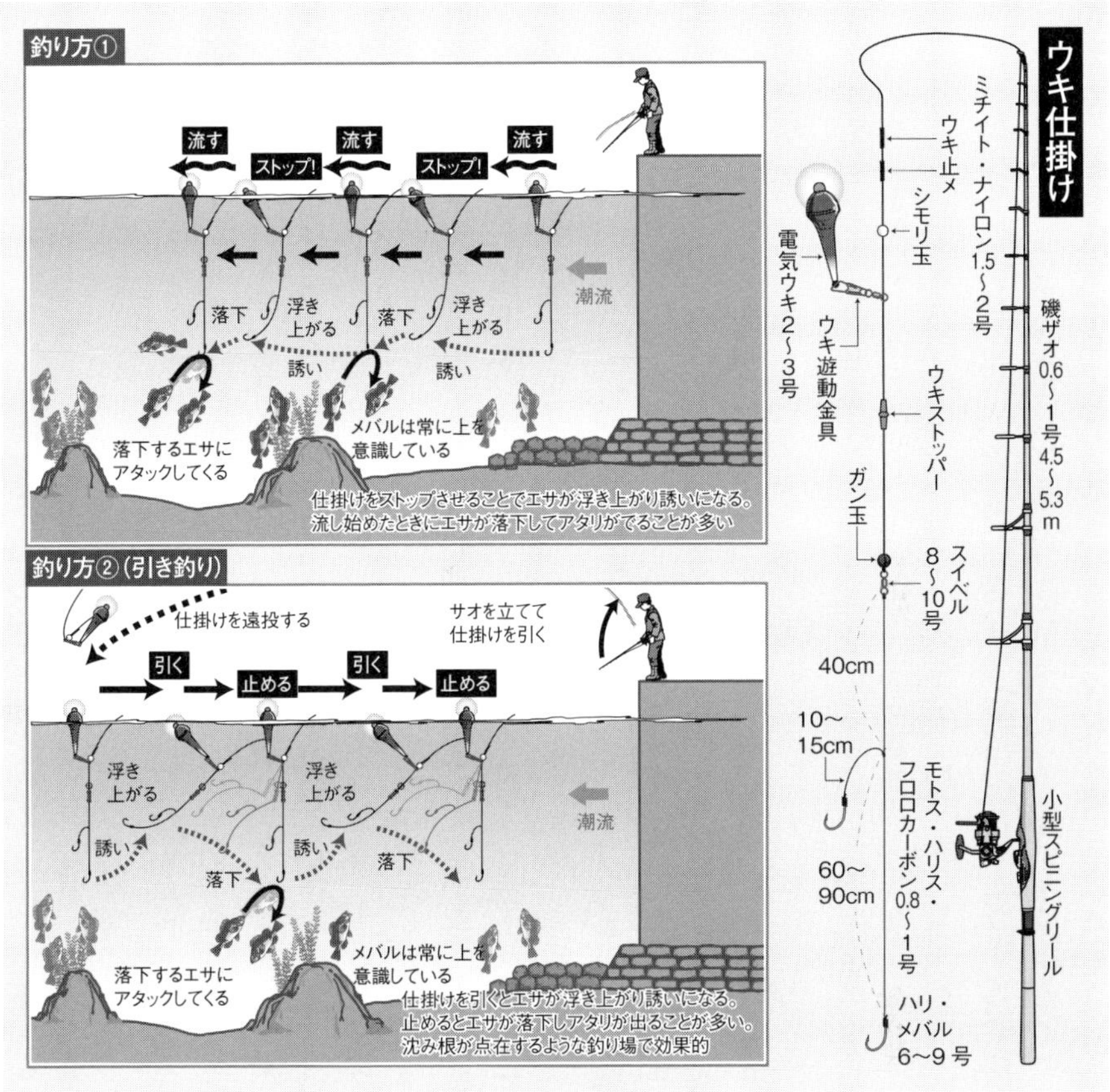
釣り方①
流す
ストップ!
流す
ストップ!
流す
潮流
落下
浮き上がる
落下
浮き上がる
誘い
誘い
落下するエサにアタックしてくる
メバルは常に上を意識している
仕掛けをストップさせることでエサが浮き上がり誘いになる。流し始めたときにエサが落下してアタリがでることが多い
釣り方②（引き釣り）
仕掛けを遠投する
サオを立てて仕掛けを引く
引く
止める
引く
止める
浮き上がる
浮き上がる
潮流
誘い
誘い
落下
落下
落下するエサにアタックしてくる
メバルは常に上を意識している
仕掛けを引くとエサが浮き上がり誘いになる。止めるとエサが落下しアタリが出ることが多い。沈み根が点在するような釣り場で効果的
ウキ仕掛け
ミチイト・ナイロン1.5～2号
ウキ止メ
シモリ玉
電気ウキ2～3号
ウキ遊動金具
磯ザオ0.6～1号4.5～5.3m
ウキストッパー
ガン玉
スイベル8～10号
40cm
10～15cm
モトス・ハリス・フロロカーボン0.8～1号
60～90cm
小型スピニングリール
ハリ・メバル6～9号

果的。仕掛けを投入して馴染んだら、サオをゆっくり立てて手前へ仕掛けを移動させるとエサが浮き上がり、止めるとゆっくり沈下する。この動きが誘いになり、「探り」と「誘い」を同時にできるので一石二鳥の釣り方だ。

●エサ

動くものに興味を示すため、アオイソメや活きたモエビ、小魚（キビナゴ、イワシ、コウナゴ、金魚）が使われる。メバルは口が大きいのも特徴で、大きなエサでもひと飲みにする。アオイソメなどはよほど大きなもの以外、1匹をチョン掛けにしたい。モエビは尾羽を取って尻尾にチョン掛けにするか頬掛け。小魚は口掛けが一般的。ちなみにアオイソメやモエビよりも小魚に食ってくるメバルは大きいのが特徴だ。

ポイントが近ければ寄せエサも有効。活きたモエビを数匹パラリと撒いてから仕掛けを入れる。効果は半減するが、モエビがなければオキアミやアミエビを代用してもかまわない。

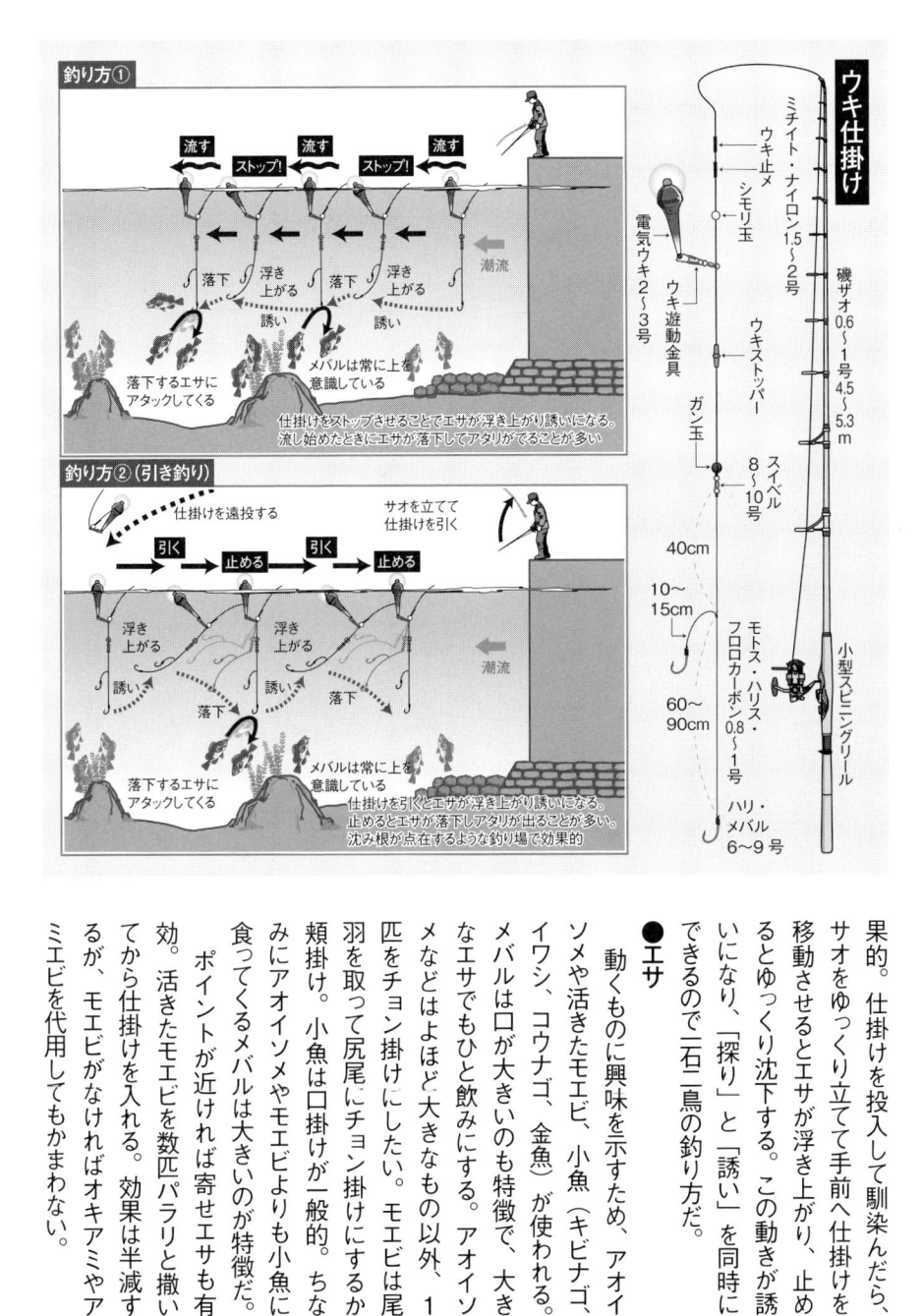

ルアーフィッシング

表層から宙層を重点的に探る

●釣り方

身近な堤防や港で楽しめるメバル釣り。ルアーへの反応もよく、手軽に遊べるライトゲームのターゲットとして人気を集めている。

メバルは、日中は沈み根や海草帯、テトラ、基礎石など障害物の周辺に身を潜め、夜になると活発にエサを求めて泳ぎ回る。そのため夕方から夜間にかけてがチャンスタイムとなる。ポイントは前記の場所周りのほか、夜になると常夜灯に集まる小魚をねらってその周辺にも姿を見せる。

タックルはメバル専用のルアーロッドが理想であるが、トラウト用やアジング用のサオでも流用は可能だ。リールは小型のスピニングリール。ラインはPE、ナイロン、フロロカーボンの3種類あるが、最初のうちはナイロンかフロロカーボンがおすすめ。PEは高感度だがライン自体に張りがなく、慣れないとライントラブルが頻発する。1g前後の軽いルアーを投げるので、いずれのラインも細めのものがオススメ。ナイロンやフロロなら0・8号（3lb）前後のものを選びたい。

使うルアーは0・6〜1・5gのジグヘッドに1〜2インチのストレートタイプのソフトルアー（ワーム）を組み合わせたもの。カラーは白を基本に夜光などのアピール系を選ぶとよい。

ソフトルアーを投入したら、サオ先を下げてアクションをつけず、表層近くからゆっくりと引いてみる。メバルは常に上を向いて泳いでおり、表層まで出てきてアタックする個体は活性も高く釣りやすい。アタリがなければ徐々に探る層を深くしてみる。

また、沖にも沈み根やゴロタが続く場合は、専用のフロートリグを装着することでソフトルアーを遠投することができる。人が探っていないような場所は、メバルもスレておらず大型の潜んでいる可能性が高い。

メバルは群れで泳いでいることが多いので、一度群れを見つければ同じ場所で何尾か釣ることができる。ただし、食い気のある活性の高い個体から当たってくるので最初は簡単に釣れるが、徐々に当たっても乗らなくなったり、アタリが減ってくる。そんなときはこまめに移動して広く探ることが大切だ。

メバルは冬のうれしいターゲットだ

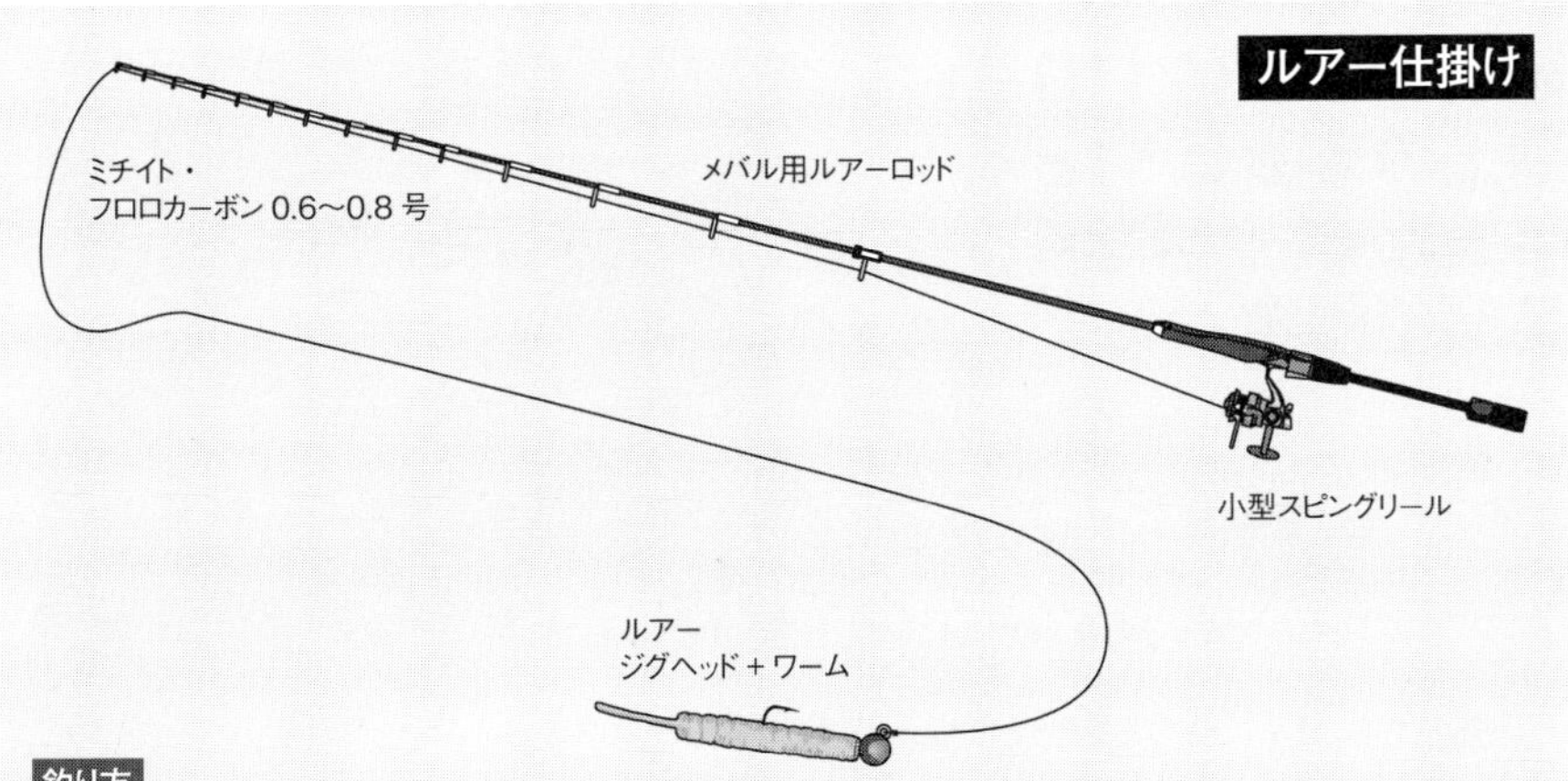
ルアー仕掛け
ミチイト・
フロロカーボン 0.6〜0.8 号
メバル用ルアーロッド
小型スピングリール
ルアー
ジグヘッド + ワーム

釣り方

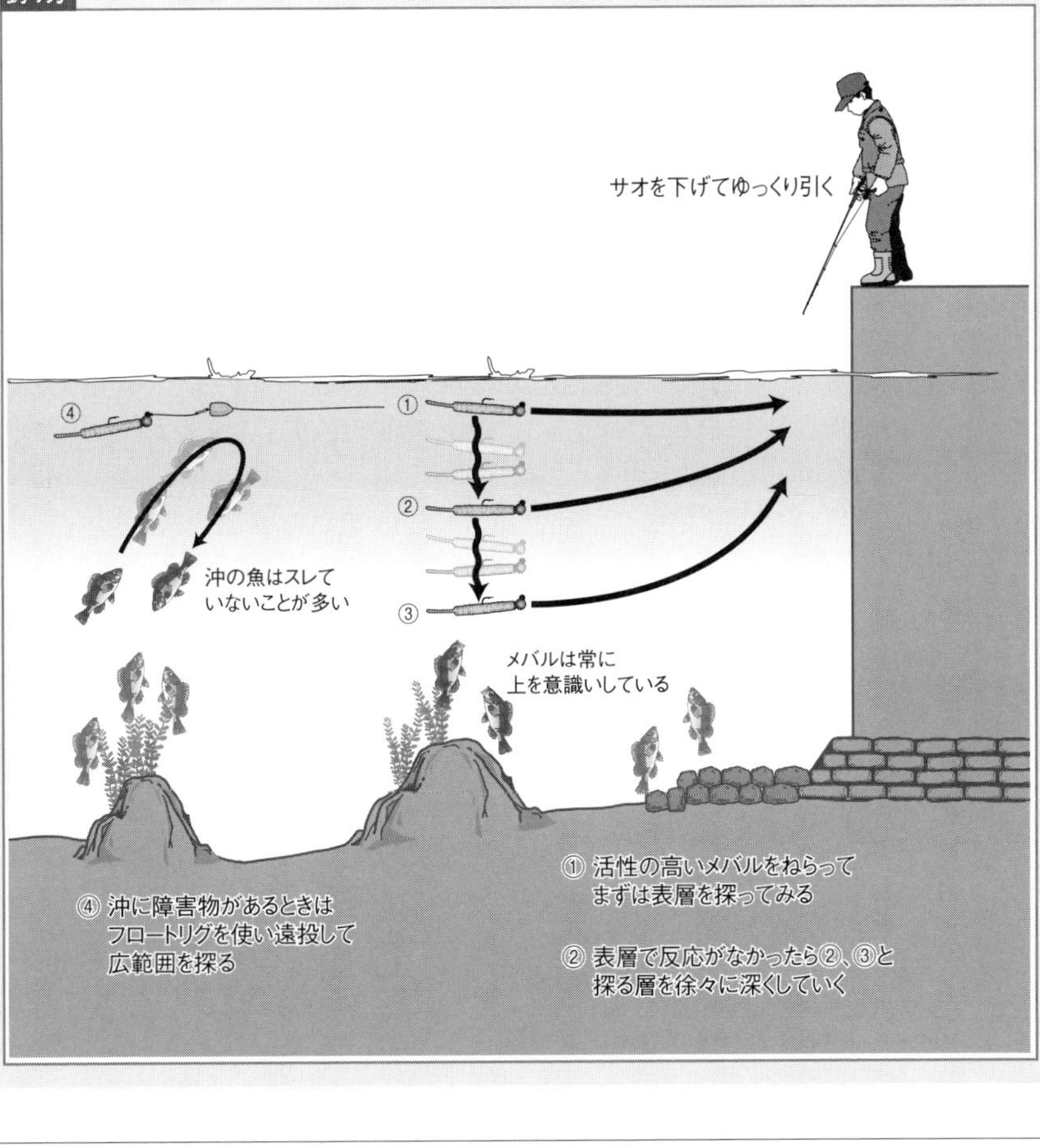
サオを下げてゆっくり引く
④
①
②
③
沖の魚はスレて
いないことが多い
メバルは常に
上を意識している
① 活性の高いメバルをねらって
まずは表層を探ってみる
④ 沖に障害物があるときは
フロートリグを使い遠投して
広範囲を探る
② 表層で反応がなかったら②、③と
探る層を徐々に深くしていく

COLUMN

陸上の事故は110番、海上の事故は118番 事故なく、ケガなく、笑顔で帰宅

救命胴衣を使用した安全教室なども行なわれている。落水したら、とにかく水面に浮かび続けていられることが絶対条件だ

水辺で楽しむレジャーなだけに、少なからず釣りには危険が伴うのは誰もが分かっていることだと思う。海面との高低差のある堤防釣りでは、何かの拍子に堤防から海へ転落することがあるかもしれない。本来は転落しないということが大切であるが、万が一落ちてしまったら堤防は足場などほとんどなく、服や靴を履いたまま水に入ると想像以上に泳げないものである。ましてや1人で這い上がることは困難で、誰かの救助が必要になってくる。その救助を待つ間は絶対に沈まないようにしなければならず、そのためには救命胴衣が必要不可欠なのだ。

また、釣り場で一番多い事故はハリ刺し事故だと思う。軽くチクッと刺してしまったものや、グサリとハリが貫通してしまうものまで程度の大小はさまざまだ。ハリ刺し事故は自分の不注意で刺してしまうこともあるが、エサを付けている最中に周りの人にラインを引っ掛けられて、その弾みで手にハリが刺さることや、周りを確認せずに仕掛けを振り回して隣の人にハリを引っ掛けてしまうこともある。特に子供は釣りにきた楽しさから釣り場で走り回ったり、夢中になって周囲の確認をせずにサオを振り回すことが多い。1日が楽しい釣りで終われるように、釣り場では走り回らず落ち着いて行動をするように心掛けたい。

写真のような手すりの付いた堤防は実際には少ない。また、こんなに水面との距離が近そうでも、万が一落水して、手すりがなければ自力で堤防に上がるのは不可能だ

釣り場で地震を感じたら一旦釣りを中断し、携帯のエリアメールやラジオから最新の情報を入手するようにしたい。もし津波警報や津波注意報が発令されたならば、すぐさま釣りをやめて高台へ避難すること。震源に近い場合は津波もすぐに到達することもあるので、その場合は身の安全を最優先して、普段は釣り場では走らないようにといっているが、この場合だけは走ってでも避難するようにしたい。最近は海辺に「津波タワー」や「津波避難場所」、「津波避難経路」の案内板が設置されているところも多いので、釣り場に着いたらどこへ逃げたらよいのか確認しておくと安心だ。

5章

タメになる知識編

釣行後のメンテナンスは楽しい次回釣行への第一歩。そこで簡単にその方法を記しておく。また、「堤防釣り用語集」は、何かと専門用語の多い釣りへの理解を助けてくれるはずだ。巻末のDVD収録コンテンツは文字どおりDVD付録の「目次」としてご利用いただきたい。

タックルのメンテナンス

釣行後のお手入れ次第で タックルは性能をより長く維持できる

メンテナンスは快適な次回釣行のための準備として考えよう。必要に応じてリール用オイル、グリス（写真右2点）、コーティング剤（左）なども活用するとよい

エサの汚れや塩は大敵

堤防で使った釣り道具は、潮風にさらされて寄せエサの汚れが付いたり、ラインを伝わり海水がサオやリールに付着している。このまま放置しておくと、リールは稼動部に塩が結晶化してスムーズに回転しなくなり、さらに時間がたつと塗装が腐食してしまうこともある。

釣りザオは、カーボンのブランクス自体が塩で腐食することはほとんどない。ところが安心するのは早い。付属品として取り付けられているガイドのフレームやリールシート、尻栓などの金属を使用している部分や塗装が、塩で腐食してしまうのだ。

そこで、大切な道具をいつまでも長持ちさせるには、釣りから帰った後のお手入れ＝メンテナンスが重要になってくる。

メンテナンスというと難しく思われ

がちだが、今の釣り道具は実釣性能もすごいが、耐久性やメンテナンス性能もひと昔前に比べてかなり向上している。サオもリールも簡単な水洗いや注油程度で性能を維持できるようになっているのだ。

サオのメンテナンス

継ぎザオはそのままの状態でよいが、振り出しのリールザオは尻栓とキャップを外し、ノベザオは尻栓と上栓を外して節ごとに分解する。

水もしくはぬるま湯のシャワーをサオ全体にかけてまずは外側の塩分や汚れを落とす。振り出しザオはたたむ際に下の節に仕舞い込んでいくため、サオの内部にも塩分や汚れを引き込んでいる。そこで各節の中にも水を通して塩や汚れを流す。逆に継ぎザオは内部に水が浸入しないようにシャワーをかける。

ガイド部分は一番塩が付着しやすい場所なので歯ブラシを使ってよく洗う。サオやガイドを洗う際には特に洗剤などは必要ない、むしろ洗剤の成分やコンパウンドがサオの塗装を傷めることもあるので要注意だ。

サオの汚れをシャワーで洗い流したら、乾いた布で表面の水分をよくふき取り、風通しのよい日陰の場所に立て掛けて水分を完全に取る。投げザオやルアーロッドのような継ぎザオはすぐに乾くが、磯ザオのように1節ずつ分解できないガイド付きの振り出しザオは、内部を乾燥させるまでに数日かかることもあるので置き場所には注意しよう。

完全に乾いたら、ブランクスには塗装の保護やラインのベタ付き防止にコート剤、口金やガイドには防錆スプレーを塗布しておけば完璧だ。

リールのメンテナンス

リールのメンテナンスはサビや腐食の元になる塩分を落とし、稼動部に注油(グリスアップ)すること。最近のリールはボディーの密閉性が向上し、釣行後は直接シャワーをかけて汚れを落とせるようになり便利になった。水洗いできないリールはぬるま湯に浸したタオルを軽く絞り丁寧に拭いていく。

水洗いする際は、ドラグやハンドルキャップ、ハンドルをよく締めてから行なうこと。また、お湯を使うとグリス成分を溶かしてしまうこともあるので必ず水で洗うようにしたい。シャワーで汚れや塩分を落とした後は、乾いたタオルで周りの水分をよく拭き取り、ドラグを緩めた状態にして風通しのよい日陰に置いて細部の水分も完全に乾かす。

乾いたら注油するのだが、基本はベイルの支持部とラインローラー、メインシャフトの摺動《しゅうどう》部、ハンドルノブなどに行なう。最近のリールは注油禁止の個所があることもあるので、取扱説明書をよく読んでからにしたい。

堤防釣り用語集

●あ行

【青潮・赤潮】プランクトンの異常発生によってできた貧酸素塊が青潮。海中の酸素が減り、生物の生息環境に大きなダメージを与える。プランクトンの異常発生によって海が赤茶色に見える現象が赤潮。

【青もの】カツオ類やカンパチ、ブリなどの回遊魚のこと。

【上げ潮・下げ潮】干潮から徐々に水位が上がってくる状態が上げ潮。満潮から徐々に水位が下がってくる状態を下げ潮という。上げ始めを「上げっぱな」、下げ始めを「下げっぱな」と呼ぶ。

【アタリ】魚が付けエサをくわえた様子がウキやサオ先、ミチイトなどに表われる様子。

【穴場】あまり釣り人に知られておらず、魚もスレていない場所。

【アワセ】サオを起こしてハリを魚の口に掛ける動作。魚が動いて勝手にハリに掛かることを「向こうアワセ」という。

【居食い】魚がエサをくわえたまま、じっと動かない様子。ウキやサオ先にアタリが出にくい。

【一荷】 いっか。2本以上ハリの付いた仕掛けに2尾の魚が掛かること。

【居着き】季節変化で移動せず、一定の範囲内で周年を過ごす個体。

【イトフケ】ミチイトのたるみ。

【入れ食い】仕掛けを入れるたび魚が次々に食ってくる状態。

【ウキ下】ウキ止メからハリ、またはカゴ釣りの場合カゴまでの長さ。

【上潮】表層の流れ。海底付近の流れは「底潮」という。

【エサ取り】付けエサをかすめ取る本命魚以外の魚。主にハリ掛かりしない魚を差し、ハリに掛かるものは「外道」と呼ぶことが多い。

【枝ス】モトスから出したハリス部分。

【大場所】収容人数が多くポイントも豊富な釣り場。少人数しか入れない釣り場を「小場所」という。

【落ち】越冬のため魚が深場へ移動する行動。

【オマツリ】他人の仕掛けと自分の仕掛けが絡むこと。自分の仕掛けだけが絡むことを「手前マツリ」ともいう。

●か行

【カケアガリ】海底の斜面の部分。

【活性】魚の状態を表わす言葉。エサを捕食しているときは活性が高い。エサに見向きもしないときは活性が低いという。

【聞く】ミチイトを張って、仕掛けの状態やアタリの有無を確認する動作。「聞きアワセ」ともいう。

【汽水域】海水と淡水が混じり合う水域。河口付近を差す。

【キャスト・キャスティング】主にサオを使って仕掛けを投げる動作。

【食い上げ】付けエサを食った魚が上方へ動くこと。

【食い渋り】魚がいるのに付けエサを食わない、もしくは食いきらない状態。厳寒期によく見られる。

【外道】ハリに掛かってくる本命魚以外の魚。

【号】1、オモリの重さを表わす単位。1号は3・75gで数字が大きくなるほど重くなる。2、ミチイトの太さを表わす単位。ナイロンイト1号は直径約0・165㎜。数字が大きくなれば太くなる。3、サオの号数を表わす単位。数字が大きくなるほど強く（硬く）なる。

【コッパ】漢字で「木っ端」と書き、釣果に値しない小型魚。メジナとカレイによく使われる。

●さ行

【先ハリス】モトスの先に結んだハリス部分。「先ス」ともいう。

【サオ下】サオの真下、もしくはサオの届く範囲のこと。

【ササニゴリ】海に薄く濁りが入っている状態。クロダイねらいの好条件。

【誘い】付けエサを動かして魚の興味を引く動作。

【サビく】投げ釣りで仕掛けを引いて海底を探ること。

【サミング】リールのスプールに指を当ててミチイトの放出を調整する技術。

【サラシ】岩や堤壁に波がぶつかって砕け、白く泡立っている箇所。

【時合】魚の食いが立つ時間帯。

【潮表】潮が当ててくる箇所。反対側は「潮裏」という。

【潮上・潮下】潮流の上流側。下流側は「潮下」という。

【潮回り】若潮・中潮・大潮・中潮・小潮・長潮で一巡する潮汐のサイクル。

【潮目】流速や向きの異なる潮と潮がぶつかった箇所。

【シケ】海が荒れた状態。

【沈み根】海中にある岩礁。「シモリ」「カクレ根」とも呼ぶ。

【捨て石】堤防の基礎として海中へ沈められた石のこと。

【スナズリ】投げ釣り仕掛けでテンビンと接続する部分にあるヨリイトのこと。海底に擦れやすいため保護の目的でイトを縫ってある。

【スレ】口以外の場所にハリが掛かった状態。

【スレる】大勢の釣り人にねらわれ、魚が警戒してなかなか口を使わなくなった状態。

【束釣り】釣果が100尾を超えること、または100尾。

【底荒れ】シケやウネリによって海底の砂などが舞い上がっている状態。

【ソコリ】最干潮時。

●た行

【タイドプール】潮溜まり。

【高切れ】仕掛けがミチイト部分から切れてしまうこと。

【タナ】魚の遊泳層や就餌層。よくウキ下と混同されるが、ウキ下はあくまでウキ止メからハリもしくはカゴまでの距離。

【力イト】ちからイト。細いミチイトに直接オモリを結ぶと切れてしまうためミチイトの先に太いイトを結ぶ。この太いイトを力イトという。

【チモト】ハリの結び目、もしくはその直上。

【釣況】魚の釣れ具合を差す言葉。

【ツ抜け】釣果が10尾を超えること。「1つ、2つ……」という数え方において10から「つ」の字がなくなることに由来する。

【釣り座】サオをだす足場。

【同調】撒いた寄せエサと付けエサを合わせること。

【渡船】ハナレ磯や沖堤防に釣り人を渡す船、あるいは渡すこと。

●な行

【ナギ】海が静かな状態。波一つない穏やかな状態を「ベタナギ」と表現することもある。

【なじむ】投入した仕掛けがねらったタナや位置で安定した状態。

【ナライ】北東風のこと。

【二枚潮】表層と宙～底層の流れの強さや方向が異なる状態。

【抜き上げ】玉網を使わずに魚を引き抜く取り込み方法。

【根】海底の岩。

【根掛かり】ハリや仕掛けが海中の障害物に引っ掛かること。

【根ズレ】ミチイトやハリスが海中の根にこすれること。

【納竿】サオを仕舞って釣りを終えること。または、その年最後の釣行。

【乗っ込み】産卵を控えた魚が群れで浅場に入り込んでくる行動。産卵前の状態を差す言葉で、産卵のことではない。

●は行

【場荒れ】釣り人が大勢入ったことで魚がスレて釣りにくくなった状態。

【ハエ根】足下から沖へ張り出している水中根。

【波口】波打ち際もしくはその先のポイント。

【バラシ】ハリ外れやハリス切れなどによって、魚に逃げられてしまうこと。

【ヒジ叩き】掛かった魚のハリ元を持ったとき、尾ビレがヒジを叩くほどの大もののこと。

【ヒロ】長さを表わす言葉で、約1・5mを差す。大人が両手を左右に広げた長さに由来する。

【ヘチ】堤壁の部分。

【ボウズ】まったく魚が釣れなかったこと。「オデコ」ともいう。

【ポンピング】起こしたサオを下げながら素早くイトを巻く動作を繰り返すやり取りのテクニック。

【本流】海流から派生した速く強い流れ。

●ま行

【マヅメ】日の出もしくは日の入り前後の薄明薄暮の時間帯。前者は「朝マヅメ」後者は「夕マヅメ」と呼ばれる。

【ミオ】人工または潮流によって遠浅の砂地底に形成された溝のこと。船道になっていることもある。

【モトス】枝スを出す幹となるイト。「幹イト」ともいう。

●や行

【矢引き】長さを表わす言葉で、約1mを差す。弓を引き絞ったときの左右の手の間隔に由来する。

【やり取り】ハリ掛かりしてから取り込むまでの魚との駆け引き。

【寄せエサ】魚を寄せるために撒くエサ。マキエ、コマセともいう。

【ヨブ】波や潮流によってできた海底の凹凸。

【ヨレ】流れと流れがぶつかって変化している箇所。潮目の一種。

●ら行

【リリース】釣った魚を生きたまま逃がすこと。釣ってすぐに逃がすことを「キャッチ&リリース」という。

●わ行

【ワンド】入り江、もしくは入り江状の地形。

「釣れるチカラ」の基礎が身につくDVD付録（28分）

本文の3章チョイ投げ釣りに関連するタックルのセットからキャスティングの基本動作、また4章シロギス釣りの実践解説、さらにボーナストラックとして2章の結びの一部を、映像を活用することでより分かりやすく、きめ細やかに解説しました。

DVD付録　収録コンテンツ

出演：林　賢治

chapter 1
●タックルのセット
　リールの取り付け／並継ぎザオのセット／振り出しザオのセット／L型テンビンのセット／テンビンとイトのセット

chapter 2
●キャスティング
　キャスティングの基本／スタンス／仕掛けが飛ぶ軌道の修正方法

chapter 3
●エサの付け方
　エサの保管方法／エサの付け方

chapter 4
●釣り方の基本
　海底の探り方／いざ実釣!

bonus track
●結び方
　電車結び／ダブルクリンチノット／内掛け結び

著者プロフィール

林　賢治（はやし　けんじ）

1973年生まれ、愛知県豊川市在住。川や海が身近にある東京の江戸川区で生まれ、幼少の頃に家族で出掛けたハゼ釣りで味わったブルブルッと伝わる魚のアタリに魅了され、以来30数年さまざまな魚との出会いを求めて日本各地を釣り歩く。

一般企業に就職したものの好きな釣りの仕事がしたくて釣り雑誌の編集部に再就職。しかし、釣り雑誌の仕事は本作りのため、思ったよりも釣りに行けないことが分かり、30歳のときにプロアングラーに転身して現在に至る。

がまかつ、マルキユーをはじめとする釣り具メーカーと契約し、年間180日以上に及ぶフィールドワークから導き出される理論は、サオや仕掛けなどの製品開発に役立てられている。

がまかつモニター、マルキユーインストラクター、遠矢ウキ・工房浦安フィールドアドバイザー、東レ・アックスフィールドテスター。日本サーフキャスティング連盟所属。釣りクラブ「一竿風月」主宰。座右の銘は「釣りは友を呼ぶ!!」。

堤防《ていぼう》釣《つ》り入門《にゅうもん》

2014年3月1日発行

著　者　林　賢治
発行者　鈴木康友
発行所　株式会社つり人社

〒101-8408　東京都千代田区神田神保町1-30-13
TEL 03-3294-0781（営業部）
TEL 03-3294-0766（編集部）
振替 00110－7－70582
印刷・製本　大日本印刷株式会社

乱丁、落丁などありましたらお取り替えいたします。

ISBN978-4-86447-046-9 C2075
つり人社ホームページ　http://www.tsuribito.co.jp